Das Neue Testament Deutsch

Neues Göttinger Bibelwerk

herausgegeben von Karl-Wilhelm Niebuhr und Samuel Vollenweider

Die Briefe an die Korinther

Teilband 7/1
Der erste Brief an die Korinther

Vandenhoeck & Ruprecht

Der erste Brief an die Korinther

Übersetzt und erklärt
von
Florian Wilk

Vandenhoeck & Ruprecht

Bibliografische Information der Deutschen Nationalbibliothek:

Die Deutsche Nationalbibliothek verzeichnet diese Publikation in der Deutschen Nationalbibliografie; detaillierte bibliografische Daten sind im Internet über https://dnb.de abrufbar.

Wissenschaftlicher Satz: satz&sonders GmbH, Dülmen
Druck und Bindung: Hubert & Co BuchPartner, Göttingen
Printed in the EU

Vandenhoeck & Ruprecht Verlage | www.vandenhoeck-ruprecht-verlage.com

ISBN 978-3-525-51388-0

Inhalt

Vorwort IX

Einleitung 1

Paulus 1

sandte der Gemeinde zu Korinth 2

1. Das städtische Umfeld 2

2. Die Gründung der Gemeinde 3

3. Das Profil der Gemeinde 4

im Frühjahr 54 oder 55 von Ephesus aus 5

den ersten Korintherbrief. 6

1. Echtheit und Einheitlichkeit des Briefs 6

2. Thema und Aufbau des Briefs 7

3. Literarische und intertextuelle Eigenart des Briefs 8

4. Zur Wirkung des Briefs 9

Der vorliegende Kommentar 9

Der Briefeingang (1,1–9) 13

Die Brieferöffnung (1,1–3) 13

Die Einleitung in den Brief (1,4–9) 18

I. Zur Gruppenbildung in der Gemeinde (1,10–4,15) 23

Die Einleitung (1,10–17a) 23

1. Christusbotschaft und Weisheit (1,17*–3,2c) 27

1.1 Christusbotschaft *versus* Weltweisheit (1,17*–2,5) 27

Einleitende These (1,17*) 27

Begründende Reflexion (1,18–31) 28

Bekräftigender Rechenschaftsbericht (2,1–5) 35

1.2 Die Christusbotschaft *als* Gottes Weisheit (2,6–3,2c) . . . 37

Einleitende These (2,6) 37

Argumentative Entfaltung (2,7–16) 38

Bekräftigender Rechenschaftsbericht (3,1–2c) 44

Überleitung: Wiederaufnahme des Themas (3,2d–4) 45

2. Apostolischer Dienst und Weisheit (3,5–4,13) 46

2.1 Die Rollen der Apostel und der Gemeindeglieder (3,5–4,5) 46

Einleitende These (3,5) 47

Grundlegende Entfaltung der These (3,6–9*) 47

Argumentative Erläuterung I (3,9*–17) 49

Argumentative Erläuterung II (3,18–23) 52

Argumentative Erläuterung III (4,1–5) 55

2.2 Wider den Hochmut der Gemeindeglieder (4,6–13) 57
Programmbeschreibung (4,6) 57
Polemische Begründung (4,7–13) 59
Der Abschluss des ersten Hauptteils (4,14–15) 62

II. Zu Sexualsünde und Götzendienst (4,16–11,1) 65
Die Einleitung (4,16–17) 65
1. Zu Fragen rund um Sexualsünde (4,18–7,40) 66
1.1 Wider Sexualsünde und Unrecht in der Gemeinde (4,18–6,20) 66
Einleitende Warnung (4,18–21) 67
Verhandlung des konkreten Falls (5,1–13) 68
Klärung der zugrundeliegenden Grundsatzfragen I (6,1–11) 74
Klärung der zugrundeliegenden Grundsatzfragen II (6,12–20) 79
1.2 Gute Gestaltungsformen der Beziehung zwischen Mann und Frau in der Gemeinde (7,1–40) 85
Anlass und Leitsatz (7,1) 85
Erste Erörterung (7,2–5) 86
Überleitung (7,6–7) 88
Zweite Erörterung (7,8–16) 89
Generalisierende Zwischenreflexion (7,17–24) 93
Ausweitung der Thematik (7,25–40) 97
2. Zu Fragen rund um Götzenopfer (8,1–10,31) 105
2.1 Einleitung (8,1–3) 105
2.2 Erste Erörterung (8,4–13) 107
2.3 Klärung der zugrundeliegenden Grundsatzfragen I (9,1–23) 113
Grundlegung (9,1–3) 113
Klärender Vergleich zur paulinischen Position (9,4–18) 114
Beschreibung der paulinischen Position (9,19–23) 122
2.4 Überleitung (9,24–27) 126
2.5 Klärung der zugrundeliegenden Grundsatzfragen II (10,1–22) 128
Erster Redegang (10,1–13) 128
Überleitende Mahnung (10,14–15) 135
Zweiter Redegang (10,16–22) 136
2.6 Zweite Erörterung (10,23–31) 140
Der Abschluss des zweiten Hauptteils (10,32–11,1) 144

III. Zu Gottesdienst und Endzeithoffnung (11,2–16,4) 147
Der Leitsatz (11,2) 147
1. Kopfbedeckung und Haartracht im Gottesdienst (11,3–16) . 148

2. Ein Missstand beim gemeinsamen Mahl (11,17–34) 154
3. Die Geistesgaben (12–14) 162
Einleitung (12,1–3) 163
3.1 Vielfalt und Zusammengehörigkeit der Gnadengaben (12,4–30) 164
Grundlegung (12,4–11) 165
Vergleichend-metaphorische Entfaltung (12,12–27) . . 168
Auswertende Konkretion (12,28–30) 172
3.2 Das Eifern um die größeren Gaben (12,31–14,40) 174
Motto (12,31a) 175
Lobrede (12,31b–13,13) 175
Überleitung (14,1) 182
Vergleichende Betrachtung (14,2–25) 182
Regelungen (14,26–38) 193
Abschluss (14,39–40) 200
4. Die Erwartung der Auferstehung der Toten (15,1–58) 201
4.1 Erinnerung an das Evangelium (15,1–11) 201
4.2 Die Notwendigkeit der Auferstehungserwartung (15,12–34) 210
Negative Beweisführung (15,12–19) 211
Schriftbasierte Darstellung (15,20–28) 214
Argumente aus der Lebenspraxis (15,29–34) 220
4.3 Die Leiblichkeit der Auferstehung (15,35–49) 223
4.4 Die Teilhabe der Christusgläubigen am Sieg über den Tod (15,50–58) 230
5. Die Geldsammlung für die Heiligen in Jerusalem (16,1–4) . . 234

Der Briefausgang (16,5–24) 237
Besuchspläne (16,5–12) 237
Mahnungen (16,13–18) 240
Der Briefschluss (16,19–24) 242

Der Grundgedanke des ersten Korintherbriefs 247

Literaturhinweise 249

Glossar 253

Namens- und Begriffsregister 257

Stellenregister 267

Vorwort

> Was hast du, das du nicht empfangen hast? (1Kor 4,7b) … Denn auch der Leib ist nicht [aus] ein[em] Glied, sondern [aus] viele[n gebildet]. (12,14) … bruchstückhaft erkennen wir (13,9$_{init.}$) … ihr wisst, dass eure Mühe nicht vergeblich ist – im Herrn (15,58f).

Was Paulus einst den Adressaten des ersten Korintherbriefs für ihren weiteren Glaubens- und Lebensweg mitgab, passt im übertragenen Sinne gut zur Veröffentlichung meines Kommentars zu diesem Brief.

Sie weckt erstens große Dankbarkeit. Ich danke

- den Herausgebern der Reihe NTD, den Kollegen Karl-Wilhelm Niebuhr und Samuel Vollenweider, für das Vertrauen, mir die Kommentierung dieses großartigen, anregenden, herausfordernden und bisweilen anstößigen Textes zu übertragen, für die Geduld, mit der sie meine Arbeit begleitet, und für vielfältigen guten Rat, mit dem sie das Werden des Buches gefördert haben;
- den Studierenden der Göttinger Theologischen Fakultät, mit denen ich in diversen Lehrveranstaltungen das paulinische Schreiben erkunden konnte, nicht zuletzt in einer von Johanna Waldmann als Mitarbeiterin konzipierten Übung zu seinen realgeschichtlichen Hintergründen;
- den vielen anderen Menschen, die meine Überlegungen zu Gehalt und Intention bestimmter Briefabschnitte mit mir erörtert haben, im kollegialen Austausch, auf Tagungen, im Göttinger NT-Kolloquium und am heimischen Esstisch;
- der Deutschen Forschungsgemeinschaft, die durch die Bewilligung eines Teilprojekts „Schriftauslegung als Bildungsvorgang in den Briefen des Paulus“ im Sonderforschungsbereich 1136 „Bildung und Religion“ die Erarbeitung des Kommentars unterstützt hat;
- dem Präsidium der Georg-August-Universität Göttingen, das mir durch die Gewährung von Forschungssemestern ermöglicht hat, den Schreibprozess in einer überschaubaren Zeitspanne abzuschließen;
- meinen wissenschaftlichen und studentischen Mitarbeiter:innen Dr. Julian Bergau, Dr. Loic Berge, Dr. Christina Bünger, Dr. Andrew Cowan, Dr. Marion Hauck, Dr. des. Konrad Otto, Dr. des. Wibke Winkler und Niklas Henning, Lena Jung, Janine Müller, Florian Neitmann, die mir viele Hinweise zum besseren Verstehen und angemesseneren Übersetzen etlicher Passagen des Briefs gegeben haben und unter denen Niklas Henning dann auch das Glossar entworfen und an der Korrektur der Druckfahne mitgewirkt hat;

- meiner studentischen Mitarbeiterin Jennifer Gellermann, die jede Zeile des entstehenden Kommentars gelesen, mit ihren durchdachten Einwänden, Fragen und Vorschlägen sowie zahlreichen Verbesserungen seine Endgestalt maßgeblich mitgeprägt und mich schließlich auch bei der Erstellung der Register unterstützt hat;
- den Mitarbeiter:innen der Verlage Vandenhoeck & Ruprecht und Brill, der Setzerei satz&sonders und der Druckerei Hubert & Co., die die Herstellung und Publikation des Buches durchgeführt haben.

Diese Veröffentlichung ist zweitens Anlass, die Grenzen ins Bewusstsein zu heben, denen mein Kommentar unterliegt. Damit meine ich nur am Rande das besondere Format der Reihe; der Zwang zu relativer Kürze und damit zur Konzentration auf das meines Erachtens Wichtige hat auch große Vorzüge. Begrenzt ist grundsätzlich schon das Maß, in dem ein historisches Verstehen des alten Textes überhaupt möglich ist; ich hoffe, dies im Zuge der Kommentierung hinreichend deutlich gemacht zu haben. Auch mein kultureller Horizont, der meine Textlektüre wesentlich bestimmt, ist begrenzt. Zudem ergibt sich aus der Fülle und der sprachlichen Diversität der wissenschaftlichen Literatur, dass ich ihren Reichtum nur fragmentarisch wahrnehmen konnte. Im Übrigen liegen zum ersten Korintherbrief schon viele Kommentare von ausgezeichneter Güte vor. Nur zögernd wage ich es deshalb, ihnen meine Interpretation an die Seite zu stellen.

Ich tue es in der Überzeugung, dass die Aufgabe der Deutung dieses Briefes wie jeder biblischen Schrift, ja, jedes literarischen Textes nie abgeschlossen, dass also tatsächlich noch nicht alles gesagt ist. Ich tue es in der Hoffnung, mit meinem (am Ende der Einleitung erläuterten) Interpretationsansatz, meinem (zum Abschluss der Kommentierung kurz zusammengefassten) Gesamtverständnis, meiner (im Inhaltsverzeichnis abgebildeten) Gliederung und meinen (im Kommentar dargebotenen) Beobachtungen zur Eigenart sowie Überlegungen zum Aussagegehalt des ersten Korintherbriefs einen sinnvollen Beitrag zu seiner historischen Exegese zu leisten – und damit zugleich seine Auslegung für die Gegenwart zu befördern. Und ich tue es in der Zuversicht, interessierte Leser:innen zu finden, die willens sind, ihr eigenes Textverstehen mit meinem in Beziehung zu setzen, also in ein inneres oder auch explizites Gespräch darüber einzutreten, was der erste Korintherbrief einst seinen Erstadressaten sagen sollte und denen, die ihn heute lesen oder hören, sagen kann.

Göttingen, im August 2022 Florian Wilk

Einleitung

Paulus …

Paulus stammte aus Tarsus (Apg 21,39 u. ö.), einer Großstadt in Kilikien an der Südostküste Kleinasiens. Er wurde als Jude traditionsbewusst erzogen (Gal 1,14b), mit starker Verbindung zum Land Israel (Phil 3,5a–d). Demgemäß trug er neben seinem griechischen auch den hebräischen Namen Saul (Apg 26,14 u. ö.) und zog als junger Mann nach Jerusalem (Apg 22,3). Dort schloss er sich den Pharisäern an (Phil 3,5e; Apg 23,6). Diese waren für genaue Gesetzesauslegung bekannt (vgl. Josephus, Bell. 1,110 u. ö.) und näherten sich im Alltag priesterlicher Lebensführung an (vgl. mChag 2,7 u. ö.). Seine geistige Heimat fand Paulus im Judaismus (Gal 1,14a), einer Bewegung, die jüdische Identität durch Abgrenzung von hellenistisch-römischen Einflüssen zu sichern suchte (vgl. 2Makk 2,21f.; 8,1 u. ö.). Er trat daher den Christusgläubigen und der Verbreitung ihres Glaubens entgegen (1Kor 15,9 u. ö.). Infolge einer Vision des auferweckten Christus wurde er Anfang der 30er Jahre aber selbst zu dessen Anhänger und einem seiner wirkmächtigsten Missionare (15,8.10 u. ö.). Konkret sah er sich mit dem Evangelium für die Weltvölker betraut (Röm 15,16 u. ö.). Seiner Überzeugung nach galt die Botschaft, dass Gott Jesus zum Retter gemacht hat, allen Menschen mit gleichem Recht (1Kor 1,22–24 u. ö.); Statusunterschiede unter den Christusgläubigen, etwa zwischen Juden und Griechen, hielt er für ausgeschlossen (7,18f. u. ö.). Dieses Evangelium fand er in den Heiligen Schriften prophezeit (Röm 1,1f.); gelesen im Kontext antik-jüdischer Auslegungstraditionen dienten sie ihm dann auch als fundamentales Interpretament des Evangeliums (Röm 15,4).

Über zwanzig Jahre lang war Paulus im Osten des Römischen Reiches als Apostel tätig. Zuerst arbeitete er eigenständig: im Südosten der Levante („Arabia“: Gal 1,17) sowie im Umfeld von Tarsus (s. Gal 1,21; Apg 9,30). Nach einigen Jahren wurde er dann auf Initiative des Barnabas (1Kor 9,6 u. ö.) Mitglied und Mitarbeiter der Gemeinde zu Antiochia (Apg 11,22–26, s. Gal 1,21; 2,11), einer Großstadt im Nordwesten Syriens. Hier hatten aus Jerusalem vertriebene Christusgläubige begonnen, programmatisch auch Nichtjuden zu predigen (Apg 11,19f.). Mit Barnabas unternahm er in diesem Kontext eine Missionsreise nach Zypern und in den mittleren Süden Kleinasiens (Apg 13f.), wo die ersten Gemeinden der Provinz Galatien (Gal 1,2) entstanden. Später aber kam es zum Streit mit Barnabas (Apg 15,36–41) und der antiochenischen Gemeinde (Gal 2,13f.). Paulus agierte daraufhin erneut selbständig und zog durch Mazedonien und

Griechenland (Apg 16–18, s. 1Thess 1,7f. u. ö.). In Zentren wie Philippi, Thessalonich und Korinth baute er Gemeinden auf, die den Christusglauben ins jeweilige Umland trugen. Danach konzentrierte er sich für einige Jahre auf Ephesus und den Westen Kleinasiens („Asia“: Apg 19, s. 2Kor 1,8 u. ö.). All seinen Gemeinden blieb er durch Boten, Besuche und Briefe als Vaterfigur (1Kor 4,15 u. ö.) verbunden. Gerade die Briefe dienten ihm dazu, die Glaubensexistenz der Adressaten angesichts konkreter Herausforderungen mit theologischen Reflexionen und praktischen Weisungen zu fördern. Auf einer Rundreise durch seine Gemeinden sammelte er schließlich eine lange angebahnte Kollekte (16,1–4 u. ö.), um sie der Gemeinde in Jerusalem als Zeichen der Verbundenheit zu übergeben (Röm 15,25–28.31; Apg 20,1–16). Als er dort eintraf, geriet er in römische Gefangenschaft (Apg 21f.). Die geplante Reise nach Rom, die sein Brief an die Christusgläubigen dort vorbereiten sollte (Röm 1,10–15 u. ö.), konnte er nur noch als Häftling durchführen (Apg 27f.).

… sandte der Gemeinde zu Korinth …

1. Das städtische Umfeld

Korinth lag am Südostende der Landenge („Isthmus“) zwischen dem griechischen Festland und der Halbinsel Peloponnes; die Häfen Lechaion im Norden und Kenchreä im Osten boten Zugänge sowohl zur Adria als auch zur Ägäis. Die Stadt war deshalb seit jeher ein wichtiger Handelsplatz mit großer politischer Bedeutung. Nachdem ein römisches Heer sie 146 v. Chr. zerstört und großenteils entvölkert hatte, wurde sie 44 v. Chr. als römische Kolonie neu gegründet. Seit 27 v. Chr. war Korinth Hauptstadt der Provinz Achaïa, die Mittelgriechenland und die Peloponnes umfasste. Neben dem Handel blühten im 1.Jh. n. Chr. das Bankwesen und das Handwerk auf; bekannt war Korinth für seine Bronzeproduktion und seine Terrakottawaren.

Die Ansiedlung römischer Bürger seit der Neugründung und die im 1.Jh. stark steigende Zuwanderung aus dem Osten des Römischen Reiches führten zu einer ethnisch und kulturell vielschichtigen Bevölkerung mit starkem sozialen Gefälle; sie umfasste zur Zeit des Paulus mindestens mehrere zehn-, womöglich mehr als hunderttausend Menschen. Die städtische Elite war römisch geprägt, Regierungs- wie Verwaltungsvollzüge erfolgten auf Latein; doch die Verkehrssprache war Griechisch. Lokale Philosophenschulen sind nicht bezeugt, wohl aber ein breites Interesse an Bildung, Popularphilosophie und Rhetorik. Zugleich galt Korinth manchen Autoren des 2.Jh. als Hort von Materialismus, Dekadenz und Prostitution; dies dürfte schon im 1.Jh. greifbar gewesen sein. Der Großteil der Bevölkerung mühte sich jedoch schlicht um die Sicherung des Existenzminimums, und viele Menschen lebten in Sklaverei. Bedeutsam für die Stadt waren die alle zwei Jahre stattfindenden Isthmischen Spiele mit vielen Sport-, Kunst- und Redewettbewerben. Unabhängig davon verfügte Korinth wie andere Städte auch über Spiel-, Wettkampf- und Trainingsstätten wie Theater, Odeion und Gymnasium.

Ausweislich archäologischer und literarischer Befunde war das kultische und religiöse Leben gerade in römischer Zeit vielfältig: Die Tempel für Apollon (im Zentrum), Aphrodite (auf dem südlich der Stadt gelegenen Hügel Akrokorinth) und Poseidon (auf dem Isthmus) wurden neu belebt, ebenso die Heiligtümer für Demeter und Kore (am Fuß des Akrokorinth) sowie für Asklepios (am Nordrand der Stadt); einige der am Forum neu errichteten Tempel waren römischen Göttern sowie der Julischen Dynastie gewidmet; ferner gab es (ebenfalls am Akrokorinth) Heiligtümer für die ägyptischen Gottheiten Isis und Serapis. Auch religiöse Vereine, wie sie für andere Städte belegt sind, wird es in Korinth gegeben haben. In ihnen kamen durchschnittlich 20 bis 50 Menschen zur Verehrung bestimmter Gottheiten zusammen, die sich meist im Kontext gemeinsamer Mahlzeiten vollzog. Eine jüdische Synagogengemeinde ist durch Philon, Legat. 281, und Apg 18,4–17 belegt.

2. *Die Gründung der Gemeinde*

In Korinth bezeugte Paulus das Evangelium gemeinsam mit Timotheus und Silvanus/Silas (2Kor 1,19; Apg 18,5); nach Apg 18,11 hielt er sich dazu etwa anderthalb Jahre dort auf. Seinen Lebensunterhalt bestritt er teils aus eigener Arbeit (1Kor 4,12 u. ö.), teils durch Spenden aus Philippi (2Kor 11,8f. u. ö.).

Anhand von Übereinstimmungen zwischen Apg 18 und römischen Quellen ist dieser Aufenthalt näherungsweise zu datieren: Einerseits traf Paulus in Korinth auf Aquila und Priska (1Kor 16,19); sie hatten Rom als Christusgläubige aufgrund eines Edikts des Kaisers Claudius (vgl. Sueton) im Jahr 49 (vgl. Orosius) verlassen müssen und waren kurz vor Paulus nach Korinth gekommen (Apg 18,2). Andererseits wurde er gegen Ende seines Aufenthalts vor dem Prokonsul Gallio verklagt (Apg 18,12–18). Dessen einjährige, im Juli beginnende Amtszeit fiel einer Inschrift aus Delphi aus dem Jahr 52 zufolge in die Jahre 51–52 oder 52–53. Da längere Reisen meist im Frühjahr oder Herbst stattfanden, war Paulus irgendwann zwischen Frühjahr 50 und Herbst 52 in Korinth tätig.

Im Zentrum seines Wirkens stand die Verkündigung (1Kor 1,17a). Gemäß 2,2 und 15,3–5 war sie auf die Kreuzigung und Auferweckung Jesu Christi als das eschatologische Heilsgeschehen fokussiert, das Anteil an der von Gott gestifteten Gerechtigkeit, Heiligung und Erlösung (1,30) gibt. Dadurch wurden die Adressaten aus der Bindung an andere Götter (12,2) sowie einer verderbten, von Gottes endzeitlicher Königsherrschaft trennenden Lebensweise herausgeführt (6,9–11) und zur Existenz in der Gemeinschaft mit Gott gerufen (2Kor 6,14–7,1). Diese Verkündigung dürfte zuerst vorwiegend in persönlichen Begegnungen und kleineren Gruppen erfolgt sein. Chancen dazu boten Paulus' Arbeitsplatz in Aquilas und Priskas Werkstatt, die Synagoge (Apg 18,3f.) sowie die Markt- und Festplätze der Stadt (vgl. Apg 17,17). Hinzu kamen Reden vor Versammlungen, zu Beginn in der Synagoge (vgl. Apg 13,15–41), später im Haus des gottesfürchtigen, für den Christusglauben gewonnenen Titius Justus (Apg 18,7). Das Evangelium nahmen also gerade auch solche Gottesfürchtigen – pagane Sympathisanten des Judentums – an. Schon dies mag die Synagogengemeinschaft veranlasst haben, gegen Paulus anzugehen (Apg 18,12f.), verlor sie damit doch wichtige Bindeglieder zu ihrem Umfeld. Zudem drohte die in seiner Predigt enthaltene Kritik am „Götzendienst" die Akzeptanz der jüdischen Bevölkerung in Korinth zu untergraben. Als sie gegen ihn Anklage erhob, wies der Prokonsul das jedoch als Ausdruck innerjüdischen Streits ab (Apg 18,14–16). Behördlicher Einschränkung unterlagen das Wirken des Apostels und das Leben der jungen Gemeinde daher vorerst nicht. Sein Verzicht auf ein aufmerksamkeitsheischendes Auftreten (1Kor 2,1.4) hat das vermutlich befördert.

3. Das Profil der Gemeinde

Nach 1Kor 11,20; 14,23 konnten sich die Adressaten an einem Ort versammeln; ein gewisser Gaius stellte dafür ein Haus zur Verfügung (Röm 16,23a). Auch große Stadthäuser boten aber höchstens etwa 100 Personen Raum. Die Gemeinde wird demnach ungefähr die Größe eines städtischen Vereins (s.o. zu 1.) gehabt haben. Paulus beschreibt sie als Schar der von Gott Geheiligten (1Kor 1,2 u.ö.), die sich zu Jesus als dem Herrn bekannten (12,3), reich mit Erkenntnis sowie Gaben des Geistes beschenkt waren (1,5.7; 8,1 u.ö.) und regelmäßig zu Mahl und Gottesdienst zusammenkamen (11,20; 14,26 u.ö.).

Von einigen Gemeindegliedern sind Namen überliefert (s. 1Kor 1,14.16; 16,17; Röm 16,23, vgl. Apg 18,7f.). Demnach gehörten ihr Personen aus dem griechischen und dem römischen Kulturkreis an. Zugleich vereinte sie (1Kor 12,13) viele Menschen paganer (6,11a; 12,2) mit einigen jüdischer Prägung (7,18a, vgl. Apg 18,8). In weiteren Hinsichten wies sie Vielfalt auf, die das Potential zu Spannungen barg: a) Das Auftreten des Predigers Apollos im Gefolge der Gemeindegründung (s. 1Kor 3,6 u.ö., vgl. Apg 18,27f.) rief divergierende Vorlieben für verschiedene Verkündigungsansätze hervor (1Kor 1,12; 3,4). b) Es gab Sklaven und Freie (7,21f.; 12,13), doch nur wenige Gemeindeglieder (s. etwa Röm 16,23, vgl. Apg 18,7f.) waren wohlhabend, gebildet und gesellschaftlich angesehen (1Kor 1,26). c) Bei der Stellung zu paganer Kultpraxis zeigten sich Differenzen (8,7), ebenso bei Einschätzung und Handhabung von Gnadengaben (12,29f.). d) Prinzipiell waren Männer und Frauen in der Gemeinde gleichgestellt (s. Gal 3,28); offenbar sahen die Adressaten daraufhin von der andernorts üblichen Unterscheidung der Geschlechterrollen im Gottesdienst ab (1Kor 11,3–16; 14,33b–36).

Mit ihrem sozialen Umfeld war die Gemeinde durch diverse persönliche Beziehungen (1Kor 5,10; 7,12f.; 10,27) vernetzt. Zudem kamen Gäste in ihre Gottesdienste (14,23f.). An etlichen Punkten sah Paulus die – oder doch einige – Gemeindeglieder indes nicht hinreichend von ihrer Vergangenheit (6,11) geschieden: von ‚heidnischer' Denk- und Lebensweise (4,8; 6,1.18; 10,14.20f.; 15,34) und menschlichem Fehlverhalten (3,3f.18; 5,1.11).

… im Frühjahr 54 oder 55 von Ephesus aus …

Paulus versandte den Brief nach Korinth von Ephesus aus, im Vorfeld des jüdischen, jedes Jahr im Mai oder Juni gefeierten Wochenfestes (1Kor 16,8). Das Jahr der Abfassung lässt sich von den Rahmendaten her recht genau bestimmen. Wie dargelegt, verließ Paulus Korinth frühestens im Herbst 51, spätestens im Herbst 52. Er reiste über Ephesus und Cäsarea zurück nach Antiochia und von dort, nach kürzerem Aufenthalt, durch Kleinasien erneut nach Ephesus (vgl. Apg 18,18–19,1). Nach Apg 19,8–10.22; 20,31 hielt er sich dort für knapp drei Jahre auf. Als der Brief entstand, war bereits geraume Zeit vergangen; Paulus berichtet von erfolgreicher Verkündigung unter heftigen Auseinandersetzungen (1Kor 15,32a; 16,8f.) und blickt auf die im Anschluss geplante Kollektenreise voraus (16,3f.). Andererseits stattete er vor der später tatsächlich durchgeführten Reise (2Kor 2,12f.; 9,4; Röm 15,25f., vgl. Apg 20–21) der korinthischen Gemeinde, anders als in 1Kor 16,5f. angekündigt, einen Zwischenbesuch ab (2Kor 1,15f.). Dabei kam es zu einem Konflikt, den er vor einem erneuten Besuch (2Kor 13,1) beizulegen hatte; dies gelang durch ein „unter Tränen" verfasstes Schreiben und die Entsendung des Titus (2Kor 2,3–11; 7,6–15). Den ersten Korintherbrief dürfte er daher etwa im fünften Halbjahr seines Wirkens in Ephesus verschickt haben, also – je nach Datierung des Gründungsaufenthalts – im Frühjahr 54 oder 55.

Dieser Brief nimmt ein mehrstufiges Kommunikationsgeschehen auf: Leute der Chloë haben dem Apostel von einer Gruppenbildung in der Gemeinde berichtet (1Kor 1,11f.); in deren Zusammenhang erfuhr zumal Apollos Wertschätzung (s. 3,5f.; 4,6), während zugleich Vorbehalte gegenüber Paulus laut wurden (4,3.18). Überdies hörte er von sexuellen Verfehlungen (5,1; 6,15f.) samt einem diesbezüglichen Missverständnis eines früheren Briefs aus seiner Feder (5,9–11), daneben auch von Rechtstreitigkeiten (6,1). Ihn erreichte ein Schreiben der Gemeinde mit Problemanzeigen zum Miteinander von Mann und Frau (7,1) sowie, wahrscheinlich, zu weiteren Themen (7,25: keusche Mädchen; 8,1.4: Verzehr von Götzenopferfleisch; 12,1: geistliche Angelegenheiten; 16,1: Kollekte; 16,12: Apollos). Er erfuhr von eigentümlichen Gebetssitten (11,4f.) und einer sozialen Spaltung der Mahlgemeinschaft (11,18), ferner davon, dass der Einsatz geistgewirkten Redens Spannungen hervorrief (14,16) und einige Gemeindeglieder die Erwartung einer Totenauferstehung bestritten (15,12). Manche Informationen dürften von den drei Korinthern stammen, die während der Fertigstellung des Briefs bei Paulus waren und die er nun, vermutlich mit dem Brief, zurückschickte (16,17f.). Zuvor hatte er bereits Timotheus nach Korinth gesandt, um die Adressaten zu beraten (4,17; 16,10). Es ist nicht auszuschließen, dass manche Vorgänge, etwa das Eintreffen des Schreibens aus Korinth oder die Sendung des Timotheus, erst im Laufe der Niederschrift des Briefs stattfanden.

... den ersten Korintherbrief.

In den Handschriften zum Neuen Testament ist der Brieftext gut erhalten; die Zahl der textkritisch unsicheren Stellen ist überschaubar. Er ist zudem schon früh, durch den um 200 entstandenen Papyrus 46, vollständig bezeugt.

1. Echtheit und Einheitlichkeit des Briefs

Dass der Brieftext von Paulus stammt, ist mit Recht weithin anerkannt. Auch für den Passus 1Kor 14,33b–36, der auf den ersten Blick Zweifel weckt, lässt sich die Authentizität plausibel machen. Gleiches gilt für die zumal in der älteren Forschung öfter bestrittene Einheitlichkeit. Grundsätzlich wäre von antiken Parallelen wie den Cicerobriefen her eine Redaktion ohnehin nur in Form einer Aneinanderreihung, nicht einer Verschachtelung mehrerer Brieffragmente denkbar. Es ist aber weder ein Ansatz zum Briefschluss (etwa in 4,16–21) noch ein Neubeginn (etwa in 7,1–5) zu erkennen. In der Tat hat der Brief im Kontext antiker Papyrusbriefe eine enorme Länge. Diese ist aber nicht unrealistisch. Die Fülle der angesprochenen Themen und die Dichte der theologischen Reflexion lassen allerdings einen ausgedehnten Entstehungsprozess vermuten. Daraus sind leichte Verschiebungen im Wortgebrauch (s. 1,10; 11,18: „Spaltungen") und bei der Nennung von Personen (s. 1,16; 16,15: das Hauswesen des Stephanas) ebenso zu erklären wie die Integration grundsätzlich gehaltener Exkurse (7,17–24; 9,1–23; 12,31b–13,13). Anzeichen für verschiedene Abfassungsverhältnisse oder sachliche Widersprüche enthält der Text nicht; das betrifft auch die Aussagen über die pagane Kultpraxis und die Haltung der Gemeindeglieder dazu (8,4–13; 10,6–22.23–31).

2. *Thema und Aufbau des Briefs*

Die literarische Einheitlichkeit des Briefs findet Ausdruck in seinem Aufbau. Dieser ist vom Thema her zu erschließen, das ihn durchgehend bestimmt. Wie ein Vergleich von Eröffnung (1Kor 1,1–3) und Schluss (16,19–24) des Schreibens zeigt, leitet es die Adressaten dazu an, ihre Existenz als „Versammlung Gottes" (1,2) in der Orientierung an ihrem Apostel Paulus und demgemäß in der ökumenischen Verbundenheit mit anderen Gemeinden zu gestalten. Dabei haben sie ihre von Gott in Christus gestiftete Identität anhand der Heiligen Schrift zu deuten und die ihnen daraus erwachsenden Verpflichtungen inmitten ihrer Lebensverhältnisse zu erfüllen. Für die Analyse des Aufbaus sind im Kontext dieser thematischen Ausrichtung diejenigen Aussagen wesentlich, mit denen Paulus sich den Adressaten ausdrücklich und in grundsätzlicher Weise als Apostel Christi zuwendet, ermutigend oder wegweisend. Solche Aussagen finden sich an folgenden Stellen:

1,1:	Paulus, berufen zum Apostel Christi Jesu …
1,4:	Ich danke meinem Gott allezeit euretwegen aufgrund der Gnade Gottes, die euch gegeben wurde in Christus Jesus,
1,10:	Ich rufe euch aber auf, Geschwister, kraft des Namens unseres Herrn …
4,14:	… als meinen geliebten Kindern rücke ich euch den Sinn zurecht.
4,16:	Ich rufe euch somit auf: Werdet meine Nachahmer!
11,1:	Werdet meine Nachahmer, wie auch ich Christi (Nachahmer werde)!
11,2:	Ich lobe euch aber, weil ihr mich bei allem Tun in Erinnerung habt und, wie ich (sie) euch überliefert habe, die Überlieferungen festhaltet.
16,5:	Ich werde aber zu euch kommen …
16,15:	Ich rufe euch aber auf, Geschwister …
16,21:	(Dies ist) der Gruß mit meiner eigenen Hand, von Paulus.

Unter Berücksichtigung der jeweiligen Sinnzusammenhänge sind drei dieser Angaben zu erweitern: Es muss genau genommen 4,14f.; 16,15–18; 16,19–21 heißen. Demgemäß bietet es sich an, den Brief wie folgt zu gliedern:

1,1–3:	Brieferöffnung
1,4–9:	Einleitung (Dank u. a.)
1,10–4,15:	1. Hauptteil
4,16–11,1:	2. Hauptteil
11,2–16,4:	3. Hauptteil
16,5–18:	Epilog
16,19–24:	Briefschluss (Grüße)

In der Tat erweisen sich die Hauptteile in ihrer sachlichen Ausrichtung als Beiträge zur Entfaltung des Briefthemas. Sie erörtern 1. den Missstand einer innergemeindlichen, der Evangeliumsverkündigung des Apostels (1,17) widerstreitenden Gruppenbildung; 2. Vergehen und offene Fragen bezüglich typisch „heidnischer“, den Wegen des Paulus (4,17) zuwiderlaufender Verfehlungen: Sexualsünde und Götzendienst; 3. Probleme, die sich aus einer den paulinischen Überlieferungen (11,2) entgegenstehenden Denk- und Lebensweise in den Bereichen Gottesdienst und Endzeithoffnung ergaben.

3. Literarische und intertextuelle Eigenart des Briefs

Paulus gibt seiner Unterweisung der korinthischen Gemeinde eine briefliche Form. Dies ist nicht nur dem Umstand geschuldet, dass er derzeit nicht nach Korinth kommen kann (s. 1Kor 16,8). Er misst dem Medium „Brief“ aus sachlichen Gründen große Bedeutung für sein Missionswerk zu. Solch ein Schreiben erlaubt es ihm, mit seinen Worten bei den Adressaten auf evangeliumsgemäße Weise präsent zu werden: Es bekundet seine freundschaftliche Verbundenheit mit ihnen als Glaubensgeschwistern (1,10 u. ö.) über die lokale Trennung hinweg; es bringt sowohl seine apostolische Autorität als auch die Freiheit der Gemeinde im verantwortlichen Umgang mit seinen Ausführungen (s. 10,15b u. ö.) zum Ausdruck; es geht auf akute Herausforderungen ein, bedenkt sie aber auf der Basis grundsätzlicher Erwägungen zur Identität der Christusgläubigen – und ist deshalb auf eingehende, wiederholte Lektüre angelegt (s. zu 5,9f.); es wird demgemäß literarisch anspruchsvoll gestaltet, zielt aber zugleich darauf, öffentlich vor allen, auch den vielen illiteraten Gemeindegliedern verlesen zu werden (s. 1Thess 5,27); es wirkt auf diese Weise nachhaltig in die Zusammenkünfte der Gemeinde hinein und stärkt deren Einheit über alle Bildungsunterschiede hinweg. Die Ausrichtung auf die Gemeindeversammlung zeigt sich auch in der Rahmung des Schreibens durch liturgisch anmutende Formulierungen (wie 1Kor 1,3; 16,23).

Charakteristisch für den ersten Korintherbrief ist dabei das Programm, die mehrheitlich paganen Adressaten in einen sachgerechten Umgang mit den Heiligen Schriften einzuweisen (s. 1Kor 4,6 u. ö.): Sie sollen lernen, ihr Dasein „in Christus Jesus“ (1,30) gemäß den Maßstäben zu gestalten, die mit jenen Schriften gegeben sind, und es eben deshalb eschatologisch zu verstehen (s. 10,11 u. ö.). Der Brief stützt sich dazu auf frühchristliche Glaubensaussagen (s. 15,3–5 u. ö.), deutet das Evangelium im Horizont antik-jüdischer, schriftgelehrter Traditionen und verbindet diese mit sachlich passendem hellenistischen Gedankengut (s. 1,18–21 u. ö.). Einige biblische Passagen haben in diesem Kontext besonderes Gewicht: die Schöpfungsaussagen in Gen 1–5 (s. 1Kor 6,16; 7,1; 11,7–12; 14,34; 15,21f.38–41.45); Aussagen zu Passa, Exodus und Wüstenwanderung in Ex 12–32; Num 11–25 (s. 1Kor 5,5–8; 10,1–10.18), zu Gottes Bundesverfügung für Israel in Ex 19–24; 32; Dtn 4–8; 17–22; 28–32 (s. 1Kor 1,9; 5,13; 8,4–6; 10,2.13.20–22; 16,22f.) und Gottes neuer Bundesverfügung in Jer 38[31],31–34 (s. 1Kor 11,25); Psalmworte zu Gottes Macht über und Fürsorge für die Schöpfung und das Gottesvolk (s. 3,17.20; 10,1–10.20.26; 15,25.27; 16,13); Prophetien des Jesajabuches, die Paulus auf Gottes Heilshandeln in Christus und dem Evangelium bezieht (s. 1,17.19f.; 2,9.16; 10,21; 11,23; 14,21.25; 15,3.32.54; 16,9). Mit diesem biblischen Bildungsprogramm fördert er zugleich die Einheit zwischen jüdischen und nichtjüdischen Gemeindegliedern (s. 1,24 u. ö.).

4. Zur Wirkung des Briefs

Im zweiten Korintherbrief ist eine veränderte, weithin auf neue Herausforderungen fokussierte Kommunikation zwischen Paulus und der Gemeinde dokumentiert. Daraus lässt sich erschließen, dass der erste Brief sein Ziel im Wesentlichen erreicht und zur Bewältigung jedenfalls vieler der in ihm angesprochenen Probleme geführt hat. Nur die Sammlung für Jerusalem wird im zweiten Brief erneut thematisiert (2Kor 8f.). Im frühen Christentum hat der erste Brief dann eine reiche Wirkung entfaltet. Deren Anfänge sind schon am Übergang vom 1. zum 2. Jh. greifbar; die Kenntnis des Briefs ist im ersten Clemensbrief (1Clem 47,1–3 u. ö.), in den Briefen des Ignatius (IgnEph 18,1 u. ö.) und bei Polykarp (Polyk 5,3 u. ö.) bezeugt.

Der vorliegende Kommentar

Aus bibelwissenschaftlicher Sicht stellen die neutestamentlichen Texte „literarische Zeugnisse geschichtlicher Glaubenserfahrungen“ (T. Söding) dar. Bei ihrer Kommentierung müssen deshalb ihre literarischen Merkmale, ihre geschichtlichen Hintergründe und ihre theologischen Aussagen zur Geltung kommen. Das gilt für ein Schreiben wie den ersten Korintherbrief in besonderer Weise: In ihm entfaltet Paulus seine Theologie mittels einer spezifischen Literaturform sowie in einer besonderen Sprachgestalt anlässlich einer bestimmten Kommunikationssituation und in sie hinein. Dabei ergibt sich der konkrete Sinn einer Mitteilung erst im Horizont jener Situation. Diese lässt sich indes weithin nur nachträglich aus dem Text des Briefs erschließen; sie sollte daher nicht vorschnell seiner Deutung zugrunde gelegt werden. Zugleich entsteht die Bedeutung eines Satzes erst im Gefüge der Sprach- und Glaubenskultur, in der die Beteiligten brieflich miteinander kommunizieren. Was Paulus schreibt, ist demnach als Ausdruck des Christusbekenntnisses zu lesen, das auf der Basis der Heiligen Schriften Israels, im Kontext des antiken Judentums und in Auseinandersetzung mit der hellenistisch-römischen Welt zur Sprache gebracht wird. Allerdings ist bei konkreten Schriftbezügen stets zu fragen, inwieweit die jeweiligen Bezugstexte den Adressaten bekannt waren oder bekannt gemacht werden sollten; auch diesbezüglich dürfen entsprechende Kenntnisse oder Absichten nicht einfach vorausgesetzt werden.

Aus diesen Überlegungen ist die Gestaltung des Kommentars erwachsen. Er folgt den Sinneinheiten, in die der Brief anhand sprachlicher und inhaltlicher Merkmale zu gliedern ist. Die ermittelte Gliederung wird dabei – im Rahmen des auf S. 7f. nachgezeichneten Gesamtaufbaus – jeweils zu Beginn des betreffenden Hauptteils, Abschnitts, Teilstücks oder Passus vorgestellt.

Für jede Sinneinheit wird zuerst eine Übersetzung geboten, die den exegetisch erhobenen Textsinn so weit wie möglich erkennen lässt. Die Übersetzungen sind dazu in Sinnzeilen gegliedert, von denen manche zur Veranschaulichung der Textstruktur eingerückt sind; zudem machen Ergänzungen im Dünndruck deutlich, wie der Sinn des im Fettdruck abgebildeten griechischen Wortbestands aufgefasst wird. Konkrete Schriftbezüge sind jeweils kursiv gesetzt; explizit als solche ausgewiesene Zitate erscheinen dabei in doppelten, Anspielungen in einfachen Anführungszeichen. Grundlage der Übersetzung ist der griechische Text, den das Institut für Neutestamentliche Textforschung Münster im Novum Testamentum Graece (28. Auflage) herausgegeben hat. An der dort vollzogenen Zeichensetzung orientiert sich die Unterteilung der übersetzten Verse mittels hochgestellter Kleinbuchstaben. An textkritisch besonders diskutablen Stellen sind die jeweils getroffenen Entscheidungen in Anmerkungen zur Übersetzung dokumentiert.

Die Kommentierung der einzelnen Sinneinheiten erfolgt in bis zu fünf Arbeitsschritten. Zuerst werden (A) Form und Aufbau der Einheit beschrieben. Sodann wird (B) ihr Aussagegehalt, nach Versen oder kleinen Versgruppen geordnet, im Zusammenhang der einschlägigen literarischen Kontexte erläutert. Dazu gehören erstens der erste Korintherbrief (auf ihn wird mit bloßen Kapitel- und Verszahlen verwiesen) und die übrigen Paulusbriefe; zweitens die im Alten Testament gesammelten Schriften (nach der Kapitel- und Verszählung der Septuaginta [LXX]), Texte des antiken Judentums, Werke griechischer und römischer Autoren der Antike sowie weitere neutestamentliche und frühchristliche Zeugnisse. Um beide Textgruppen in ihrem je eigenen Gewicht zu würdigen, werden paulinische Belegstellen mit „s.“, alle anderen mit „vgl.“ angeführt. Die dabei verwendeten Abkürzungen sind im Register aufgelöst. Auf Teilverse wird entweder mit Kleinbuchstaben verwiesen oder – wenn Satzzeichen im Quellentext fehlen – mit den tiefgestellten Kürzeln „init.“ und „fin.“, die den Anfang und das Ende eines Verses bezeichnen; ein nach Ausgrenzung eines Teilverses etwa verbleibender Restbestand wird durch einen hochgestellten Stern* angezeigt. Im Zuge der Kommentierung werden hebräische, griechische und lateinische Ausdrücke bei Bedarf in *kursiv gesetzter Umschrift* wiedergegeben. Wird ein von Paulus öfter genutzter Begriff andernorts im Kommentar erläutert, ist er beim jeweils ersten Beleg innerhalb eines Abschnitts mit einem Circellus° versehen; das Glossar gibt Aufschluss, wo die Erläuterung zu finden ist und an welchen Stellen im Brief der betreffende Begriff auftaucht. In einem dritten Schritt (C) wird ermittelt, welche historischen Informationen der jeweiligen Sinneinheit zu entnehmen sind; ein vierter Abschnitt (D) beschreibt, soweit erkennbar, Umfang und Relevanz der in ihr hergestellten Schriftbezüge. Abschließend werden (E) die wesentlichen Sinnaspekte der Texteinheit zusammenfassend dargestellt und ein Hinweis auf ihre aktuelle Bedeutung gegeben.

Der Briefeingang (1,1–9)

Die Brieferöffnung (1,1–3)

1 **Paulus, berufen zum Apostel Christi Jesu durch Gottes Willen,**
und Sosthenes, der Bruder, schreiben hiermit
2 [a]**der** einberufenen **Versammlung Gottes, die in Korinth ist,**
[b]also **solchen, die geheiligt worden sind in Christus Jesus,**
[c]**berufen zu Heiligen**
[d] – in Gemeinschaft **mit** ***‚allen, die anrufen den Namen'*** **unseres** ***‚Herrn'*** **Jesus Christus an jedem Ort,** [e]an **ihrem und** an **unserem:**
3 **Gnade** sei für **euch** vorhanden **und Frieden**
von Gott, der **Vater von uns** ist[,] **und vom Herrn Jesus Christus.**

Am Anfang des Briefes steht, wie in der Antike üblich, ein Präskript. Es enthält griechischem Stil gemäß Absender- und Adressatennamen sowie einen Gruß, präsentiert letzteren orientalischer Sitte folgend als eigenen Satz und ergänzt alle drei Elemente um weitere Angaben, wie es auch in Dan 3,98[Th] geschieht. Paulus baut dieses hellenistisch-jüdische Muster jedoch mit Glaubensaussagen noch breiter aus. Dabei betont er seine Verbundenheit mit den Adressaten, indem er ihnen in rückläufiger Folge ähnliche Attribute beimisst wie sich als Apostel: „berufen" – zum Leben für „Christus Jesus" – durch „Gottes" Wirken. So umreißt der Passus den geistlichen Rahmen für die briefliche Kommunikation. Was diesen Rahmen bestimmt, zeigt die gehäufte Verwendung des Wortfeldes „rufen" *(klētos, ekklēsia, epikalein)* sowie der Ausdrücke „Gott" und „Christus Jesus" bzw. „Herr Jesus Christus": Auf je eigene Weise sind beide, Absender und Adressaten, gemeinsam mit anderen (1,2d) in die Beziehung zu Gott gestellt, die Jesus als Christus gestiftet hat und die sich daher in der bekenntnisartigen Anrufung seines Namens äußert. A

Die Absenderangabe verleiht dem Brief ein offizielles Gepräge: Paulus schreibt als Apostel, d. h. „Abgesandter" einer höheren Autorität. Allerdings hat sein Amt ein besonderes Profil. Anders als das eines „Gesandten" *(schali[a]ch)* in rabbinischen Texten ist es von Dauer (s. 4,1–5); und anders als im politischen Bereich handelt er nicht stellvertretend für ein Kollektiv oder einen Herrscher, sondern als bevollmächtigter Diener seines Herrn (s. 3,5). B 1

Dessen Titel „Christus°", d. h. „Gesalbter", ist nur vor jüdischem Horizont verständlich, da die griechisch-römische Kultur keine Salbung von Personen kennt. Im AT dient sie zur öffentlichen Legitimation zumal von Königen und Priestern. Spätere jüdische Texte (PsSal 17f.; CD 12–14; 19f.; 2Bar 29f. u. a.) nennen dann die für die Endzeit erhoffte Rettergestalt

„den Gesalbten“, dem teils königliche, teils priesterliche, teils prophetische Aufgaben obliegen. Entsprechend meint „Christus“ bei Paulus den eschatologischen Repräsentanten Gottes (15,20–28 u. ö.), der nach biblischem Zeugnis (15,3f.) die Heilszusagen für Israel und die Völkerwelt zur Erfüllung bringt (1,24 u. ö.).

Den Ursprung seines Apostolats erblickt Paulus folgerichtig im Wollen Gottes, das insgesamt sein Leben bestimmt: als Geschöpf (15,38f.), als Gemeindeglied (12,18), sogar als Reisender (4,19). Vollzogen sieht er dieses Wollen darin, dass er „berufen“ *(klētos)* ist, dass also Gott sich ihm gnädig zugewendet und ihn in Dienst genommen hat (vgl. z. B. Jes 42,6). Erst später im Brief verankert er sein Amt in der Schau des Auferstandenen (9,1; 15,8).

Die Angabe eines Mitabsenders passt zum amtlichen Charakter des Briefs und stellt ihn in die antik-jüdische Tradition offizieller Briefe in die Diaspora (vgl. etwa 2Makk 1,1.10). Als Mit*verfasser* kann Sosthenes, den die Adressaten offenbar kennen, indes nicht gelten. Ab 1,4 schreibt Paulus meist im Ich-Stil; und wo ihnen eine Wir-Gruppe gegenübertritt, geht es allgemein um Christusverkündiger (1,23 u. ö.). Vielmehr präsentiert er hier einen Mitarbeiter als Gewährsmann für sein Verhältnis zur Gemeinde. Dafür sorgt wie in 2Kor 1,1 das Bildwort „der Bruder“. Es weist Sosthenes nicht nur antiker Konvention gemäß als vertrauten Kollegen des Briefautors aus. Es stellt ihn auch in die Reihe derer, die die Beziehung zwischen Apostel und Gemeinde mitgestalten: Timotheus (4,17; 16,10f.; 2Kor 1,1.19), ein Kollektengesandter (2Kor 8,18; 12,18), Apollos (16,12). Zudem schlägt es eine Brücke zu den Korinthern, die Paulus ihrerseits „Geschwister“ nennt (1,10 u. ö.) – und dabei, verbreitetem Wortgebrauch folgend, Frauen einschließt (s. 7,15.24).

2 Die Adressaten werden – parallel zur Selbstvorstellung des Apostels, aber noch ausführlicher – mit drei Würdetiteln charakterisiert. Der erste lautet „die Versammlung Gottes“ *(ekklēsia theou)*. Dieser Begriff hat bei Paulus, der ihn als Selbstbezeichnung der von ihm einst verfolgten Christusgläubigen vorfand (s. 15,9 u. ö.), drei Sinnaspekte: Er bezeichnet 1. gemäß der Grundbedeutung von *ekklēsia* (einberufene Bürgerversammlung) die Zusammenkunft der Adressaten zu Gottesdienst und anderem (11,18–22 u. ö.). Er erinnert 2. an die LXX-Wendung „Versammlung des Herrn“ *(ekklēsia kyriou)*, die auf das gemeinschaftliche Leben des Gottesvolkes im Horizont des Kultes verweist (vgl. Dtn 23,2–9[1–8] u. ö.) – und zeigt somit zweierlei an: dass die Gemeinschaft der Christusgläubigen überregional existiert (10,32), aber lokal in Erscheinung tritt (4,17 u. ö.), und dass sie in ihrer Lebensführung bestimmten Standards unterliegt. 3. schließlich entspricht der Begriff Texten wie 1QS 1,12; 1QM 4,9f., die die im endzeitlichen Kampf stehende Schar der bundestreuen Israeliten „Einung ...“, „Gemeinde ...“ oder „Versammlung Gottes“ nennen; er identifiziert also die Gemeinschaft der Christusgläubigen als die von Gott zum „Ende der

Weltzeiten“ (10,11) gesammelte, als solche von außen angefeindete Heilsgemeinde (s. 1Thess 2,14 u. ö.).

Die zweite und die dritte Würdebezeichnung (1,2b–c) stellen die Prägung der Adressaten durch Gottes Heiligkeit heraus. Dabei setzt Paulus wie schon beim Christus-Titel (1,1) eine jüdisch geprägte Vorstellungswelt voraus; außerhalb ihrer heißen nur Kulteinrichtungen „heilig“. In ihr aber leitet sich Heiligkeit von Gott her, da Gott selbst heilig ist (1Sam 2,2 u. ö.). Demgemäß legt die LXX das Attribut „Geheiligte“ nicht nur Priestern (2Chr 26,18 u. ö.) und Nasiräern (Am 2,12 u. ö.), sondern auch den Israeliten (Dtn 33,3 u. ö.) bzw. kollektiv dem Volk Israel (Dan 4,19[22] u. ö.) bei, um anzuzeigen, dass jene Menschen in den Heilsraum Gottes gnädig einbezogen sind. Genau das kündigt PsSal 17,26.43 für die messianische Zeit neu an. Als „Geheiligten“ wird den Adressaten also in Aufnahme jener messianischen Erwartung solches Einbezogensein zugeschrieben (s. Röm 15,16) – und zwar „*in* Christus Jesus°“ (s. 1,30), d. h. aufgrund ihrer je eigenen Bindung an ihn als Herrn, die durch die Taufe besiegelt worden ist (6,11). Damit aber sind sie zugleich „berufen zu Heiligen“ (1,2c), also im Zuge der göttlichen Zuwendung in Anspruch genommen, ihr Leben innerhalb jenes Heilsraums zu führen und ganz von Gottes Heiligkeit prägen zu lassen (s. 6,1 f. u. ö. und vgl. Lev 19,2 u. ö.).

Gemäß 1,2a gilt das für einen konkreten Ort: Korinth. Unter den dortigen Bedingungen haben die Adressaten zu leben, gemeinsam als „Versammlung Gottes“, je für sich als „zu Heiligen Berufene“. Allerdings unterstreicht die Wendung am Versende (1,2d–e), was schon das Nachklappen der Ortsangabe in 1,2a andeutet: Die korinthische Gemeinde ist Teil der vielerorts präsenten Schar derer, „die den Namen unseres Herrn° Jesus Christus anrufen *(epikalein)*“. Wie ähnliche Formulierungen in Röm 10,12 f.; Apg 9,14.21; 2Tim 2,22 belegen, dient die Wendung als Identitätsangabe; sie lässt das im Gottesdienst verankerte Bekenntnis zu Jesus als „Herrn“ (*kyrios*, s. 12,3 u. ö.) anklingen. Die Verknüpfung des ohnehin titularen Ausdrucks „Jesus Christus“ mit dem hier wie meist vorangestellten Prädikat „unser Herr“ betont dabei dreierlei: die im Bekenntnis gegebene Verbundenheit von Absendern und Adressaten (Röm 15,30 u. ö.), die gemeinschaftliche, das ganze Leben bestimmende Bindung an Jesus Christus (1,10; Röm 5,21) und dessen einzigartige Würde. Er ist es ja, der den Christusgläubigen eine heilvolle Beziehung zu Gott (Röm 5,1) und damit endzeitliche Rettung (15,57 u. ö.) erschließt. Er tut dies mit seinem Weg vom Kreuz (Gal 6,14) zur Auferstehung (Röm 1,4 u. ö.) und zur erhofften endzeitlichen Erscheinung (1,7 u. ö.). Gerade deshalb trägt er den höchsten Namen „Herr“ (s. Phil 2,9–11), der seit hellenistischer Zeit in jüdischem wie paganem Wortgebrauch an sich Gott gebührt (vgl. Apg 17,24 u. ö.); in Schriftbezügen (s. 14,21 u. ö.) behält Paulus diesen Gebrauch z. T. auch bei. Der Verweis auf den „Namen“ knüpft im Übrigen die Beziehung zu seinem Träger daran, dass der sich selbst bekannt und ansprechbar gemacht hat. Da jener Name aber, wie Paulus notiert, „an jedem Ort“ (s. 2Kor 2,14 u. ö.) angerufen wird, „an ihrem und an unserem“, erfolgt das briefliche Gespräch der Absender mit den Adressaten im Kontext aller christusgläubigen Gemeinden, nicht nur der paulinischen. Der ökumenische Kontext wird dann auch in 4,17d; 7,17d; 10,32; 11,16b; 14,33b; 16,1.19f. betont.

Es ist allerdings unklar, wie 1,2d–e in den Satz 1,1–3 hineinpasst. Grammatikalisch korrekt wäre die „mit“-Angabe wie in 2Kor 1,1 u. ö. als Ausweitung der Adresse zu lesen; doch dazu eignet sie sich am Beginn des konkrete Gemeindeprobleme erörternden Briefs kaum. Andere Lösungen sind syntaktisch sperrig. Die Forschung hat den Teilvers daher z. T. als spätere Glosse gewertet. Ihm eignet aber gerade wegen seiner lockeren Verortung im Satz ein guter Sinn. Denn diese legt es nahe, 1,2c *und* 1,3 durch 1,2d–e erläutert zu sehen. Die Angabe verbindet also die Adressaten mit denen, die ihrerseits „zu Heiligen berufen“ sind (14,33; 16,1), und bezieht diese zugleich in den Gnaden- und Friedenszuspruch ein. Letzteres entspricht späteren galiläischen Synagogeninschriften wie z. B. „Friede über diesem Ort und über allen Orten Israels“. Der Zusatz „ihrem und unserem“ (1,2e) erläutert demgemäß aus 1,2d die Angabe „an jedem Ort“, nicht die Rede von „unserem Herrn“.

3 Der Eingangsgruß ist gegenüber der griechischen Grundform – dem Zuspruch „sich zu freuen“ *(chairein)* – auf typisch paulinische Art verändert (s. Röm 1,7 u. ö.) und ergeht in feierlich-eingängiger, symmetrischer Wortfolge:

charis	*hymin*	*kai*	*eirēnē*
apo theou patros	*hēmōn*	*kai*	*kyriou Iēsou Christou.*

Die erste Zeile lehnt sich an antik-jüdische Formulierungen an: Einerseits betete man, vielleicht in Bezug auf den Priester-Segen Num 6,25[24]ff., um „Erbarmen und Frieden“ (Jub 22,9, vgl. Sir 50,23[25]f.) oder sagte sie von Gott her anderen zu (mündlich: Tob 7,11^{S}; brieflich: 2Bar 78,2); andererseits erwartete man „Gnade und Erbarmen“ für Gottes Heilige und Erwählte (Sap 3,9; 4,15). Bei Paulus verweist der Begriff „Gnade“ *(charis)* – der den Zuspruch *chairein* anklingen lässt – auf die frei gewährte Teilhabe an dem von Christus erschlossenen Heil (s. 2Kor 6,1 u. ö.). Die Rede vom „Frieden“ wiederum lässt das hebräische Pendant *schalom* anklingen und zeigt die Wirklichkeit des in Christus ‚befriedeten‘ Gottesverhältnisses an, die es im Lebensvollzug zu bewahren gilt (s. Phil 4,7–9 u. ö.). So grenzt sich der Gruß, auch in der Verknüpfung beider Ausdrücke (s. Röm 5,1f.), vom zeitgenössisch-römischen Sprachgebrauch ab, der zu erwidernde „Gunst“ und weltweiten „Frieden“ jeweils primär auf das Kaiserhaus zurückführte.

Solche Abgrenzung von der Kaiserverehrung prägt auch die zweite Zeile des Grußes, die die göttliche Herkunft von „Gnade und Frieden“ benennt.

Römische Kaiser konnten ihren (Adoptiv-)Vater als „Gott mein Vater" oder sich selbst als „Herr" präsentieren und den Dreiklang aus funktionalem Titel, Namen und Würdebezeichnung (etwa *Imperator Caesar Augustus*) zur Selbstdarstellung nutzen. Demgegenüber greift 1,3 die biblisch-jüdische Rede von Gott als Vater° auf, die Israels Gottesbeziehung im Kern erläutert: Gott hat sie durch Erwählung gestiftet, sodass Israeliten einerseits Gottes Fürsorge preisen (Ps 102[103],13) oder auch einklagen (Jes 63,15f. u. ö.), andererseits sich auf Gottes Weisung verpflichtet sehen (ApokrEz 3 u. ö.). Diese Redeweise wird nun auf die Christusgläubigen übertragen: Ihnen, die zum „Herrn Jesus Christus" gehören, hat Gott sich als „Vater" verbunden (s. 8,6), sodass sie sich ihrerseits mit Christus zu Gott als Vater halten, in Gebet und Lebensvollzug (Röm 8,14–17). Ihre Gottes- und ihre Christusbeziehung sind also voneinander zwar zu unterscheiden, nicht aber zu trennen; denn es ist Jesus Christus, der sie als Gottes „Sohn" zu seinen „Geschwistern" macht (Röm 8,29) und so in die ihm eigene Gemeinschaft mit Gott hineinführt (1,9; 15,23–28). Der Gruß 1,3 unterstreicht das durch die Doppeldeutigkeit des Satzbaus; denn die Schlusswendung „und vom Herrn Jesus Christus" kann zwei Aussagen fortführen: entweder „Frieden von Gott …" (s. 1Thess 3,11) oder, ohne zusätzliches Komma, „Vater von uns …" (s. 2Kor 1,3 u. ö.).

C Zu den historischen Gegebenheiten, die der Text in den Blick rückt, ist über die Einleitung hinaus Folgendes zu notieren: Sosthenes war nach 2Kor 1,19 an der Gemeindegründung noch nicht beteiligt. Womöglich ist er mit dem in Apg 18,17 erwähnten Synagogenvorsteher gleichen, im 1. Jh. eher seltenen, Namens zu identifizieren. Man hätte dann anzunehmen, dass neben Krispus (1,14; Apg 18,8) auch er zum Christusglauben kam, sich daraufhin Paulus anschloss und nach Ephesus (16,8; Apg 19,1) begab. Sollte dies zutreffen, würde die Nennung seines Namens an seinen Lebensweg und damit an die Gefährdung der „Versammlung Gottes" erinnern, zugleich aber an die Verbundenheit des paulinischen Missionswerkes mit den Traditionen Israels.

Beziehungen der korinthischen „Versammlung Gottes" zu anderen Gemeinden von Christusgläubigen sind für Achaïa belegt (s. 2Kor 1,1 u. ö.). Sie tauschte zudem Nachrichten mit den Gemeinden des Paulus in Makedonien aus (1Thess 1,7f. u. ö.), vermutlich auch – etwa über Aquila und Priska (16,19; Apg 18,2.18f.) – mit „den Gemeinden Asiens" (16,19), zumal der in Ephesus. Ins Bewusstsein hebt 1,2c–d aber vor allem die durch eine Geldsammlung zu bestätigende Beziehung zu den „Heiligen" in Jerusalem als den ersten Trägern dieses Prädikats (16,1–3 u. ö.).

Vor diesem Hintergrund wird der Wirklichkeitsbezug der überwiegend juden-christlichen Sprache des Präskripts deutlich: Die Adressaten werden eingewiesen in ein Beziehungsgefüge, das wesentlich jüdisch geprägt ist.

D Dazu passt das Ergebnis der intertextuellen Analyse. Die syntaktisch sperrige Einfügung von 1,2d greift Joel 2,32[3,5] auf:

[a]Und es wird sein: *Jeder, der anruft den Namen des Herrn*, wird gerettet werden; [b]denn auf dem Berg Zion und in Jerusalem wird er errettet sein, wie der Herr sagte, und gute Botschaft werden hören/verkünden, welche der Herr herbeigerufen hat.

Hier liegt gewiss eine beabsichtigte Anspielung vor. Vier Gründe sprechen dafür: 1. verknüpft in der LXX nur dieser Vers die öfter belegte Wendung „den Namen des Herrn anrufen" mit dem Pronomen „jeder/alle"; 2. klingt in 1,1–9 die Verheißung Joel 2,28–32[3,1–5] mehrfach an – zumal bei der Rede von der „Berufung" in 1,1f.9 (Joel 2,32), von den „Gnadengaben" in 1,5.7 (Joel 2,28f.), von der „Offenbarung" und dem „Tag des Herrn" in 1,7f. (Joel 2,30f.); 3. führt Paulus Joel 2,32a^{LXX} in Röm 10,13 dann wörtlich an; 4. ist der Joel-Text auch für andere Zeugen des Christusglaubens bedeutsam, wie Apg 2,16–21 zeigt. In 1Kor 1 markiert der Schriftbezug, dass Paulus zufolge die Gründung der „Versammlung Gottes" in Korinth und an anderen Orten jene Verheißung Joels zur Erfüllung bringt – und zwar gerade mit dem Wechselspiel von Berufung und Anrufung sowie der Hoffnung auf endzeitliche Rettung, welche diese „Versammlung" auszeichnen. Wenn die Adressaten die Anspielung wahrnehmen, wird ihr Selbstverständnis als Gemeinde demnach zugleich biblisch verankert und eschatologisch geprägt.

E Der Abschnitt 1,1–3 ist ein Musterbeispiel paulinischer Brieferöffnung: Durch präzise, wohl geordnete Formulierungen werden die am brieflichen Gespräch Beteiligten in ihrer jeweiligen Gottes- und Christusbeziehung gewürdigt, auf dieser Basis miteinander verbunden und zugleich in die Schar aller Christusgläubigen hineingestellt. Das zentrale Gesprächsthema tritt hierbei deutlich zutage: Zu klären ist, wie die Adressaten ihr Dasein als „Versammlung Gottes" in ihrer konkreten Lebenssituation gestalten können – und zwar so, dass sie, in Gemeinschaft mit ihrem Apostel und den „Heiligen" zu Jerusalem und andernorts, den biblischen Heilszusagen, die Christus für sie zur Erfüllung bringt, ebenso entsprechen wie den daraus erwachsenden Verpflichtungen. So regt der Passus heute dazu an, die Wirklichkeit christlicher Gemeinden ihrerseits christologisch fundiert, biblisch-eschatologisch bestimmt, ökumenisch verantwortet und kontextuell verortet zu reflektieren.

Die Einleitung in den Brief (1,4–9)

4 **Ich danke meinem Gott allezeit euretwegen**
aufgrund der Gnade Gottes, die euch gegeben wurde in Christus Jesus,
5 dafür, **dass ihr an allem reich gemacht wurdet in ihm,**
an jeglicher ‚*Rede und*' jeglicher ‚*Erkenntnis*',
6 **da ja das Christus-Zeugnis** bestätigend **befestigt wurde in euch,**
7 **sodass ihr keinen Mangel habt an irgendeiner Gnadengabe,**
während ihr die Offenbarung unseres Herrn Jesus Christus erwartet;

8 **der wird euch** nun **auch** bestätigend **befestigen bis zur Vollendung:**
als unanklagbar am Tag unseres Herrn Jesus ᵀ.
9 **Treu** nämlich **ist Gott, von dem ihr berufen wurdet**
zur Gemeinschaft seines Sohnes, Jesu Christi, unseres Herrn.

ᵀ *Die Lesart ohne folgendes „Christus" ist textkritisch vorzuziehen: Sie ist kürzer, zwischen V. 7 und V. 9 auch schwieriger und entspricht paulinischer Diktion (s. 2Kor 1,14).*

Als Hinführung zum Briefkorpus dient hier wie in anderen Paulusbriefen ein Proömium: Es bekundet und stiftet Wohlwollen und deutet den Anlass des Briefs an. Gemäß der antiken Sitte, den Erhalt guter Nachrichten über die Adressaten mit Dank an die Götter zu bestätigen, beginnt es mit einer längeren Danksagung (1,4–7); deren Ausblick auf die Endzeit zieht dann eine Zusicherung göttlichen Beistands nach sich (1,8f.). Verbunden sind beide Teile im Motiv der „Befestigung", die teils erfolgt ist, teils noch aussteht (1,6.8); den Rahmen bilden die Rückverweise auf 1,1–3 in den Ausdrücken „Gnade Gottes" (1,4) und „von Gott berufen" (1,9). Ferner fällt die Fülle der Gottes Handeln anzeigenden Passiv-Verben (1,4–6.9) und der christologischen Titel (1,4.6–9) auf. Demnach soll der Passus die Leserschaft in die „Gemeinschaft" mit ihrem Herrn Jesus Christus einweisen, die sich durch Gottes befestigendes Wirken verwirklicht – als Prozess, der vom Empfang des Christus-Zeugnisses bis zur Vollendung am Tag des Herrn Jesus reicht. A

Der Dank hat wie in Röm 1,8 u. ö. die Form des Berichts über ein beständiges Beten. Dies richtet sich im Stil biblischer Texte an Gott persönlich (vgl. Ps 3,8 u. ö.), um die Adressaten des Berichts stellvertretend vor Gott zu bringen (vgl. Dan 9,18f.ᵀʰ). Paulus drückt dadurch die Verbundenheit mit der Gemeinde als „(s)einem Werk im Herrn" (9,1) ebenso aus wie das Bewusstsein, dass sie „Gottes Bauwerk" (3,9) ist. Die Wendung „in Christus Jesus°" hat hier demnach ekklesiologischen Sinn: Sie bezeichnet das Einbezogensein in den Bereich, den das Christusgeschehen bestimmt (s. Phil 2,5). Die Rede von „gegebener Gnade°" weist dabei über die Teilhabe am Heil (s. 1,3) hinaus auf die damit verknüpften Begabungen und Aufgaben (s. Röm 12,6 u. ö.). B 4

In der Tat attestiert Paulus den Adressaten, „reich" zu sein an „Gnadengaben°", d. h. Begabungen, die Gottes Geist (s. 2,4) in den Christusgläubigen weckt (s. 12,4–11). Dieser Reichtum sei so groß, dass es der Gemeinde an keiner Gnadengabe mangele – womit sowohl das gänzliche Fehlen als auch die mangelhafte Ausprägung bestimmter Gaben bestritten sein dürfte (ein Vergleich mit anderen Gemeinden erfolgt nicht). Paulus verankert jene Gaben aber betont „in" Christus°. Mit „jeglicher Rede *(logos)* und … Erkenntnis° *(gnōsis)*", die er beispielhaft nennt, meint er also Rede- und Erkenntnisweisen, die aus der Christusbeziehung erwachsen und auf sie bezogen sind. Der weitere Brief thematisiert dann beides: geistgewirkte Redeformen – vom Bekenntnis (12,3) über Weisheitsrede (2,6f.13; 12,8), 5–7

Lehre (14,26 u. ö.) und Prophetie bis zur Rede in fremden Sprachen (12,10 u. ö.) – und geistgewirkte Erkenntnisweisen: um das empfangene Heilsgut zu wissen (2,12), die Einzigkeit Gottes und Jesu Christi als des Herrn° zu erkennen (8,4–7 u. ö.), Prophetie beurteilen oder fremde Sprachen verstehen sowie übersetzen zu können (12,10 u. ö.).

Dass manches davon später kritisch diskutiert wird, deutet sich noch nicht an. Paulus schwelgt geradezu im Dank für die mit Gnadengaben reich beschenkte Gemeinde. Allerdings wird dieser Reichtum in die Jesus-Christus-Geschichte eingeordnet: Er basiert darauf, dass Gottes Geist das apostolische Zeugnis, dessen Ursprung und Gegenstand das Christusgeschehen ist (2,1 f.; 15,15), den Adressaten gegenüber als rechtmäßig bestätigt und so in ihnen befestigt hat (s. 2,4 f.); und er verliert seine Bedeutung (s. 13,8), sobald die erwartete „Offenbarung", also das endzeitliche Kommen Jesu Christi (4,5, s. Phil 3,20 f.), das Gericht über alles menschliche Tun und das Ende der Vergänglichkeit heraufführt (Röm 2,5 f.; 8,18–21, s. auch 1Kor 3,13).

8–9 Erfolgt damit schon eine Relativierung der Gnadengaben (s. 13,9), so tritt ihre Bedeutung am Ende des Proömiums ganz hinter die Aufgabe ethischer Bewährung zurück: Entscheidend ist, am „Tag des Herrn" (5,5, vgl. etwa Joel 2,31^{LXX}) als dem Tag des Gerichts (3,13 u. ö.) keinen Anlass für eine Anklage zu geben (s. Röm 8,33), d. h. unbescholten dazustehen. Diese Aufgabe wird indes in besonderer Form angezeigt: nicht als Bittgebet, Appell oder segensartiger Zuspruch (so Phil 1,9–11; 2,14–16; 1Thess 3,12 f.), sondern als Zusicherung, die an den Rückblick aus 1,6 anknüpft: Auch künftig werde Gott das Dasein der Adressaten „in" Christus (1,4 f.) bestätigend befestigen – und zwar, wie es doppelsinnig heißt, „bis zur Vollendung": ihres Daseins (s. 2Kor 1,13) und der Weltzeit im Ganzen (15,24). Zur Begründung dient ein Treuespruch. Mit ihm greift Paulus die biblische Überzeugung auf, dass alle, die als Erwählte im Bund mit Gott leben, der Treue Gottes gewiss sein können (vgl. Dtn 7,6–9; Jes 49,7) – und überträgt sie auf die Christusgläubigen (s. 1Thess 5,24 u. ö.): Als Berufene° stehen sie mit Jesus Christus in „Gemeinschaft" *(koinōnia)*, was antik-griechischem Sprachgebrauch nach meint: in einem verlässlichen Verhältnis gemeinsamer Teilhabe und wechselseitiger Verpflichtung (s. 10,16). Deshalb gilt ein Doppeltes: 1. Weil er „der Sohn" Gottes, des Vaters, ist (s. 15,24b.28), erschließt er ihnen in seiner Lebenshingabe (s. Gal 2,20d; Röm 8,32) und Auferweckung (1Thess 1,10) endzeitlichen Anteil an der ihm bereits eigenen Herrlichkeit (s. 2,7 f.; Röm 8,29 f.) der Kinder Gottes (Röm 8,21). Biblischer wie kaiserzeitlich-römischer Anschauung gemäß ist ihm nämlich mit der Einsetzung zum Sohn Gottes die Macht zum Vollzug der Herrschaft Gottes zuteilgeworden (vgl. Ps 2,6–9 und s. o. zu 1,3); und diese Macht erstreckt sich kraft der Auferweckung Jesu über die ganze Schöpfung (s. 15,24c–27a; Röm 1,4a). 2. Weil er zugleich der Herr ist, dem die Korinther wie Paulus im Geist verbunden sind (6,17) – und der ihr

Leben einst beurteilen wird (4,4f.) –, erwächst solch endzeitliche Herrlichkeit daraus, dass sie ihr Leben der Gemeinschaft mit ihm entsprechend gestalten. Demgemäß markiert der Genitiv am Textende Jesus Christus zugleich als Urheber dieser Gemeinschaft, welche die Gemeinschaft der Adressaten untereinander (s. 1,10; 8,9; 11,18; 12,13; 14,12 u. ö.) und mit ihrem Apostel (s. 4,16; 11,1 u. ö.) einschließt.

C In 1,6 verweist Paulus mit der Rede vom „Christus-Zeugnis" auf seine Missionspredigt (s. 2,1f.; 15,1–5), mit der Notiz zu deren „Befestigung" auf das Wirken des Geistes (s. 2,4f.). In der Tat sieht er den Geist seit der Taufe an den Adressaten wirksam werden (s. 6,11; 12,13). Demnach wurzelt deren Reichtum an den ihrerseits geistgewirkten Gnadengaben im Gründungsaufenthalt des Paulus in Korinth (s. S. 3f.). Wohl auch deshalb sind ihm, der sich selbst ebenfalls als „Pneumatiker" präsentiert (2,13–16), diese Gaben keineswegs fremd, sondern vertraut (14,18) und wichtig (1Thess 5,19).

D Dazu passt der zu 1,1–3 bereits erwähnte Konnex mit Joel 2,28[3,1], der die „Gnadengaben" (1,7), zumal geistgewirktes Reden (1,5) wie z. B. die Prophetie, als eschatologisches Phänomen aufzufassen lehrt. Andererseits erinnert die paulinische Wortwahl in 1,5 an die Einleitung einer Sammlung von „Reden/Worten von Weisen" (Spr 22,17–21), in der es heißt:

> [17]Auf Reden/Worte von Weisen richte dein Ohr [...] [19]damit deine Hoffnung auf den Herrn hin sei und er dir seinen Weg zu erkennen gebe. [...] [21]Ich lehre dich also, wahre/s *Rede/Wort und* gute *Erkenntnis* zu hören [...]

Das Duo „Rede und Erkenntnis" weist im Licht dieser singulären LXX-Parallele auf die den Adressaten in 2,6–16 anempfohlene Weisheitsrede voraus. Es tut das umso mehr, als Paulus jenes Duo mit der Zuordnung zu den Gnadengaben Gottes von der Hochschätzung der Redekunst als Medium philosophischer Weisheit (etwa bei Cicero) abgrenzt, die er in 1,17–2,5 kritisiert.

E Das Proömium bereitet die Unterweisung für das Leben als „Versammlung Gottes" (1,2), die der Brief bietet, geschickt vor: Es würdigt die Begabungen der Adressaten, benennt jedoch zugleich die Aufgabe, vor der sie stehen; es lässt für das Folgende wichtige Stichworte und Motive anklingen, stellt aber primär den Kerngedanken der sich prozessual entfaltenden Christus-Gemeinschaft heraus; und es fasst all dies in die Form des Danks und der Zuversicht gegenüber Gott, „der Wort und Treue hält ewiglich und nicht fahren lässt das Werk seiner Hände" (ev.-reformierte Liturgie). So gibt das Proömium wichtige Impulse, auf welche Weise gemeindliche Unterweisung und innergemeindliche Kommunikation heute eröffnet werden können.

I. Zur Gruppenbildung in der Gemeinde (1,10–4,15)

Die Einweisung der Adressaten in das Dasein als „Versammlung Gottes“ (1,2a) und damit in die „Gemeinschaft ... Jesu Christi“ (1,9) beginnt mit einer Erörterung des Missstandes, dass in der Gemeinde miteinander konkurrierende Gruppen entstanden sind (1,10f.; 3,3). Da diese sich bestimmten Personen zuordnen (1,12; 3,4), beruht die Gruppenbildung nach Paulus auf einem falschen Apostelbild (s. 1,13; 3,5–9; 4,9–13); und das wiederum führt er auf eine verfehlte Auffassung der Christusbotschaft zurück (s. 1,17.23; 2,2). Demgemäß enthält der Hauptteil zwei größere Abschnitte, die das Evangelium (1,17*–3,2c) und den Aposteldienst (3,5–4,13) behandeln. 1,10–17a; 3,2d–4 und 4,14f. bilden Rahmen- und Übergangsstücke, in denen das Problemgeflecht jeweils mit Blick auf die Beziehung zwischen den Adressaten und Paulus zur Sprache kommt.

Die Einleitung (1,10–17a)

10 [a]**Ich rufe aber euch auf,** [b]**Geschwister,**
[c]**kraft des Namens unseres Herrn Jesus Christus,**
[d]**dass ihr alle** für **dasselbe** eintretet, wenn ihr **redet,**
und es unter euch keine Spaltungen gebe,
[e]**sondern ihr zurechtgebracht seiet**
in demselben Sinn und somit **in demselben Urteil.**
11 **Denn es wurde mir mitgeteilt über euch, meine Geschwister,**
von den Leuten **der Chloë,**
dass es Streitereien unter euch gibt.
12 [a]**Ich rede aber davon,**
dass jede und **jeder von euch** und ihr alle gegeneinander **redet:**
[b]**„Ich meinerseits bin** einer der Leute **von Paulus!“** – [c]**„Ich aber** einer der Leute **von Apollos!“** – [d]**„Ich aber** einer der Leute **von Kephas!“** – [e]**„Ich aber** einer der Leute **von Christus!“**
13 [a]**Ist der Christus zerteilt /** nur einigen **zugeteilt?**
[b]**Wurde etwa Paulus gekreuzigt für euch,**
[c]**oder wurdet ihr auf den Namen von Paulus getauft?**
14 **Dank sage ich** ⸆ dafür,
dass ich niemanden von euch taufte außer Krispus und Gaius,
15 **damit nicht etwa jemand** auf die Idee komme zu **sagen,**
dass ihr auf meinen Namen getauft wurdet.
16 [a]**Ich taufte allerdings auch das Hauswesen des Stephanas;**
[b]**darüber hinaus weiß ich nicht,**
dass ich noch **jemand anderen getauft hätte.**

17 [a]**Denn nicht *‚sandte mich‘* Christus *‚aus‘* zu taufen,**
sondern er sandte mich aus, ***‚gute Botschaft zu verkünden‘***, [b–c][...]

ᵀ *Viele Handschriften ergänzen „(meinem) Gott", wohl in Angleichung an 14,18 u. ö.*

A Als Einleitung zu 1,10–4,15 verknüpft der Passus verschiedene Elemente: Ein Appell, der auch das Ziel der gesamten Erörterung angibt (1,10), wird durch die Darstellung des Anlasses auf Seiten der Adressaten erläutert (1,11 f.); darauf folgt eine knappe Argumentation (1,13), deren Schlussteil Ausführungen zum dahinter stehenden Handeln des Paulus nach sich zieht (1,14–16); am Ende wird der Sachgrund solchen Handelns benannt (1,17a). Worum es insgesamt geht, zeigt die Konzentration auf das Beziehungsgefüge zwischen dem Apostel („ich"), den Gemeindegliedern („ihr") und „Christus": Paulus verankert sein Wirken in der Sendung durch Christus und zugleich die Existenz der Adressaten im Christusgeschehen.

B 10 Anders als in den übrigen Paulusbriefen folgt auf das Proömium ein Appell. Er markiert, wie dringend die Sache ist. Dazu passt die breite Einführung (1,10a–c, s. Röm 15,30), in der sich Elemente griechischer Bittbriefe und jüdischer Offenbarungsreden (vgl. 1Hen 91,3) mischen; sie gibt dem Ruf zur Einmütigkeit (1,10d–e) einen zugleich geschwisterlichen° und autoritativen Ton. Worauf der Ruf gründet, deutet 1,10c im Rückgriff auf 1,2d.9 an: Die Adressaten sind im Namen° des Herrn° Jesus Christus° zu einer Bekenntnisgemeinschaft verbunden. Sie sollen sich daher „zurechtbringen" lassen (s. Gal 6,1) und eine Teilung in Gruppen vermeiden. Der Apostel nutzt dementsprechend Begriffe antiker Gemeinschaftsethik und hebt situationsgemäß das Reden sowie die ihm vorausliegende Gedanken- und Urteilsbildung hervor (s. 4,19 f. u. ö.; 2,16c u. ö.; 7,6 u. ö.).

11–12 In der Tat haben unterschiedliche Überzeugungen in der Gemeinde zu anhaltenden Diskussionen geführt. Dies erfuhr Paulus, wie die Wendung „über euch" anzeigt (s. Phil 2,19), aber nur von dritter Seite: aus dem Umfeld einer Frau namens Chloë, die die Adressaten offenbar kannten. Sich Predigern wie ihm, Apollos oder Kephas (= Petrus, s. Gal 2,7–9) zuzuordnen, mag den Gemeindegliedern auch unbedenklich erschienen sein. Paulus sieht das anders. Sein Urteil deutet sich schon in der Phrase an, die die nachgetragene Erläuterung 1,12 einleitet (s. Gal 3,17). Zudem formt er die zitierten Zugehörigkeitsbekundungen mit hinzugefügten Partikeln („meinerseits", „aber") zu einem wahren Stimmengewirr, das seine Rede vom Streiten (s. 3,3 u. ö.) und Spalten (s. 11,18) erklärt. Als wirklich problematisch erweisen sich solche Bekundungen dann neben und gegenüber der in diesem Zusammenhang ihrerseits fragwürdigen Aussage, „(einer der Leute) von Christus" zu sein.

13 Zwei rhetorisch überspitzte, zur Vernunft rufende Fragen markieren den Widersinn. Hält man die Aussage 1,12e denen in 1,12b–d entgegen, dann geschieht, was 1,13a doppelsinnig ausdrückt: Man „zerteilt", was doch ein

Ganzes bildet (s. 12,12), da man einigen Christusgläubigen im Besonderen „zuteilt“, was allen gilt: die Christusbeziehung (s. 3,23; Gal 3,29). Wer andererseits den Satz 1,12b neben 1,12e stellt, überhöht laut 1,13b Paulus zum Urheber der Rettung, die doch der Kreuzestod° Christi den Adressaten erschlossen hat (s. 1,18). Die Fortführung der Frage in 1,13c unterstreicht das, indem sie – im Rückgriff auf das Motiv des „Namens“ aus 1,2d.10c – die Taufe in den Blick rückt: den Vorgang, der Menschen Anteil an dem durch Jesu Tod gestifteten Heil gibt (s. 6,11), sie in eine ihr Dasein bestimmende Beziehung zu Christus stellt (s. Gal 3,27) und in den *einen* „Leib Christi“ eingliedert (s. 12,13.27). Welch große Rolle auch immer die Gemeindeglieder Paulus – auf den sich der Text nun konzentriert – für Geschichte und Profil ihrer eigenen Christusbindung beimessen: heilsbegründende, existenz- und identitätsbestimmende Bedeutung kommt ihm keinesfalls zu.

14–16 Sein Wirken in Korinth gab indes niemandem Anlass zu solcher Fehleinschätzung; das hält Paulus in ironischen Sätzen fest (man kontrastiere den Dank 1,14 mit 14,18, den Nachtrag 1,16a mit 2Kor 5,11c und vergleiche die [wie Joh 9,25b formulierte] Auskunft 1,16b mit 2Kor 12,2f.). Er habe nur wenige Korinther getauft: Krispus (vgl. Apg 18,8), Gaius (s. Röm 16,23) und das Hauswesen des Stephanas (s. 16,15). Das ist weder Zeichen seiner Geringschätzung der Taufe (1,13) noch Zufall oder Ergebnis persönlicher Zurückhaltung. Dieser Umstand belegt vielmehr, dass in paulinischer Sicht das Taufen keineswegs den Aposteln vorbehalten ist.

17 Ja, Paulus ist durch seine apostolische Sendung° (s. Röm 10,15) nicht zum Täufer geworden. Er hat das Evangelium (s. Gal 1,16 u. ö.) zu verkünden: die „gute Botschaft“ von der endzeitlichen Aufrichtung der Herrschaft Gottes über Israel und die Völker (vgl. Jes 52,7–10^{LXX} u. ö.), die in ihrer Heilswirksamkeit (s. Röm 1,16) alle so genannten „guten Botschaften“ aus dem Kaiserhaus zu Rom (vgl. Inschriften; Josephus, Bell. 4,618) hinter sich lässt. Diese unumgängliche Aufgabe (9,16) hat Paulus auch in Korinth erfüllt (s. 2Kor 10,14); erst dadurch entstand dort die Gemeinde der Adressaten (s. 4,15; 15,1f.). Gerade sie haben also keinen Grund, sich ihm statt Christus oder Christus statt seiner zuzuordnen. Christus und sein Apostel gehören untrennbar zusammen.

C Die Beziehungen der Adressaten zu den in 1,11f. genannten Personen sind nur in Ansätzen zu greifen. Die Leute der Chloë – als Trägerin eines Symbolnamens („die Grüne“) der Göttin Demeter wohl eine Freigelassene – dürften zu ihrem Haushalt oder Betrieb gehört und Paulus in Ephesus (16,8) getroffen haben. Welcher Art ihr Kontakt nach Korinth war, muss offenbleiben.

Zur Gruppenbildung (s. S. 4f.) mag das Auftreten des Apollos° geführt haben: Das Verhältnis zu ihm bildet gemäß 3,4; 4,6 den eigentlichen Bezugspunkt der paulinischen Ausführungen 1,10–4,15; und nach 3,5f. (vgl. Apg 18,27–19,1) war er in der Gemeinde schon einmal tätig, sodass sie erneut seinen Besuch wünschte (16,12). Was manche an ihm schätzten, ergibt sich aus 1,17b. Dass Paulus als Gemeindegründer seinerseits Anhänger hatte, versteht sich von selbst. Ob Kephas ebenfalls in Korinth war, ist unsicher; dass man dort um ihn wusste (3,22; 9,5; 15,5), kann auch auf aus Syrien zugewanderte Christusgläubige zurückgehen. Womöglich wurde er als erster Jünger und Osterzeuge geehrt; das würde erklären, warum Paulus gerade im 1. Korintherbrief mehrfach auf seine eigene Kenntnis der Jesusüberlieferung (7,10; 9,14; 11,23) und Schau des Auferstandenen (9,1; 15,8) verweist. Deutlicher ist das Ansinnen der Christus-Gruppe, deren Existenz in der Forschung umstritten, in der paulinischen Argumentation aber vorausgesetzt ist: Sie bildete eine Gegenbewegung zu den verschiedenen Apostelgruppen, trat aber offenbar konkurrierend neben diese, statt sie im Sinne von 3,22f. zusammenzuführen. Wie 1,13b–c nahelegt, dürften alle Gruppen ihre jeweilige Leitfigur als diejenige gerühmt haben, der sich die Prägung ihres Glaubenslebens verdankt; und da Paulus in 3,4–9; 4,6f.; 16,12 das Bild vermittelt, sich mit Apollos selbst einig zu sein, dürften sie es aus eigenem Antrieb getan haben. Dass dazu eine Verehrung derer, die als Täufer agierten, beitrug, ist unwahrscheinlich; Apollos und Petrus (vgl. Apg 18,24f. und Apg 2,38–41; 10,47f.) gaben dazu wohl ebenso wenig Anlass wie Paulus. Dieser kann an der Taufpraxis vielmehr zeigen, dass er die Adressaten nicht an sich selbst gebunden hat. Für weitergehende Rückschlüsse auf das Profil der Gruppen gibt es weder im 1. Korintherbrief noch in anderen Texten hinreichende Anhaltspunkte.

D 1,17a als Schluss- und Höhepunkt des in den ersten Hauptteil einleitenden Passus erinnert an Jes 61,1^{LXX}, wo es heißt:

> Der Geist des Herrn ist auf mir, weil er mich gesalbt hat; Armen *gute Botschaft zu verkünden* hat er *mich ausgesandt*, […] Gefangenen Freilassung zu verkündigen […]

Die singuläre Parallele lässt auf eine beabsichtigte Anspielung schließen, zumal 1,18–3,9 viele Berührungspunkte mit Jes 60,17–61,3 aufweist; s. 1,21b: Gottes „Wohlgefallen […], durch […] Verkündigung zu retten“ (Jes 60,18; 61,1f.); 1,27f.: Gott erwählt die Niedrigen (Jes 61,1); 1,30: „ihr seid […] Gerechtigkeit“ (Jes 60,17; 61,3); 2,4 u. ö.: Präsenz des Geistes (Jes 61,1); 2,7f.: „Herrlichkeit“ als Gabe und Eigenschaft des Herrn (Jes 60,19.21; 61,3); 3,6–8: „pflanzen“ (Jes 60,21; 61,3). So nimmt Paulus den Jesajatext als jetzt sich erfüllende Verheißung seines apostolischen Wirkens in Anspruch: Vom „Herrn“ mit dem Geist „gesalbt“ (s. 2Kor 1,21f.), ist er als Bote Christi, des „Gesalbten°“, tätig. Sein Wirken wurzelt damit ebenso in der Schrift wie die Berufung derer, „die den Namen des Herrn anrufen“. In der Tat ist der in 1,2d angeführte Joeltext mit Jes 61,1–3 eng vernetzt; auch er verweist auf den in Dienst nehmenden „Geist“ (Joel 2,28[3,1]f.) und die rettende „gute Botschaft“ (Joel 2,32[3,5]). Wenn also die Adressaten die Anspielung in 1,17a erkennen, wird ihre verfehlte Wahrnehmung des Paulus (s. 1,12) durch dieselbe Schrift korrigiert, die im Präskript 1,1–3 ihr Selbstverständnis formt.

Am Beginn des ersten Hauptteils leistet der Passus 1,10–17a viererlei: Er kennzeichnet die Bildung gemeindlicher Gruppen aus Anhängern bestimmter Leitfiguren als gravierendes Problem; er führt dieses Problem auf ein doppeltes Missverständnis zurück – das der Christusbotschaft und das des paulinischen Apostelдienstes; er hält fest, dass Paulus selbst mit seinem Handeln solch ein Missverständnis keineswegs befördert hat; und er markiert den Ansatzpunkt zu dessen Beseitigung und damit zur Problemlösung – die Einsicht in die unbedingte Bindung des Apostels an seine Sendung durch Christus. So leitet der Text dazu an, auch heute innergemeindliche und -kirchliche Gruppenkonflikte auf ihre tieferen Ursachen hin zu untersuchen und theologisch an der Überwindung etwaiger Spaltungen zu arbeiten. E

1. Christusbotschaft und Weisheit (1,17*–3,2c)

Hinsichtlich der Spaltungen in der korinthischen Gemeinde klärt ein erster Abschnitt das Verhältnis der Christusbotschaft zur Weisheit. Dazu wird jene Botschaft zunächst von weltlich-menschlicher Weisheit abgegrenzt (1,17–2,5) und sodann als Rede von der Weisheit Gottes dargestellt (2,6–3,2c). Beide Teilstücke enden mit einer Anwendung des jeweils Erörterten auf den Gründungsaufenthalt des Paulus in Korinth (2,1–5; 3,1–2c).

1.1 Christusbotschaft versus *Weltweisheit (1,17*–2,5)*

Das Teilstück wird durch 1,17 und 2,1–5 gerahmt: Beide Texte sind – anders als der Passus 1,18–31 – im Ich-Stil formuliert, durch die Begriffe „verkünden“, „Rede“, „Weisheit“ sowie „Kreuz“ miteinander verknüpft und in etwa parallel strukturiert (man vergleiche 1,17a.b.c mit 2,1.4.5).

Einleitende These (1,17*)

17 [a]**[…] sandte mich Christus aus […], gute Botschaft zu verkünden –**
[b]**nicht in Rede-Weisheit,**
[c]**damit nicht das Kreuz Christi** seines Sinns **entleert werde.**

An 1,17a schließt sich überraschend ein gedrängt formulierter Hinweis auf die Eigenart der apostolischen° Predigt an: Sie dürfe nicht in einer Beredsamkeit ergehen, die die eigene „Weisheit“ *(sophia)* anzeigt (s. 2,13). Auch im Folgenden vermischt Paulus Inhalt und Gestalt: Während 1,21a Weisheit als vermeintliches Wissen um Gott und Welt darstellt, findet sie nach 2,1.4 im „Reden“ (*logos*) Ausdruck, das auf „Überredung“ zielt. Die A/B

Abgrenzung gilt demnach einer Redekunst, die für sich das Weltwissen der *philosophia* („Liebe zur Weisheit“) in Anspruch nimmt. Wenn nun solche Rede-Weisheit das Predigen des Apostels bestimmte, würde sie laut 1,17c „das Kreuz Christi°“ seines Sinns „entleeren“ (zum Begriff s. 15,14 u. ö.), d. h. seiner Heilsbedeutung berauben (zum Argument s. Gal 2,21). Es ist die im Römischen Reich über Sklaven und Aufrührer verhängte, Jesus also öffentlich schändende Hinrichtung am Kreuz, die Sündenschuld getilgt hat (s. 15,3) – das gilt es im Evangelium° auf Glauben hin unverfälscht zu verkündigen (s. 15,11). Damit ist eine Leitthese formuliert, die der weitere Text begründen wird.

C/E Weil Paulus das Thema „Rede-Weisheit“ im Horizont der gemeindlichen Gruppenbildung anschlägt, unterstellt er hier einen Zusammenhang. Tatsächlich passt es zur Darstellung des Apollos als „beredter/gelehrter Mann *(anēr logios)*“ in Apg 18,24. Vermutlich haben also etliche der Adressaten ihn wegen seiner weisheitlichen Beredsamkeit geschätzt. Das ist für Korinth durchaus plausibel; antike Quellen zeugen von der Beliebtheit, die zugereiste Redner dort genossen. Die Warnung des Paulus vor einer Sinnentleerung des Kreuzes gewinnt vor diesem Hintergrund einen kulturkritischen Ton, der auch heute für das Nachdenken über eine sach- und zeitgemäße Verkündigung der Christusbotschaft zu beachten bleibt.

Begründende Reflexion (1,18–31)

18 [a]**Denn die Kreuzes-Rede wirkt auf die, die zugrunde gehen, wie Torheit,**
[b]**an denen aber, die gerettet werden, an uns, wirkt sie als Macht Gottes.**
19 **Denn es ist** in ‚den Schriften‘ **geschrieben:**
„Ich werde zugrunde richten die Weisheit der Weisen,
und den Scharfsinn der Scharfsinnigen werde ich außer Kraft setzen.“
20 [a]‚***Wo bleibt da ein Weiser***‘, [b]**wo ein Schriftdeuter,**
[c]**wo ein Disputator dieser Weltzeit?**
[d]**Hat Gott nicht** ‚***töricht gemacht***‘ **die Weisheit der Welt?**
21 [a]**Weil nämlich, in der** das All durchwaltenden **Weisheit Gottes,**
die Welt durch die ihr eigene **Weisheit Gott nicht erkannte,**
[b]**fand Gott Wohlgefallen daran,**
durch die Torheit der Verkündigung die zu retten, die glauben.
22 **Denn zum einen verlangen Juden nach Belegen,**
zum andern suchen Griechen nach Weisheit,
23 [a]**wir aber verkündigen Christus als Gekreuzigten,**
[b]**für Juden ein Skandal,** [c]**für „Heiden“ eine Torheit,**
24 [a]**für diejenigen aber, die berufen sind,**
[b]**sowohl für Juden als auch für Griechen,**
[c]verkündigen wir **Christus** gerade auf diese Weise
als Gottes Macht und Gottes Weisheit.
25 **Denn das törichte** Werk **Gottes ist weiser als die Menschen,**
und das schwache Werk **Gottes ist stärker als die Menschen.**

26 [a]**Schaut doch auf die Berufung**, die **an euch** wirksam geworden ist,
[b]**Geschwister,** und seht,
[c]**dass** da, **nach dem** Maßstab des **Fleisches, nicht viele Weise** sind,
[d]**nicht viele Mächtige,**
[e]**nicht viele Edle!**
27 **Vielmehr das, was töricht ist in der Welt, hat Gott sich auserwählt,**
um die Weisen zu beschämen,
und das, was schwach ist in der Welt, hat Gott sich auserwählt,
um das, was stark ist, zu beschämen,
28 **und das, was unedel ist in der Welt und was gering geachtet,**
hat Gott sich auserwählt, das, was nichts ist,
um das, was etwas **ist, wirkungslos zu machen,**
29 **auf dass sich alles Fleischliche nicht etwa rühme im Angesicht Gottes.**
30 [a]**Aus dem** neuschöpferischen Wirken Gottes **heraus aber seid ihr**
in Christus Jesus [b] **– der uns zur Weisheit geworden ist von Gott her –**
[c]Teilhaber der **Gerechtigkeit,** der **Heiligung sowie** der **Erlösung,**
31 **auf dass** es so komme, **wie geschrieben ist:**
„Wer sich rühmt, rühme sich im *Bezug auf das Werk des* ***Herrn.“***

Der Passus bildet formal und sachlich eine Einheit: Absender und Adressaten verständigen sich argumentativ darüber, in Christus die rettende Macht und Weisheit Gottes zu erleben (1,18b.30b, s. 1,24c, zum „wir“ 1,2.7–10), ohne dass „weise“ Menschen dafür wichtig wären (1,19f.26f.). Die entsprechenden Feststellungen an Anfang und Ende sind jeweils mit einem Schriftzitat verknüpft (1,19.31). Geteilt wird der Gedankengang durch den Appell 1,26a–b (s. dazu 14,20). In 1,18–25 reflektiert eine kleinere „Wir“-Gruppe über ihre Verkündigung (s. 1,23a). Dies beginnt mit einer These zur „Kreuzes-Rede“ (1,18), die unter Verweis auf das richtende und rettende Handeln Gottes in 1,19–21 ihre Begründung erfährt; deren Schlusssatz über Charakter und Wirkung der Botschaft wird dann in 1,22–25 erläutert. Ab 1,26 folgt eine zweistufige Reflexion über die „Berufung“ der Adressaten (1,26a–b, s. 1,30a: „ihr“) – mit Blick auf Gottes Erwählungshandeln (1,26c–28) und auf das in Christus erschlossene Heilsgut (1,30). 1,29 und 1,31 ziehen daraus je einen negativen und einen positiven Schluss für menschliches „Rühmen“. A

Der Eingangssatz nennt zuerst das Thema der Erörterung: die „Kreuzes-Rede“, d. h. das im Kreuz° Christi gründende und es kundmachende Evangelium (s. 1,17), das den Aposteln aufgetragen ist. Aus dessen Eigenart leitet der Satz dann den mit 1,17b–c angezeigten Verzicht des Paulus auf eine rhetorisch-weisheitlich gestaltete Predigt her. Das erfolgt in zwei Schritten: Die rettende Kraft der Kreuzes-Rede wird mit Gottes „Macht“ identifiziert, den göttlichen Heilswillen in der Geschichte durchzusetzen (vgl. 1Chr 29,11f.); und diese Macht (s. Röm 1,16) wird mit dem unvernünftigen° Eindruck kontrastiert, den das Evangelium dort macht, wo es nicht zur Rettung führt (vgl. Apg 17,18.32). Der antithetische Satzbau verknüpft also verschiedenartige Aussagen – zum Erscheinungsbild B 18 und zur Wirksamkeit der Kreuzes-Rede. Dabei greift 1,18 ein verbreitetes antikes Denkmuster auf: Es gibt eine Größe, die zeigt, wie man „gerettet“ werden kann; wer sie missachtet oder verkennt, „geht zugrunde“. Nach Paulus ist sie indes nicht im Kosmos vorhanden (so die „wahre Bildung“ der *Tabula Cebetis*) oder mit ihm verbunden (so das ihn steuernde „Gotteswort“ bei Philon, Somn. 1,86 u. ö.); sie tritt ihm, wie 1,19–25 zeigt, kritisch entgegen. Zudem erfährt ein Mensch dem Apostel zufolge Rettung nicht im Erreichen irdischen Glücks oder in allmählicher Annäherung der Seele an den unsichtbaren Gott. „Gerettet“ wird er durch die Bewahrung am Tag des Gerichts (3,15; 5,5) – auch wenn diese im Evangelium zuverlässig verbürgt und insofern schon gegenwärtig erfahrbar ist (15,2). Im Übrigen lässt Paulus offen, ob das Verderben von Menschen gewählt oder über sie verhängt wird. In der Tat sieht er hier wie auch sonst davon ab, göttliches und menschliches Handeln miteinander zu verrechnen, und macht auf paradoxe Weise beides geltend: Die Abweisung des Evangeliums ist fremdbestimmt (2Kor 4,3 f.) *und* selbstbestimmt (Röm 10,16).

19–21 Das Zitat einer Prophetie (Jes 29,14b^LXX^) leitet die Begründung für 1,18 ein. Vervollständigt wird diese durch die folgenden zwei Verse, die das Zitat Zug um Zug erläutern. Die herausfordernde Frage 1,20a (s. 15,55) belegt zunächst, dass die Prophetie sich erfüllt hat: Angesichts der Kreuzes-Rede verliert menschliche Weisheit° jede Bedeutung. 1,20b stellt dann dem griechischen „Weisen“ (s. 1,22) den jüdischen „Schriftdeuter“ *(grammateus)* zur Seite (vgl. Mt 2,4 u. ö. und *gramma* in 2Kor 3,6 f. u. ö.); und 1,20c kennzeichnet beide als Vertreter des für „diese“ von Gott entfremdete „Weltzeit“ (s. Gal 1,4; Röm 12,2) typischen Unterfangens, im gelehrten „Disput“ die Wahrheit zu suchen. 1,20d wiederum stellt klar, wie jene Prophetie erfüllt wurde – so, dass Gott „die Weisheit der Welt“ selbst „töricht“, also erkenntnisunfähig gemacht hat. Mit 1,21a wird nachgetragen, warum dies der Weisheit widerfährt: Sie hat die Welt nicht zu echter Erkenntnis° und damit Anerkennung Gottes geführt (s. Röm 1,20–22). Die mehrdeutige Angabe „in der Weisheit Gottes“ verweist dabei möglicherweise auf Gottes Geschichtsplan (s. Röm 11,33), doch im Vorfeld der Rede von Christus als Gottes Weisheit° (1,24c.30b) vor allem darauf, wie Gott sich immer schon den Menschen kundgetan hat: durch *die* Weisheit Gottes, die den Kosmos° als Schöpfungsmittlerin (Jer 10,12 u. ö.) und Geschichtslenkerin (Sap 10 u. ö.) trägt, umgibt und durchdringt (Sir 24,3–6[5–10]). Dazu passt die Fortsetzung; die Worte „Gott fand Wohlgefallen daran“ folgen auch in Gal 1,15 auf die Darstellung eines gelehrten Verfehlens des göttlichen Heilswillens. In 1,21b weisen sie auf das neue Medium rettender Gotteserkenntnis hin: auf die der Welt töricht erscheinende „Verkündigung“, deren Träger die ihnen aufgetragene Botschaft wie Herolde ausrufen. Rettung erschließt diese Verkündigung, indem sie zum „Glauben°“ *(pisteuein)* führt, zum individuellen Vertrauen auf die verlässliche (*pistos*, s. 1,9) Heilszusage Gottes, auch gegen allen Augenschein (s. Röm 4,18–21). Solcher Glaube ist seinerseits zugleich Geschenk (Phil 1,29) und Haltung (16,13b u. ö.). Insgesamt macht 1,20f. somit deutlich, wie das Schriftwort in 1,19 verstanden werden soll: Gott hat sich ihm zufolge entschieden, Weisheit und Scharfsinn der Menschen vom Prozess ihrer Rettung auszuschließen. Eben deshalb hat Gottes Rettungsmacht mit der Kreuzes-Rede eine unvernünftige Gestalt erhalten (1,18), sodass deren Überformung durch Rede-Weisheit (1,17) schriftwidrig wäre.

22–25

Die folgenden vier Verse entfalten das Konzept einer zugleich törichten und rettenden Botschaft, wie sie in der Verkündigung Christi° als des Gekreuzigten (1,1.17) laut wird (1,23a). Dazu redet Paulus generell von der apostolischen Predigt (zum „Wir“ s. 15,11.14) und „den Berufenen°“ (1,2), stellt also sich und die Adressaten erneut in den Kontext der Ökumene (s. 1,2d). Seines Erachtens widerspricht die Christusbotschaft grundsätzlich allen Erwartungen, wo und wie man Gottes Wirken aufspüren könne. Dabei teilt er die Menschen wie in Gal 2,15; 3,28 u. ö. auf klassisch jüdische Weise ein: in Juden und „Heiden“, d. h. Angehörige der nicht-jüdischen Weltvölker, bzw. Juden und „Griechen“. Letztere gelten hier – wie in 2Makk 4,35f. – als Repräsentanten der Weltvölker, kommen aber zumal wegen ihres in der Antike weithin als typisch angesehenen Strebens nach Weisheit in den Blick, dem die Christusbotschaft als Torheit° erscheint. Indem diese Botschaft auf Glauben zielt, tritt sie ja in Widerspruch zu jenem Streben, das sich an vernünftigen Einsichten ausrichtet. Dem entspricht auf jüdischer Seite das Beharren auf *sēmeia* für den Wahrheitsanspruch der Botschaft. Damit sind wohl nicht einfach – wie meist von Mt 12,38f.; Joh 4,48 u. ö. her vermutet – Wundertaten als sichtbare „Zeichen“ der Messianität Jesu gemeint. Im Zusammenhang mit 1,20b und 1,23b dürfte es vielmehr um „Belege“ gehen, um Machterweise, die den Weissagungen der Schrift entsprechen. Die Orientierung an solchen Belegen kritisiert übrigens auch Josephus in Bell. 6,310–315: Weil sich viele Weise in ihrer Deutung getäuscht hätten, seien die Juden im Krieg gegen Rom zugrunde gegangen. Wer aber angesichts der Christusbotschaft danach fragt, kann diese Botschaft nur als skandalös empfinden; denn sie besagt, dass sich die Christuswürde Jesu gerade am Kreuz als dem Ort äußerster Schwäche zeigt, ohne dass es *dafür* Schriftbelege gäbe. Und doch setzt das Evangelium genau so, nach menschlichem Urteil töricht und auf skandalöse Weise schwächlich, den universalen, endzeitlichen Heilswillen Gottes in Kraft. Das hat zwei Folgen: Die Trennung zwischen Juden und Griechen wird überwunden, sodass Menschen aus Israel und der Völkerwelt in die Schar derer eingehen, die berufen sind bzw. sich rufen lassen. Zugleich werden die menschlichen Maßstäbe für Weisheit und Stärke bedeutungslos: Wirklich weise, weil zur Gotteserkenntnis führend, und wirklich stark, weil Rettung vermittelnd, ist die Botschaft von Christus, der deshalb „Gottes Macht und Gottes Weisheit“ genannt werden kann (s. 2,7, vgl. Hi 12,13).

26 Diese Wirkweise des Evangeliums wird nach Paulus auch daran sichtbar, welchen Leuten die „Berufung“ (s. 7,20) in die geschwisterliche° Gemeinschaft der Adressaten zuteilgeworden ist. Folgt man den vordergründigen Maßstäben, die sich aus der Orientierung am „Fleisch°“, d. h. dem vergänglichen Menschsein, ergeben (s. 15,50 u. ö.), gehören der Gemeinde nur wenige „Weise“ an. Das Gleiche gilt in politischer und sozialer Hinsicht: An „Mächtigen“, die Einfluss haben und über andere bestimmen können, herrscht ebenso Mangel wie an Personen nobler Abkunft. So entsteht eine Dreierreihe, die römische Elitekonzepte widerspiegelt.

27–28 Solche Konzepte, die dem Streben nach gesellschaftlicher Ehre entspringen, werden durch Gottes Heilshandeln indes nicht nur entwertet, sondern in ihr Gegenteil verkehrt. Das Dasein der Christusgläubigen verdankt sich ja einem „Auswählen“ Gottes (s. 1Thess 1,4). Dies erfolgt biblischer Tradition gemäß völlig frei und den Niedrigen zugute (vgl. Jdt 9,11 u. ö.); und so wird „beschämt“ (s. 11,22), wer oder was auch immer in der Welt weise oder stark ist. Der letzte der drei im Anschluss an 1,26c–e parallel gebildeten Teilsätze – die sprachlich an die Gerichtsansage 2Bar 70,3–5 erinnern – wird dann umfangreich erweitert. Der entstehende Wortlaut betont den Aspekt zwischenmenschlicher Anerkennung (s. 6,4 u. ö.) und deutet die Erwählung als einen Akt der Neuschöpfung (s. 2Kor 5,17), der der Schöpfung aus dem Nichts (s. Röm 4,17, vgl. 2Bar 21,4) entspricht. Durch jenen Akt aber wird allem, was besteht, jede Wirkung genommen (s. 2,6; 15,24 u. ö.) – was in diesem Fall heißt: jede Einwirkung auf den Erwählungsvorgang verwehrt.

29 Weil Gott so handelt, ist dafür gesorgt, dass sich kein Geschöpf (s. 15,39) bzw. kein Mensch (s. Gal 2,16) „im Angesicht Gottes rühmen“ kann. Dabei geht es nicht, wie oft behauptet, um eine verfehlte Selbstdarstellung in der Beziehung zu Gott. Vielmehr meint „rühmen“ hier wie in 3,21f.; 4,6f. den Ausdruck zwischenmenschlichen Überlegenheitsbewusstseins; und das ist vor Gott als Richter (s. Gal 1,20 u. ö.) unstatthaft (vgl. Test Jud 13,2f.).

30–31 Am Ende führt Paulus seine Darlegungen zu Gottes Wirken, Christusbotschaft und Existenz der Gemeinde in Korinth zusammen. Dabei bildet 1,30a.c in Analogie zu 2Kor 5,21b eine fortlaufende Aussage, die der Einschub 1,30b (s. 1,24c) erläutert: Weil Gott „in Christus Jesus“° neuschöpferisch wirkt (s. 2Kor 5,19) und Christus allen, die glaubend mit ihm verbunden sind, Gotteserkenntnis erschließt, kommt den Adressaten in der Christusbeziehung all das zu, was zur Rettung (1,18b.21b) führt: „Gerechtigkeit“, in der sie Gott endgültig recht sind (s. Röm 5,17 u. ö.), Heiligung° und „Erlösung“, d. h. Befreiung von den Sünden (s. Röm 3,24; u. ö.). Ort und zugleich Zeichen der Zueignung dieser Gaben ist gemäß 6,11 die Taufe (s. 1,13). Dementsprechend steht den Christusgläubigen in ihrem Miteinander nur eine einzige, gemeinschaftsfördernde Art des Rühmens offen: sich dem Grundsatz der Schrift (Jer 9,23[22]f.) gemäß

„im (Bezug auf das Werk des) Herrn°“ zu rühmen (zur Übersetzung s. Röm 15,17; Phil 3,3 u. ö.). Der „Herr“ kann in diesem Kontext von Jer 9 her auf Gott, im Anschluss an 1,2(–10) aber ebenso gut auf Jesus Christus gedeutet werden.

18–31 Sprachlich ähnelt der ganze Passus der Mahnrede Bar 3,9–4,4: Israel solle seiner Erwählung und seiner Kenntnis dessen, was Gott gefällt, entsprechen, also dem Gesetz und damit der Weisheit folgen – anders als jene, die, den Weg des Wissens verkennend, ob ihrer Torheit zugrunde gehen. Möglicherweise hat Paulus seine Argumentation in Anlehnung daran entwickelt.

C 1,18–31 gipfelt in einer doppelten Aussage zum „Rühmen“ (1,29.31). Demnach dürfte sich die Konkurrenz der gemeindlichen Gruppen (s. 1,12 und S. 4 f.) mit einem wechselseitigen Überlegenheitsanspruch verbunden haben (s. 4,6d). Dass in diesem Kontext mit 1,20.22 f. neben griechischer Weisheitssuche auch ein jüdisches Verlangen nach „Belegen“ kritisiert wird, das Machterweise mit Schriftprophetien verknüpft, erinnert erneut an die lukanische Darstellung des Apollos°: Nach Apg 18,24.28 war dieser „mächtig in den Schriften“, sodass er in Korinth „die Juden energisch widerlegte und öffentlich anhand der Schriften bewies, dass Jesus der Christus ist“. In 1,17b–25 geht es daher auch darum, zumal den Anhängern des Apollos einen anderen Schriftgebrauch nahezubringen, der das Evangelium gerade in seiner skandalösen Dimension (s. Gal 5,11) als schriftgemäß zur Geltung bringt.

Die soziale Gliederung der Gemeinde (s. S. 4) passt dazu durchaus. Dass 1,26 ungefähr die Wirklichkeit abbildet, setzt die paulinische Argumentation voraus. Es gab also neben vielen Personen aus einfachen Verhältnissen auch einige „Weise, Mächtige, Edle“ – und daher wohl auch Gebildete, die, wie z. B. Krispus (1,14) als früherer Synagogenvorsteher (vgl. Apg 18,8), sich in „den Schriften“ auskannten. Sie konnten daher das diesbezügliche Bildungsprogramm des Paulus (s. zu 4,6) in der Gemeinde unterstützen.

D 1,18–31 enthält die ersten zwei expliziten Schriftzitate des Briefs. Beide stärken die paulinische Position im Disput mit den Adressaten: Das erste benennt mit Gottes Ratschluss zur Rolle der Weisheit die Basis der Argumentation, das zweite mit dem Grundsatz zum „Rühmen“ deren Ziel. Beide sind im Wortlaut auf diese Verwendung hin zugespitzt: In 1,19 ist das Verb „verbergen“ aus Jes 29,14^LXX, das nicht zum Sprachgebrauch des Paulus in 2,7 u. ö. passt, in Anlehnung an Ps 32[33],10 ersetzt; in 1,31 wird – wie in 2Kor 10,17 – eine wohl schon in jüdischer Auslegungstradition entstandene Kurzfassung von Jer 9,23[22]f. geboten, die den breit bezeugten Grundgedanken (vgl. Ps 5,12 u. v. ö.) auf den Punkt bringt. Und bei beiden Zitaten spiegelt sich jeweils der ursprüngliche Kontext im Umfeld der Zitation wider, teils motivisch, teils begrifflich. Das gilt für Jes 29,10 (s. 1,20d: Verstehen wird unmöglich), Jes 29,11 f. (s. 1,20b: Schriftdeutung versagt), Jes 29,13 (s. 1,21a: Gott wird verfehlt), Jes 29,14a.17–21

(s. 1,27f.: Gottes Volk wird verwandelt), Jes 29,15a (s. 1,22f.: wer den Herrn missachtet, wird gerichtet); es gilt ebenso für Jer 9,23 (s. 1,29: „Nicht soll sich rühmen …" und 1,26c–e.27f.: Weise, Mächtige, Edle haben keinen Grund zum Rühmen), Jer 9,24 (s. 1,30: Gott schafft Gerechtigkeit etc., dies gilt es zu erkennen). Demnach wird der Jesajatext von Paulus auf eine eschatologische Umkehrung bisheriger Verhältnisse gedeutet, die sich in der Berufung der Gemeinde Jesu Christi vollzieht – und das Jeremiawort als Kritik derer aufgefasst, die Gottes Geschichtshandeln verkennen.

Im Übrigen erinnert 1,20 an weitere jesajanische Prophetien. Der Satzbau von 1,20a–c entspricht Jes 33,18b^{LXX} („Wo sind die Gelehrten [*grammatikoi*], wo sind die Ratgeber, wo ist der, der die sich Zusammendrängenden zählt?"); der Sache nach klingt in 1,20a+d samt Umfeld einerseits Jes 19,11f. an – ein Text, der auch in ExR 5,14 mit Jes 29,14 verknüpft wird –, andererseits Jes 44,24–26. Der LXX zufolge heißt es an diesen Stellen:

> 19[11]Und die Herrscher von Tanis werden Toren sein, die weisen Ratgeber des Königs: Ihr Rat *wird töricht werden* […] [12]*Wo sind* nun deine *Weisen?* Mögen sie dir verkünden und sagen, was der Herr Sabaoth beschlossen hat über Ägypten.
> 44[24]So sagt der Herr, der dich *erlöst* […]: Ich, der Herr, der alles vollendet, habe allein den Himmel ausgespannt und die Erde fest gemacht. Wer sonst [25]wird die *Zeichen* der Bauchredner vereiteln und die Wahrsagungen aus dem Herzen, Kluge zurücktreiben und ihren Ratschluss *töricht machen* [26]und aufrichten die Worte seines Knechts und den Rat seiner Boten bewahrheiten? […]

Die Rede des Paulus von Gottes eschatologischem Heilshandeln, das Menschenweisheit „außer Kraft setzt", ist also mit ihrer positiven *und* negativen Seite biblisch begründet. Wenn die Adressaten das im Zusammenhang mit den Zitaten in 1,19.31 wahrnehmen, müssen sie die paulinische Korrektur ihrer Hochschätzung solcher Weisheit in derselben Schrift verankert sehen, auf die sich die Anhängerschaft des Apollos ihrerseits berufen haben mag.

E Nachdem Paulus eine Vorliebe für Rede-Weisheit (1,17b) als wesentlichen Impuls zur gemeindlichen Gruppenbildung identifiziert hat, entzieht er dieser Vorliebe mit 1,18–31 das theologische Fundament. Wie er darlegt, schließt die apostolische Verkündigung des Gekreuzigten als des Urhebers der eschatologischen Rettung durch Gott die „Weisen" vom Prozess dieser Rettung aus; dabei trifft die Ausrichtung der Predigt auf den Glauben zumal griechisches Weisheitsstreben, ihre Verankerung im Kreuz als Ort äußerster Schwäche zumal jüdisches Beharren auf schriftgemäßen Machterweisen. Demgemäß wird die Gemeinde zu Korinth auch keineswegs von Weisen und Mächtigen bestimmt. Gottes eschatologisches, in der Schrift prophezeites Erwählungshandeln, wie es in Christus als der „Weisheit Gottes" Wirklichkeit geworden ist und in der Taufe Gestalt gewonnen hat, gilt den Niedrigen. Damit aber ist zwischenmenschliches Rühmen „im Angesicht Gottes" nur noch so möglich, dass es seine Maßstäbe ganz und gar aus dem Christusgeschehen gewinnt. Der Text regt somit dazu an, auch heute kulturell etablierte Wertungen im Blick auf die Gestaltung der Verkündigung und des gemeindlichen Miteinanders unter erwählungstheologischen und christologischen Aspekten anhand der Schrift kritisch zu hinterfragen.

Bekräftigender Rechenschaftsbericht (2,1–5)

1 **Auch** für **mich** galt: **Als ich zu euch kam, Geschwister,**
kam ich nicht so, dass ich in einer an Redekunst **oder Weisheit herausragenden Weise**
euch das Gottes-⸀Zeugnis verkündet hätte.
2 **Denn ich hielt es nicht für recht, irgendetwas zu wissen unter euch**
– außer Jesus Christus, und diesen als Gekreuzigten.
3 **Auch** für **mich** galt: **In Schwachheit, ja,**
in Furcht und unter heftigem Zittern bin ich auf euch zugegangen,
4 **und meine Rede, also meine Verkündigung** zeichnete sich aus
nicht durch ⸂Überredungskunst als Ausdruck **von Weisheit⸃,**
sondern durch Beweisführung als Werk **von Geistes-Macht,**
5 **damit euer Glaube nicht in** der **Weisheit von Menschen,**
sondern in der **Macht Gottes** gegründet **sei.**

⸀ *„Geheimnis" ist im Vorfeld von 2,7; 4,1 die leichtere und daher wohl sekundäre Lesart.*
⸂⸃ *Alle längeren Varianten dürften in dieser, der kürzesten Lesart ihren Ursprung haben.*

A

Paulus erinnert an seinen ersten Aufenthalt in Korinth. In zwei gleichlautend eröffneten (2,1.3) Absätzen betont er, dass sein Verkündigen inhaltlich und formal der ihm aufgetragenen Botschaft entsprach; am Ende (2,5) hält er fest, so die rechte Basis für den Glauben der Adressaten gelegt zu haben.

B 1–2

Die Wendung „Auch ich ..." markiert das Folgende als Anwendung des soeben Erörterten auf den Apostel (s. 3,1): Als er denen, die jetzt seine Geschwister° sind, das von Gott gestiftete und autorisierte Zeugnis° verkündete, stellte er gemäß 1,17a–b nicht eine in Redekunst gekleidete Weisheit° heraus. Er sah sich verpflichtet, auf die Darbietung eigenen Wissens zu verzichten. So folgte seine Predigt dem Grundsatz 1,23a, bot also ausschließlich von Gott geschenktes Wissen dar (s. 2,11f.; 2Kor 5,16): das Wissen um Jesus, dessen Christuswürde° mit der Kreuzigung° untrennbar zusammenhängt. Dass natürlich zugleich die Auferweckung Christi zur Sprache kam, belegt 15,3–5 (s. auch 1,9).

3–4

Ebenso hielt sich Paulus an die Vorgabe aus 1,27f. und trat anders auf, als man es von einem Redner erwartet hätte. Statt den Korinthern überlegen und selbstbewusst zu begegnen, stand er zu seinem schwachen Leib und Renommee (s. 2Kor 10,10). Denn gerade in menschlicher Schwäche kommt Gottes Macht zur Geltung; das gilt für Paulus (2Kor 12,9f.) wie für alle Apostel (s. 4,9f.). Und wenn Gott Menschen in Anspruch nimmt, geraten sie zwangsläufig in bebende Ehrfurcht (Phil 2,12, vgl. Dan 4,34[37][a] u. ö.), die dann auch das Miteinander der Menschen prägt (s. 2Kor 7,15). Desgleichen enthielt sich Paulus jeder weisheitlich geprägten Überredungskunst und nutzte eine andere Art der „Beweisführung", als sie in Rhetorik, Rechtsprechung oder Logik üblich war. Er setzte darauf, dass der machtvoll wirkende Geist Gottes (zum Hendiadyoin aus „Geist" und „Macht°" s. 1Thess 1,5) das Evangelium bewahrheitete und rettend wirksam werden ließ (s. 2,10; 6,11). Der hier erstmals im Brief verwendete Begriff „Geist°" hat ja bei Paulus im Anschluss an biblische und antik-jüdische Anschauungen drei Sinnaspekte. Er bezeichnet sowohl die Weise, in der Gott unter den Menschen präsent wird (s. 3,16 u. ö.), als auch die Kraft, durch die Gott auf sie einwirkt (s. 6,11 u. ö.), sowie die Gabe, mit der Gott sich ihnen mitteilt und sie verändert (s. 2,12 u. ö.). Um Beweise, die zur Predigt hinzukämen – etwa in Gestalt von Erweisen des Geistbesitzes auf Seiten des Apostels (s. Röm 15,19) oder der Gemeinde (s. Gal 3,2.5) –, geht es hier im Gefolge der Aussagen von 1,18.22.25.27f. nicht. Der Verweis auf den Geist ist in 2,4 auf die Verkündigung° selbst und deren Aufnahme durch die Adressaten bezogen – und dient so als Anknüpfungspunkt für das nachfolgende Teilstück 2,6–3,2c (s. 2,10–14).

5 Das Ergebnis der nach Inhalt und Form an Gottes Heilswirken orientierten Predigtpraxis des Paulus hält der abschließende Finalsatz fest: Der Glaube° der Adressaten beruht nicht auf der Weisheit, die Menschen im überzeugenden Halten oder im verständigen Hören einer Rede zur Geltung bringen mögen; er beruht, ganz im Sinne von Ps 117[118],8 u. ö., allein auf der in jener Praxis wirksam werdenden Macht Gottes. So rundet dieser Satz, der formal auf 1,17c und begrifflich auf 1,17b.18b zurückweist, die Darlegungen zum Verhältnis von Christusbotschaft und Weltweisheit (1,17b–2,5) bündig ab.

C/D Der Rückblick auf den Gründungsaufenthalt (s. S. 3f.) erfolgt in knapper, auf das Argumentationsziel zugespitzter Form. Dauer, Verlauf, Umstände und weitere Träger der Mission zu Korinth (s. 2Kor 1,19, vgl. Apg 18,1–18) kommen nicht in den Blick. Es geht dem Apostel allein um das besondere Profil seines eigenen Auftretens dort. Dies setzt er – mit Hilfe biblischer Wendungen und Motive, aber ohne klare Anspielungen – von dem anderer Redner ab, die die Stadt aufsuchten und z. T. begeisterte Zustimmung fanden (s. S. 2f.). Und da er in 2,2.4f. mit Verweisen auf den Gekreuzigten und den Geist grundsätzlich argumentiert, dürfte seine Ablehnung philosophischer Rhetorik kaum fiktiven Charakter haben oder nur bestimmte Stilmittel betreffen. Paulus erinnert daran, dass er als Prediger tatsächlich keinen großen Eindruck machte. Womöglich hat ihn der geringe Zuspruch, den er zuvor in Athen (s. 1Thess 3,1) fand (vgl. Apg 17,32–34), darin bestärkt, in Korinth nicht etwa als Gelehrter imponieren zu wollen. Doch den Gekreuzigten hat er aus programmatischen Gründen auch andernorts ins Zentrum seiner Predigt gestellt (s. Gal 3,1).

Am Ende des in 1,17 eröffneten Gedankengangs stellt Paulus klar, dass er sich bereits bei der Gemeindegründung darauf fokussierte, den Adressaten die Rettungsmacht Gottes zu bezeugen, statt sie mit menschlichem Wissen und Können für seine Sache zu gewinnen. Die Konsequenz, mit der er es unternahm, als Verkündiger dem Kreuzesgeschehen und damit dem anstößigen, weil töricht-schwächlichen Charakter des Heilshandelns Gottes zu entsprechen, setzt auch für heutiges Christuszeugnis Maßstäbe. E

1.2 Die Christusbotschaft als *Gottes Weisheit (2,6–3,2c)*

Das Teilstück wird durch konträre, in ihrer Bildungsbegrifflichkeit an Texte Philons (z. B. Migr. 28–46) erinnernde Sätze über Gehalt und Hörerschaft des paulinischen „Redens" gerahmt: Obwohl es an sich „Weisheit … unter den Vollkommenen" bietet (2,6), konnte Paulus bei der Gemeindegründung den Adressaten „als Unmündigen" nur „Milch" reichen (3,1–2c).

Einleitende These (2,6)

6 [a]**Weisheit aber bringen wir zur Sprache unter den Vollkommenen,**
[b]**jedoch Weisheit nicht** als Weisheit **dieser Weltzeit,**
erst recht nicht als solche **der Herrscher dieser Weltzeit, die** ja **entmachtet werden.**

Wurde zuvor die Christusbotschaft von weltlicher Weisheit° abgegrenzt, bietet 2,6 nun die Gegenthese: „Wir reden" (s. 2Kor 2,17 u. ö.) durchaus von „Weisheit°", freilich einer anderen, als sie „dieser Weltzeit°" eigen ist. Da die These formal und sachlich an 1,23f.30b anknüpft, betrifft sie nicht – wie oft vermutet – einen anderen Inhalt jenes Redens. Es geht nach wie vor um die apostolische Botschaft. Deren Verstehen wird jedoch auf einer Ebene verortet, die nur „den Vollkommenen°" zugänglich ist. Damit sind indes nicht etwa „Eingeweihte" (im Sinn der Mysterien) oder „Erleuchtete" (wie sie später die Gnosis kennt) gemeint, die sich esoterisch von anderen Gläubigen abgrenzen mögen; vollkommene Erkenntnis wird nach 13,8–12 erst die Endzeit bringen. Vielmehr zielt 2,6a dem Kontext gemäß auf diejenigen, denen der Geist das göttliche Heil erschlossen hat (2,10a), also im Grunde alle „Berufenen" (1,24). „Vollkommene" können sie aber erst heißen, wenn sie zu geistiger Reife gelangt sind, also verstehen, was ihnen geschenkt ist (2,12), sowie entsprechend urteilen und handeln (s. 14,20). Nur dann gilt ja auch, dass die Apostel mitten „unter" ihnen reden. A/B

Wer „die Herrscher dieser Weltzeit" sind, ergibt sich ebenfalls aus dem Kontext, der ihnen weltliche Weisheit (2,6), mangelnde Gotteserkenntnis und die Hinrichtung Jesu zuschreibt (2,8). Es geht also nicht um gottwidrige Engel- oder Geistmächte, sondern um die „Weisen“ und „Starken“ aus 1,27, zumal um politische Machthaber (s. Röm 13,3). Gottes eschatologisches Heilshandeln, wie es die Christusbotschaft ansagt, macht in der Tat schon jetzt ihre Macht und Weisheit wirkungslos (s. 1,20f.) – so gewiss Christus einst „alle Herrschaft … entmachtet“ (15,24c) haben wird.

C/E Im philosophisch gefärbten Vollkommenheitsbegriff dürfte der Überlegenheitsanspruch anklingen, den zumal Apollos-Anhänger innerhalb der Gemeinde erhoben (s. S. 33). Paulus lässt sich auf deren Ansichten ansatzweise ein, um jenen Anspruch dann als verfehlt zu erweisen. So gibt er dem Wort „Vollkommenheit“ einen theologisch verantworteten Sinn.

Argumentative Entfaltung (2,7–16)

7 [a]**Vielmehr bringen wir Gottes Weisheit zur Sprache**
in Gestalt von **einem Geheimnis: die verborgene** Weisheit,
[b]**welche Gott im Voraus,** schon **vor den Weltzeiten,**
bestimmte zu unserer Herrlichkeit,
8 [a]**welche niemand von den Herrschern dieser Weltzeit erkannt hat;**
[b]**wenn sie** sie **erkannt hätten,** [c]**hätten sie ja den Herrn,** der allein Anteil gibt an **der Herrlichkeit, nicht gekreuzigt.**
9 [a]**Vielmehr** ist Gottes Weisheit so geartet, **wie geschrieben ist:**
[b]*„Was das Menschen-Auge nicht sah und das Menschen-Ohr nicht hörte*
und was ins Menschen-Herz nicht aufstieg,
[c] ⌜*was Gott denen bereitete, die ihn lieben.“*
10 [a]**Uns aber offenbarte Gott** es **durch den Geist.**

[b]**Denn der Geist erforscht alles,**
[c]**auch die Tiefen** des Plans und des Wirkens **Gottes.**
11 [a]**Denn wer unter den Menschen weiß um die Angelegenheiten** des einzelnen **Menschen außer dem Geist** dieses **Menschen, der in ihm** ist? [b]**So hat auch die Angelegenheiten Gottes niemand erkannt außer dem Geist Gottes.**
12 [a]**Wir aber empfingen nicht den Geist der Welt,**
sondern den Geist, der aus Gott kommt,
[b]**auf dass wir um** all **das wissen, was uns von Gott geschenkt wurde.**

13 [a]**Dies bringen wir** Christusgläubige	[a]**Dies bringen wir** Apostel

auch zur Sprache, nicht in von menschlicher Weisheit gelehrten Worten,
sondern in solchen, die **vom Geist gelehrt** werden,
[b]**sodass wir geistliches Gut**

mit geistlichen Mitteln **verknüpfen.**	**für geistliche** Menschen **deuten.**

14 [a]**Ein** auf seine **Natur** beschränkter **Mensch nimmt freilich das** Werk **des Geistes Gottes nicht an;** [b]**es erscheint ihm als Torheit, und er kann**

es **nicht erkennen,** [c]**da** es nur **geistlich ergründet wird.**	**nicht erkennen,** [c]**dass er** selbst **geistlich durchleuchtet wird.**

15 [a]**Der geistliche** Mensch **aber ergründet das alles,**
[b]**lässt sich jedoch selbst von niemand** anderem **beurteilen.**

16

[a]**Denn wer hätte** je **erkannt** **einen Verstand**, der herkommt **vom Herrn**, [b]**welcher** doch **ihn**, den Verstand, **unterweisen wird?**	[a]**Denn** *‚**wer hat** je* *von sich aus **erkannt*** ***das** heilsgeschichtliche **Sinnen*** ***des Herrn**, [b]**sodass er ihn**, den* *Herrn, **unterweisen könnte?**‘*
[c]**Wir aber haben einen**	
Verstand, der herkommt **von Christus.**	**Sinn für Christus.**

⌜ *Manche Handschriften formen mit „Wie Großes ...!“ einen halbwegs vollständigen Satz.*

A

Der Passus entfaltet die These aus 2,6 in zwei analog strukturierten Gedankengängen: Beide beginnen mit einer Notiz über „unser“ Weisheits-Reden (2,7a.13a); beide münden – über einen Satz zum „alles“ ergründenden Geist (2,10b–c.15) und eine „Denn-wer“-Frage zur Grenze menschlichen Erkennens (2,11a.16a–b) – in eine Selbstvergewisserung bezüglich des Verstehens, das Gott „uns“ gewährt (2,12.16c). 2,7–12 erläutert dabei zunächst in einer ringförmigen Satzfolge (2,7a > b > 8 > 9a < b < c < 10a) das Wesen der „Weisheit Gottes“, sodann – im Gefolge der Schlusspointe 2,10a – das jene Weisheit erschließende Wirken des Geistes an „uns“. 2,13–16 stellt daraufhin die in jeder Hinsicht geistliche Prägung des Vollzugs, der Rezeption und der Prüfung „unseres“ Redens dar. Die damit gebotene Interpretation des Weisheitsbegriffs ist von einer theologischen Idee bestimmt: Nur Gott (in 2,7–14 zehnmal genannt) eröffnet durch den Geist (das Wortfeld ist ab 2,10 zwölfmal belegt) den Zugang zu rechter Erkenntnis und Würdigung des in Christus gestifteten, durch die apostolische Verkündigung zugeeigneten Heils. Die Argumentation verknüpft daher weisheitliches mit apokalyptischem Gedankengut – und greift so insgesamt antik-jüdische Vorstellungen auf.

B 7a

Die von den Aposteln zur Sprache gebrachte „Weisheit“ wird eingangs doppelt gekennzeichnet. Es handelt sich um Gottes Weisheit°, und zwar, wie das Folgende zeigt, im Sinne einer Gabe (vgl. Esr 7,25), nicht einer Eigenschaft Gottes. Diese Gabe aber hat den Charakter eines Geheimnisses, das menschlichem Begreifen bleibend entzogen ist (vgl. 1QS 11,5f.); nur Gott selbst kann es enthüllen (vgl. Dan 2,18f.) – und enthüllt es so, dass besonders ausgezeichnete Offenbarungsempfänger es dann wiederum anderen Menschen kundtun (s. 15,51f., vgl. Dan 2,27f.; 1Hen 103,2f. u.ö.).

7b–8

Zwei Relativsätze führen die doppelte Charakterisierung der Weisheit Gottes fort. Einerseits, so 2,7b, hat Gott schon vor aller Zeit – im Rahmen des Plans, der der Schöpfung zugrunde liegt (vgl. 1QS 3,15f.) – festgelegt, dass jene Gabe „uns“ bei der Vollendung der Welt an Gottes ewiger Herrlichkeit teilhaben lassen wird (Röm 8,29f., vgl. 4Esr 8,51f.). „Herrlichkeit°“ meint ja den Machtglanz, durch den Gott zum einen sich in der Welt offenbart (vgl. Jes 6,3), zum andern sich die von ihm erwählten

Menschen anverwandelt (s. 2Kor 3,18). Da Letzteres nach Paulus in der Gemeinschaft Jesu Christi (s. 1,9) geschieht (s. Röm 6,4; Phil 3,21), ist mit „Weisheit“ hier – in Weiterführung der Aussage von 1,30 – das durch Christus erschlossene eschatologische Heilsgut bezeichnet. Die 1. Person Pl. in 2,7b bezieht sich demgemäß, anders als in 2,6–7a, auf alle Christusgläubigen.

Andererseits zeigt sich nach 2,8 das Verborgensein jener Weisheit auf eklatante Weise daran, dass selbst „die Herrscher dieser Weltzeit°“ sie nicht erkannten°. Dies wird mit dem Verweis auf die Kreuzigung° Jesu bestätigt, die nach frühchristlicher Tradition jene Herrscher zu verantworten haben (vgl. Apg 4,25–27). Da Jesus dabei den Titel „Herr der Herrlichkeit“ erhält, erinnert 2,8 an das Schuldeingeständnis der Mächtigen vor Gott in 1Hen 63,1–7. Dort preist der Titel Gott als Urheber herrlicher Wunder (vgl. 1Hen 36,4): im Vollzug des Gerichts (1Hen 27,3–5), vor allem aber in der Gabe ewigen Lebens an die Auserwählten (1Hen 25,3–7), die Gott vertrauen und Gott im Lob als ihren Herrn verherrlichen (1Hen 63,2–4.7). In 2,8 soll der Titel also wohl anzeigen, dass Jesus denen, die ihn als ihren Herrn° bekennen, endzeitlichen Anteil an der Herrlichkeit Gottes gibt.

9 Ein auf Jes 64,4[3] beruhendes Zitat verankert die paulinische Rede von Gottes Weisheit in der Schrift, indem seine beiden „Was“-Sätze chiastisch die Relativsätze 2,7b.8a aufgreifen. Die Zitationsformel 2,9a bildet daher wie in Röm 15,3.21 einen neuen elliptischen Satz, der das Voranstehende adversativ fortführt; sie ist also nicht von 2,7a her aufzufüllen. Dennoch unterstützt das Schriftwort den Konnex mit der apostolischen Predigt; denn andernorts wird deren verstehende Aufnahme von Paulus als (rechtes) Sehen und Hören bezeichnet (s. Röm 15,21 u. ö.) bzw. im Herzen, dem Sitz menschlichen Trachtens verortet (s. Röm 10,9f.). Die Kombination von Auge, Ohr und Herz erinnert dabei an Ezechiels Vision des Endzeittempels (Ez 40,4; 44,5), in der Ausrichtung auf die der Weltentstehung vorausliegende Weisheit aber zugleich an die These der griechischen Naturphilosophie, „diese Dinge“ seien „für Männer weder zu erblicken noch zu hören noch mit dem Verstand zu erfassen“ (Empedokles). Der erste Teil des Zitats betont somit den sowohl präexistenten als auch endzeitlichen Charakter der Weisheit, die die Apostel verkündigen. Mit 2,9c aber wird sie zudem als Heilsgut gekennzeichnet, das dem Gottesvolk als Schar derer, „die Gott lieben°“ (Dtn 7,9 u. ö.; Röm 8,28), ebenso „bereitet“ ist wie einst das verheißene Land (vgl. Ex 23,20; Ez 20,6).

10a Der nächste Satz wendet das Zitat, in formaler Analogie zu Gal 4,27f., auf „uns“ an. Er benennt dazu den „Geist°“ als das Medium, durch das Gott jenes Heilsgut „offenbart“, d. h. eschatologisch enthüllt und zugeeignet hat (s. Röm 1,17f. u. ö.). Dabei ist das „uns“ doppeldeutig: Im Anschluss an 2,7b–9 ist es auf alle Christusgläubigen zu beziehen, im Gegenüber zu 2,7a aber auch speziell auf die Apostel. Das verstehende Hören der Verkündigung wird auf diese Weise ebenso im Wirken des

Geistes verankert (s. 2,4) wie die Befähigung zu solcher Predigt (s. 2,13; Röm 15,19 u. ö.).

Zur Begründung dient eine Reflexion über den Geist. Paulus nutzt dafür ein Verb, das sonst u. a. wissenschaftliches und schriftgelehrtes „Forschen“ bezeichnet, also an 1,20 erinnert. Es identifiziert den Geist als die Größe, der im Himmel und auf Erden nichts verborgen bleibt, die daher auch in die „Tiefen Gottes“ (vgl. TestHiob 37,7) erkennend eindringt. Gemeint ist jedoch nicht Gottes unergründliches Wesen (vgl. Philon, Fug. 165), sondern – wie 2,11 nahelegt und die Parallele Röm 11,33 zeigt – Gottes Planen und Wirken, die menschlichem Verstehen an sich entzogen sind (Pindar; Jdt 8,13 f.). 10b–12

Dass *allein* Gottes Geist sie erkennt (vgl. 1QH 20[12],11–13; Sap 9,17), unterstreicht ein Vergleich. Auch was ein Mensch plant und tut, ist ja nur ihm selbst durchsichtig: durch seinen Geist°, d. h. die ihm eigene Fähigkeit zu denken, zu empfinden, sich seiner selbst bewusst zu sein (s. 16,18; 2Kor 2,13; Röm 8,16 u. ö.). Der Vergleich setzt eine Strukturanalogie zwischen Gottes- und Menschengeist voraus, wertet Letzteren aber nicht als selbständige Größe im Menschen oder gar als Anteil am Gottesgeist. Erst der Empfang des Gottesgeistes – der von Gott her in die Christusgläubigen und zumal die Apostel einzieht (s. 6,19; 2Kor 1,22 u. ö.) – ermöglicht „uns“, was der Geist der „Welt°“ in der Bindung an die „Weisheit dieser Weltzeit“ (2,6) nicht vermag: um das „in Christus“ gnädig zugewendete Heilsgut (s. Röm 8,32) so zu wissen, dass man es als Gottes Weisheit versteht. Eine umfassende Teilhabe an der Erkenntniskraft des Geistes ist damit nicht behauptet; es geht darum, die gewährte Gottesbeziehung zu erfassen.

Wie 2,13–16 an 2,7b–12 anschließt und was genau der Passus besagt, ist infolge grammatischer und begrifflicher Mehrdeutigkeiten durchaus unklar. 13–16

Sie betreffen in 2,13a.16c das „wir“ (im Gefolge von 2,10a.12 nach 2,7b die Adressaten oder wie in 2,6a.7a die Apostel?)), in 2,13b Dativ (sächlich [s. 2,13a] oder männlich [s. 2,15a]?) und Verb („verknüpfen“ oder „deuten“?), in 2,14c Konjunktion („da“ oder „dass“?) und Verb (Subjekt: das Werk [s. 2,14a.15a] oder der Mensch [s. 2,15b]?), in 2,16a den Genitiv (des Urhebers oder des Besitzers? Christus oder Gott?), in 2,16b die Pronomina (Subjekt: der Herr oder der Mensch? Objekt: der Verstand oder der Herr?), in 2,16c den Genitiv (des Urhebers oder der Bezugsperson?).

Wenn man die Alternativen gebündelt betrachtet, statt sie, wie weithin üblich, einzeln zu entscheiden, zeigt sich, dass der Passus zwei konträre Lesarten zulässt (s. die Übersetzung). Die erste attestiert den Christusgläubigen zu Korinth ihre Geistbegabung, die zweite hält ihnen kritisch das geistbestimmte Handeln der Apostel vor. Unter Beachtung der Bedeutungsbreite des in 2,14c–15 dreimal verwendeten Verbs *anakrinein* („befragen, prüfen, beurteilen, ergründen“ etc.) wäre jeweils wie folgt zu paraphrasieren:

1. Was der Geist uns *Christusgläubigen* erschlossen hat, davon reden wir auch: vom Geist belehrt, also auf ‚geistliche' statt bloß ‚menschliche' Weise; so passt die Form zum Inhalt (2,13). Wir heben uns damit von den Menschen ab, die ‚seelisch', d. h. ihrer menschlichen Natur verhaftet bleiben und das Werk des Geistes, das ‚geistlicher' Untersuchung bedarf, daher als törichtes° Gerede abtun (2,14). Wir erweisen uns zudem selbst als Geistträger; denn wir ergründen jenes ganze Werk und sind zugleich dem Urteil anderer enthoben (2,15). Unser Denken ist ja vom Herrn, von Christus bestimmt, kann also seitens anderer Menschen nicht erfasst werden (2,16).

2. Was der Geist uns allen erschlossen hat, davon reden wir *Apostel* auch: vom Geist belehrt, also auf ‚geistliche', nicht auf ‚menschliche' Weise. So deuten wir es für solche, die auch den Geist haben (2,13). Wer ‚seelisch', d. h. der menschlichen Natur verhaftet bleibt, tut dessen Werk ja als törichtes° Gerede ab und begreift nicht, dass es einen einer ‚geistlichen' Prüfung unterzieht (2,14). Wer aber, wie wir, den Geist hat, ergründet jenes ganze Werk – und ist dem Urteil anderer enthoben (2,15). Niemand kann ja Gottes Heilsplan von sich aus begreifen oder gar Gott dazu belehren. Doch wir erkennen, wie dieser Heilsplan in Christus verwirklicht ist (2,16).

Im ersten Fall würde der Passus das gehobene Selbstbewusstsein der (oder jedenfalls mancher) Adressaten verstärken und sie den „Vollkommenen" (2,6) zuordnen. Dass er dazu dienen soll, ist freilich nach dem bisherigen Textverlauf wenig wahrscheinlich – und angesichts der adressatenkritischen Fortsetzung in 3,1–4 nahezu ausgeschlossen. So liegt die zweite Lesart näher: Sie identifiziert die Verkündiger rund um Paulus als bevollmächtigte Interpreten (vgl. Gen 41,12; Dan 5,12Th) dessen, was der Geist gewährt (9,11); sie grenzt den Kreis derer, die ihre Deutung verständig aufnehmen, auf Geistbegabte° (s. Gal 6,1) ein, die, anders als „seelisch" bleibende Menschen (vgl. Jud 19), erkennen können°, dass der Geist sie durchleuchtet (14,24); sie spitzt diese Deutung sodann auf die paulinische, heilsgeschichtlich verankerte Verkündigung des Christus° zu – und wirft damit ein beschämendes Licht auf all die Korinther, die jene Verkündigung als unvollkommen kritisieren. Umso mehr stellt sich freilich die Frage, wozu die notierte Mehrdeutigkeit der paulinischen Ausführungen im Gespräch mit den Adressaten dient.

C Wie der Begriff „Vollkommene" spiegelt wohl auch das Wort „geistlich" den Selbstanspruch mancher Gemeindeglieder zu Korinth wider (s. 14,37a). Dass der Text darüber hinaus deren Sprache oder Theologie aufgreift, wie zumal die ältere Forschung vielfach annahm, ist hingegen nicht wahrscheinlich. Die markanten gnostischen Parallelen gehören zur Rezeptionsgeschichte von 1Kor 1–2, die früh einsetzt (vgl. 1Clem 47; IgnEph 17–19 u. ö.); und die vorhandenen Anleihen bei der hellenistisch-jüdischen Weisheit lassen sich kaum von den apokalyptischen Traditionselementen trennen und zu einem eigenen Anschauungskreis hinter dem paulinischen Text verbinden. Vielmehr scheint Paulus selbst Motive unterschiedlicher Herkunft aufzugreifen, um seine im Wirken des Gottesgeistes gründende Alternative zu der von den Adressaten geschätzten Weisheits-Rede (s. 1,17*) zu formulieren.

Dafür hat, wie zweimal deutlich wird, der Bezug auf die Schrift zentrale Bedeutung. *Erstens* prägt das Zitat in 2,9 den ganzen Gedankengang 2,6–10a. Dadurch erscheinen „die Vollkommenen" als solche, die ebenso wie die Sprecher des Passus von der Schrift her urteilen, was wahrhaft als Weisheit gelten darf – und deshalb begreifen, was ihnen „von Gott geschenkt wurde" (2,12b). Zugleich aber präsentiert sich jene Sprechergruppe und mit ihr Paulus als bevollmächtigt, den eschatologischen Sinn der Schrift – die an dieser Stelle ja gar nicht explizit von „Weisheit" redet – in Verbindung mit der Christusbotschaft darzulegen. Das zeigt sich auch am Wortlaut des Zitats: Wie die – literarisch wohl unabhängigen – Parallelen in LibAnt 26,13f.; 2Clem 11,7 / 14,5; Hegesipp; MartPol 2,3 nahelegen, dürfte er auf einer ursprünglich jüdischen Auslegungstradition beruhen; diese hatte aus Jes 64,4[3] durch Integration weiterer biblischer Motive ein geflügeltes Wort geformt (s. o. zu 2,9b) und mit einer Erläuterung dessen Bezug auf Gottes eschatologische Heilsgaben markiert (s. o. zu 2,9c). Paulus hat dann lediglich seine Deutung jenes Wortes auf Gottes Weisheit durch eine Anleihe an Sir 1,1.10 („Alle Weisheit stammt vom Herrn, … und er gab sie reichlich *denen, die ihn lieben.*") verstärkt. Im Übrigen klingt Jes 63–64 in 2,6–12 mehrfach an: s. 2,7b (vgl. Jes 64,4[3]a: Bezug auf die Weltzeit), 2,8.10a (vgl. Jes 64,1f. [63,19–64,1]: Offenbarung angesichts von Widersachern), 2,8c (vgl. Jes 63,12: Agent göttlicher „Herrlichkeit"), 2,9c (vgl. Jes 63,8f.: Erinnerung an Gottes frühere Rettungstat), 2,10.12 (vgl. Jes 63,14: Wirken des Geistes) und 2,12 (vgl. Jes 64,9[8]: Rede von Gottes Gnade). Auf diese Weise wird der Jesajatext zur Prophetie einer an sich unbegreiflichen, Widerstand auslösenden Heilstat Gottes, wie sie das Evangelium proklamiert.

D

Zweitens liegt in 2,16a–b eine Anführung aus Jes 40,13^LXX vor:

> [a]*Wer hat (je) erkannt das Sinnen des Herrn,*
> [b]und wer ist sein Ratgeber geworden, *sodass er ihn unterweisen könnte?*

Die wörtliche Übereinstimmung, der analog zu 2,10a als Anwendung eines Schriftwortes verstehbare V. 16c und die erneute Aufnahme von Jes 40,13 in Röm 11,34 lassen vermuten, dass Paulus den Schriftbezug intendiert hat. Dafür sprechen auch einige Berührungspunkte mit dem jesajanischen Kontext; s. $2{,}6_{\text{fin.}}$ (vgl. Jes 40,23: Urteil über die Herrschenden), 2,8c.10a (vgl. Jes 40,5: Offenbarung der Herrlichkeit des Herrn), 2,11b (vgl. Jes 40,18: Unvergleichlichkeit Gottes), 2,13a (vgl. Jes 40,6.8: durch Gott ermächtigte Rede), 2,14 (vgl. Jes 40,21: fehlendes Verständnis), 2,15b (vgl. Jes 40,14: Abwehr des Rechtens mit Gott) und 3,3 (vgl. Jes 40,6: Kritik menschlicher Fleischlichkeit). Demnach rezipiert der Apostel den Jesajatext als Prophetie auf den Geheimnis-Charakter des göttlichen Heilshandelns in Christus. Andererseits ist der Schriftbezug in 2,16 gleichsam versteckt und nur für Schriftkundige unter den Adressaten zu entdecken; dafür sorgt zumal die Auslassung der zweiten Teilfrage, welche den Satz allererst uneindeutig macht (s. S. 41). Doch wer den Bezug entdeckt, findet darin einen Ansatzpunkt, von dem aus die Mehrdeutigkeit der paulinischen Ausführungen aufzulösen ist. Dann erschließen sie die Einsicht: Als „Vollkommene" im Sinne von 2,6 erweisen sich die Christusgläubigen zu Korinth dadurch, dass sie das in 2,7–16 über Gottes Weisheit Gesagte von der Schrift her entschlüsseln und sich – gerade in seinen adressatenkritischen Aspekten – zu eigen machen.

E Im Gegenüber zu 1,18–31 wird das paulinische Evangelium in 2,(6.)7–16 nun positiv als Weisheits-Rede präsentiert. Es vermittelt demnach Gottes geheimnisvolle Weisheit: das von Gott dem Gottesvolk seit jeher bereitgelegte, durch Christus als den „Herrn der Herrlichkeit" erschlossene eschatologische Heilsgut. Dies tut es in der Kraft des Geistes, da nur er Gottes Planen und Wirken zu offenbaren vermag. Der Geist bestimmt daher auch den ganzen Vermittlungsprozess, von den Aposteln über deren Worte bis hin zur Hörerschaft, und entzieht ihn samt allen Beteiligten dem Urteil des auf seine Natur beschränkten Menschen. All dies wird in einem differenzierten Rückbezug auf die Schrift entwickelt, der in der Kombination von klarem Zitat und halb verborgener Anführung einen Bildungsprozess unter den Adressaten anstößt: ein von den Schriftkundigen geprägtes Nachgespräch, das alle Gemeindeglieder ins Einvernehmen mit der paulinischen, schriftbasierten Darlegung führt und ihnen so den Status als „Vollkommene" (2,6) erschließt. Auf vergleichbare Weise das Verständnis der Christusbotschaft durch eine Vertiefung der Kenntnis des Alten Testaments zu klären, dürfte auch für manche heutige Gemeindesituation lohnend sein.

Bekräftigender Rechenschaftsbericht (3,1–2c)

1 [a]**Und** für **mich,** [b]**Geschwister**(,) galt:
[c]**Ich konnte** seinerzeit **nicht zu euch reden wie zu geistlichen** Menschen,
sondern konnte zu euch nur **als** bloß **fleischernen,**
[d]**als in** der **Christus**beziehung noch **unmündigen** Menschen reden.
2 [a]**Milch gab ich euch zu trinken,** [b]**nicht Speise** zu essen;
[c]**denn** solche **vertrugt ihr noch nicht.** [d][...]

A Wie in 2,1–5 untermauert Paulus die voranstehende Argumentation mit einem Rückblick auf die Eigenart seines Predigens beim ersten Korinth-Aufenthalt. Der Ton ist hier aber apologetisch, wie am Übergang von „ich konnte nicht" zu „ihr vertrugt noch nicht" (jeweils *dynasthai*) zu sehen ist.

B/C Hat die Entfaltung der Christusbotschaft° als Gottes Weisheit ihren Ort „unter den Vollkommenen" (2,6), so liegt wegen des mit dieser Redeweise erhobenen Bildungsanspruchs auf der Hand, dass sie bei der Gemeindegründung noch nicht präsentiert werden konnte. Paulus illustriert dies mit einer in der antiken Philosophie für den Elementarunterricht gängigen

Bildsprache (Milch für Säuglinge); sie zeigt seine Fürsorge und die anfängliche Unverzichtbarkeit jenes Unterrichts ebenso an wie dessen natürliche Ablösung durch vertiefte Belehrung (Speise, vgl. Hebr 5,13f.). Zugleich wendet 3,1 die Kategorien aus 2,13–15 modifiziert auf die Adressaten als Geschwister° des Apostels an: Obwohl sie, selbstredend, schon seinerzeit den Geist empfangen haben (2,12a; 6,19 u. ö.), waren sie noch zu stark ihrem „fleischernen°“, also wesenhaft menschlichen Dasein (s. 2Kor 3,3c) verhaftet; es hatte noch keine „geistliche°“ Prägung (zum Gegensatz s. Röm 7,14), sodass sie auch noch keine durch „geistliches“ Denken bestimmte Unterweisung vertrugen°.

E

Am Ende des in 2,6 eröffneten Gedankengangs betont der Apostel noch einmal seine geschwisterliche Verbundenheit mit den Christusgläubigen zu Korinth und stellt klar, dass er bei der Gemeindegründung um ihretwillen auf eine weisheitliche Interpretation der Christusbotschaft verzichten musste. Ihnen fehlte, wie 1,10–4,15 fortlaufend erkennen lässt, nicht zuletzt eine hinreichende Vertrautheit mit der Schrift. Dass Paulus sich so entschieden an die Denkgewohnheiten und Verständnismöglichkeiten seiner Adressaten anpasst, hat durchaus Vorbildcharakter für ein heutiges Christuszeugnis.

Überleitung: Wiederaufnahme des Themas (3,2d–4)

2 [...] [d]**Doch auch jetzt vertragt ihr** Speise **noch nicht;**
3 [a]**denn ihr seid noch fleischlich.**
[b]**Denn wo unter euch Eifer und Streit** herrschen,
[c]**seid ihr** da **nicht fleischlich und wandelt nach Menschen**weise?
4 [a]**Denn wenn jemand sagt:** [b]**„Ich meinerseits bin** einer der Leute **von Paulus!“**, [c]**ein anderer aber:** [d]**„Ich** bin einer der Leute **von Apollos!“**,
[e]**seid ihr** dann **nicht** durch und durch **Menschen?**

A/B

Die apologetische Rückschau des Apostels auf sein Handeln beim Gründungsaufenthalt (3,1–2c) schlägt unvermittelt in eine herbe Kritik des jetzigen Verhaltens der Adressaten um. In drei „denn“-Sätzen, von denen die letzten zwei als rhetorische Fragen auf Zustimmung zielen, nennt er sie je zweimal „fleischlich“ und bloße „Menschen“. Diese Ausdrücke zeigen in seinem Sprachgebrauch, schärfer als „fleischern“ (3,1), den Gegensatz menschlicher Weisheit zu Gottes Wirken an (s. 2,5 u. ö.; 2Kor 1,12 u. ö.); zusammen kennzeichnen sie das griechische Ideal, in weiser Selbstbeschränkung „nach Menschenweise zu sinnen“, als verfehlt. Dazu passt die Wendung „ihr seid noch“, die auf die Zeit vor der Bekehrung zu Christus verweist (s. 15,17). Zudem spitzt Paulus die Beschreibung des Missstandes aus 1,11f. zweifach zu: Aus „Streitereien“ wird das an Lasterkataloge (s. 2Kor 11,20 u. ö.) erinnernde Begriffspaar „Eifer und Streit“; aus den vier Zugehörigkeitsbekundungen werden nur die zu Paulus und Apollos zitiert, den Figuren, die auch im Fokus des folgenden Abschnitts 3,5–4,13 stehen. Die Pointe der Kritik besteht dann darin, dass sich die Adressaten gerade mit ihrer Praxis – der Orientierung an vermeintlich weisen Leitfiguren – als unfähig erweisen, einer wahrhaft weisheitlichen Reflexion der Christusbotschaft, wie sie 2,6–16 bietet, zu folgen.

C/E Der Text parallelisiert „Eifer und Streit“ (3,3b) mit dem Gegenüber von Paulus- und Apollos°-Anhängern (3,4a–d); beides erklärt sich also gegenseitig. Dies erhärtet die These (s. S. 25f.), dass Paulus zufolge die Gefolgsleute des Apollos in besonderer Weise für den Zwist in der korinthischen Gemeinde verantwortlich sind. Der Apostel wertet aber die Gruppenbildung als ganze mitsamt ihren gedanklichen Voraussetzungen als Zeichen einer fehlenden Ausrichtung des gemeindlichen Lebens an den Maßstäben des Heilshandelns Gottes. Die damit vollzogene Verknüpfung von Denken und Leben, von Theologie und Gemeindepraxis hat bleibende Bedeutung.

2. Apostolischer Dienst und Weisheit (3,5–4,13)

Im Horizont des Weisheitsthemas (s. 1,17b) klärt der zweite Großabschnitt innerhalb von 1,10–4,15, wie die Adressaten in eschatologischer Perspektive ihre Apostel und somit sich selbst einzuschätzen haben. Dazu korrigiert er die vorhandenen Ansichten im Zuge einer theologischen Reflexion (3,5–4,5) und kritisiert daraufhin das ihnen zugrundeliegende Hochgefühl (4,6–13).

2.1 Die Rollen der Apostel und der Gemeindeglieder (3,5–4,5)

Das Teilstück beginnt mit einer These (3,5), die grundlegend am Bild des Pflanzenbaus entfaltet wird (3,6–9*). Der Schlusssatz 3,9 leitet mit dem zusätzlichen Bild vom Hausbau zu einer mehrstufigen Erläuterung über, die an Christus als dem Herrn orientiert ist (s. 3,11.23; 4,1.4f.). Paulus behandelt einerseits die Verantwortung weiterer ‚Bauarbeiter‘ im Bezug auf sein eigenes Werk (3,10–17), andererseits die Beurteilung, die alle Apostel hinsichtlich ihrer Tätigkeiten erfahren, zumal aber er selbst (4,1–5); im Zentrum erhebt er aus der Schrift den Maßstab für jede menschliche Einschätzung von Personen (3,18–23). Geeint sind alle Passagen durch den Blick auf das göttliche Gericht (3,8.13–15; 4,4f., s. auch 3,19f.) und auf die jeweils am Ende stehende, meist mahnende Anrede der Adressaten (3,9.16f.21–23; 4,3–5).

Einleitende These (3,5)

5 [a]**Was also ist Apollos?** [b]**Und was ist Paulus?**
[c]**Diener** sind sie, **durch die ihr gläubig geworden seid**
– [d]**und zwar ein jeder** solch ein Diener, **wie es** ihm **der Herr verlieh.**

Im Anschluss an 3,4 leitet Paulus mit zwei im Stil lehrhafter Unterweisung formulierten Fragen die Reflexion über die Bedeutung der beiden Verkündiger ein, die für die Gemeinde zu Korinth besonders wichtig waren. Die thesenartige Antwort weist ihnen eine Mittlerrolle zu, zwischen dem „Herrn°" Jesus Christus und den Gemeindegliedern, deren Glaubensexistenz° durch das Wirken von Paulus und Apollos begründet wurde. Das Wort „Diener" (*diakonos*, s. 2Kor 3,6; 6,4) kennzeichnet ihre Stellung demgemäß in zweifacher Hinsicht: Sie sind, wie etwa ein Lehrling oder ein Amtsdiener, auf Weisung ihres Herrn tätig, und sie handeln zugunsten derer, auf die sein Auftrag zielt (s. 2Kor 1,24; 4,5). Zugleich unterstreicht 3,5c–d, dass sie gemeinsam in diesem Dienst stehen, dort aber jeweils eigene Aufgaben haben. Damit ist das Thema der folgenden Ausführungen gesetzt. A/B

Paulus erinnert daran, was er und Apollos° während ihrer jeweiligen Aufenthalte in Korinth (s. S. 3f.) bewirkt haben: dass die Adressaten an den „Herrn" glauben. Ihn präsentiert er zugleich als den, der Apollos und ihn selbst (s. 9,1) überhaupt erst zu solchem Wirken beauftragt und befähigt hat. Auf diese Weise entzieht Paulus der korinthischen Praxis, rund um Leitungsfiguren Gruppen zu bilden, den Boden. Die Klarheit, mit der er sich hier grundsätzlich Christus unter- sowie Apollos als Verkündiger gleichordnet, kann auch heute in einer Mitarbeiterschaft hilfreich sein. C/E

Grundlegende Entfaltung der These (3,6–9*)

6 [a]**Ich pflanzte,** [b]**Apollos bewässerte,**
[c]**doch Gott ließ** es **wachsen;**
7 **somit ist** an sich **weder der, der pflanzt, etwas** Bedeutsames **noch der, der bewässert,**
sondern allein **der** ist es, **der wachsen lässt: Gott.**
8 [a]**Der aber, der pflanzt, und der, der bewässert, sind** in ihrem Tun **eins.**
[b] **– Ein jeder aber wird** seinen **eigenen Lohn erhalten**
entsprechend der eigenen Arbeitsleistung. –
9 [a]Im Heilswerk **Gottes nämlich sind wir Mitarbeiter;**
[b]**Gottes Landgut** [c]**[…]:** das **seid ihr.**

Paulus erläutert, welche Aufgaben ihm und Apollos beim Aufbau der Gemeinde in Korinth zukamen. Er greift dazu das biblisch-jüdische Bild vom Gottesvolk als auf Dauer angelegter und liebevoll umsorgter „Pflanzung des Herrn" (Jes 61,3, vgl. LibAnt 18,10 u. ö.) auf, wandelt es aber ab: A

Er spricht von einem großen „Landgut", fügt in das Bild verschiedene „Mitarbeiter" ein und ordnet ihnen sowie Gott je eigene Tätigkeiten zu. In diesem Rahmen wird das Tun der Mitarbeiter zunächst relativiert, dann gewürdigt (3,6f.8f.).

B 6–7 Paulus beginnt betont mit „Ich" und hebt auch in der Bildsprache hervor, dass er vor Apollos in Korinth tätig war. Größeres Gewicht liegt allerdings auf der Aussage, dass beide in sich ergänzender Weise zum Aufbau der Gemeinde beigetragen haben. Die Notwendigkeit ihres jeweiligen Tuns zeigen die gewählten Metaphern an – zumal „pflanzen" und „bewässern" in der biblischen Bildwelt Gott selbst obliegen (vgl. Jes 5,2; 27,3) und das zweite Verb in dem Sinn „zu trinken geben" schon in 3,2a begegnet. Umso mehr fällt auf, wie nachdrücklich Paulus herausstellt, dass die Pflanzung ihr Gedeihen dem Wirken Gottes verdankt. Es gibt die korinthische Gemeinde nur deshalb, weil Gott von Anfang an durch das Wirken der Apostel den Glauben wachsen ließ (s. 2,5). Heilsbedeutsamkeit – auf sie verweist die Wendung „ist etwas" (s. dagegen 7,19) – eignet daher weder Paulus noch Apollos, sondern nur Gott.

8–9 Gleichwohl gibt es über die apostolischen Tätigkeiten auch Positives zu sagen. Paulus wägt diese indes, anders als die Adressaten, nicht gegeneinander ab. Bewertungen sind, wie der Einschub 3,8b festhält, Gott vorbehalten; sie werden erst beim Endgericht in einem so genannten „Lohn" zutage treten (s. 3,14, vgl. Sap 5,15), der der jeweiligen Arbeitslast entspricht (vgl. mAbot 5,23). Gegenwärtig ergibt sich die Würde der Apostel daraus, dass sie als von Gott beauftragte „Mitarbeiter" zusammenwirken (s. 1Thess 3,2 u. ö.). Sie tun das in der Pflege des „Landguts", als das – wohl im Vorgriff auf 4,1f. – Gottes Heilswerk in der Gemeinde (s. Röm 14,20) hier vorgestellt wird.

C/E Wie 3,6 erkennen lässt, fand Apollos° in Korinth bereits eine Gemeinde vor (s. S. 3f.) – das passt zu Apg 18,27 –, gewann aber seinerseits Menschen neu für den Christusglauben. Wenn Paulus dies als organische Fortsetzung seiner eigenen Tätigkeit darstellt und ihrer beider Wirken als Einheit präsentiert (3,8a), ist das wohl nicht nur Rhetorik. Gerade seine Aussage in 4,6 setzt ein faktisches Einvernehmen mit Apollos voraus. Dies dürfte für die Adressaten zu einem wesentlichen Motiv geworden sein, dem Appell 1,10 zu folgen und die widersinnige Konkurrenz der gemeindlichen Gruppen aufzuheben. Für ähnliche Situationen hat solches Einvernehmen Vorbildcharakter.

Argumentative Erläuterung I (3,9*–17)

9 [a]Im Heilswerk **Gottes nämlich sind wir Mitarbeiter;**
[b]**[...]**, [c]**Gottes Bau:** das **seid ihr.**
10 [a]**Gemäß der Gnade Gottes, die mir gegeben wurde,**
habe ich als sachkundiger/weiser Bauleiter einen Grund gelegt,
[b]**ein anderer aber baut darauf.**
[c]**Ein jeder aber** von euch **gebe Acht, wie er darauf** weiter**baut.**
11 [a]**Denn einen anderen Grund vermag niemand zu legen**
an Stelle dessen, der schon **liegt** – [b]**welcher Jesus Christus ist.**
12 **Wenn aber jemand auf den Grund** etwas **baut** wie
Gold, Silber, Edelsteine, Holzteile, Heu, Stroh ... –
13 [a]**eines jeden Werk wird erkennbar werden,**
[b]**denn der** Gerichts-**Tag wird** es **aufweisen,** [c]**weil er sich mit Feuer offenbart;**
[d]**und von welcher Art eines jeden Werk ist, wird das Feuer prüfen.**
14 [a]**Wenn jemandes Werk** bestehen **bleiben wird, das er darauf gebaut hat,**
[b]**wird er Lohn empfangen;**
15 [a]**wenn jemandes Werk verbrennen wird,** [b]**wird er Einbuße erleiden,**
[c]**selbst aber gerettet werden,** [d]**so freilich wie durch Feuer hindurch.**

16 **Wisst ihr nicht, dass ihr ein Tempel Gottes seid**
und der Geist Gottes unter euch wohnt?
17 [a]**Wenn jemand den Tempel Gottes verdirbt,**
[b]**den wird Gott ins Verderben stürzen;**
[c]**denn** ‚***der Tempel***‘ **Gottes ist** ‚***heilig***‘ –
[d]und **solche,** die den heiligen Tempel Gottes bilden, **seid ihr.**

A Das neue Bild im Schlusssatz von 3,6–9 zeigt das Thema der folgenden Verse an. Sie klären die Rolle derer, die an „Gottes Bau“ mit Paulus zusammenwirken, und zwar in drei Schritten: mit Blick auf die Eigenart des von ihm gelegten Grundes (3,10f.), auf die Qualität ihrer Arbeit (3,12–15) und auf die Identität der Gemeinde (3,16f.). Der Stil ist grundsätzlich; andere ‚Arbeiter‘ treten nur als anonyme Figuren in Erscheinung.

B 9c Paulus ergänzt das Bild von der Pflanzung (3,9b) um das vom Bauwerk, ähnlich, wie es z. B. in Jer 18,9 und 1QS 8,5 bezüglich des Volkes Israel bzw. der Qumrangemeinschaft geschieht. Er markiert also sein eschatologisches Verständnis der Gemeinde. Zugleich deutet das Bau-Bild den mehrstufigen, zielgerichteten Aufbauprozess an, in dem sie steht (s. 8,1; 10,23; 14,26 u. ö.).

10–11 Anders als in 3,6–9 betont der Apostel den sachlichen Vorrang seines Tuns gegenüber dem anderer ‚Bauarbeiter‘: Für den Grund, auf dem sich das Bauwerk erhebt, ist er allein verantwortlich. Das ergibt sich aus seiner Berufung, wie das Motiv der ihm gegebenen Gnade° anzeigt. Ihr gemäß und durch sie befähigt° (s. 15,10 u. ö.) hat Paulus die Adressaten durch sein Evangelium mit Jesus Christus° verbunden (s. 1,9 u. ö.), sodass die Gemeinde gleichsam auf ihm gründet. Sie hat damit ein unersetzbares Fundament erhalten. An ihrem Auf- und Weiterbau arbeitet nun gemäß 3,10b

„ein anderer". Nach 3,6 denkt man zuerst an Apollos. Mit 3,10c wird „aber ein jeder" ermahnt, auf das Wie der eigenen Mitwirkung am Gemeindeaufbau zu achten; es sind also mehrere ‚Bauarbeiter' im Blick (s. 3,13). Diese dürften aus drei Gründen in der Gemeinde selbst tätig sein: Der erweiterte Blickwinkel prägt durch „Wenn-jemand"-Sätze (3,12.14f.17) alles Folgende bis hin zu 3,18; andernorts gelten solch generelle Mahnungen stets den Briefadressaten (s. 7,2 u. ö.); und denen wird auch in 14,4f.12.26 ein „Aufbau" der Gemeinde aufgetragen. Mit 3,10 erfolgt das in der Bildsprache hellenistisch(-jüdisch)er Philosophen (Epiktet, Philon u. a.); sie deutet an, dass alles „Weiterbauen" dem Konzept folgen muss, das der ein für alle Mal gelegte „Grund" vorgibt. Dazu passt die Rede vom „Bauleiter", der ein Bauvorhaben nicht nur plant, sondern auch überwacht – wie es Paulus mit dem Brief nach Korinth tatsächlich tut. „Sachkundig" *(sophos)* handelt er dabei in der konsequenten Ausrichtung auf Christus; und weil Gottes Weisheit *(sophia)* in Christus Gestalt gewonnen hat (1,24.30; 2,7f.), erweist sich Paulus als deren Verkündiger zugleich selbst als „weise°". Ob das auch die anderen ‚Bauarbeiter' tun, sollen sie selbst prüfen. Apollos gilt diese Mahnung nach 3,4–9 kaum. Eher ist die Aufnahme des Pronomens „anderer" (3,10b) in 3,11 als implizite Kritik derer aufzufassen, die ihn zur Leitfigur erheben – zumal sich 3,11 entsprechend lesen lässt: „[...] niemand vermag einen anderen als Grund zu legen [...]".

12–15 Beurteilt wird das Tun jener Arbeiter jedoch erst am Tag des endzeitlichen Gerichts (s. Röm 2,5). Das illustriert der Text anhand bestimmter Baustoffe für den Weiterbau. Deren Aufzählung ist merkwürdig: Steine und Ziegel fehlen; stattdessen stehen Gold, Silber und Edelsteine, die nur an Prachtbauten Verwendung finden, neben allgemein genutztem Material wie Holz, Heu und Stroh. Das erklärt sich von 3,13–15 her: Die letztgenannten Stoffe verbrennen, die anderen erweisen sich als beständig und kostbar. Es geht also nur am Rande um die Vielfalt der Beiträge zum Gemeindeaufbau. Im Fokus stehen die gegensätzlichen Ergebnisse der künftigen göttlichen Feuerprobe. Damit wird die traditionelle biblische Symbolik variiert: Apokalyptische Texte kündigen für den Gerichtstag° die Vernichtung der Frevler oder die Läuterung Israels im Feuer an (vgl. Mal 3,2f.; 4,1[3,19] u. ö.); das paulinische Szenario setzt die Rettung° der handelnden Personen voraus und konzentriert sich auf ihr jeweiliges „Werk" (s. Phil 1,22). Erweist die Prüfung seinen hohen Wert, bringt es „Lohn" (s. 3,8), d. h. Lob (4,5); wird es zunichte, büßt man das Ergebnis der eigenen Arbeit und jede Anerkennung dafür ein. Diesen Totalverlust dürfte die Schlusswendung „gerettet [...] wie durch Feuer hindurch" illustrieren. Eine Bestrafung oder Läuterung des betroffenen Menschen im Zuge des Gerichts ist nach 3,10–14 ebenso wenig im Blick wie die generelle Scheidung von „schlechten" und „guten" Werken (s. Röm 2,6–10 u. ö.). Paulus warnt davor, beim Gemeindeaufbau auf vergängliche Werte zu setzen und Erfolge zu feiern, die auf menschlichen Fähigkeiten beruhen.

16–17 Die mahnende Frage „Wisst ihr nicht […]?“ ruft Traditionswissen in Erinnerung und verstärkt die Adressatenorientierung des Passus (s. 5,6 u. ö.). Dass der Ton schärfer wird, ergibt sich aus einem Perspektivwechsel. Nicht mehr der Aufbauprozess, sondern die Identität der Gemeinde ist nun im Blick; und die ist, da von Gott verliehen, unbedingt zu bewahren. Paulus beschreibt sie mittels der gemein-antiken Vorstellung, ein Tempel sei Ort der Gegenwart Gottes und daher „heilig°“. Indem er die Vorstellung auf die Gemeinde zu Korinth überträgt, vermischt er zwei verschiedene jüdische Traditionen: die der Einwohnung des Gottesgeistes° im Jerusalemer Tempel (Josephus, Ant. 8,114) und die der eschatologisch geprägten Selbstdarstellung einer religiösen Gruppe im Bild jenes Tempels (1QS 9,5f. u. ö.). Auf dieser Basis leuchtet die Aufnahme des Tabus der Tempelschändung sofort ein: Wer auch immer die Würde der Gemeinde, ein heiliger Ort zu sein, beschädigt, muss mit Gottes Vergeltung (s. 16,22 u. ö.) rechnen. Welche Gefahr Paulus im Sinn hat, lassen Wortwahl und Kontext erahnen: „verderben“ *(phtheirein)* würde den Tempel, wer – etwa durch Überhöhung von Menschen zu Heilsfiguren (s. 1,13) – „Verderbliches“ (*phthora*, s. 15,42.50) in ihn einträgt; umso mehr, als damit die Einheit (s. 1,10) beschädigt würde, die eine Tempelgemeinschaft nach antiker Ansicht ausmacht.

C Die paulinische Mahnrede hat Gläubige im Blick, die zur Weiterentwicklung ihrer Gemeinde beitragen. In der Tat gab es in ihr gemäß 12,28 diverse Ämter und Begabungen – und in den von Paulus kritisierten Gruppen (s. 1,11f. u. ö.) sicherlich auch Meinungsführer. Doch seine Mahnrede gilt, wie beim Thema Geistesgaben in Kap. 12, allen Gemeindegliedern. Dazu passt, dass der Verweis auf den Status der Gemeinde in der Gründungspredigt (s. S. 3f.) wurzelt, wie das Selbstzitat 2Kor 6,14–7,1 belegt (s. 2Kor 6,16). Er schließt daher eine Abkehr von den vielen paganen Tempeln in Korinth ein. Vom Jerusalemer Tempel distanziert Paulus sich hingegen nicht; er erkennt vielmehr den dortigen Kult als göttliche Stiftung an (Röm 9,4), bleibt dem Tempel selbst verbunden (vgl. Apg 18,18–22; 21,23–26) und ordnet ihm die nichtjüdischen Adressaten seiner Mission gedanklich zu (Röm 15,16.19).

D Im Gefolge vielfältiger Rückgriffe auf biblische Motivik und Begrifflichkeit liegt am Ende, in 3,17c, eine regelrechte Anspielung auf Ps 64[65],5$_{\text{fin.}}$ vor. Der engere Zusammenhang des Psalmworts lautet wie folgt:

> [2]Dir gebührt ein Loblied, Gott, in Sion […]. [4]Worte von Gesetzlosen haben Macht über uns gewonnen […]. [5]Selig [ist] der, den du dir erwählt hast und annahmst; er wird Zuflucht finden in deinen Vorhöfen. Wir werden gesättigt werden mit den Gütern deines Hauses; *heilig* [ist] dein *Tempel*, wunderbar in Gerechtigkeit. [6]Erhöre uns, Gott unser Retter, Hoffnung aller Enden der Erde […].

Hier liegt nicht nur fast derselbe Wortlaut vor – ohne weitere Parallele in der LXX; hier ist der Ruf „Heilig ist dein Tempel!“ auch auf ähnliche

Weise eingebettet wie in 1Kor 3: Er erklingt auch in Ps 64[65],4 angesichts einer Gefährdung der Tempelgemeinschaft durch den verderblichen Einfluss falscher „Worte“ (s. 2,13); er benennt auch in Ps 64[65],5 den Ort, an dem die Gemeinschaft der von Gott „Erwählten“ (s. 1,27f.) Gottes gnädige Zuwendung erlebt; und er spricht auch in Ps 64[65],6 von Israels Gott als „Retter“ aller Menschen (s. 1,21). Wer die Anspielung wahrnimmt, wird deshalb noch deutlicher verstehen, welch „wunderbares“ Heil die korinthische Gemeinde als heiliger Tempel des einen Gottes für die Adressaten bereithält.

E Im Anschluss an 3,6–9 veranschaulicht Paulus an seinem eigenen Beispiel, wie sich die Adressaten zu einem von Gott berufenen „Mitarbeiter“ zu stellen haben. Am Bild des Baus zeigt er auf, dass sie – nicht ihm, sondern – seinem apostolischen Wirken als „Bauleiter“ verpflichtet sind: Sie müssen bei ihrer Weiterarbeit dem von Paulus gelegten Grund, Jesus Christus, entsprechen, sollten angesichts des zu erwartenden Gerichts über ihre Werke nicht auf menschliche Fähigkeiten setzen – und dürfen keinesfalls die Identität der Gemeinde als Tempel Gottes verderben. Der paulinische Text regt somit dazu an, auch heute eigene Maßstäbe für Gemeindeaufbau und -arbeit christologisch, eschatologisch und ekklesiologisch zu reflektieren.

Argumentative Erläuterung II (3,18–23)

18 [a]**Niemand soll sich selbst täuschen!**
[b]**Wenn jemand meint,**
ein Weiser zu sein unter euch, und somit **in dieser Weltzeit** verharrt,
[c]**soll er** in dieser Weltzeit **töricht werden,** [d]**damit er** wahrhaft **weise werde.**

19 [a]**Die Weisheit dieser Welt ist ja Torheit bei Gott.**
[b]**Denn es ist** in ‚den Schriften‘ **geschrieben:**
[c]***„Der die Weisen fängt in ihrer Verschlagenheit …“*;**

20 [a]**und wiederum** ist geschrieben:
[b]***„Der Herr kennt die Überlegungen der Weisen, dass sie nichtig sind.“***

21 [a]**Daher soll sich niemand rühmen in Bezug auf** bestimmte **Menschen;**
[b]**denn alles ist eurer** Souveränität unterstellt:

22 [a]**sei es Paulus, sei es Apollos, sei es Kephas –** [b]**sei es** die **Welt:**
sei es Leben, sei es Tod; [c]**sei es Bestehendes, sei es Kommendes;**
[d]**alles** ist **euer,**

23 [a]**ihr aber** seid **Christi,** [b]**Christus aber** ist **Gottes.**

A Über die generelle Warnung 3,18a wird die bildhafte Mahnung 3,10c in zwei klare Weisungen überführt (3,18b–d.21a), die sachlich an 1,18–31 anknüpfen. Beide begründet jeweils eine Feststellung (3,19a.21b), deren Sinngehalt dann untermauert (3,19b–20) bzw. entfaltet (3,22f.) wird. Das Bindewort „daher“ (3,21a) markiert den zweiten Textteil als Folgerung aus dem ersten.

B 18–19a

Der Appell, sich vor Selbsttäuschung zu hüten, findet sich als Zwischenbemerkung auch bei griechischen Rednern. Paulus setzt mit ihm ein, um vor einer Verfehlung gegen Gott zu warnen (s. 2Kor 11,3 u. ö.). Dazu passt der „Wenn-jemand"-Satz, der die Satzfolge in 3,12–15.17 fortführt, aber streng zurechtweisend formuliert ist (s. 8,2; 11,16; 14,37). Er zeigt, was verkehrt wäre: sich selbst anhand der Wertmaßstäbe „dieser Weltzeit°" für „weise°" zu halten. Denn Gott hat durch die Christusbotschaft „die Weisheit dieser Welt°" zur „Torheit°" degradiert (s. 1,20d). Zur wahren, göttlichen Weisheit° (s. 1,24.30; 2,7) findet nur, wer auf diese – nach jenen Maßstäben törichte (s. 1,23–25) – Botschaft hin an Christus glaubt (s. 1,21) und insofern selbst töricht wird (s. 1,27). 3,18b–19a greift also den Passus 1,18–31 in Kürze auf. Die Nähe der Weisung 3,18b–d zur Selbstbescheidung griechischer Philosophen, die ihr Nicht-Wissen einräumen (so Sokrates nach Platon) und es aushalten, anderen als einfältig zu gelten (Epiktet), ist daher rein formal. Es gilt, sich von dem, was diese Weltzeit bestimmt, abzusetzen (s. Röm 12,2).

19b–20

Zwei in etwa parallel konstruierte Schriftzitate bestätigen das in 3,19a ausgesprochene Urteil. Dass sie aufeinander zu beziehen sind, signalisiert die syntaktische Unvollständigkeit von 3,19c ebenso wie die verkürzte Zitationsformel 3,20a. Gemeinsam zeigen sie auf, wie kritisch Gott den „Weisen" dieser Welt begegnet: Ihre „Überlegungen" erreichen das ersehnte Ziel, Gott, den Herrn°, zu erkennen, nicht, sind also „nichtig" (s. Röm 1,21), weil sich in ihnen nur die widergöttliche „Verschlagenheit" (s. 2Kor 11,3) dieser Menschen manifestiert; und derer werden sie von Gott richtend überführt. Gott sieht ja den Menschen prüfend ins Herz (s. 1Thess 2,4 u. ö.). Die Zitate ergänzen somit das in 1,19, indem sie auf die Voraussetzungen des dort angekündigten eschatologischen Heils- und Gerichtshandelns Gottes verweisen.

21a

Die folgende Weisung bildet in der Sache das Pendant zu 1,29 und das Gegenstück zu 1,31, richtet sich aber direkt an die Adressaten: Sie sollen aufhören, Menschen zu Leitfiguren zu machen und sich dann der Zugehörigkeit zu ihnen vor anderen zu rühmen°. Wie das einleitende „daher" anzeigt, ist das gerade aus den angeführten Schriftworten zu folgern. Diese bieten demnach den Maßstab, der die Bildung von Gruppen rund um solche Leitfiguren als Widerspruch zum Heilshandeln Gottes an den Menschen erweist.

21b–23

Zur Begründung verkehrt Paulus die Parolen aus 1,12b–d mit 3,22a in ihr Gegenteil: Er selbst, Apollos und Kephas° sind den Gemeindegliedern unter- und zugeordnet. Sachlich greift dies auf die Leitthese 3,5 zurück (s. auch 2Kor 1,24; 4,5). Die Souveränität der Adressaten wird mit 3,21b–22d allerdings ins Universale erweitert: Alles, der ganze Kosmos° ist ihnen zu eigen – in dem Sinne, dass sie sich in Freiheit dazu verhalten können. Das gilt auch für die fundamentalen Spannungen zwischen Leben und Tod, Gegenwart und Zukunft, die das Menschenleben prägen. Diese Aussagen haben enge Parallelen bei griechischen und römischen Philosophen, die dem Weisen attestieren, er könne über alles verfügen. In paulinischer Sicht sind jene Spannungen jedoch Kennzeichen der Schöpfung Gottes, als die der Kosmos insgesamt zu begreifen ist (s. Röm 8,38f.). Souveränität gegenüber der Welt ergibt sich demnach allein aus der Beziehung des Menschen zu Gott als Herrn der Welt (s. 10,26). Zudem unterliegt die Schöpfung der Vergänglichkeit, auf deren Überwindung der Christusglaube hofft (s. 7,31; Röm 8,20f.) – wobei der Tod eine gottfeindliche Macht darstellt, deren Entmachtung durch die Auferweckung Christi ins Werk gesetzt, aber noch nicht vollzogen ist (s. 15,22f.57). In Freiheit mit der Welt umzugehen, ist daher nur in der Bindung an Christus° möglich. Genau darauf weist Paulus mit 3,23a hin (s. Gal 3,29; 5,24). Indem er die Adressaten kollektiv anspricht (s. 15,23c), konterkariert er implizit aber auch die Selbstbekundung 1,12e und tritt dem exklusiven Anspruch, den sie erhebt, entgegen (s. 2Kor 10,7). Die Zuordnung Christi zu Gott (s. 11,3c) zeigt abschließend Basis und Grenze der Herrschaft Christi an (s. 15,28) – und unterstreicht somit deren eschatologischen Charakter.

C Der Text bestätigt diverse Annahmen zur Situation der Gemeinde: 1. Es gab in ihr eine Christus-Gruppe (s. S. 26), da 3,23a deren Parole aufgreift. 2. Unter den Leitfiguren spielte Apollos° eine große Rolle (s. S. 25f.), wird deren Verehrung doch explizit mit dem Thema „Weisheit“ verknüpft. 3. Die Gruppen haben wechselseitig Überlegenheit für sich reklamiert (s. S. 33); denn 3,21 lässt mit dem Zuspruch souveräner Freiheit gegenüber dem Kosmos ein philosophisches Ideal anklingen, setzt sie aber vom zwischenmenschlichen Rühmen ab. Zugleich bekräftigt der relativ komplexe Schriftgebrauch in 3,19–21a die These, dass schriftkundige Adressaten die Rezeption des Briefs in der Gemeinde unterstützt haben (s. S. 43f.).

D Tatsächlich bildet der Zitateinsatz ein dreifaches Novum im Brief: Paulus zitiert aus Weisheitsbüchern (Hi 5,13) und Psalmen (93[94],11), verknüpft zwei Schriftzitate miteinander und weist ihnen im Rahmen von 3,19a.21a eine doppelte Funktion zu. Zudem nutzt er eine nach dem hebräischen Text revidierte LXX-Fassung des Hiobbuchs, ersetzt im Psalmzitat das originale „der Menschen“ durch „der Weisen“ und bringt die Kontexte beider Schriftworte zur Geltung; s. 3,17a–b (vgl. Ps 93,5.1), 3,18a (vgl. Ps 93,8a), 3,18b (vgl. Hi 4,21), 3,18c–d (vgl. Ps 93,8b.10), 3,19a (vgl. Ps 93,12; Hi 5,3.17), 3,21a (vgl. Ps 93,3), 3,22b–c (vgl. Hi 5,26.21). Im Sinne des Apostels zeigt Hi 4,21–5,27 also auf, dass der Weise mit seinem Planen und Tun Gottes Gericht untersteht, während der von Gott Zurechtgewiesene bis in den Tod auf Gottes Fürsorge vertrauen kann. Ps 93[94],1–15 wiederum deutet Paulus auf das Gericht über diejenigen, die sich an dem ihrer Leitung anvertrauten Gottesvolk auf sündhafte Weise verfehlen. Vor diesem Hintergrund wird deutlich, inwiefern die beiden Zitate einander ergänzen und geeignet sind, zur Abkehr von der innergemeindlichen Hochschätzung vermeintlich weiser Leitungsfiguren anzuleiten. Bei näherem Hinsehen erweitert und vertieft 3,18–23 demnach die Bildung der Adressaten in Sachen Schriftgebrauch.

E Der Passus verknüpft die voranstehenden Mahnungen, die „Mitarbeiter" treffend einzuschätzen und ihr Wirken sachgerecht fortzuführen (3,6–17), mit den Aussagen zur Weisheit (1,18–31) und der Kritik der Gruppenbildung (1,10–17a). Auf dieser Basis wird im Zuge des Ausdeutens zweier biblischer Passagen der Maßstab entwickelt, anhand dessen die Adressaten sich selbst wahrnehmen und die Haltung zu ihren Aposteln überdenken sollen. Der Text lässt damit erkennen, wie hilfreich die Integration der Schriftauslegung in die theologische Analyse problematischer Personenkonstellationen sein kann.

Argumentative Erläuterung III (4,1–5)

1 **Somit soll uns ein** jeder **Mensch erachten**
als Amtsdiener Christi und Verwalter von Geheimnissen Gottes.
2 **Hierbei wird im Übrigen bei den Verwaltern** danach **gesucht,**
dass man als treu befunden wird.
3 [a]**Mir aber zählt es zum Geringsten,** [b]**dass ich von euch beurteilt werde**
oder von einem menschlichen Gerichts-**Tag;**
[c]**doch ich beurteile mich auch nicht selbst.**
4 [a]**Denn –** ***‚mein Gewissen hält mir*** zwar ***nichts vor'*****,**
[b]**doch nicht dadurch bin ich** in meinem Tun **gerecht gesprochen;**
[c]**sondern – der, der mich** wirklich **beurteilt,** das **ist der Herr.**
5 [a]**Daher richtet nicht vor der** dafür bestimmten **Zeit über irgendetwas,**
d. h., **bevor der Herr gekommen ist;**
[b]**der wird auch das im Dunkel Verborgene ins Licht tauchen**
und somit **die Absichten der Herzen erkennbar machen,**
[c]**und dann wird jedem das** ihm gebührende **Lob von Gott** zuteil**werden.**

A Paulus kehrt zum Thema „Einschätzung der Apostel" aus 3,5–9 zurück. Auf der Basis einer erneuten bildlichen Definition ihrer Rolle (4,1) leitet die Angabe des zentralen Qualitätskriteriums ihres Wirkens (4,2) zu einer Erörterung der Frage über, welche Instanz über sie zu urteilen hat (4,3–5). Den Gedankenbogen unterstreicht die ringförmige Anlage des ganzen Passus.

B 1–2 Wie das einleitende „somit" anzeigt (s. Röm 1,15 u. ö.), wertet Paulus das Vorhergehende (3,21–23) aus. Im Anschluss an 3,9a hält er für sich und die anderen Apostel fest, in welcher Funktion sie sich generell wahrgenommen wissen wollen. Das dazu genutzte Verwaltungsvokabular veranschaulicht den offiziellen und verantwortlichen Charakter des Dienstes, den sie im Auftrag Christi° an den geheimnisvollen° Heilsgaben Gottes ausüben. Zugleich erlaubt es zu markieren, anhand welchen Merkmals die Güte ihrer Tätigkeit festgestellt wird. Sie haben „treu" *(pistos)* zu sein: gegenüber Gott – umso mehr, als Gott selbst treu° ist (s. 1,9) –, gegenüber dem ihnen übertragenen Amt (9,17) und dem ihnen anvertrauten Gut

(Gal 2,7 u. ö.) sowie gegenüber denen, die auf ihre verlässliche Botschaft hin glauben° *(pisteuein)*.

3–4 Die Zuständigkeit für solche Feststellungen liegt indes nicht bei irgendeinem von Menschen angesetzten Gerichtstag°; das macht Paulus beispielhaft an seiner Person deutlich. Seinen Dienst zu beurteilen, steht weder den Adressaten zu (s. 2,15b) noch ihm selbst. Gewiss nehmen beide Seiten Beurteilungen vor; letztgültige Bedeutung haben sie nicht. Eine Prüfung des eigenen Tuns, die das Gewissen° antiker Vorstellung gemäß nachträglich vornimmt (s. Röm 2,15), ist dennoch wichtig; und Paulus betont, dass er sich hinsichtlich seiner Amtsführung keiner Verfehlung bewusst sei (s. 2Kor 1,12). Doch die verbindliche Entscheidung darüber, ob er recht gehandelt hat, trifft „der Herr°" (s. 1,8). Nicht das Gerecht-gemacht-Sein° aufgrund der im Glauben vollzogenen Christusbindung (s. 1,30) fasst also 4,4b in den Blick, sondern die endzeitliche Gerechtsprechung anhand bestimmter Taten (s. Röm 2,13).

5 Das bestätigt die anschließende Ermahnung der Adressaten. Ihr zufolge wird „der Herr" über alles Tun richten, und zwar bei seinem endzeitlichen Kommen (s. 11,26 u. ö.). Der Titel ist hier also auf Christus zu beziehen (s. 2Kor 5,10 u. ö.). Ihm wird dann auch die spezielle, ihn als Richter qualifizierende Fähigkeit attestiert, die die gemein-antike Anschauung (s. auch Röm 2,16) Gott vorbehalten hat: das Verborgene sichtbar zu machen, gerade im menschlichen Herzen°. Rhythmus und Begrifflichkeit des griechischen Textes zeigen den Traditionsbezug in 4,5b an (vgl. 2Makk 12,41 u. ö.), wenn auch exakte Parallelen fehlen. Demgemäß nennt Paulus am Ende doch Gott als Akteur – und verweist damit auf die bereits in 4,1 angedeutete Handlungseinheit von Gott und Christus, die endgültig im Gericht zutage treten wird (s. Röm 14,9–11). Dies aber gilt „jedem", wie es unter Aufnahme von 3,8b.13 heißt; das öffentliche „Lob" in 4,5c entspricht also dem Lohn aus 3,8.14. So erhält die Mahnung 4,5a großen Nachdruck: Wenn die Adressaten ebenso unzeit- wie unsachgemäß Kritik am apostolischen Handeln des Paulus üben – oder das des Apollos loben –, maßen sie sich göttliche Befugnisse an; und dafür werden sie sich im endzeitlichen Gericht verantworten müssen.

C 4,3a–b lässt erkennen, dass es solche innergemeindliche Kritik an Paulus – wohl vor allem im Vergleich mit Apollos (s. S. 28) – tatsächlich gab.

D Vor diesem Hintergrund gewinnt die sprachliche Übereinstimmung zwischen 4,4a und Hi 27,6b^{LXX} an Bedeutung. Im Zusammenhang heißt es dort:

> [2]So wahr der Herr lebt, der mich so gerichtet hat [...] [5][...] meine Unschuld werde ich nicht preisgeben. [6a]Und auf Gerechtigkeit zu achten werde ich gewiss nicht aufgeben; [b]denn *mein Gewissen hält mir nicht vor,* Unangebrachtes getan zu haben.

Die bei Paulus einmalige Formulierung ist zwar im Griechischen durchaus geläufig. Dennoch dürfte eine beabsichtigte Anspielung auf die einzigartige LXX-Parallele vorliegen: Seit dem Zitat in 3,19 ist das Hiobbuch in der Kommunikation präsent; im Ganzen bezeugt seine LXX-Fassung wie Paulus in 4,4b–c, dass allein Gott Menschen Gerechtigkeit zuzumessen vermag (vgl. Hi 27,6a mit Hi 8,6; 22,28; 33,32; 40,8); und die Unschuldsbeteuerung richtet sich hier wie dort gegen Freunde des Redners, die ihm fälschlicherweise Verfehlungen vorhalten. Im Lichte dieser Anspielung erweist sich die Geringschätzung, mit der Paulus das Urteil einiger Adressaten über ihn zurückweist, als berechtigte, da den Maßstäben der Schrift entsprechende Polemik.

Die Passage schließt das Teilstück 3,5–4,5 treffend ab. Sie greift 1. wesentliche seiner Aussagen auf: die Identifikation der Apostel als Diener im Heilswerk Gottes (3,5), die Betonung ihrer pflichtgemäßen Arbeit (3,6) und ihrer Gleichstellung (3,7f.) bei grundlegender Bedeutung des paulinischen Dienstes (3,10), die Ausrichtung am endzeitlichen Gericht Gottes (3,8) auch über die Gemeindeglieder (3,13–15), deren Ermahnung zu rechter Selbsteinschätzung (3,18). Die Passage nimmt 2. zentrale Begriffe (Geheimnis, beurteilen) aus 2,6–16 auf und unterstreicht damit – wie zuvor schon 3,18–23 mit Blick auf 1,18–31 – den Zusammenhang der sach- und der personenbezogenen Reflexionen des Hauptteils 1,10–4,15. Und sie spitzt 3. den in 3,5 einsetzenden Gedankengang auf eine eschatologisch begründete Mahnung zu, den apostolischen Dienst, den zumal Paulus an den Adressaten wahrnimmt, unbedingt zu achten. Die Konsequenz, mit der er die Beurteilung seines Wirkens an seinem Auftrag orientiert und letztlich Gott vorbehält, regt zur Nachahmung in vergleichbaren Konfliktsituationen an. E

2.2 Wider den Hochmut der Gemeindeglieder (4,6–13)

Das Teilstück zeigt auf, welche Konsequenzen die Adressaten aus der Reflexion 3,5–4,5 ziehen sollen. Es beginnt mit einem Programm-Satz (4,6), an den sich eine drastische Infragestellung ihrer Ansichten (4,7–13) anschließt.

Programmbeschreibung (4,6)

6 [a]**Dies** soeben Dargelegte **aber,** [b]**Geschwister,**
[c]**habe ich** zuvor **an mir selbst und Apollos beispielhaft veranschaulicht**
– um euretwillen, [d]**damit ihr an uns lernt,**
was **das ‚Nicht-Hinaus**gehen**-über-das-was-geschrieben-ist‘** meint,
[e]**damit ihr euch nicht aufbläht,**
ein jeder von euch **um des einen** Apostels **willen**
gegen den anderen Apostel und damit das andere Gemeindeglied.

A Der Satz bildet das Zentrum des Abschnitts 3,5–4,13: Er benennt Kern und Ziel des im Voranstehenden durchgeführten Bildungsprogramms (4,6a–d) sowie die im Folgenden zu entfaltende Grundhaltung, die die Adressaten daraufhin gegenüber den Aposteln und untereinander einzuüben haben (4,6e).

B Der in der Auslegungsgeschichte kontrovers diskutierte Satz lässt sich unter Beachtung des Kontextes und des paulinischen Sprachgebrauchs gut wie folgt verstehen: a–b) „Dies aber“ meint wie in 10,6.11 die unmittelbar vorhergehenden Ausführungen. Im Blick ist neben 4,1–5 auch 3,18–23, da 4,1 beide Passagen logisch verknüpft. Es geht also darum, dass die Glaubensgeschwister° sich bei der Einschätzung der Apostel und ihrer selbst nicht an den Kriterien weltlicher Weisheit ausrichten – und demgemäß auf alles menschliche Urteilen über das Wirken der Apostel verzichten. c) Diese Haltung hat Paulus den Adressaten in 3,5–17 „beispielhaft veranschaulicht“. Denn dort zeigt er auf, wie man im Horizont des Gerichts über ihn und Apollos denken und sich auf ihr Wirken beziehen soll. d) An dem Beispiel sollen die Adressaten lernen, einer paulinischen Regel zu folgen. Sie ist aus der um einen Infinitiv zu ergänzenden Wendung „das Nicht- […]“ (s. 1Thess 4,6 u. ö.) und dem durch „über“ eingeführten Relativsatz (s. 10,13 u. ö.) gebildet. Da Paulus „ist geschrieben“ sonst von Schriftzitaten sagt, verweist die Regel auf ein in der Schrift gegebenes Maß, das nicht überschritten werden darf. Der mit 4,6a ins Auge gefasste Bezugspunkt sind die Zitate aus 3,19f. Demnach untersagt die Regel, der „Weisheit dieser Welt“ in der Gemeinde größeres Gewicht beizumessen, als ihr durch Gottes Urteil über „die Weisen“ eingeräumt ist. Eben dies müssen die Adressaten in ihrer Haltung zu Paulus, Apollos, Kephas und Christus sowie ihrer Selbstwahrnehmung unterlassen. e) Was das konkret heißt, expliziert ein zweiter Finalsatz (s. 2Kor 9,3 u. ö.): Die Gemeindeglieder sollen aufhören, höher als angemessen von sich zu denken (s. 13,4e). Das aber tun sie bei der Gruppenbildung, deren Logik der Teilvers – fokussiert auf Paulus und Apollos – doppelsinnig beschreibt: Ein jeder stuft im Vergleich mit seiner eigenen Leitfigur den jeweils anderen Apostel herab und erhebt sich damit zugleich selbst über dessen Anhänger.

C Der Programmsatz spricht explizit von dem oben (S. 54) bereits erschlossenen Überlegenheitsanspruch, mit dem die gemeindlichen Gruppen einander begegneten. Er bestätigt zudem, dass, jedenfalls aus Sicht des Paulus, das zentrale Problem in dem Keil bestand, der zwischen ihn und Apollos° getrieben wurde (s. S. 48). Umso mehr fällt auf, dass seine Regel die Orientierung an der Schrift zur Basis einer angemessenen, die innergemeindliche Einheit fördernden Einschätzung der beiden Apostel macht. Demnach dürfte Paulus in der eigentümlichen, weisheitlich geprägten Schriftauslegung der Apollos-Anhänger (s. S. 33) den Kern des Problems – und in ihrer Korrektur den Ansatzpunkt zu dessen Behebung – gesehen haben.

E

Mit 4,6 fasst Paulus im Rückblick auf 3,5–4,5 den Bildungsprozess zusammen, den der erste Hauptteil – und, wie sich zeigen wird, auch der weitere Brief – anstößt: Die Adressaten sollen auf der Basis ihrer grundlegenden Vertrautheit mit der Schrift (s. 15,3f. u. ö.) lernen, aus ihr die Maßstäbe für eine Gottes Heilshandeln entsprechende Daseinsgestaltung zu erheben. Damit regt der Text dazu an, auch heute solche Bildungsprozesse einzugehen.

Polemische Begründung (4,7–13)

7 [a]**Denn wer stellt dich** anderen gegenüber **heraus?**
[b]**Und was hast du, das du nicht empfangen hast?**
[c]**Wenn du** es **aber auch empfangen hast:**
[d]**Was rühmst du dich, als hättest du** es **nicht empfangen?**
8 [a]**Ihr seid schon gesättigt,** [b]**habt schon Reichtum erlangt,**
[c]**seid ohne uns zur Königsherrschaft gelangt!?**
[d]**O dass ihr doch tatsächlich zur Königsherrschaft gelangt wärt,**
[e]**damit auch wir mit euch gemeinsam als Könige herrschten!**
9 [a]**Denn ich meine,** [b]**Gott hat uns, die Apostel,**
öffentlich zu Letzten gemacht, wie solche, die dem Tod geweiht sind;
[c]**denn zum Schauspiel sind wir geworden für die Welt,**
sowohl für Engelmächte als auch für Menschen.
10 [a]**Wir** sind **um Christi willen Toren** in den Augen der Welt,
[b]**ihr aber** seid **in** und durch **Christus Verständige** in den Augen der Welt!?
[c]**Wir** sind **schwach,**
[d]**ihr aber** seid **stark!?** [e]**Ihr** steht **in Ehren,**
[f]**wir aber** sind **unwürdig!?**
11 **Bis in die jetzige Stunde hinein leiden wir Hunger und Durst,**
mangelt es uns an Kleidung, werden wir geschlagen, haben wir keine Bleibe,
12 [a]**mühen wir uns ab, indem wir mit den eigenen Händen arbeiten;**
[b]**wenn wir beleidigt werden, segnen wir,**
[c]**wenn wir verfolgt werden, halten wir** geduldig **aus,**
13 [a]**wenn wir geschmäht werden, reden wir** freundlich **zu;**
[b]**wir sind wie der Kehricht der Welt geworden,**
[c]**der Abschaum aller** Menschen, **bis jetzt.**

A

Der Passus unterstreicht, wie dringlich die in 4,6e angemahnte Verhaltenskorrektur seitens der Christusgläubigen zu Korinth ist. Auf vielfältige Weise werden sie für ihr überzogenes Selbstbewusstsein gerügt: durch aufrüttelnde Fragen (4,7), ironische Zuschreibungen (4,8) und scharfe Kontrastierung mit den verachteten Aposteln (4,9), die ihrerseits breit entfaltet wird (4,10–13).

B 7

Paulus redet die Gemeindeglieder im Anschluss an 4,6e und Rückgriff auf 3,4 zunächst einzeln an. Weder die eigene Leitfigur (s. 3,8a) noch Gott „unterscheidet“ (s. 12,10c) einen so von anderen, dass man herausgehoben wäre. Auch eigene Begabungen (s. 1,5.7) sind kein Anlass, sich vor anderen zu „rühmen°" (s. 1,29); denn solche Fähigkeiten „hat" man nicht aus sich selbst, sondern hat man von Gott „empfangen" (vgl. Philon, Congr. 130 u. ö.).

8 Die Adressaten aber pflegen eine unangebrachte Selbstzufriedenheit, die Paulus mit philosophischen Begriffen beschreibt. „Sättigung" steht dabei für Hochmut (vgl. Solon u. a.), sodass das Attest 4,8a polemisch, halb fragend zu lesen ist; umso mehr, als das Bildwort an den Vorwurf in 3,2 erinnert, die Adressaten vertrügen keine Speise. „Reichtum" und „Königsherrschaft" hingegen gelten als Attribute derer, die in ihrer Weisheit über alles verfügen und gebieten, was es zum Leben braucht (s. 3,21b). Solche Selbsteinschätzung ist nach 4,8b–c auf doppelte Weise verfehlt: Sie ist übergriffig, da Königsherrschaft und Reichtum Gott zu eigen sind und Menschen nur von Gott her daran Anteil erhalten (s. 6,9f. u. ö.; Röm 10,12 u. ö.); und sie ist voreilig, wie das Wort „schon" anzeigt (s. Phil 3,12), da erst die Auferweckung der Toten zur Teilhabe an Gottes Königsherrschaft° führt (s. 15,50 u. ö.). Man kann sie daher keinesfalls partiell vorwegnehmen, wie 4,8d–e ironisch zum Ausdruck bringt – und dazu auf die freudige Erwartung anspielt, als Auferweckte aus Vergänglichkeit und Leid befreit zu werden (s. Röm 8,18–23 u. ö.).

9 Paulus tritt dem Hochgefühl der Korinther aus persönlicher Überzeugung entgegen (s. 7,40c) – und weitet dazu das „Wir" aus 4,6.8 wieder (s. 4,1) auf alle Apostel° aus. Sie sind wegen ihres Dienstes für Gott an die letzte Stelle der Gesellschaft gerückt worden (vgl. Lk 14,9) und gleichen nun denen, die sich bei öffentlichen Spielen dem Tod ausgeliefert sahen (vgl. Bel 31f.). Tatsächlich ist Todesgefahr für Paulus ein Merkmal des Apostolats (s. 2Kor 4,11a u. ö.). Er redet nicht davon, wie manch ein Philosoph im Ertragen des Leidens ein vorbildliches „Schauspiel" zu bieten, sondern von erlittener Verachtung. Als deren Subjekt nennt er „die Welt°", der er nicht nur Menschen, sondern wie in 6,2f. auch himmlische Mächte (s. Röm 8,38) zuordnet.

10 Die Verachtung hat ihren Grund in der Beziehung der Apostel zu Christus°. Dessen Hinrichtung (s. 2,8) bildet das Kennzeichen ihrer Existenz (s. 2Kor 4,10a), sodass Letztere der Welt als töricht°, schwach und unwürdig erscheint. Diese Trias aber erinnert daran, was 1,27f. zur Erwählung sagt. Dadurch tritt der Widersinn des Anspruchs der Adressaten zutage, aufgrund und in ihrer Christusbeziehung als verständige, starke und ehrbare Mitglieder der Gesellschaft zu gelten. Denn damit trennen sie sich von denen, die doch als Verkündiger des Heilshandelns Gottes ihre Leitfiguren sind. Der Kontrast zwischen dem ernsthaften apostolischen Selbstzeugnis und den erneut ironischen Zuschreibungen macht die Empörung des Paulus geradezu hörbar.

11–13 Eine Auflistung der Widrigkeiten, die das Leben der Apostel prägen, verstärkt die Konfrontation. Solche Listen dienten in der hellenistisch-römischen Kultur meist dazu, eine bestimmte Figur als Vorbild im Durchstehen irdischer Mühen darzustellen; sie führen daher oft auch entsprechende Tugenden auf. Paulus nutzt die Textsorte mehrfach (s. 2Kor 4,8f. u. ö.), gestaltet sie hier aber in spezifischer Weise aus. Den Rahmen bilden Zeitangaben, die das Andauern der Mühen „bis jetzt" betonen und damit dem voreiligen „schon" aus 4,8 widersprechen. Die Liste selbst hat dann drei Teile.

4,11–12a reiht sechs Umstände aneinander, unter denen die Apostel ihren Dienst versehen müssen. Genannt wird zunächst – im Gegensatz zu 4,8a–b – der Mangel an Essen, Trinken und Kleidung (s. 2Kor 11,27); es folgen Hinweise auf erniedrigende Schläge (vgl. Mk 14,65), ständig nötige Ortswechsel und den mühsamen Erwerb des eigenen Lebensunterhalts (s. 2Kor 6,5). Gerade der letztgenannte Gesichtspunkt unterscheidet die Apostel von dem kynischen Weisen, der seine Unabhängigkeit demonstriert. Betont ist hier die Mühsal der Entbehrungen, nicht die Bereitschaft, sie auf sich zu nehmen.

4,12b–13a ergänzt das Widerfahrnis von Gewalt (4,11) um die Erfahrung, verbal herabgesetzt und verfolgt – d. h. im Kontext: fälschlich beschuldigt – zu werden (vgl. Mt 5,11). Die Apostel erwidern die bösen Worte indes nicht, sondern beantworten sie in geduldiger Zuwendung mit Segen und Zuspruch (s. Röm 12,14, vgl. 1Petr 3,9). So folgen sie dem Vorbild (vgl. Mk 14,60f.; 1Petr 2,23) und den Weisungen Jesu (vgl. Lk 6,27f.), die ihrerseits in orientalischer Lebenslehre wurzeln. Paulus zufolge gilt es, inmitten von Demütigungen Christus zu bezeugen, nicht, die eigene Ehre zu verteidigen.

Am Ende veranschaulicht 4,13b–c das Elend der Apostel: Sie gelten als ‚das Letzte' (s. 4,9b). Der kultisch-reinigende Sinn, der den verwendeten Begriffen andernorts eignet, liegt hier fern. Paulus redet nicht positiv von einer Unheil abwehrenden Wirkung, die apostolisches Leiden im Sinne einer Stellvertretung für alle Menschen hätte; er benennt in drastischen Vergleichen die Geringschätzung, mit der die Welt die Apostel straft: Man betrachtet und behandelt sie wie das, was bei Reinigungsvorgängen aller Art entsorgt wird.

C

Das Hochgefühl vieler Adressaten gründet der Kritik in 4,8 zufolge nicht, wie häufig angenommen, auf einer Vorwegnahme endzeitlicher Vollendung. Erst Paulus verknüpft es mit der Eschatologie. Er scheint damit auf ein Vollkommenheitsbewusstsein zu reagieren, wie es gebildete Weise entwickelten. In der Gemeinde mag dies durch den Einfluss des Apollos (s. S. 28) gefördert worden sein. Die ironisierende Darstellung des Paulus erschwert allerdings verlässliche Rückschlüsse auf die Anschauung der Adressaten.

Das im Text gezeichnete Apostelbild spiegelt zumal die eigenen Erfahrungen des Paulus wider: Er selbst geriet wiederholt in Todesgefahr (15,32a; 2Kor 1,8f. u. ö.), litt unter Entbehrungen und Misshandlungen

(2Kor 11,23–27 u.ö.), sah sich verfolgt (Gal 5,11 u.ö.) und lebte von seiner Hände Arbeit (1Thess 2,9, vgl. Apg 18,3; 20,34). Nach 9,4.6 hatte er letztgenannte Praxis mit Barnabas gemein, während „die übrigen Apostel" wie Petrus sich im Zuge ihres Verkündigungsdienstes verpflegen ließen (s. 9,15). Vermutlich war sie also Teil eines bestimmten Missionskonzeptes (s. S. 120). Wenn sie gleichwohl im Horizont der Bildung gemeindlicher Gruppen um Apollos und Petrus (s. 3,22a) erwähnt wird, setzt das voraus, dass die paulinische Praxis in Korinth noch unstrittig war (anders dann in 2Kor 11,7).

E Paulus hält die Aufgeblasenheit, die die Adressaten bei der Gruppenbildung an den Tag legen (4,6e), für gefährlich. Seines Erachtens ist sie nicht nur grundlos, übergriffig, voreilig (4,7f.); sie trennt die Gemeinde auch von den Aposteln, deren „schwaches" Auftreten ihr doch zur Orientierung dient (4,9–13). Wie forsch er angesichts jener Gefahr Ironie, Polemik und drastisch-ernüchternde Bilder einsetzt, ist ebenso bemerkenswert wie anregend.

Der Abschluss des ersten Hauptteils (4,14–15)

14 **Nicht als einer, der euch beschämt, schreibe ich dies,**
sondern als meinen geliebten Kindern ⌜**rücke ich** euch **den Sinn zurecht.**
15 [a]**Denn wenn ihr** auch **zigtausend Aufpasser haben solltet**
in der Beziehung zu **Christus, so doch nicht viele Väter;**
[b]**denn in Christus Jesus habe ich durch das** Verkündigen des **Evangeliums**
euch als Gemeinde **gezeugt.**

⌜ *Viele Handschriften bieten in Angleichung an den ersten Versteil auch hier ein Partizip.*

A Paulus hält Rückschau (s. 2Kor 13,10). Die Thematisierung der brieflichen Kommunikation weist über 4,6 auf 1,10a zurück, die Aufnahme des Begriffs „Sinn" über 2,16c auf 1,10e, die Erinnerung an die Gemeindegründung durch das Evangelium über 3,11; 3,1f.; 2,1–5; 1,26 auf 1,14–17. Der Passus erläutert also, wie der Apostel sein bisheriges Schreiben verstanden wissen will.

B Die Leitideen der Gruppen in Korinth bedürfen der Korrektur. Statt aber die Adressaten mit Vorwürfen zu beschämen (s. 6,5a; 15,34c), bringt Paulus sie ins Nach- und Umdenken (s. 10,11b). Er betont dabei erstmals im Brief (s. 10,14; 15,58) seine Liebe°, d.h. Zuneigung und Wertschätzung ihnen gegenüber (s. 1Thess 2,8). In der Tat sieht er in ihnen „[s]eine Kinder" – und sich selbst für ihren Werdegang verantwortlich (s. Gal 4,19 u.ö.). Er ist nicht irgendein Aufpasser, der Kinder eines anderen beaufsichtigt, mit groben Mitteln erzieht und zum Unterricht geleitet. Er hat sie durch das Evangelium° zum Dasein „in Christus Jesus"° geführt; insofern ist er gleichsam ihr Vater, dem sie ihr Dasein verdanken (s. Phlm 10). Damit spitzt Paulus die antike, zumal in Lehr- und Bildungskontexten verbreitete Vater-Kind-Metaphorik so zu, dass sie als Mahnung wirkt: Die Gemeinde ist gehalten, sich seiner Fürsorge anzuvertrauen und seinen Weisungen zu folgen.

Paulus setzt sich als Gemeindegründer (s. S. 3f.) von „Aufpassern" ab, die als Hilfskräfte neben den Lehrern an der Erziehung mitwirken. Das Bildwort lässt deshalb kaum an Apollos oder andere Apostel denken; es polemisiert viel eher gegen die Meinungsführer der Gemeindegruppen (s. S. 51). C

Am Ende des ersten Hauptteils klärt Paulus noch einmal seine Rolle für die Adressaten. „In Christus" müssen sie vor allem auf ihn hören (s. 1,13.17) und sich von ihm als ihrem Vater liebevoll zur Vernunft bringen lassen. Denn seine Kreuzes-Rede sorgte dafür, dass ihr Glaube schrift- und evangeliumsgemäß auf Gottes Macht statt auf Menschenweisheit gründet (1,17–2,5); er hat damit – auch wenn sie das noch nicht verstehen – den Zugang zu Gottes Weisheit eröffnet (2,6–3,4); und er hat auf diese Weise das Fundament gelegt, auf dem die Gemeindeglieder, belehrt auch von anderen Aposteln und Mitarbeitern, weiterbauen müssen, ohne der Endzeit vorzugreifen (3,5–4,13). Mit dieser Rollenklärung ist die Basis für den zweiten Hauptteil des Briefes gelegt. E

II. Zu Sexualsünde und Götzendienst (4,16–11,1)

Das Dasein als „Versammlung° Gottes“ (1,2) führte die Gemeinde in Spannung zur paganen Kultur. Zwei zentrale Konfliktfelder werden in 4,18–7,40 und 8,1–10,31 behandelt: die Sexualsünde (s. 5,1.9–11; 6,9.13.15f.18; 7,2, ferner 10,8) und – anhand des Götzenopfers (s. 8,1.4.7.10; 10,19) – der Götzendienst (s. 10,7.14, ferner 5,10f.; 6,9). Beide Verfehlungen sind nach antik-jüdischer (TestRub 4,6; Sap 14,12 u. ö.), frühchristlicher (Apg 15,20) und paulinischer Auffassung (6,9; Röm 1,25–27) eng miteinander verknüpft und daher typisch für die „Heiden“ (s. 5,1; 12,2). Demgemäß spitzt Paulus seine Abhandlungen auf analoge Weise zu (s. 6,12/10,23; 6,18a/10,14c). Indem er sie mit 4,16f.; 10,32–11,1 rahmt, stellt er sie unter das Motto der „Nachahmung“ (4,16; 11,1) und in den Horizont der Ökumene (4,17; 10,32 [s. 1,2]).

Die Einleitung (4,16–17)

16 [a]**Ich rufe euch somit auf:** [b]**Werdet meine Nachahmer!**
17 [a]Eben **deshalb habe ich euch Timotheus gesandt:**
[b]**Er ist mein geliebtes und treues Kind** in der Beziehung zu**m Herrn,**
[c]**er wird euch in Erinnerung rufen**
meine Wege – die ich **in** der Beziehung zu ⌜**Christus Jesus**⌝ selbst gehe
und anderen weise **–,** [d]**wie ich** sie **überall, in jeder Gemeinde, lehre.**

⌜⌝ *Dieser Wortlaut ist die Wurzel der anderen Lesarten („Christus“, „dem Herrn Jesus“).*

A Gemeinhin gilt 4,16–21 als Abschluss des ersten Hauptteils. Im Codex Vaticanus beginnt jedoch mit 4,16 ein neues Kapitel. Tatsächlich eröffnet die Wendung 4,16a im Anschluss an das Vorhergehende einen weiteren, mahnenden Briefteil (s. Röm 12,1; Eph 4,1). Dazu passt der allgemeine Ton des Aufrufs zur „Nachahmung“ und der Rede von den „Wegen“ des Paulus.

B Der Appell 4,16b greift das griechische Konzept auf, nach dem Erziehung durch Eltern und Lehrer zweierlei fordert: Gehorsam gegen ihre Weisungen und Orientierung an ihrem Verhalten. Beides ist auch beim gemein-antiken Bild der „Wege“ im Blick. Da dieser Zusammenhang das Lehren des Apostels generell prägt (s. Phil 3,17; Gal 4,12 u. ö.), bringt er ihn als Vater der Adressaten (4,15) auch in 4,16–11,1 zur Geltung. Zudem verpflichtet Paulus sie mit 4,17d explizit auf den Konsens seiner Gemeinden°; dies zeigt, wie wichtig ihm die Sache ist. Als Zeuge jenes

Konsenses dient Timotheus, der die Gemeinde zu Korinth mitgegründet hat (s. 2Kor 1,19). Er soll ihr die paulinische Lebens-Lehre bekräftigend erläutern. Für seine Rolle als Verbindungsmann ist er bestens qualifiziert (4,17b): Als „geliebtes° [...] Kind" des Paulus steht er mit den Adressaten auf einer Ebene (s. 4,14); als dessen „treues° Kind in der Beziehung zum Herrn°" arbeitet er mit seinem „in (der Beziehung zu) Christus Jesus"° agierenden Vater kongenial zusammen – und zwar so treu, wie es auch von Aposteln gefordert ist (s. 4,2).

C Ob Paulus Timotheus als „[s]ein Kind" zum Christusglauben geführt hat, ist wegen der gegenläufigen Darstellung in Apg 16,1–3 nicht sicher. Ihm eignet jedenfalls in der Mitarbeiterschaft des Apostels (s. Phil 2,19–22 u. ö.) und in dessen Verhältnis zur korinthischen Gemeinde (s. 16,10d; 2Kor 1,1) eine Sonderstellung. Seine Ankunft dort steht gemäß 16,10a noch aus. Paulus hat ihn demnach unabhängig vom Briefboten nach Korinth geschickt; womöglich hatte Timotheus zuvor andere Aufgaben zu erledigen (vgl. Apg 19,22).

E 4,16f. nennt den Grundgedanken des Hauptteils: Er leitet die Adressaten an, ihr Leben nach dem Vorbild und der Weisung des Paulus zu gestalten.

1. Zu Fragen rund um Sexualsünde (4,18–7,40)

Die Klärung des Problemzusammenhangs erfolgt in zwei Teilstücken: Das erste behandelt einen konkreten Fall von Sexualsünde in der Gemeinde und zwei damit verknüpfte Grundsatzfragen (4,18–6,20); das zweite bespricht diverse Formen, in denen die Adressaten das Miteinander von Mann und Frau auf gute, der Sexualsünde wehrende Weise gestalten können (7,1–40).

1.1 Wider Sexualsünde und Unrecht in der Gemeinde (4,18–6,20)

Die Warnung 4,18–21 eröffnet das Teilstück. 5,1–13 regelt sodann, wie die Gemeinde mit einem Sexualsünder in ihrer Mitte verfahren soll. Danach erörtert Paulus im Rückgriff auf Traditionswissen generelle Mängel, die den Vorfall begünstigt haben – Mängel bei der Regelung gemeindeinterner Streitigkeiten (6,1–11) und bei der Distanzierung von der Sexualsünde (6,12–20).

Einleitende Warnung (4,18–21)

18 **Als ob ich aber nicht** mehr **zu euch käme,** so **haben sich einige aufgebläht.**
19 [a]**Ich werde jedoch alsbald zu euch kommen – wenn der Herr will –,**
[b]**und** dann **werde ich nicht das Reden der Aufgeblähten anerkennen,**
sondern allein **die** unter euch wirksame **Macht;**
20 **denn nicht im Reden** erweist sich **die Königsherrschaft Gottes, sondern in Macht.**
21 [a]**Was wollt ihr?**
Soll ich im Zeichen dieser Königsherrschaft **mit dem Stab zu euch kommen**
oder mit Liebe und also mit **sanftmütigem Geist?**

A Paulus macht der Gemeinde mit Nachdruck klar, dass sie ihm verantwortlich ist. Dazu stellt er das ab 5,1 Darzulegende unter das Vorzeichen seines geplanten Besuchs – und diesen in den Horizont der Königsherrschaft Gottes.

B 18 Auf die grundlegende Mahnung 4,16f. folgt mit 4,18 harsche Kritik. Die schon in der Gruppenbildung sichtbare Tendenz der Adressaten, sich aufzublähen (s. 4,6e.7f.), lässt „einige" unter ihnen so handeln, als wären sie Paulus keine Rechenschaft mehr schuldig (s. 5,2f.). Dass sie seinen bevorstehenden Besuch (s. 11,34d; 16,3a) tatsächlich anzweifelten, ist nicht gesagt.

19–20 Der Apostel kündigt daraufhin sein baldiges Kommen an (s. Phil 2,24). Gemäß antiker Sitte und eigener Gepflogenheit (s. Röm 1,10 u. ö.) tut er dies unter dem Vorbehalt des göttlichen Wollens° – wobei „der Herr°" nach 4,17 auch Christus meinen kann. Die Einschränkung betrifft aber nur den Termin des Besuchs (s. 16,7–9). Was die Gemeinde zu erwarten hat, stellt 4,19b klar: Paulus wird erheben, wo sie mit ihrem Glauben steht (s. 1Thess 3,5). Dann wird sich das Gerede derer, die allzu hoch von sich selbst denken, als nutzlos erweisen. Denn im Glauben gilt es, sich auf die künftige „Königsherrschaft Gottes" auszurichten (s. 6,9f.; 1Thess 2,12 u. ö.). Gemeint ist der von Propheten verheißene (vgl. Jes 52,7–10 u. ö.) Zeit-Raum, in dem alle Feinde Gottes, auch der Tod, überwunden sein werden (s. 15,24–26.50–57) – so, wie es jüdisch-apokalyptische Texte schildern (vgl. TestDan 5,10–13; AssMos 10 u. ö.). Jene Herrschaft wird also „in Macht", nicht in bloßem Reden offenbar werden – und sogar allem geistgewirkten Reden ein Ende setzen (s. 13,8). Sich darauf auszurichten heißt daher, sich auf diejenige Macht° zu konzentrieren, die Gottes Geist aufgrund der paulinischen Verkündigung in der Gemeinde zur Entfaltung bringt (s. 2,4f.).

21 Paulus stellt alle, die die „Aufgeblähten" gewähren lassen und sich so mit ihnen gemein machen, vor die Wahl: Wollen sie wirklich (s. 2Kor 12,20a), dass er sie bei seinem Besuch mit Strafmaßnahmen belegt? Als Vater der Gemeinde hätte er dazu das Recht (vgl. Spr 13,24 u. ö.). Das Bild vom „(Prügel-)Stab" soll also nicht andeuten, Paulus könnte wie ein Aufpasser (s. 4,15) handeln. Eher erinnert es von 4,20 her an

den „Stab der Macht“, mit dem der König über seine Feinde herrscht (vgl. Ps 109[110],2). Als künftigen Erben der Königsherrschaft Gottes (s. 15,50) würde es den Adressaten daher besser anstehen, wenn Paulus ihnen seine Liebe° (s. 4,14) auch als solche zeigen könnte (s. 13,4–7): durch eine in seinem Geist° verwurzelte Haltung der Sanftmut. Diese gebührt nach antikem Verständnis gerade denen, die zu einem gehören, zeichnet also den Vater ebenso aus wie den Herrscher (vgl. Sach 9,9). Doch dafür müsste die Gemeinde ihr Verhalten korrigieren.

C Paulus setzt seine Besuchsabsicht selbstverständlich als bekannt voraus; er hat die Adressaten demnach schon zuvor von seinen Plänen unterrichtet. Zugleich liegt sein Gründungsaufenthalt zur Abfassungszeit des Briefes ein paar Jahre zurück (s. S. 5); dies mag dazu beigetragen haben, dass seine „Wege“ (4,17) in der Gemeinde nicht mehr ohne Weiteres anerkannt waren.

E Die Warnung ergeht in starken Worten; sie lässt aber offen, inwiefern „einige sich aufgebläht haben“, was also die Adressaten dringend – noch vor dem Besuch des Apostels – ändern sollen. Auf diese Weise steigert der Passus deren Aufmerksamkeit für die nachfolgenden Mahnungen.

Verhandlung des konkreten Falls (5,1–13)

1 [a]**Tatsächlich hört man von Sexualsünde unter euch,**
[b]**und zwar von einer derartigen Sexualsünde,**
die als solche nicht einmal bei den ‚Heiden‘ statthaft ist:
[c]**dass jemand die** ***‚Frau des Vaters‘*** auf Dauer als Sexualpartnerin **hat.**
2 [a]**Und** da **seid ihr Aufgeblähte**
und habt nicht vielmehr gemeinschaftlich **zu trauern begonnen,**
[b]**sodass aus eurer Mitte geschafft würde, der dies ins Werk gesetzt hat?!**
3 [a]**Denn ich für meinen Teil –** [b]bei euch **leiblich abwesend, aber geistig anwesend –**
[c]**habe schon das Urteil gefällt wie ein** leiblich **Anwesender**
über den, der dies auf solch öffentliche **Weise vollbracht hat:**
4 das Urteil, **im Namen ⸂des Herrn Jesus⸃**
– d. h., **wenn ihr versammelt seid und mein Geist,**
in Gemeinschaft **mit der Macht unseres Herrn Jesus –**
5 [a]**den derart** Handelnden **dem Satan auszuliefern zur** ***‚Austilgung‘***
des Fleisches aus eurer Mitte, [b]**damit der Geist,**
mit dem ihr als Menschen Gott dient, **gerettet werde am Tag des Herrn.**

6 [a]**Nicht gut** für euch **ist** das, was euch als **euer Ruhm** gilt.
[b]**Wisst ihr nicht, dass** schon **ein wenig Sauerteig den ganzen Teig durchsäuert?**
7 [a]**Fegt den alten Sauerteig hinaus,** [b]**damit ihr als neu** zubereiteter **Teig existiert**
– [c]**weil ihr** wirklich gemeinsam **Ungesäuerte seid;**
[d]**in der Tat wurde ja unser Passalamm geschlachtet,** nämlich **Christus.**
8 **Daher lasst uns das** Passa-**Fest feiern nicht mit altem Sauerteig,**
überhaupt nicht mit Sauerteig, der **aus Bosheit und Schlechtigkeit** besteht,
sondern mit Ungesäuertem, das von **Klarheit und Wahrheit** geprägt ist.

9 **Ich habe euch geschrieben in dem** vorigen **Brief,**
euch nicht mit Sexualsündern zu mischen.
10 [a]Ich meinte natürlich **nicht: allgemein mit den Sexualsündern dieser Welt**
oder den Gierhälsen und Räubern oder Götzendienern;
[b]**denn sonst hättet ihr aus der Welt hinausgehen müssen.**
11 [a]**Nun habe ich aber,** als ich **euch geschrieben** habe, tatsächlich gemeint,
nicht – wenn jemand, der den Bruder-Namen trägt,
ein Sexualsünder oder Gierhals oder Götzendiener
oder Beleidiger oder Trinker oder Räuber ist –
[b]**mit solch einem euch zu mischen, geschweige denn zusammen zu essen.**
12 [a]**Denn woran liegt mir? Über die draußen ein Urteil zu fällen?** [b]**Nein!**
Fällt ihr über die drinnen das Urteil!
13 [a]**Über die draußen aber wird Gott das Urteil fällen.**
[b]*,**Schafft** ihr **den Schlechten aus euch selbst** als Gemeinde **hinaus!**'*

⌜⌝ *Viele Handschriften fügen „unseres" (s. 5,4$_{fin.}$) und/oder „Christus" (s. 1,2 u. ö.) hinzu.*

Der Apostel redet die Gemeinde – bis auf 5,7d–8 – durchweg in der 2. Person Pl. an. Angesichts eines Falls von Sexualsünde in ihrer Mitte fordert er sie mehrfach auf, den Täter „hinauszuschaffen" (5,13b, ähnlich 5,2b.5a.7a). Zuerst benennt er den Vorgang (5,1), rügt die bisherige Untätigkeit der Adressaten (5,2) und erläutert das von ihm schon gefällte, von ihnen noch nachzuvollziehende Urteil (5,3–5). Sodann illustriert er die Notwendigkeit solcher Vorgehensweise anhand des Bildes vom Passafest (5,6–8) und klärt im Rückbezug auf ein früheres briefliches Diktum ihre Reichweite (5,9–13). A

B 1–2 Ausgangspunkt der kritischen Stellungnahme ist eine Kunde, die nun auch Paulus erreicht hat: Jemand aus der Gemeinde macht sich eines groben sexuellen Fehlverhaltens schuldig. Wie die Ausdrücke „Sexualsünde°" und „Heiden°" zeigen, wird der Fall aus jüdischer Sicht betrachtet. Dazu passt der biblische Begriff „Frau des Vaters", der die Stiefmutter meint (vgl. Lev 18,7f.). Mit ihr lebt jenes Gemeindeglied in eheähnlicher Beziehung (vgl. Mk 6,18 u. ö.). Da von Ehebruch keine Rede ist, kam es dazu wohl nach ihrer Trennung von seinem Vater durch Scheidung oder Tod (vgl. Ps.-Phok 179f.). Dennoch gilt solch eine Beziehung in der Thora (vgl. Dtn 23,1[22,30]; 27,20) – ebenso wie solch eine Ehe im römischen Recht – als Einbruch in die Belange des Vaters und ist deshalb untersagt. Auf konkrete Umstände des Falls geht Paulus nicht ein. Entscheidend für ihn ist der Schaden, den „dieses Werk" der Gemeinde zufügt; nur so lässt sich verstehen, dass er den Ausschluss jenes Mannes fordert. Dass ihr Ansehen leidet, deutet schon 5,1a an; dass tatsächlich ihr Dasein bedroht ist, wird ab 5,5 deutlich. Doch die Adressaten sind weit davon entfernt, die Sünde zu betrauern (vgl. 1Esr 8,68f. u. ö.) oder gar ihr eigenes Versagen (TestRub 1,10), das in deren Duldung besteht. Stattdessen pflegen sie ihre überzogene Selbsteinschätzung Paulus gegenüber.

3–4 Nötig wäre, dass sie sich das Urteil zu eigen machten, das er aufgrund jenes dauerhaft-öffentlichen Fehlverhaltens bereits gefällt hat. Das ist trotz seiner leiblichen° Abwesenheit möglich, weil die Verlesung seines Briefs ihn geistig bei ihnen anwesend sein lässt (vgl. Kol 2,5). Damit solch ein Urteil nicht gegen die Mahnung 4,5a verstößt, ergeht es „im Namen° des Herrn° Jesus". Wie das geschieht, wird mit 5,4 eingehend erläutert: durch eine Versammlung der Gemeinde, an der Paulus in seinem Geist° teilnimmt und in der die Macht° dieses Herrn zur Geltung kommt (s. 14,23–25, vgl. Mt 18,19f.). Das erinnert an den Fluchritus, mit dem die Qumrangemeinschaft Abtrünnige ausschließt (1QS 2,11–18).

5 Inhalt und Zweck des Urteils benennt ein erweiterter Infinitiv samt Nebensatz. Wie sich aus dem Zusammenhang mit 5,2b.7a–b ergibt, sind Austilgung und Rettung° nicht – wie oft angenommen – auf Fleisch und Geist des Übeltäters zu beziehen. Vielmehr sollen die Adressaten ihn ausschließen, um frei zu werden vom verderblichen Einfluss des „Fleisches°", d. h. der Gottes Willen zuwiderlaufenden Lebensweise (s. Gal 5,19–21 u. ö.). Nur so vermeiden sie es, ihre Rettung am „Tag des Herrn"° zu verspielen. Die Nennung des „Geistes°" verpflichtet sie dabei auf ihr inneres Selbst, das sie mit Paulus verbindet (s. 16,18) und ihre Gottesbeziehung bestimmt (s. Röm 1,9). Als Gegenstück dazu dient die Rede von der Auslieferung an den Satan (vgl. Hi 2,6; pagane Fluchtafeln): Außerhalb der Gemeinde gerät der unbußfertige Sünder in den Wirkungsbereich der Macht, die Menschen verführt (s. 7,5), von Gott trennt (vgl. Apg 5,3) und ins Verderben treibt (vgl. TestDan 5,6).

6 Wie schon in 4,6f. verknüpft Paulus das Sich-Aufblähen (s. 5,2a) mit dem Wortfeld „rühmen°". Er kritisiert also erneut das überzogene Hochgefühl der Adressaten (s. 4,8). Nicht gut für sie (s. 7,1 u. ö.) ist es, weil es über den tatsächlichen Zustand der Gemeinde hinwegtäuscht. Das wird durch ein als bekannt vorausgesetztes Sprichwort erläutert (s. Gal 5,9), das die alles durchdringende Kraft des Sauerteigs (vgl. Mt 13,33) zum Ausdruck bringt. Die Verknüpfung mit dem Motiv des Ruhms erinnert an die allegoretische Deutung des Sauerteigs auf Hochmut bei Philon (QE 1,15; 2,14 u. ö.).

7–8 Was zu tun ist, illustriert Paulus anhand des Bildes vom Passa. Bei dieser siebentägigen Feier der Befreiung Israels aus der Sklaverei in Ägypten soll in jüdischen Häusern nur Ungesäuertes gegessen werden und kein Sauerteig vorhanden sein (vgl. Ex 12,15.19). Entsprechend sollen die Adressaten sich als Fest-Gemeinschaft verstehen und „den alten Sauerteig hinausfegen", d. h. denjenigen ausschließen, durch den „der alte Mensch" (s. Röm 6,6) die Sünde ins Gemeindeleben einträgt. Wozu und warum das nötig ist, zeigt 5,7b–c in einer Variation des Bildes: Es bedarf der Existenz „als neu zubereiteter Teig", also der Neuheit des Lebenswandels jenseits der Sünde (s. Röm 6,4.6c); denn nur so kann die Gemeinde bewahren, was ihr geschenkt ist: die eschatologische Erneuerung ihres Daseins

(s. 2Kor 5,17) – bildlich gesprochen: ihr gemeinschaftliches „Ungesäuert-Sein". Zur weiteren Begründung dient die metaphorische Identifizierung Christi° als Passalamm (5,7d). Wie die Schlachtung der Passalämmer das Passafest einleitet (Ex 12,3–6), so ist mit dem Tod Christi die eschatologische Heilszeit eröffnet (s. 1,23f.); und wie jene Schlachtung die Herausführung aus Ägypten vergegenwärtigt (Dtn 16,6), in der Israels Dasein als Gottesvolk gründet (Ex 20,2), so gründet die Teilhabe der Christusgläubigen am eschatologischen Heil im Tod Christi (s. 1,30). Weitere Sinnaspekte seines Todes – Abwehr von Unheil, Tilgung von Schuld, Sühne o. Ä. – ruft der Verweis auf das Passa im Argumentationsgefüge 5,7c–d nicht wach. Es geht allein um die Verankerung des neuen Daseins der Gläubigen im Christusgeschehen. 5,8 gibt dann noch über den konkreten Fall hinaus verallgemeinernd an, wie dieses Dasein zu bewahren ist. Weil sich das Gemeindeleben gleichsam als Passafest vollzieht, muss es generell von Bosheit° und Schlechtigkeit (s. Röm 1,29a, vgl. Gen 6,5 u. ö.) frei bleiben sowie Gottes Heilshandeln entsprechen – durch ungetrübte Klarheit des Verhaltens und Wahrheit des Redens. Und wie der in 5,7d einsetzende Gebrauch der 1. Person Pl. anzeigt, sichert die Gemeinde dadurch zugleich ihre Gemeinschaft mit Paulus, dessen apostolisches Wirken seinerseits durch Klarheit und Wahrheit geprägt ist (s. 2Kor 1,12; 7,14 u. ö.).

9–10 In Aufnahme seines früheren Briefs erläutert der Apostel, was genau beim Umgang mit dem Übeltäter gilt. Denn der damalige Appell, sich nicht mit Sexualsündern zu „mischen", war missverständlich. Seinem Wortsinn nach ließ sich das griechische Verb auch auf die Außenkontakte der Gemeindeglieder beziehen. In deren Lebenswelt wimmelt es aber von solchen Leuten – wie überhaupt von „Heiden", die Gottes Gebote dauerhaft missachten. Denn neben Sexualsünde und Götzendienst° (s. S. 3) sind in „dieser Welt°" auch Habgier (vgl. Kol 3,5; TestJud 18,2–19,1 u. ö.) und ihre gewaltsame Spielart, das Rauben, an der Tagesordnung. Die Adressaten könnten also gar nicht jede Beziehung zu derartigen Menschen vermeiden.

11 Mit einem logischen „Nun aber" (s. 7,14c; 12,20a) stellt Paulus klar, wie seine damalige Anweisung gemeint war. Er nutzte das Wort „mischen" im Sinne hellenistisch-jüdischer Texte, die davor warnen, das Gottesvolk durch das Eintragen thorawidriger Praktiken zu verderben (vgl. Ez 20,18; Philon, Mos. 1,278 u. ö.). Demgemäß bezieht er es jetzt explizit auf einen, der sich „Bruder°" nennt und nennen lässt. Ihn auszuschließen heißt dann auch, die Tischgemeinschaft mit ihm aufzuheben (s. Gal 2,12, vgl. JosAs 7,1 u. ö.); sie war in der Antike der zentrale Vollzug sozialer Gemeinschaft (vgl. Lk 15,2 u. ö.). Die Liste der Taten, die eine Gemeindezugehörigkeit faktisch negieren, wird gegenüber 5,10a um ständiges Beleidigen (s. 4,12b) und Trinken zu einem regelrechten Lasterkatalog erweitert. In der griechischen Kultur dienten Laster- und Tugendkataloge zur sittlichen Orientierung. Judentum und entstehendes Christentum verwendeten die Textsorte

dann vor allem zur Abgrenzung von denen, die ihnen als Frevler galten. Das tut auch Paulus. Er nennt hier allerdings gerade die Vergehen, die in der Gemeinde tatsächlich vorkamen: Sexualsünde (s. 6,18), Gier und Raub (s. 6,8), Götzendienst (s. 10,14), Beleidigen (s. 9,3) und Trinkerei (s. 11,21). Auf diese Weise ergeht mit der Aufforderung an die Adressaten, den in 5,1 genannten Sexualsünder auszuschließen, zugleich der Aufruf, auch selbst solche Taten zu unterlassen.

12–13 Üblicherweise gliedert man 5,12 in zwei Suggestivfragen: „Denn was läge mir daran, über die draußen ein Urteil zu fällen? Fällt nicht ihr über die drinnen das Urteil?" Was sie zu denken geben sollen, bleibt indes unklar. Liest man hingegen die erste Sequenz wie Phil 1,18a; Röm 3,3a als eigene Frage (s. ferner 15,32b, vgl. Joh 21,22c), die Verneinung am Beginn von 5,12b wie Röm 3,27e als Ausruf (vgl. Lk 1,60b u. ö.) und das Folgende als Appell, tritt der Sinn klar zutage. Der Apostel hält zusammenfassend fest, wozu seine Unterweisung die Adressaten anhält. Sie sollen natürlich nicht „die draußen" (s. 1Thess 4,12 u. ö.) richten – das obliegt allein Gott (s. Röm 2,16; 3,6). Sie haben die Gemeinde als Raum zu bewahren, in dem Gottes eschatologische Heilstat gefeiert, die damit gegebene Neubegründung des Daseins gehütet, Gottes Gebot geachtet wird. Sie müssen daher den Übeltäter, der im Gefolge von 5,8 nun „der Schlechte" (vgl. Lk 6,45) heißt, aus ihrer Mitte entfernen.

C Stiefmutter-Sohn-Beziehungen gab es in der Antike öfter. War etwa die zweite Frau viel jünger als der Vater, wurde sie relativ früh Witwe; nicht selten brauchte – oder bot – sie dann Versorgung. Die Umstände des vorliegenden Falls sind aber weithin unklar. Auch wie Paulus von ihm erfuhr, muss offenbleiben. Immerhin lässt der Text folgende Rückschlüsse zu: 1. Paulus lastet die Sexualsünde allein dem als „Bruder" geltenden Mann an. Das entspricht seinem Vorgehen in 7,12–16; für Ehen mit „Ungläubigen" gibt er dort nur dem jeweiligen Gemeindeglied Anweisungen. Die Stiefmutter gehörte daher wohl nicht zur Gemeinde. 2. Der Apostel fordert den Ausschluss des Mannes. Dass der von seiner Sünde lässt und „umkehrt" (s. 2Kor 12,21), war demnach – faktisch oder nach paulinischer Überzeugung – ausgeschlossen. 3. Paulus beklagt den Mangel an Trauer unter den Adressaten. Diese tolerierten also das Verhalten ihres „Bruders". Dass sie es billigten oder gar guthießen, ist angesichts der Rechtslage und der in 5,9 zitierten paulinischen Mahnung unwahrscheinlich; auch die Argumentation mit der Wirkung des Sauerteigs (5,6) setzt ein gewisses Unrechtsbewusstsein bei ihnen voraus.

Anlass, Eigenart und Inhalt des früheren Briefs nach Korinth (5,9) sind unbekannt. Da 5,11 die Liste der Übeltäter aus 5,10 erweitert, ist aber anzunehmen, dass Letztere aus jenem Brief stammt. Er rief also – in Aufnahme der Gründungspredigt (s. S. 3f.) – ganz allgemein zur Distanzierung von Sexualsündern auf (s. 1Thess 5,22). Dass nun der Sinn des Appells geklärt wird, setzt eine Rückfrage der Adressaten voraus;

vermutlich wollten sie wissen, wie man ihn praktisch umsetzen solle. Eine selbstgefällige oder pauluskritische Haltung muss damit nicht verbunden gewesen sein. Vielmehr belegt 5,9f., dass die Gemeinde die Briefe des Apostels eingehend besprochen hat.

5,10b verweist auf die vielfältigen Kontakte der Adressaten zu Nicht-Gemeindegliedern, die sie nach Paulus weiter haben können, in Familien (7,12–16), am Tempel (8,10), auf dem Markt (10,25), beim Gastmahl (10,27) etc.

Die Ausführungen in 5,7f. sind nur auf der Basis elementarer Kenntnisse zum Passafest verständlich (s. o.). Wer Genaueres weiß, wird entdecken, dass die Passamotivik schon 5,5 prägt. Zum einen klingt auch im Wort „Austilgung“ Ex 12,19^LXX an, wo es (ähnlich wie in Ex 12,15) heißt: D

> Sieben Tage lang soll man keinen Sauerteig in euren Häusern finden. Jeder, der Sauerteig verzehrt – *ausgetilgt* werden soll jener Mensch aus der Gemeinschaft Israels, sei er unter den ansässigen Fremden oder den Eingeborenen des Landes.

Zum andern erinnert die Rede vom Satan an Ex 12,23: Gott habe den „Austilger“ in der Nacht des Auszugs daran gehindert, in die Häuser der Israeliten einzudringen. Jub 49,2f. nennt dies „Rettung“ vor „Mastema“, dem Fürsten der Geister (Jub 10,8). Vor diesem Hintergrund erscheint die Gemeinde als Raum, der die Christusgläubigen vor dem Verderben durch Satan schützt. Damit aber erhalten auch die Identifikation der Adressaten als „neu zubereiteter Teig“ und die Präsentation Christi als Passalamm in 5,7 tieferen Sinn. Wie das Blut der Passalämmer die Israeliten vor dem „Austilger“ bewahrt (Ex 12,21–23) und ihr neues Dasein als Gottesvolk erschließt, so wurde durch das „Blut Christi“ (10,16) der „neue Bund“ (11,25) begründet, in dem die Christusgläubigen existieren (s. 1,8f.).

Zugleich verweist der Begriff „Austilgung“ auf die Reihe der Sexualgebote Lev 18, die schon 5,1 zugrunde liegt. In Lev 18,24.29^LXX heißt es:

> [24]Lasst euch nicht verunreinigen mit all diesen [Taten]; denn mit all diesen [Taten] haben sich die Heiden verunreinigt [...] [29]Denn jeder, der [etwas] von diesen Gräueln tut – *ausgetilgt* werden die [Menschen-]Seelen, die [das] tun, aus ihrem Volk.

Demnach verpflichtet der Apostel die korinthische Gemeinde nicht nur auf das Verbot eines Stiefmutter-Sohn-Verhältnisses; er überträgt auf sie mit 5,7 auch den Grundgedanken von Lev 18, das Gottesvolk solle alle Dinge vermeiden und alle Mitglieder „austilgen“, die es verunreinigen.

Ähnliches geschieht dann in 5,13b mit der Adaption einer Formel aus dem Deuteronomium. Dort begegnet sie in zwei Varianten, welche die LXX-Handschriften zudem teils im Singular, teils im Plural überliefern:

> Und du sollst [ihr sollt] hinausschaffen den Bösen aus euch selbst / aus Israel!
> (Dtn 17,7; 19,19; 21,21; 22,21.24; 24,7 / Dtn 17,12; 22,22)

Der Reihe nach sind dabei folgende Vergehen im Blick: Götzendienst, Missachtung eines Rechtsurteils, falsches Zeugnis, Ungehorsam gegen die

Eltern, Bruch der eigenen Jungfräulichkeit, Sexualverkehr mit der Ehefrau oder Verlobten eines anderen Mannes, Menschenraub. Paulus zitiert in 5,13 also nicht eine einschlägige Strafbestimmung; er formt aus dem biblischen Rechtssatz eine Weisung, regelt mit ihr einen ähnlichen Fall (vgl. Dtn 27,20 u. ö.) und gibt damit ein Beispiel für den Umgang mit den anderen Vergehen aus 5,11.

Wer diese Schriftbezüge entdeckt, lernt das Dasein der Gemeinde in Entsprechung zu dem des jüdischen Gottesvolkes zu verstehen und ihre Existenz in Analogie zu den ihm geltenden Bestimmungen der Thora zu beurteilen.

E Mit 5,1–13 erhärtet Paulus seine Kritik des überzogenen Selbstbewusstseins der Adressaten (4,18–21) und zeigt exemplarisch, wie nötig sie es haben, seinen „Wegen" zu folgen (4,16f.): Indem sie einen klaren Fall von Sexualsünde in ihrer Mitte tolerieren, handeln sie dem eschatologischen Status zuwider, den Gott ihnen im Tod Christi zugeeignet hat. Mit Hilfe von Passa-Motiven und impliziten Schriftbezügen werden sie mit allem Nachdruck aufgefordert, den Übeltäter offiziell aus der Gemeinde zu verweisen, um deren Reinheit gegenüber „dieser Welt" zu sichern. Eine derart klare Abgrenzung ist natürlich nur einer kleinen Sondergruppe möglich. Zudem folgt Paulus bei der Einschätzung des Falls antiken Vorstellungen von Sexualität und Eherecht. Beides erschwert die Rezeption des Textes für die Gegenwart. Gleichwohl regt er dazu an, auch heute unter christologischen und biblisch-theologischen Kriterien zu prüfen, mit welchen Verhaltensweisen Gemeindeglieder die Würde, die der Gemeinde Christi verliehen ist, verletzen.

Klärung der zugrundeliegenden Grundsatzfragen I (6,1–11)

1 **Wagt es** da **jemand von euch, über einen Streit, den er mit dem anderen hat,**
urteilen zu lassen bei den Ungerechten und nicht bei den Heiligen!?
2 [a]**Oder wisst ihr nicht, dass die Heiligen** einst **über die** ganze **Welt urteilen werden?**
[b]**Und wenn durch euch die Welt** ihr **Urteil empfängt,**
[c]**seid ihr** dann schon **der geringfügigsten Rechtsverfahren unwürdig?**
3 [a]**Wisst ihr nicht, dass wir** sogar **über Engel urteilen werden?**
[b]Dann **nicht erst recht über Sachen des** alltäglichen **Lebens?**
4 [a]**Bei Rechtsverfahren zu Sachen des** alltäglichen **Lebens also, sooft ihr sie habt:**
[b]**Die in der Gemeinde gering geachtet sind,**
[c]**die setzt ihr** tatsächlich zu Richtern über euch **ein!?**
5 [a]**Euch zur Beschämung sage ich** das!
[b]Gibt es **demnach unter euch nicht einen einzigen Weisen,** [c]**der fähig wäre,**
so etwas **zwischen** sich und **seinem Bruder zu entscheiden?**
6 **Stattdessen prozessiert Bruder mit Bruder, und das vor Ungläubigen!**

7 [a]**Allerdings ist es überhaupt schon ein Mangel für euch,**
dass ihr Urteilssprüche bei euch habt.
[b]**Warum lasst ihr euch nicht vielmehr Unrecht zufügen?**
[c]**Warum lasst ihr euch nicht vielmehr einen Verlust zufügen?**
8 [a]**Stattdessen fügt ihr Unrecht und Verlust zu,**
[b]**und das** euren **Geschwistern!**

9 [a]**Oder wisst ihr nicht, dass Ungerechte Gottes Königsherrschaft nicht erben** werden? [b]**Lasst euch nicht irreführen!**
[c]**Weder Sexualsünder noch Götzendiener noch Ehebrecher,**
weder sich andern Männern als Sexualpartner hingebende **Weichlinge**
noch Die-mit-solchen-**Männern-schlafen,**
10 [a]**weder Diebe noch Gierhälse,**
[b]**nicht Trinker,** [c]**nicht Beleidiger,** [d]**nicht Räuber**
werden die Königsherrschaft Gottes erben.
11 [a]**Und dies wart ihr**, jeweils **einige** von euch.
[b]**Doch ihr habt euch abwaschen lassen;** [c]**doch ihr seid geheiligt worden;**
[d]**doch ihr seid gerecht gemacht worden:**
in dem euch prägenden **Namen des Herrn Jesus Christus**
und durch den an euch wirkenden **Geist unseres Gottes.**

A In Aufnahme der Gerichtsmotivik aus 5,12f. behandelt Paulus das Problem ziviler Rechtsstreitigkeiten, die manche Gemeindeglieder miteinander haben (6,1.4.6.7a). Er tut dies im dreifachen Rückgriff auf Traditionswissen (6,2f.9) und erinnert damit an den in 4,17 betonten übergemeindlichen Konsens. Zunächst (6,1–6) beanstandet Paulus, dass solche Streitigkeiten vor Gericht statt innergemeindlich entschieden werden; dazu bildet er eine nur durch 6,5a unterbrochene Reihe vorwurfsvoller Fragen. In 6,7f. kritisiert er dann die Streitigkeiten als solche. Beide Absätze münden in parallel konstruierte Anklagen (6,6.8). Mit 6,9–11 knüpft er schließlich über 6,8 wieder an 6,1 an und warnt generell davor, als „Ungerechte“ zu agieren – unter Hinweis auf Gottes Reich und das vom Geist bestimmte Leben in Christus. Dabei weisen ein Lasterkatalog auf 5,10f. und die Wendung „im Namen des Herrn […]“ auf 5,4 zurück.

B 1 Der Apostel hat die Gemeinde mit 5,3–5.12f. verpflichtet, über eine grobe Verletzung ihres eschatologischen Status selbst zu urteilen. Deshalb empört es ihn, dass einige Mitglieder dieser Versammlung der „Heiligen°“ (s. 1,2) Streitigkeiten untereinander vor Richter bringen, die sich als Ungerechte um Gottes Gebote in keiner Weise kümmern (s. 6,9f.; Röm 1,18 u. ö.). Solche Auseinandersetzungen müssten intern geregelt werden, wie es auch in paganen Kultvereinen und jüdischen Synagogengemeinschaften üblich war.

2–3 Scharfe Kontraste untermauern, für wie selbstverständlich Paulus eine interne Gerichtsbarkeit hält. An sich, jenseits möglicher Korruption, mag das Richteramt angesehen sein. Es ist jedoch unbedeutend gegenüber der hohen Würde, die den „Heiligen" in der Endzeit zukommt. Dazu wird wie in 3,16 Traditionswissen vorausgesetzt. In der Tat ist die Erwartung einer Mitwirkung an Gottes Gericht über die (Völker-)Welt° breit bezeugt (vgl. Dan 7,22 u. ö.; Sap 3,8f. u. ö.; Apk 20,4 u. ö.). Nach 2Bar 51,12 werden die Gerechten in der neuen Welt sogar über den Engeln stehen. Angesichts dieser Würde sollten Christusgläubige über Alltagsstreitigkeiten wirklich selbst urteilen.

4–6 Eine abgehackte, übertriebene Redeweise zeigt die Empörung des Paulus. Das Versagen der Adressaten nötigt ihn, sie, anders als in 4,14, zu beschämen (s. 15,34): Diejenigen, die miteinander im Streit liegen, lassen „Ungläubige" (s. 7,12–15 u. ö.) darüber urteilen! Dabei gehören diese Leute nicht zur Gemeinde°, verdienen also nach dem, was in ihr gilt, keine Anerkennung (s. 1,27f.). Wenn es schon solche Streitigkeiten gibt, müssten die betreffenden „Brüder°" sie untereinander klären; das zeigt die verkürzte Wendung „zwischen seinem Bruder" an. Um dazu fähig° zu sein (*dynasthai*), bräuchte es indes mehr als den Sachverstand (s. 3,10), den ein guter Richter hat (vgl. Dtn 1,15f.). Es bedürfte einer Weisheit°, die sich statt von weltlichen Maßstäben (s. 2,6; 3,18) von denen des göttlichen Heilshandelns in Christus leiten lässt – denn der ist selbst Gottes Macht (*dynamis*) und Weisheit (1,24). Doch an solcher Weisheit mangelt es den Adressaten (s. 2,13–3,4).

7–8 Ihr Versagen reicht indes noch tiefer. Im Grunde dürften sie gar nicht miteinander rechten. Folgt man dem Sprachgebrauch des Paulus und des NT, wertet er nicht nur Prozesse untereinander als moralische Niederlage. Vielmehr verwendet er den Kontrastbegriff zu „Fülle" (s. Röm 11,12), attestiert also den Gemeindegliedern entgegen ihrem Selbstanspruch (s. 4,8b) einen Mangel; und er erkennt ihn darin, dass sie etwas bei sich haben (vgl. Mk 8,14 u. ö.), was ihnen nicht nützt, sondern schadet: Urteilssprüche, die als solche natürlich zu Verurteilungen führen (s. Röm 5,16 u. ö.). Beschädigt wird damit die geschwisterliche Gemeinschaft der Streitenden (6,8b). Solchen Schaden durch wechselseitige Demut zu vermeiden, fordert Paulus auch andernorts (s. Phil 2,2–4 u. ö.). Hier moniert er in erster Linie den ethischen Mangel. Dazu greift er den philosophischen Grundsatz auf, Unrecht lieber zu ertragen als zu tun. Er spitzt ihn indes noch zu und ruft in Frageform dazu auf, ganz auf Selbstschutz zu verzichten. So würde man nach 13,5.7 Liebe üben und zugleich der Deutung von Dtn 19,21 durch Jesus entsprechen (Mt 5,39–41 par.), die antik-jüdisches Denken fortführt (vgl. JosAs 29,3 u. ö.); auch sie verweist im Übrigen auf Eigentumsvergehen, wie es 6,7c–8a mit dem Verb „Verlust zufügen" (vgl. Mk 10,19) tut. Die Situation in Korinth wird jedoch dadurch bestimmt, dass Gemeindeglieder solche und andere Vergehen gegen die Rechte anderer tatsächlich begehen. Sie treten damit auch in Widerspruch zu weiteren biblischen Geboten (vgl. Lev 19,13 u. ö.). Und oft genug setzt sich das Unrecht beim Prozess durch unverhältnismäßige Urteile noch fort.

9–10 Erneut erinnert Paulus an Wissensbestände. Wie die Parallele Gal 5,21e nahelegt, bezieht er sich auf seine Erstunterweisung. Dazu passt der grundsätzliche Ton, den die Liste von Übeltätern durch vier Zusätze (in 6,9c–10a) gegenüber 5,11 erhält. Zumal die Verbote von Ehebruch und Diebstahl aus Ex 20,13[14]f. erzeugen diesen Ton; Ersteres meint dabei den Einbruch von Männern in andere Ehen (vgl. Lev 20,10). Hinzu kommt das Verbot gleichgeschlechtlichen Sexualverkehrs unter Männern nach Lev 18,22 u. ö. Er war bei Griechen und Römern verbreitet, auch wenn etliche Philosophen ihn als widernatürlich ablehnten. Das tut auch Paulus (s. Röm 1,27), der ihn im Stil hellenistisch-jüdischer Polemik (vgl. Sib 2,73; Philon, Abr 135f. u. ö.) kennzeichnet: „Weichlinge“, die die Rolle der Sexualpartnerin einnehmen, treffen solche, die mit einem anderen Mann schlafen, als sei der eine Frau. Insgesamt zeigt die Liste, mit wem die Adressaten durch dauerhaft begangenes Unrecht gemein würden: mit Sexualsündern°, Götzendienern° und allen andern, deren Lebenspraxis gegen Gottes Gebote (s. 7,19) verstößt. Sie verlören so den Anteil an der Königsherrschaft° Gottes, der ihnen aufgrund ihrer Christusbeziehung als Erbe verheißen ist (s. Gal 3,29). Hier greift Paulus wie andere neutestamentliche Autoren (vgl. Mt 25,34; Jak 2,5) das Erbschaftsmotiv auf, das in Dtn 1,8 u. ö. mit dem verheißenen Land verknüpft ist und im antiken Judentum auf das endzeitlich-universale Heil bezogen wurde (vgl. 2Bar 44,13 u. ö.). Allerdings nutzt er die Redeweise zur nachdrücklichen Warnung der Adressaten vor den Folgen ihres Tuns. Angesichts des künftigen Gerichts Gottes dürfen sie sich nicht zur Sünde verführen lassen (s. 15,33f.; Gal 6,7f.).

11 Dies kommt umso weniger in Frage, als es ein Rückfall in die Übel der eigenen, überwundenen Vergangenheit wäre. Als ehemalige „Heiden“ (12,2) gehörten viele Adressaten zu denen, die Gottes Gebote auf die eine oder andere Weise ignorieren. Doch ihre Lebenswirklichkeit hat sich von Grund auf gewandelt. Sie sind durch Glaube (s. 1,21) und Taufe (s. 1,13) mit dem Namen° ihres Herrn° Jesus Christus° verbunden worden; sie haben – in der Gottesbeziehung, die sie mit Paulus und seiner Mitarbeiterschaft teilen (s. 1Thess 2,2; 3,9) – Gottes Geist° empfangen. Beides hat ihr Dasein verändert, wie der Apostel in Aufnahme von 1,30c herausstellt: Sie haben ihre Schuld „abwaschen“, sich also von ihr befreien lassen (vgl. Apg 22,16); sie sind „geheiligt°“, d. h. in den Raum der göttlichen Heiligkeit hineingenommen worden (s. 1,2); sie wurden gerecht° gemacht, also in den Status derer versetzt, die Gott recht sind (s. 1,30). Deshalb gilt es nun, aus Schuldzusammenhängen – wie sie die pagane Gerichtsbarkeit bestimmen – herauszutreten und als Heilige statt als Ungerechte (s. 6,1) zu leben. Eben damit würden die Adressaten ihre Existenz durch den Namen prägen lassen, auf den sie getauft sind, und den Geist an sich wirken lassen, der ihren Glauben begründet.

C In der römischen Kolonie Korinth (s. S. 2) oblag die Verantwortung für das Gerichtswesen den beiden Stadtregenten, die aus dem Stadtrat für ein Jahr gewählt wurden; sie konnten weitere Personen zu Richtern ernennen. In der Rechtsprechung agierten daher Männer vornehmer Herkunft (s. 1,26e). Das führte dazu, dass Ansehen und Einfluss eines Klägers oder Beklagten seine Aussichten im Prozess steigerten; auch Bestechung kam oft genug vor.

Als Prozessbeteiligte sind nach 6,1.11a wohl nichtjüdische Gemeindeglieder im Blick. Die näheren Umstände der angesprochenen Rechtsverfahren bleiben indes unklar; sie sind angesichts des generalisierenden Satzes 6,4 für Paulus auch nicht von Belang. Einen Sachbezug auf Formen der Sexualsünde legt der Text ebenso wenig nahe wie eine Eingrenzung auf Eigentumsvergehen. Ob Letztere, etwa in Form verweigerten Lohns (vgl. Jak 5,4), das soziale Gefälle in der Gemeinde (s. S. 4) berührten, muss ebenfalls offenbleiben.

D Die Liste von Übeltätern in 6,9f. und deren Einbindung in den Argumentationsgang 6,7–11 berührt sich vielfach mit dem Auftakt von Lev 19, einem zentralen Kapitel des sog. „Heiligkeitsgesetzes“ Lev 17–26. Dort heißt es:

> [2][…] Ihr sollt *heilig* sein, denn ich bin heilig, der *Herr*, euer *Gott*! […] [4]Ihr sollt *Götzen* nicht nachlaufen […] [11]Ihr sollt nicht *stehlen*. Ihr sollt nicht lügen. Es soll nicht ein jeder den Nächsten verleumden. [12][…], und ihr sollt den *Namen* eures Gottes nicht entweihen; ich bin der *Herr*, euer *Gott*! [13]Du sollst dem Nächsten *kein Unrecht zufügen* und nicht *rauben*, und der Lohn des Tagelöhners soll keinesfalls bei dir (bleiben über Nacht) bis zum Morgen. […] [15]Ihr sollt nicht *Unrecht* tun im Gericht, […] in *Gerechtigkeit* sollst du über deinen Nächsten *urteilen*. […] [18][…], und du sollst lieben deinen Nächsten wie dich selbst; ich bin der *Herr*.

Dieser Text dürfte Paulus inspiriert haben. Dass die Adressaten ihn wahrnehmen sollten, legen die verstreuten Stichwortbezüge aber nicht nahe.

Anders steht es beim Auftakt 6,1. Die zuvor angeführte Ausschlussformel (5,13b) rundet nämlich in Dtn 17,8–12 einen Passus zum Umgang mit Rechtsfällen im Volk Israel ab; sie betrifft dort den, der die Entscheidung des obersten Richters am Tempel offen missachtet. Angesichts dieses Zusammenhangs wird noch besser verständlich, wie die Rüge „Wagt es da jemand …?“ der Sache nach an das Voranstehende anschließt und auch im paulinischen Verständnis der Gemeinde als Tempel Gottes (s. 3,16) verankert ist.

E Hat der Apostel mit 5,1–13 ein gemeindliches Ausschlussverfahren über einen Sexualsünder in Gang gesetzt, so verpflichtet er die Gemeinde nun prinzipiell darauf, Streitigkeiten untereinander intern zu regeln. Die Notwendigkeit dazu sieht er mit dem eschatologischen Status gegeben, der den Adressaten durch Christusglaube, Taufe und Geistbegabung verliehen wurde. Weil Gott sie aus dem Leben als Ungerechte befreit hat, sollen sie ihre rechtlichen Konflikte nicht von denen klären lassen, die permanent Gottes Gebote ignorieren; sollen sie überhaupt davon absehen, einander Unrecht zuzufügen. Paulus beschreibt diesen Status im Horizont der Schrift und ihrer antik-jüdischen sowie frühchristlichen Auslegung. Dabei grenzt er ihn von bestimmten Taten und Praktiken ab (s. 6,9c–11a), mit denen Menschen gegen Gottes guten, gemeinschaftsfördernden Willen verstoßen. Homosexualität im Sinne eines natürlichen Verhaltens, das aus einer sexuellen Identität erwächst, hat er ebenso wenig im Blick wie Trunksucht im Sinn einer Krankheit. Sein Text eignet sich deshalb nicht als Ausgangspunkt oder Beleg für eine theologische Einschätzung dieser Phänomene. Auch die einseitig männliche Perspektive seiner Ausführungen und der Fokus auf ein vielfältig korrumpiertes Rechtswesen erschweren ihre Auswertung für die Gegenwart. Anregend ist gleichwohl das Konzept der Distanzierung von Unrechtszusammenhängen, das die Gemeinschaft der Christusgläubigen bei internen Konflikten leiten sollte.

Klärung der zugrundeliegenden Grundsatzfragen II (6,12–20)

12 [a]**Zu allem bin ich berechtigt, doch nicht alles**, was ich tue, **nützt** auch;
[b]**zu allem bin ich berechtigt, doch keinesfalls werde ich mich** bei dem,
was ich tue, **unter das Verfügungsrecht von irgendetwas stellen.**

13 [a]**Die Speisen** sind **für den Magen** bestimmt,
und der Magen ist **für die Speisen** da,
[b]**Gott aber wird jenem und auch diesen ihre Wirksamkeit nehmen.**
[c]**Der Leib aber** ist – **nicht für die Sexualsünde, sondern – für den Herrn** bestimmt,
[d]**und der Herr ist für den Leib** da;

14 **Gott aber hat den Herrn erweckt und wird auch uns auferwecken**
durch seine Macht.

15 [a]**Wisst ihr nicht, dass eure Leiber Glieder** im Leib **Christi sind?**
[b]**Werde ich also die Glieder** vom Leib **des Christus wegnehmen**
und zu Gliedern am Leib **einer Hure machen?** [c]**Keinesfalls!**

16 [a]**Oder wisst ihr nicht, dass derjenige, der sich mit der Hure verbindet,**
ein Leib mit ihr **ist?**
[b]**„*Es werden*“ nämlich,** [c]**sagt sie,** die Schrift,
[d]**„*die beiden zu einem Fleisch vereint sein*“.**

17 **Wer sich aber mit dem Herrn verbindet, ist ein Geist** mit ihm.

18 [a]**Flieht die Sexualsünde!**
[b]**Jede** andere **Sünde, die ein Mensch tut, erfolgt außerhalb des Leibes;**
[c]**doch wer eine Sexualsünde begeht, sündigt am eigenen Leib.**

19 [a]**Oder wisst ihr nicht, dass euer** jeweiliger **Leib ein Tempel des in** jedem von **euch**
wohnenden **heiligen Geistes ist,**
den ihr von Gott habt,
[b]**und** dass **ihr nicht euch selbst gehört?**

20 [a]**Denn ihr wurdet um einen** hohen **Preis erworben.**
[b]**Ehrt doch Gott in eurem leib**lichen Dasein!

A Im Anschluss an 6,9–11 behandelt Paulus ein weiteres Grundsatzthema, das hinter 5,1–13 steht: das leibliche Dasein der Gemeindeglieder (6,13.15f.18–20) und die Notwendigkeit, es von Sexualsünde freizuhalten (6,13c–d.18). Er greift dazu wie in 6,1–11 (s. S. 75) Traditionswissen auf (s. 6,15f.19) und führt die dreifache Rede von Gott, dem Herrn Christus und dem Geist aus 6,11 fort. Am Anfang steht eine grundsätzliche Reflexion, die in einen Bekenntnissatz der 1. Person Pl. mündet (6,12–14). Darauf folgt, bestimmt von adressatenkritischen Fragen, die exemplarische Erörterung des Sexualverkehrs mit einer Prostituierten (6,15–17). Hier wie dort tritt Paulus zu Beginn explizit in der 1. Person Sing. in Erscheinung (6,12.15b). 6,18–20 verbindet dann prinzipielle Aussagen mit einer weiteren kritischen Frage und formuliert in Eingangs- und Schlussappell die gebotenen Konsequenzen.

B 12 Der Neueinsatz mit einer zweifach eingeschränkten Ich-Aussage überrascht. Ihr Sinn ist vom Wortlaut her auch nicht eindeutig. Im Kontext des Briefs liegen aber folgende exegetische Urteile nahe: 1. Mit der 1. Person spricht Paulus wie zuvor (5,12a; 6,5a) und danach (6,15b; 7,6–7a) als Apostel. Er präsentiert sich nicht einfach exemplarisch als Christusgläubiger, sondern im Sinne von 4,16f. als Vorbild und Lehrer. 2. Das griechische Verb *exestin* in der doppelten Eingangsthese ist im Einklang mit dem verwandten Verb *exousiazein* in 6,12b; 7,4 und dem Gebrauch des zugehörigen Substantivs *exousia* in 7,37; 8,9 u. ö. zu deuten. Es bezeichnet also das „Recht“ des Paulus, über sein Tun frei zu entscheiden (vgl. Mt 20,15a). Die Frage, ob etwas durch die Thora „erlaubt“ sei (vgl. Mk 2,24 u. ö.), ist hier ebenso wenig im Blick wie das Wirken einer dämonischen „Macht“ (15,24 u. ö.). 3. Da in der Parallele 10,23 die beiden Nachsätze einander interpretieren, ist für 6,12 Entsprechendes anzunehmen. Der Nutzen in 6,12a betrifft daher nicht andere, sondern den Sprecher selbst und besteht in der Wahrung seiner Freiheit. 4. Das Pronomen am Ende von 6,12 ist neutrisch, nicht personal aufzufassen; es bezeichnet wie in 10,31 (und analog 8,7; 9,22) eine Teilmenge von „alles“.

Auf dieser Grundlage wird 6,12 als Grundsatz verständlich, der die in 3,21b–23a formulierte Erkenntnis auf das individuelle Handeln des Paulus überträgt. In der Bindung an Jesus Christus, der die Königsherrschaft Gottes (4,20; 6,9f.) heraufführt, hat der Apostel das Recht, das sonst ein König hat (vgl. Herodot): zu tun, was er will. Ähnlich wie stoische Philosophen sieht Paulus dieses Recht aber dadurch begrenzt, dass sein Tun seiner Existenz von „Nutzen“, d. h. zuträglich sein muss (Diogenes Laertius), ihn also in seiner Freiheit nicht einschränken darf (Seneca). Dass der Grundsatz die Gestaltung des leiblichen Daseins betrifft, ergibt sich erst aus der Fortsetzung.

13–14 Weithin parallel gebaute Sätze (13a–b.13c–14) stellen an zwei Aspekten jenes Daseins klar, wann Christusgläubige, dem Vorbild des Paulus folgend, den Grundsatz 6,12 auf das eigene Tun anwenden sollen: sobald es um das Leben in seiner endzeitlichen Reichweite geht. Der Verzehr von Speisen unterliegt demnach der freien Verfügbarkeit. Weil der Magen sie verdaut und wie sie vergänglich ist (vgl. Kol 2,21f.), werden sie und er bei der Aufrichtung der Königsherrschaft Gottes (s. 15,50) jede Funktion verlieren (s. 13,10; 15,26). Was ein Mensch isst, ist somit für Gottes eschatologisches Heilshandeln an ihm unerheblich (s. 8,8, vgl. Mk 7,18f.). Anders steht es mit der leiblichen Existenz an sich. Gottes Macht° wird die Christusgläubigen („uns") ja so am Auferweckungsgeschehen° teilhaben lassen, wie es an Christus, dem „Herrn°", schon vollzogen ist (s. 15,20–23 u. ö.). Es betrifft also ihren Leib, wenn auch nach 15,35–49 auf spezielle Weise. Daher untersteht er der Herrschaft Christi, und das bedeutet: Die leibliche Existenz ist auf das in 6,9f. angekündigte Erbe auszurichten (s. 9,24–27); sie ist von allen Begierden freizuhalten (s. 10,6), da sich in ihnen die Sünde zeigt (s. Röm 6,12). In besonderer Weise gilt dies, wie das Folgende zeigt, für die Sexualsünde° (s. 10,8).

Die Argumentation lässt erkennen, dass „Leib" hier mehr meint als das Organsystem Körper, in seiner Vergänglichkeit und/oder im Unterschied zur Seele. In Fortführung hellenistisch-jüdischen Denkens bezeichnet Paulus mit diesem Wort den Menschen selbst: als Gottes Geschöpf (s. 15,38.44a), das aufgrund seiner leiblichen Verfasstheit als Individuum in Erscheinung und mit anderen Menschen in Kontakt tritt (s. 5,3; 2Kor 10,10 u. ö.).

15–17

Demgemäß sieht der Apostel beim Sexualverkehr den ganzen Menschen beteiligt. Das vertieft eine schon biblisch bezeugte Idee: Der Geschlechtsakt ist Ausdruck und Teil der Liebe, die Mann und Frau zu einer einzigartigen personalen Gemeinschaft zusammenführt. Der zentrale Beleg Gen 2,24, aus dem Paulus zitiert, wurde im antiken Judentum und entstehenden Christentum auf die Ehe gedeutet (vgl. Jub 3,7; Mk 10,7–9 u. ö.). Vermutlich ruft 6,16 diese Deutung in Erinnerung. Jedenfalls liest Paulus das Wort „Fleisch°" im Zitat als Wechselbegriff zu „Leib" (s. 2Kor 4,10f.), wertet also seinerseits die sexuelle als dauerhafte „Verbindung" (vgl. Mt 19,5). Am Beispiel der Inanspruchnahme einer „käuflichen Frau" (*pornē*) kann er daher aufzeigen, dass die Sexualsünde (*porneia*) für Christusgläubige ausgeschlossen ist. Solch eine Frau erscheint im Kontext von 5,1–6,18 ja als beständige Sexualsünderin, als „Hure". Wer sich mit ihr verbindet, gibt der Sexualsünde Zugriff auf sich selbst; und dadurch schafft ein christusgläubiger Mann eine unerträgliche Konkurrenz zu seiner Bindung an Christus°. Denn mit ihm hat Gottes Geist° den Gläubigen so „verbunden" (vgl. Dtn 6,13 u. ö.), dass dessen eigener Geist° und somit seine Existenz durch diese Gemeinschaft bestimmt wird (6,17). 6,15 erläutert das mit dem als bekannt vorausgesetzten Bild vom Leib Christi und seinen vielen Gliedern (s. 12,12.27). Kraft ihrer Taufe (s. 1,13; 12,13) sind die Adressaten solche Glieder, und zwar in ihrer leiblichen Verfasstheit. Sie können daher unmöglich zugleich Glieder eines alternativen Leibes werden, wie ihn eine Hure mit ihren vielen Sexualpartnern bildet. Die Verwendung des Bildes ist demnach durchaus stimmig.

Das wird klar, wenn man 6,15b wie 5,3–5.9–12; 6,5a auf das Wirken des Apostels bezieht statt, wie es meist geschieht, auf das Tun jedes Gemeindeglieds. Paulus bestreitet im Anschluss an 6,12, dass er durch Lehre oder Vorbild einzelne Adressaten zum Sexualverkehr mit einer Hure veranlassen könnte; denn dazu müsste er sie entgegen seinem Auftrag von Christus lösen. Wie absurd das wäre, zeigt auch der Wortgebrauch: Mit „wegnehmen" nutzt er dasselbe griechische Verb wie mit „(aus eurer Mitte fort)schaffen" in 5,2b.

18–20 Die Schlusssätze behandeln das Thema – im Rückgriff auf 6,13c–d – wieder in genereller Perspektive. Alle Gemeindeglieder sind gehalten, „die Sexualsünde zu fliehen" (vgl. TestRub 5,5 u. ö.), d. h. sich jedem illegitimen Sexualverkehr zu entziehen (vgl. Gen 39,12 u. ö.). In der Tat tritt die fatale Wirkung der Sünde auf den Menschen (vgl. Sir 21,2f.) bei der Sexualsünde auf besondere Weise zutage: Anders als jede andere sündige Tat (zur Formulierung vgl. Mt 12,31) bringt sie ihn in fundamentalen Gegensatz zur Würde seines leiblichen Daseins. Mit Blick auf die Christusgläubigen erläutert Paulus das anhand zweier Bilder, deren Kenntnis er wiederum voraussetzt.

In 6,19a wendet er die Rede vom Tempel als Wohnung des Geistes Gottes (s. 3,16) auf das einzelne Gemeindeglied an. Er greift damit einerseits antike Vorstellungen zur göttlichen Präsenz im Menschen auf. So gilt die Vernunft Seneca und Epiktet als Ausfluss des göttlichen Geistes; Philon sieht eine reine Seele als Haus der Kräfte Gottes an; nach TestDan 5,1 u. ö. nimmt Gott im Gesetzestreuen Wohnung. Andererseits verändert Paulus diese Ideen, indem er sie mit der schon in 1,2.4–7 rezipierten Prophetie einer endzeitlichen Ausgießung des Geistes Gottes (Joel 2,28[3,1]f.) verknüpft. Wohnt aber dieser Geist in den Christusgläubigen (s. Röm 8,9), müssen sie angesichts der Heiligkeit° des Geistes ihre Leiber heilig halten (s. 1Thess 4,3–8).

6,19b–20a stellt die Adressaten sodann als Sklaven dar, die Gott „um einen hohen Preis erworben" hat (s. 7,23); gemeint ist damit nach Gal 3,13 die Lebenshingabe Christi (vgl. Apk 5,9f.). Sie sind daher, ähnlich wie das Volk Israel infolge des Exodus (vgl. Ex 19,5 u. ö.), Gottes „Eigentum"; sie stehen also unter Gottes Herrschaft und sind nicht befugt, anderem ein Verfügungsrecht über ihre leibliche Existenz einzuräumen (s. 6,12b; Röm 6,12f.).

Beide Bilder illustrieren die Gefahr: Sexualsünde zu begehen, wäre eine Schändung der Heiligkeit, ein Vergehen gegen das Besitzrecht Gottes. 6,20b zieht daraus die positive Konsequenz: Als Tempel und Eigentum Gottes ist der Leib jedes Gemeindeglieds dazu bestimmt, Gottes Herrlichkeit zu entsprechen, also Ort bzw. Medium der Ehrung° Gottes (vgl. Lev 10,3 u. ö.) zu sein (s. 10,31; Röm 12,1). Der Schlusssatz leitet so auch zu Kapitel 7 über.

Anders als oft behauptet lässt der Passus nur bedingt Rückschlüsse auf die Ansichten der Adressaten zu. 6,12 reagiert nicht auf deren Motto und das darin angeblich bekundete Hochgefühl, frei von ethischen Regeln leben zu können. Wie 6,15b–c nahelegt, bietet 6,12 aufgrund von Missverständnissen in der Gemeinde eine präzisierende Erläuterung des von Paulus selbst geprägten Satzes „Zu allem bin ich berechtigt!" Dessen ursprünglicher Sinn ist wiederum nur ansatzweise zu rekonstruieren. Betraf er den Dienst des Apostels (s. 9,4–6) oder das Handeln der Christusgläubigen? Wenn Letzteres zutrifft: Gehörte er in den Bereich der Speise-Ethik (s. 6,13a; 8,9), oder hatte er allgemeineren Sinn? Diese Fragen müssen offenbleiben. Die weitergehende Annahme, der Satz habe die Freiheit von bestimmten oder allen Geboten der Thora propagiert, hat an 6,12–20 jedenfalls keinen Anhaltspunkt. C

In einer Stadt wie Korinth (s. S. 2f.) war es gängig und weithin akzeptiert (kritisch urteilten Musonius u. a.), dass Männer mit Prostituierten verkehren; dazu kam es in Bordellen, bei Gastmählern der Wohlhabenden, in Tavernen für die Hafenarbeiter usw. Ob Paulus sich auf eine spezielle Form dieses Treibens bezieht, wird nicht deutlich. Unklar bleibt auch, inwieweit männliche Gemeindeglieder daran teilnahmen; womöglich soll der Text vor allem vorbeugen. Immerhin lässt er auf ihr – aus paulinischer Sicht – mangelndes Bewusstsein dafür schließen, dass ihre Christusbeziehung auch ihr leibliches Dasein prägt. Demnach hat der Apostel diese Dimension wohl erst mit dem Brief in die Erinnerung 6,15a.19a eingetragen. Für die These, 6,18b zitiere einen Wahlspruch der Adressaten, der ihre Zügellosigkeit begründe, bietet die paulinische Darlegung jedoch keine Basis.

Ob in Korinth auch Prostituierte Christusgläubige wurden, ist unklar. Als solche hätten sie diese Sexualsünde gemäß 6,9c–11a jedenfalls nicht fortführen können. 6,15–17 spricht daher von Frauen außerhalb der Gemeinde.

Einige paulinische Aussagen erinnern an Sätze aus dem Buch Sirach^{LXX}: D

Zu 6,12a vgl. Sir 37: 27[30]Kind, in deinem Leben prüfe deine Seele, sieh, was übel für sie ist, und gib es ihr nicht. 28[31]Denn *nicht alles nützt* allen, und nicht jede Seele hat an allem Wohlgefallen. 29[32]Sei nicht unersättlich bei jeder Köstlichkeit [...].
Zu 6,13a vgl. Sir 36: 23[20]Jede *Speise* wird essen der *Bauch*, es ist aber eine Speise besser als die (andere) Speise. 24[21]Der Schlund kostet *Speisen* vom Wild, so (kostet auch) ein verständiges Herz Lügen-Worte.
Zu 6,16a vgl. Sir 19: 2Wein und Frauen machen Verständige abtrünnig, und wer sich *mit Huren verbindet*, wird hemmungsloser sein. 3Verwesung und Würmer werden ihn erben, und eine hemmungslose Seele wird hinausgeschafft werden.
Zu 6,18c vgl. Sir 23: 16[21–23]Zwei Arten (Menschen) mehren die Sünden, und die dritte führt Zorn herauf: eine hitzige Seele [...]; ein Mensch, der *Sexualsünder* ist *am Leib* seines Fleisches [...] 18[25f.]ein Mensch, der abirrt von seinem (Ehe-)Bett [...].

In der Sache sind die Formulierungen bei Paulus jeweils anders ausgerichtet; eine klare Anspielung liegt daher an keiner Stelle vor. Offenbar ist aber seine Ausdrucksweise durch Sirach geprägt. Das gilt auch für die Gleichsetzung von „Fleisch" und „Leib" in 6,16, die in Sir 23,16[23] eine Parallele hat.

Die hier benutzte Zitationsformel „sagt (sie)" hat hellenistisch-jüdisches Gepräge (vgl. Philon u. a.). Indem mit ihr das Zitat aus Gen 2,24[LXX] an 6,16a angeschlossen wird, kommt auch dessen unmittelbarer Kontext in den Blick:

> [22]Und der *Herr*, *Gott*, baute die Rippe, die er von Adam genommen hatte, zur Frau und führte sie zu Adam. [23]Und Adam sagte: „Dies ist nun Knochen von meinen Knochen und *Fleisch* und von meinem *Fleisch* [...]." [24]Deswegen wird ein Mensch seinen Vater und seine Mutter verlassen und sich mit seiner Frau *verbinden*, und *es werden die beiden zu einem Fleisch (vereint) sein*.

Da 6,16 den Teilsatz auf die dauerhafte „Verbindung" eines Mannes mit einer Frau bezieht, ist die Kenntnis dieses Zusammenhangs bei den Adressaten vorausgesetzt. Wenn sie ihn darüber hinaus als Element der Schöpfungsgeschichte identifizieren, gewinnt die paulinische Argumentation noch an Tiefe. Dann erschließt sich nämlich, dass sie ihren Leib samt „Lebensatem" (Gen 2,7) ebenso „von Gott haben" (6,19a) wie den heiligen Geist.

E Ausgehend von seinem Selbstverständnis führt Paulus den Adressaten die große Bedrohung ihrer Existenz durch die Sexualsünde vor Augen. Er verknüpft dazu eine Anleihe bei der Philosophie (6,12) mit einem Kontrastargument (6,13f.) und interpretiertem Traditionswissen (6,15–17.19–20a) samt Schriftzitat (6,16b–d). Im Wechsel von prinzipiellen (6,12–14.18–20) und exemplarischen Passagen (6,15–17) betont der Text die enorme Würde, die Gottes Heilshandeln dem menschlichen Leib verliehen hat. Das geschieht in eschatologischer, ekklesiologischer, schöpfungstheologischer, anthropologischer und soteriologischer Hinsicht, wobei der Leib zugleich mit Gott, mit Christus und mit dem Geist in Zusammenhang gebracht wird. Diese Hochschätzung der leiblichen Existenz ist für heutige Theologie durchaus aktuell. Einschränkend ist allerdings festzustellen, dass der Apostel – historisch bedingt – Sexualität einseitig aus männlicher und heterosexueller Perspektive darstellt. Auch dass er in seinem Entsetzen über das Kaufen von – polemisch als „Huren" bezeichneten – Frauen die Bedingungen ausblendet, die viele damals wie heute ungewollt in die Prostitution treiben, darf nicht fortgeführt werden. Die paulinische Überzeugung, dass Christusgläubige in ihrem leiblichen Dasein und auch in ihrem Sexualleben Gott die Ehre geben sollen, hat jedoch nach wie vor orientierende Kraft.

1.2 Gute Gestaltungsformen der Beziehung zwischen Mann und Frau in der Gemeinde (7,1–40)

Das Teilstück bildet das positive Gegenstück zu 4,18–6,20. Paulus greift eine schriftliche Äußerung der Adressaten zum Thema auf (7,1) und erörtert ihren Sinngehalt zuerst im Blick auf die Gestaltung ehelicher Sexualität (7,2–5). Die generalisierende Schlussbemerkung (7,6f.) leitet zu Regeln für die Aufrechterhaltung verschiedener Formen von Ehelosigkeit und Ehe über (7,8–16); der Passus wird durch eine grundsätzliche Reflexion über die Würde der Umstände, unter denen Gott einen Menschen zum Christusglauben berufen hat, untermauert (7,17–24). Mit 7,25–40 weitet Paulus die Abhandlung unter Berufung auf sein eigenes „Urteil" (7,25.40) auf keusche Mädchen aus.

Anlass und Leitsatz (7,1)

1 [a]**Worüber ihr aber geschrieben habt:** [b]Es ist im Grunde **gut für einen Menschen, eine Frau nicht** im sexuellen Sinne **anzurühren!**

Nachdem Paulus in 1,11 und 5,1 mündliche Nachrichten aus Korinth aufgegriffen hat, geht er hier erstmals auf eine briefliche Äußerung der Adressaten ein. Ohne ein Bindeglied wie „so sollt ihr wissen" o. ä. (s. 11,16a–b) schließt er dazu die These 7,1b an. Sie dient, anders als meist angenommen, als Leitsatz für das ganze Kapitel; das belegt die Wiederaufnahme des Ausdrucks „gut für einen Menschen" in 7,26b und der Wertung „gut" in 7,8.37f. (s. 7,9.38/40a: „besser"/„glückseliger"). Solch ein „gut" mit Dativ (s. 9,15, vgl. Jon 4,8 u. ö.) verweist im Sinne von 6,12a auf den existentiellen Nutzen, den man aus dem genannten Verhalten zieht (s. 7,35a). Nach 7,26.32–34 besteht er in größerer Freiheit, sich unter den gegebenen, eschatologischen Lebensbedingungen (s. 7,29–31) auf ein Leben in Heiligkeit zu konzentrieren. Als Haltung, die solchen Nutzen hat, wird – mit einem in der LXX gängigen Begriffspaar (Dtn 20,7 u. ö.) – ein spezieller Umgang eines männlichen „Menschen" mit einer „Frau" benannt. Er soll darauf verzichten, „eine Frau anzurühren". Diese Wendung bezeichnet in der Antike eine sexuelle Handlung und meint oft ein anstößiges oder verwerfliches Tun (vgl. Gen 20,6f. u. ö.; Platon u. a.); Letzteres ergibt sich aber jeweils erst aus dem Kontext. Immerhin fokussiert der Leitsatz einseitig die Aktivität des Mannes und damit seine sexuellen Bedürfnisse (vgl. Sir 36,27[24]). Ihm wird also sexuelle Enthaltsamkeit ans Herz gelegt. Mehr als einen guten Rat bietet der Satz indes nicht. A/B

Ein Schreiben der Gemeinde zu Korinth an Paulus ist nur hier erwähnt. Allerdings legt die Aufnahme der Formel „worüber aber" (*peri de*) in 7,25; 8,1; 12,1; 16,1.12 die Vermutung nahe, dass dieses Schreiben auch die dort C jeweils angesprochenen Themen behandelte. Ganz sicher ist das aber nicht, da die Parallelen 1Thess 4,9; 5,1 keinen schriftlichen Vorlauf voraussetzen.

Die Forschung streitet, inwieweit 7,1b eine gemeindliche Aussage oder Praxis widerspiegelt. Dass Paulus das Motto mancher Adressaten zitiert, um sich von ihm abzugrenzen, leuchtet nicht ein: Das Folgende greift die Grundidee mehrfach positiv auf (s. o.), und 7,1b schlösse dann syntaktisch nicht gut an. In antiken Texten steht eine Notiz wie 7,1a zudem oft für sich. Auch der LXX-Stil (s. o.) weist auf Paulus als Sprecher. Andererseits bedenkt er ab 7,2 die Rolle der Frau ebenso wie die des Mannes. Er beschränkt sich in seinem Leitsatz daher kaum aus freien Stücken auf die männliche Perspektive. So ist zu vermuten, dass er eine Mitteilung aus der Gemeinde in eigene Worte fasst. Ob er eine Frage beantwortet oder eine bestimmte Haltung zum Sexualverkehr bestätigt oder kritisiert, muss zunächst offenbleiben (s. dazu S. 88).

D Die zwischen 6,18(–20) und 7,(2–)7 auffällige, bei Paulus singuläre Kombination „Mensch – Frau“ entspricht der Sprache der LXX, zumal im Pentateuch. Da in 6,16 bereits aus Gen 2,24 zitiert wurde, ist dieser Vers auch für 7,1b der nächstliegende Bezugspunkt. Er lautet: „Deswegen wird ein Mensch seinen Vater und seine Mutter verlassen und sich mit seiner Frau verbinden [...]“. Liest man den Leitsatz vor diesem Hintergrund, wird deutlich, dass er keineswegs die sexuelle Gemeinschaft von Mann und Frau abwertet. Er setzt sie vielmehr in ihrer Güte als Schöpfungsgabe für die Ehe voraus, um davon sexuelle Enthaltsamkeit als besonders „gut“ für den Mann abzuheben.

E Aufgrund einer Nachricht aus Korinth zum Geschlechtsverkehr formuliert Paulus in Anlehnung an Gen 2 einen Leitsatz für das Folgende. Dieser markiert die Würde jenes Verkehrs als Element der Schöpfung und wertet den Verzicht auf ihn als besonderes Gut für Christusgläubige. Die Fehldeutungen des Satzes in der Kirchengeschichte, die bis heute zur negativen Bewertung menschlicher Sexualität geführt haben, bedürfen daher kritischer Revision.

Erste Erörterung (7,2–5)

2 Wegen der vielfältigen **Sexualsünden**
soll aber jeder seine Ehe-**Frau** als Partnerin **haben**
und jede den eigenen Ehe-**Mann** als Partner **haben.**
3 [a]**Der Frau** gegenüber **soll der Mann die** eheliche **Pflicht leisten,**
[b]**ebenso aber auch die Frau** gegenüber **dem Mann.**
4 [a]**Nicht die Frau hat Anrecht auf den eigenen Leib, sondern der Mann,**
[b]**ebenso hat aber auch nicht der Mann Anrecht auf den eigenen Leib, sondern die Frau.**

5 [a]**Entzieht euch** also **einander nicht,**
[b]**es sei denn aufgrund einer Übereinkunft**
bis zu einem bestimmten **Zeitpunkt,** [c]**auf dass ihr euch dem Gebet widmet**
und dann **wieder beisammen seid,**
[d]**damit euch der Satan nicht versuche**
wegen eurer fehlenden Eignung zur **Selbstkontrolle.**

Thema der ersten Erörterung zu 7,1 ist der Geschlechtsverkehr in der Ehe. Paulus spricht dazu allgemeine Empfehlungen aus (7,2f.) und erläutert sie (7,4); beides geschieht in parallel formulierten Sätzen über Mann und Frau. Am Ende steht eine spezielle Schlussfolgerung für die Adressaten (7,5). Begrifflich knüpft der Passus mit den Stichworten „Sexualsünde“, „der eigene Leib“ und „Anrecht haben“ (*exousiazein*) mehrfach an 6,12–20 an. A

Paulus will nicht die Ehe als solche begründen; deren Zweck wird in der Antike generell auch eher in der Kindererzeugung gesehen. Vielmehr relativiert er das in 7,1 geäußerte Lob der sexuellen Enthaltsamkeit im Blick auf die vielen Formen der Sexualsünde°; denn sie führen Menschen leicht in die Irre (vgl. TestRub 4,6f.). Der Apostel empfiehlt ihnen deshalb als eine Art Schutzraum eine feste Sexualpartnerschaft (s. 5,1), wie sie in legitimer Form die Ehe bietet (vgl. TestLev 9,9f.). Dass er hier neben Männern auch Frauen anspricht, ist für seine Zeit ungewöhnlich und spiegelt die Aufhebung der Statusunterschiede zwischen ihnen „in Christus Jesus“ wider (s. Gal 3,28). B 2

Die Schutzwirkung der Ehe beruht darauf, dass beide Partner es jeweils als ihre Pflicht ansehen, mit dem oder der anderen Geschlechtsverkehr zu haben. Letzterer wird damit ebenfalls nicht als solcher begründet; besagte Pflicht leitet Paulus aus dem Erfordernis ab, den Sexualsünden zu wehren. Eben darum erläutert er sie mit der Rede vom Verfügungs- bzw. Anrecht° auf den eigenen Leib°, das nach 6,12f. keinesfalls der Sexualsünde eingeräumt werden darf. Er übernimmt insofern nicht einfach den seinerzeit bekannten Gedanken einer ehelichen Pflicht; vielmehr präsentiert er sie als Streben nach dem, was der oder dem anderen zum Guten dient (s. 10,24; 13,5 u. ö.). Die Übertragung jener Pflicht auch auf den Mann ist für die Antike wiederum ungewöhnlich, allerdings nicht einzigartig (vgl. Mekh zu Ex 21,10; Solon). 3–4

In direkter Anrede ruft Paulus die Adressaten auf, die Konsequenz zu ziehen. Er nutzt dazu in 7,5a dasselbe griechische Wort wie in 6,7c.8a, ordnet den Leib also gleichsam dem Besitz des Ehepartners zu. Eine Pause vom jeweils gewünschten Geschlechtsverkehr hält der Apostel nur unter zwei Bedingungen für denkbar: Sie erfolgt in gegenseitiger, klar geregelter Übereinstimmung, und sie hilft dazu, sich dem Gebet zu widmen (vgl. TestNaph 8,8). Solch eine Pause ist dem Fasten vergleichbar; in ihr sehen Mann und Frau von ihren leiblichen Bedürfnissen ab und konzentrieren sich auf die jeweilige Gottesbeziehung. Danach aber sollen sie ihre eheliche 5

Gemeinschaft auch in sexueller Hinsicht wieder leben. Denn als Eheleuten fehlt ihnen das Vermögen, ihre Sexualität kontrollieren zu können (s. 7,9a). Übermäßige Enthaltsamkeit böte deshalb dem Satan° die Gelegenheit, sie zur Sexualsünde zu verführen (vgl. TestRub 3,2f.; 4,7) – ist er doch stets darauf aus, Menschen zum Ungehorsam gegen Gott zu verleiten (vgl. Mk 1,13 u. ö.).

C Im Gefolge von 7,1 lässt der Appell 7,5 vermuten, dass manche Ehemänner in der Gemeinde es für gut hielten, den ehelichen Sexualverkehr dauerhaft zu unterlassen. Hingegen reagiert 7,2 wohl kaum auf eine Scheu anderer Gemeindeglieder vor der Ehe. Paulus empfiehlt die Ehe ja generell als eine Lebensform, die vor der Verführung zur Sexualsünde schützt. Dies gilt nach 7,5 jedenfalls bei fehlender Eignung zur Selbstkontrolle. Demnach spricht auch wenig dafür, jenen Ehemännern sexuelle Askese zuzuschreiben; in ihr würde sich – antiker Anschauung folgend – gerade die Fähigkeit zur Selbstkontrolle zeigen. Auf eine Tendenz zu leibfeindlicher Weltflucht deutet im Text ebenso wenig hin. Da 7,2.4 explizit an 6,12–20 anschließt, ist am ehesten anzunehmen, die Betreffenden wollten ihre Ehe vom Sexualverkehr freihalten und den bei Bedarf lieber andernorts praktizieren. Wozu solch eine Haltung diente – zur ‚Reinhaltung' der Ehe, Vermeidung von Schwangerschaften o. a. –, lässt sich vom Text her nicht klären (s. S. 104). Dass sie bereits breit umgesetzt wurde, ist infolge der Warnung 7,5d unwahrscheinlich.

E Angesichts gegenläufiger Neigungen einiger Gemeindeglieder tritt Paulus dafür ein, die Ehe als Sexualpartnerschaft zu leben. Er präsentiert sie als Schutzraum vor allen Sexualsünden, betont darum das Anrecht, dass die Eheleute auf den Leib des oder der anderen haben, und unterstreicht diesbezüglich das gleichberechtigte Miteinander von Mann und Frau. Allenfalls zur Pflege des Gebets mögen sie befristet sexuelle Enthaltsamkeit vereinbaren. Diese Aussagen setzen die in 7,1 angezeigte Würdigung ehelicher Sexualität als Schöpfungsgabe voraus. Sie sind unter antiken Bedingungen bemerkenswert egalitär – und laden noch heute dazu ein, das sexuelle Miteinander in der Ehe im Horizont der Gottesbeziehung partnerschaftlich zu gestalten.

Überleitung (7,6–7)

6 Dies soeben Ausgeführte **aber sage ich mit Nachsicht und nicht als Befehl.**
7 [a]**Ich möchte freilich, dass alle Menschen** zur Selbstkontrolle fähig **sind,**
wie auch ich selbst es bin; [b]**doch jeder** und jede Christusgläubige
hat eine eigene Gnadengabe von Gott, [c]**der eine so,** [d]**der andere so.**

A Meist werden die Verse als Abschluss zu 7,1–5 aufgefasst. Allerdings bereitet das Wort „Nachsicht" (*suggnōmē*) im Rückblick 7,6 auch die

Darbietung des „Urteils“ (*gnōmē*) des Paulus in 7,25.40 vor. Zudem weist 7,7 unter Aufnahme des Stichworts „Menschen“ aus 7,1b auch auf das Folgende voraus: als Grundsatzäußerung, als Wunsch (s. 7,32) und als Auskunft zur Gnadengabe (s. 7,9). Die Verse haben demnach überleitende Funktion.

B

Wie 7,35 kommentiert 7,6 den voranstehenden Sinnzusammenhang. Der Satz bezieht sich also nicht nur auf Einzelheiten wie 7,5c$_{fin.}$, 7,5b–c, 7,5, 7,2 o. ä. 7,2–5 insgesamt entspringt paulinischer Nachsicht (vgl. Sir prol. 18–20) – nämlich mit dem Unvermögen von Eheleuten zu sexueller Enthaltsamkeit. In der Tat erachtet Paulus die Fähigkeit zu solcher Selbstkontrolle (s. 7,9a) als Gnadengabe°, nicht wie griechische Philosophen (Xenophon u. a.) als Tugend. Auf dieser Basis kann er betonen, dass ihm Gottes Geist (s. 7,40c) jene besondere Fähigkeit verliehen hat (s. Gal 5,22 f.), ohne die Schöpfungsgabe ehelicher Sexualität zu entwerten. Umgekehrt will er Letztere auch nicht anordnen. Seines Erachtens täte Selbstkontrolle in der gegebenen „Zeit“ (7,29) allen Menschen „gut“ (s. 7,1). Welche Gnadengabe Gott wem gewährt (s. 12,4.29 f.), hat aber jeder Mensch selbst zu entdecken. Damit ist der Boden für die folgenden Aussagen zu Ehe und Ehelosigkeit bereitet.

C/E

Die geistgewirkte Fähigkeit zu sexueller Enthaltsamkeit liegt nach Paulus seiner ehelosen Existenz als Apostel (s. 7,8; 9,5) zugrunde. Er präsentiert sich mit ihr denen als Vorbild (s. 4,16 f.), denen die gleiche Gnadengabe verliehen ist. Damit reagiert er auf die Herausforderungen der eschatologischen Situation, in die er sich und die Adressaten für eine begrenzte Frist (s. 15,51) gestellt sieht. Seine Aussagen regen dazu an, jeweils genau zu prüfen, mit welcher persönlichen Begabung, in welcher Lebenslage, in welcher Absicht und auf welche Zeit man sich u. U. vornimmt, „der Sache des Herrn“ ohne gleichzeitige Pflege einer Sexualpartnerschaft zu dienen. Die Idee eines lebenslangen Zölibats stützen sie ebenso wenig wie eine negative Sicht der Sexualität.

Zweite Erörterung (7,8–16)

8 [a]**Ich sage aber für die Unverheirateten und die Witwen:**
[b]**Es ist gut für sie, wenn sie** unverheiratet **bleiben, wie auch ich** es bleibe;
9 [a]**wenn sie sich aber nicht kontrollieren** können, [b]**sollen sie heiraten –**
[c]**denn es ist besser, zu heiraten als** vor sexuellem Verlangen **zu brennen.**

10 [a]**Für die** in der Gemeinde **Verheirateten aber ordne ich an**
– [b]d. h. **nicht ich, sondern der Herr –,**
[c]**dass eine Frau sich vom** Ehe-**Mann nicht trennen soll**
11 [a] **– wenn sie sich aber tatsächlich getrennt hat,** [b]**soll sie unverheiratet bleiben oder sich mit dem** früheren Ehe-**Mann versöhnen –**
[c]**und dass ein Mann die** Ehe-**Frau nicht** aus der Ehe **entlassen soll.**

12 [a]**Für die übrigen** Ehepaare **aber sage ich** selbst und **nicht der Herr:**
[b]**Wenn ein Bruder eine ungläubige** Ehe-**Frau hat**
und diese gern einwilligt, weiterhin **mit ihm** zusammen **zu wohnen,**
[c]**soll er sie nicht** aus der Ehe **entlassen.**
13 [a]**Auch** für **die Frau** gilt: **Wenn eine einen ungläubigen** Ehe-**Mann hat**
und dieser gern einwilligt, weiterhin **mit ihr** zusammen **zu wohnen,**
[b]**soll sie den Mann nicht** aus der Ehe **entlassen.**
14 [a]**Denn geheiligt ist der** Ehe-**Mann, der Ungläubige**r ist, **durch die Frau,**
und geheiligt ist die Ehe-**Frau, die Ungläubige** ist, **durch den Bruder;**
[b]**sonst wären eure Kinder ja unrein,** [c]**sie sind aber nun** in der Tat **heilig.**
15 [a]**Wenn aber der ungläubige** Ehepartner **sich trennen will, soll man sich trennen;**
[b]**nicht versklavt ist der Bruder oder die Schwester in solch** einem Fall,
[c]**hat Gott** ⌜**euch doch** zum Leben **im Frieden** mit anderen **berufen.**
16 [a]**Denn was weißt du, Frau, ob du deinen** ungläubigen **Mann retten wirst,**
[b]**oder was weißt du, Mann, ob du deine** ungläubige **Frau retten wirst?**

⌜ *Die gut bezeugte Lesart „uns" formt aus 7,15c eine allgemeine Maxime; s. 1Thess 4,7.*

A Der Passus enthält Weisungen zum Bestand verschiedener Formen eines Lebens ohne oder mit Ehe. Wie die in der 1. Person Sing. gestalteten Einleitungen 7,8a.10a–b.12a zeigen, betreffen sie unverheiratete, miteinander verheiratete und mit „Ungläubigen" verheiratete Gemeindeglieder. Angeredet werden nur Letztere, und auch das erst gegen Ende (7,14b–c.15c.16). Weithin besteht der Text aus allgemein gehaltenen Anordnungen oder Empfehlungen für bestimmte, mit Bedingungssätzen angegebene persönliche Verhältnisse. Im ersten und dritten Absatz kommen wertende Begründungen hinzu (7,9c und 7,14.15c–16). In der Grundtendenz hält Paulus die Adressaten dazu an, ihre jeweils bestehende Beziehungssituation nach Möglichkeit fortzuführen.

B 8–9 Ein erster Ratschlag gilt „den Unverheirateten und den Witwen". Erstere sind Männer und Frauen (s. 7,32b.34b), die aktuell ehelos leben, und sei es als Geschiedene (s. 7,11). Nach antikem Sprachgebrauch sind Witwer und Witwen an sich eingeschlossen. Dass Letztere, wie in 7,39f., dennoch eigens genannt werden, hebt ihre Bedeutung im thematischen Zusammenhang hervor. Wozu Paulus rät, liegt nach 7,1f.7 auf der Hand: Wenn Gott ihnen die Fähigkeit zu sexueller Enthaltsamkeit geschenkt hat, ist es „gut" (s. 7,1) für sie, ebenso unverheiratet zu bleiben wie Paulus; andernfalls sollten sie eine Heirat anstreben. Die Begründung nutzt mit „brennen" ein gemein-antikes Bildwort für sexuelles Verlangen. Sie wertet dieses nicht als Begierde, die gegen Gottes Gebote verstößt, also zu vermeiden ist (s. 10,6 u. ö.). Es gehört gemäß 7,1 zur Schöpfung, und die Ehe bietet einen guten Ort, es zu stillen.

10–11 Den Ehepaaren innerhalb der Gemeinde gibt Paulus statt eines Ratschlags eine Anweisung (s. 1Thess 4,2 u. ö.). Sie stammt vom „Herrn°" Jesus Christus selbst. Ein formelles Zitat liegt indes nicht vor. Das betreffende Jesuswort wird in den Evangelien auch nicht einheitlich bezeugt:

Mk 10: [9]Was nun Gott zusammengefügt hat, *soll ein Mensch nicht trennen*. [...] [11b]*Wer seine Frau fortschickt* und eine andere heiratet, begeht Ehebruch gegen sie. [12]Und *wenn sie ihren Mann fortschickt* und einen anderen heiratet, begeht sie Ehebruch.	Lk 16: [18a]Jeder, *der seine Frau fortschickt* und eine andere heiratet, begeht Ehebruch; [b]und der, der die von einem Mann Entlassene heiratet, begeht Ehebruch.

Paulus bietet also, mit eigenen Worten, in 7,10c eine auf die Frau zugespitzte Paraphrase des in Mk 10,9 bezeugten Herrenwortes, in 7,11c ein als Weisung formuliertes Pendant zu Mk 10,11b par. Lk 16,18a. Dass er eine Scheidung auch seitens der Ehefrau für möglich hält, entspricht griechisch-römischem Recht; dass er die Frau zuerst nennt, fällt im Kontext von 7,2–4.8f.12f. aber auf. Womöglich hängt das mit der Einfügung von 7,11a–b zusammen. Die hier erwähnte Trennung dürfte während der Gemeindezugehörigkeit beider Eheleute erfolgt sein, da für Nicht-Gemeindeglieder nach 7,12–16 andere Regeln gelten. In der Sache spiegelt die Parenthese Mk 10,12 wider, wo Wiederheirat als Ehebruch (s. 6,9c) gewertet und von der Thora her ausgeschlossen wird. So scharf äußert sich Paulus nicht. Er nennt aber als einzige Alternative zum Verbleib in der Ehelosigkeit die – in antiken Quellen auch sonst bezeugte – Versöhnung; und dadurch erhält 7,11a–b die gleiche Verbindlichkeit wie Mk 10,12. Insgesamt behandelt der Apostel das Herrenwort wie ein Thoragebot: Er verzichtet auf weitere Begründungen, etwa eine Herleitung aus Gen 1–2 (vgl. Mk 10,6–9); er klärt, für welche Situation es gilt – für Ehen innerhalb der Gemeinde; und er ermittelt, wie man seiner Intention unter anderen Umständen – bei schon vollzogener Scheidung – gerecht wird. In der Sache widerspricht das strikte Scheidungsverbot griechisch-römischer und weithin auch antik-jüdischer Praxis (vgl. aber Mal 2,16^{MT} und CD 4,21–5,5).

12–16 Besonders ausführlich berät Paulus seine Glaubensgeschwister° zur Frage des Ehelebens mit Nicht-Gemeindegliedern (s. 10,27; 14,23 u. ö.); die Verflechtung der Gemeinde mit ihrem paganen Umfeld (s. 5,9f.) machte sie akut. Auch ohne Bezug auf ein Wort Jesu, in eigener Autorität erteilt, läuft sein Rat antiken Traditionen zuwider. Aufgrund biblischer Verbote von ‚Mischehen' (Dtn 7,3f. u. ö., vgl. Esr 9–10) warnen antik-jüdische Texte (Tob 4,12; Jub 20,4 u. ö.) davor, eine Nichtjüdin zu heiraten; man fürchtete, zum Götzendienst verführt zu werden. Umgekehrt sah etwa Plutarch eine Frau in der Pflicht, dieselben Götter zu verehren wie ihr Mann. Paulus aber hält den Bestand einer Ehe trotz verschiedener religiöser Bindungen für möglich. Die Entscheidung darüber misst er fast ganz der „ungläubigen°" Person zu.

12–13 Ist diese gerne bereit, die eheliche Hausgemeinschaft fortzuführen, soll das betroffene Gemeindemitglied sie selbst nicht aufkündigen. Dass dessen Christusbeziehung vom Gegenüber geachtet wird, ist dabei mitgedacht; sonst wäre eine Trennung nach den Grundsätzen der Gründungspredigt des Paulus (s. 2Kor 6,14f.) wohl unumgänglich. Sind aber solche Bereitschaft und Achtung gegeben, gilt es, dem Wunsch des Ehepartners zu folgen.

14 Zur Begründung zieht Paulus, wie schon in 5,7f., kultische Sprache heran. Hier hat er aber nicht den Schutz der Gemeinde der „Heiligen“ vor verderblichen Einflüssen im Sinn. Er schreibt der den Adressaten geschenkten Heiligkeit° umgekehrt reinigende Kraft zu (vgl. Philon, Sacr. 128; 1Clem 46,2f.); durch sie werden Ehepartner und Kinder gleichsam mitgeheiligt. Das bedeutet gemäß 7,16 nicht, dass diese als „Ungläubige“ selbst in eine Christusbeziehung gestellt sind. Vielmehr macht die Heiligkeit des gläubigen Familienmitglieds ihre eigene Unreinheit, die an sich auf anderes einwirkt, im familiären Zusammenleben unschädlich. Indem Paulus diese Kraft gerade in der Familie wirksam sieht, attestiert er ihr besondere Würde; vermutlich leitet er sie aus der Würde ab, die in seiner Sicht der Ehe zukommt.

15–16 Parallel zu 7,12b–13.14 formuliert und begründet Paulus in 7,15.16 seinen Rat für den Fall, dass der ungläubige Partner die Ehe aufheben will. Dieser Rat gilt wie in 7,12c.13b dem betroffenen Gemeindeglied: In solch einem Fall soll man (zur Formulierung s. 7,17c) die Scheidung mitvollziehen. Denn ein Ehepartner ist keine versklavende Macht (s. Gal 4,3), der es unter allen Umständen zu dienen gilt. Vielmehr sind die Adressaten von Gott „im Frieden° berufen°“: Sie sind mit Gott versöhnt (s. Röm 5,1.10) und in eine Existenzweise hineingerufen (s. 1Thess 4,7), die von diesem Frieden bestimmt ist, also ein friedliches Miteinander anstrebt (s. Röm 12,18). Solch ein Miteinander ist gegen den Willen des ungläubigen Partners unmöglich. Als weitere Begründung folgen zwei skeptische Fragen (vgl. Hi 11,8; 15,9). Das Gemeindeglied darf demnach nicht darauf setzen, dass es den Ehepartner noch zum Glauben führen und dadurch „retten°“ (s. 9,22 u. ö.) werde. Die vage Chance darauf rechtfertigt es nicht, die Ehe im Unfrieden fortzuführen.

C Inwieweit der Passus auf spezifische historische Gegebenheiten eingeht, ist weithin unklar. Er lässt zwar erkennen, dass es in der Gemeinde die in 7,8a.10a.11a.12b.13a.14b genannten Personengruppen gab – und vermuten, dass manche eine Wiederheirat, andere eine Scheidung in Erwägung zogen. Doch aus welchen Gründen dieses oder jenes der Fall war, warum in 7,8a die Witwen sowie in 7,11a–b eine geschiedene Frau hervorgehoben werden und weshalb in 7,12–14 nur das männliche Gemeindeglied „Bruder°“ genannt wird, ist nicht zu erkennen. Stehen Paulus konkrete Fälle vor Augen? Reagiert er auf innergemeindliche oder allgemein-gesellschaftliche Tendenzen, etwa einen Drang auf Scheidung? Liegen ihm aufgrund persönlicher Betroffenheit einige Gruppen besonders am Herzen, etwa weil er womöglich selbst Witwer war? Hatten manche Personen(gruppen) eine spezielle Rolle in der Gemeinde? Profitierte sie von den ungläubigen Ehepartnern? Der Text gibt keine Anhaltspunkte, diese Fragen zu beantworten. In der Tat fällt auf, dass er alle Hintergründe, Umstände und Folgen der angesprochenen persönlich-familiären Lebenslagen ausblendet. Er ist ganz darauf angelegt, bestimmte Haltungen einzelner Gemeindeglieder zu stärken oder auch zu korrigieren.

E

Im Anschluss an 7,1.6f. stellt Paulus Empfehlungen und Weisungen für ehelos und in Ehen lebende Gemeindeglieder zusammen und fordert sie in abgestufter Dringlichkeit auf, ihren jeweiligen Familienstand beizubehalten. Sein Appell ergeht indes unter klaren Bedingungen: Der Ruf zum Unverheiratet-Bleiben setzt die Geistesgabe sexueller Enthaltsamkeit voraus, der Rat zur Aufrechterhaltung der Ehe mit Nicht-Gemeindegliedern deren Einwilligung. Für den Fall, dass diese Voraussetzungen fehlen, verändert Paulus den Appell entsprechend. Auf diese Weise bringt er die Würde der Ehe ebenso zur Geltung wie das hohe „Gut“ eines ehelosen Lebens. Dass er in seinem Appell ethische Grundsätze mit dem Blick auf persönliche Begabungen und Lebenslagen verbindet, lädt heute zur Nachahmung ein. Für eine sachgemäße ethische Urteilsbildung müssen jedoch weitere Gesichtspunkte wie der Zustand einer Ehe, die konkreten familiären Verhältnisse, die wirtschaftlichen Bedingungen oder die sozialen Bezüge der Beteiligten in den Blick kommen.

Generalisierende Zwischenreflexion (7,17–24)

17 [a]**Doch** grundsätzlich gilt:
Wie einem jeden der Herr Gaben und Aufgaben **zuteilte,**
wie, d. h. in welcher Lebenslage **einen jeden Gott berufen hat,**
[c]**so soll man wandeln!** [d]**Entsprechend verfüge ich es ja in allen Gemeinden.**
18 [a]**Wurde einer als Beschnittener berufen,**
[b]**soll er sich nicht** die Vorhaut **überziehen;**
[c]**ist einer in** dem Besitz **der Vorhaut berufen worden,**
soll er sich nicht beschneiden lassen.
19 [a]**Die Beschneidung** an sich **bedeutet** im Licht der Berufung **nichts**
und die Vorhaut an sich **bedeutet** im Licht der Berufung **nichts,**
[b]Bedeutung für einen Lebenswandel gemäß der Berufung hat **vielmehr**
bei allen Menschen **das Beachten von Gottes Geboten.**

20 [a]Für **jedermann** gilt: **In der Berufung, mit der er** in einer bestimmten Lebenslage **berufen wurde,** [b]**in dieser** Berufung **soll er bleiben.**
21 [a]**Als Sklave wurdest du berufen:** [b]**Du sollst dich nicht (be)kümmern!**
[c]**Doch selbst wenn du freigelassen werden kannst:**
[d]**Mache umso mehr** von dieser Haltung **Gebrauch!**
22 [a]**Denn der im Herrn berufene Sklave ist ein Freigelassener des Herrn,**
[b]**ebenso ist der als freier** Mensch **Berufene ein Sklave Christi.**
23 [a]**Um einen** hohen **Preis wurdet ihr** von Gott **erworben:**
Werdet nicht Sklaven von Menschen und ihren Maßstäben!
24 [a]Für **jedermann** gilt: **In der** Lebenslage**, in der er berufen wurde,**
[b]**Geschwister,** [c]**in dieser** Lebenslage **soll er bei Gott bleiben!**

A Unter Aufnahme der Begriffe „bleiben“ und „berufen“ (7,8b.11b.15d) stellt Paulus die Grundidee von 7,8–16, man solle den eigenen Familienstand möglichst beibehalten, in einen weiteren Horizont. Dazu verbindet er drei einander ähnliche Generalappelle (7,17.20.24) mit zwei Konkretionen (7,18f.21–23), die in theologische Grundsatzaussagen münden (7,19b.23a). Dass er das Gegenüber von Juden und Nicht-Juden sowie von Sklaven und Freien behandelt, liegt beim Blick auf die Beziehung von Mann und Frau (s. 7,2) nahe: Gerade diese drei Konstellationen sind für sein Gemeindeverständnis wichtig (s. Gal 3,28). Der Redeform nach überwiegt bis 7,22 die 3. Person Sing.; nur je einmal treten Paulus als Autor (7,17d) und ein exemplarischer Hörer (7,21) in Erscheinung. In 7,23f. werden die Adressaten gemeinsam angeredet.

B 17 Ein einschränkendes „doch“ (s. Röm 14,14b u. ö.) markiert die voranstehende Weisung 7,15f. als Ausnahmeregel und leitet auf den Grundgedanken von 7,8–16 zurück. Er wird im Bezug auf das Heil entfaltet, das Jesus, der „Herr°“, und Gott in Handlungseinheit gestiftet haben. Das Verb „zuteilen“ (s. 1,13a) erinnert dabei an die spezielle Gnadengabe (s. 7,7b) und die mit ihr verbundene Aufgabe, die jedes Gemeindeglied erhalten hat (s. Röm 12,3–8). Demgemäß wird dessen Berufung° an die Lebensumstände geknüpft, in die hinein sie erging (s. 1,26). Jede und jeder soll also das Leben in der Gottesbeziehung (s. 1Thess 2,12 u. ö.) mit den eigenen Gaben in der eigenen Lebenslage gestalten. Um die Verbindlichkeit dieser Anordnung zu stärken, betont Paulus im Rückgriff auf 4,16f., dass er sie in allen Gemeinden° trifft. In der Sache ähnelt sie kynischen und stoischen Lehren, die darauf zielen, die vom Schicksal zugewiesene Rolle zu übernehmen (Epiktet u. a.); allerdings haben diese Lehren natürliche Fähigkeiten des Menschen im Blick.

Im Weiteren stellt Paulus das Motiv besonderer Begabung zurück und schaut allein auf die Lebenslage, in der jemand Gottes Berufung erfuhr.

18–19 Zuerst bespricht er die grundlegende Differenzierung der Menschheit in Juden und Nichtjuden (s. 1,22–24). Er tut das anhand der Beschneidung von Knaben, die dem jüdischen Volk als Zeichen des Bundes Gottes mit ihm (vgl. Gen 17,9–13) und der Unterscheidung von den Weltvölkern gilt (s. Gal 2,8 u. ö.). Der Appell, dieses Zeichen nachträglich weder als Jude zu beseitigen noch als Nichtjude zu übernehmen, hat Hintergründe: Ersteres erfolgte bisweilen zur gesellschaftlichen Assimilation (vgl. 1Makk 1,14f. u. ö.); Letzteres forderten manche Judenchristen um der Integrität der Gemeinde Gottes willen (vgl. Apg 15,1 u. ö.). Paulus lehnt beides ab. Im Raum der Berufung (s. 1,9) ist der Unterschied zwischen Beschnitten- und Unbeschnittensein bedeutungslos (s. Gal 5,6; 6,15); es gibt daher keinen Grund, ihn durch die genannten Eingriffe herauszustellen. Um der Berufung zu entsprechen, sollen Juden und Nichtjuden ihr Leben nach Gottes Geboten führen (vgl. Sir 35,23 [32,27]; Mt 19,17 u. ö.). Diese werden hier, anders als oft behauptet, keineswegs auf das Sittliche begrenzt. Die Maxime 7,19 setzt voraus, dass Gottes Weisungen Nichtjuden und Juden auf je eigene Weise betreffen. In der Tat richten sich etwa biblische Kultgesetze weithin an das jüdische Volk. Analog gilt für Nichtjuden, die ihm nicht irgendwie zugeordnet sind oder angehören wollen, das Beschneidungsgebot aus Gen 17 nicht (s. Gal 2,3). Was Nichtjuden unterlassen müssen, hat Paulus in 6,9f. zusammengestellt; positiv kommt für sie zumal das Liebesgebot (s. 8,1; 13,13 und dazu Gal 5,14 u. ö.) hinzu.

20 Den Schluss zieht Paulus in einer Variation von 7,17b–c: Jedes Gemeindeglied hat alles daran zu setzen, in der ihm zuteilgewordenen Berufung zu bleiben. Gemeint ist nicht der soziale oder kulturelle Status, in dem ein Mensch sich vorfindet. Weil die Berufung „zur Gemeinschaft Jesu Christi" (1,9) jeden in besonderen Lebensumständen trifft, sind diese als Ort anzunehmen, an dem man der Berufung im Lebensvollzug entspricht.

21 Als zweites Beispiel dient das Gegenüber von Sklaven und Freien. Für Letztere bestand nur selten – bei Aussicht auf gesellschaftlichen Aufstieg – Anlass, sich versklaven zu lassen. Daher wird nur der Sklave ermahnt. Weder soll es ihn bekümmern (vgl. Epiktet u. a.) noch soll er sich praktisch darum kümmern (vgl. Apg 18,17 u. ö.; s. auch 9,9c), dass er in Unfreiheit lebt. Seine Aufmerksamkeit hat seiner Berufung zu gelten. Das gilt erst recht für den Fall einer möglichen° Freilassung. Der exegetische Streit, ob 7,21d zum Gebrauch der Freiheit oder der Sklaverei anhält, ist daher verfehlt; auch ein Gebrauch der Berufung ist nicht im Blick. Paulus ruft den Sklaven auf, auch in so einem Fall sich nicht um seinen gesellschaftlichen Status zu kümmern, die Chance auf Freilassung also nicht zum Objekt seines Trachtens zu machen.

22 Zur Begründung verweist er erneut auf die Aufhebung der Statusunterschiede durch Gottes Heilshandeln in Christus. Sie geht über das Miteinander von Sklaven und Freien in paganen Kultvereinen hinaus. Zum einen hat Gottes Berufung dem Sklaven eine ungleich wertvollere Freiheit erschlossen, als sie den gesellschaftlich Freien eignet. Gemeint ist nicht nur innere Freiheit im Sinne griechischer Philosophie. Von 7,23 her geht es um die reale Freiheit von weltlichen Bindungen im Herrschaftsraum Christi (s. 9,1.19; 10,29), womöglich auch um die Freiheit von Sünde und Tod zur Existenz in Gerechtigkeit und Hoffnung auf Leben (s. Röm 6,18–22 u. ö.). Das Bild vom „Freigelassenen" setzt dabei voraus, dass dieser dem früheren Besitzer zeitlebens zu Respekt, Gehorsam und manchen Dienstleistungen verpflichtet blieb. Zum andern hat die Berufung den Freien in einen umfassenderen Dienst gestellt, als ihn Sklaven leisten müssen. Er dient Christus° in allen Lebensbezügen (s. Röm 12,11 u. ö.) – und daher auch allen Menschen, denen Christus sich in seiner Lebenshingabe zugewandt hat (s. 9,19; Gal 5,13 u. ö.). Im Hintergrund steht der biblische Ausdruck „Sklave des Herrn", der bedeutenden Gestalten wie Abraham (Ps 104[105],42), Mose (Jos 14,7^A) oder David (Ps 88[89],4 u. ö.), aber auch Israel und den Israeliten (Jes 49,3; 65,9 u. ö.) beigelegt wird.

23–24 In der Tat sind Sklaven und Freie aufgrund der Lebenshingabe Christi zu Gottes Eigentum geworden (s. 6,20a). Die Adressaten dürfen sich deshalb – als Freigelassene des Herrn wie als Sklaven Christi – nicht zu Sklaven von Menschen machen. Das aber täten sie, wenn sie ihr Denken und Tun von gesellschaftlichen Verhältnissen bestimmen ließen. Wie sie stattdessen ihrer Berufung zu entsprechen haben, sagt 7,24 in erneuter Variation von 7,20: Sie sollen je für sich, aber in geschwisterlicher° Verbundenheit, mit ihrer Lebensgestaltung bei Gott bleiben (s. Röm 2,13, vgl. Spr 16,7) – und das jeweils in den Lebensumständen, unter denen und in die hinein Gott einen jeden berufen hat. Im Sinne von 7,21c–d sind Veränderungen dieser Umstände durchaus möglich; sie sollen aber weder gesucht noch hoch bewertet werden.

C 7,18–20 enthält keinen Hinweis auf gemeindeinterne Konflikte zwischen Juden und Nichtjuden (s. S. 4). Dass Letztere von außen zur Beschneidung genötigt worden wären, ist ebenfalls nicht zu erkennen (anders als in Gal 5,2–6,16). Ob Paulus mit 7,18 Tendenzen unter den Gemeindegliedern entgegentritt, muss offenbleiben. Ebenso gut könnte er hier eine generelle (s. 7,17d), in Korinth akzeptierte Regel anführen, um die Plausibilität des Generalappells 7,20 im Blick auf das Leben in Ehe und Ehelosigkeit zu stärken.

Das in 1,26–28 entworfene Gemeindebild und die Rede von ganzen „Häusern", die zur Gemeinde hinzukamen (1,16; 16,15, vgl. Apg 18,8), machen es wahrscheinlich, dass ihr auch Sklaven angehörten. Deren seinerzeit oft – wenn auch nicht immer – bedrückende Lebensbedingungen und zumal ihre Rechtlosigkeit dürften hinter dem Aufruf 7,21b stehen. Er könnte also auf Unzufriedenheit einzelner Gemeindeglieder reagieren. Demgemäß mag auch 7,21c auf deren Situation eingehen. Der Wechsel zur 2. Person Sing. spricht tatsächlich für diese Annahme (s. 4,7; 7,16.27f.; 8,10f.; 14,16f.; 15,36f.). Allerdings wird ein Konflikt mit einem seinerseits christusgläubigen Besitzer nicht erkennbar; sonst hätte Paulus wohl auch ihn angesprochen (s. Phlm).

In beiden Konstellationen hängt die Überzeugungskraft der Argumente in 7,19.22 wesentlich davon ab, dass Juden und Nichtjuden, Sklaven und Freie einander in der Gemeinde mit wechselseitigem Respekt begegneten.

E Paulus fasst zwei elementare Differenzierungen der antik-städtischen Gesellschaft ins Auge: die ethnisch-religiöse in Juden und Nichtjuden sowie die rechtlich-soziale in Sklaven und Freie. Für beide erinnert er an die Aufhebung der Statusunterschiede im Herrschaftsraum Christi, offenbar im Einklang mit den Adressaten. Auf dieser Basis ermahnt er sie, ihr Leben beständig der Berufung Gottes gemäß zu gestalten. Grundsätzlich sollen sie das jeweils in den Umständen tun, in die Gott hinein sie berufen hat – und nicht danach streben, den eigenen Status zu ändern. Sollte ein Statuswechsel möglich werden, darf sie das erst recht nicht davon ablenken, ihrer Berufung zu folgen. So untermauert Paulus durch Analogiebildung seine Weisungen an Ehelose und Verheiratete. Die von ihm vorausgesetzte innergemeindliche Gleichstellung verschiedener ethnischer und sozialer Gruppierungen ist für heute ebenso herausfordernd wie die von ihm vollzogene Relativierung der entsprechenden Gliederung der Gesellschaft. Dass er Unrechtsstrukturen wie die Sklaverei nicht als solche brandmarkt, bedarf allerdings der Revision.

Ausweitung der Thematik (7,25–40)

25 [a]**Über die keuschen Mädchen aber**
habe ich keinen Befehl des Herrn, [b]**gebe aber** mein **Urteil ab,**
weil mir durch **Erbarmen vom Herrn** die Gabe **zuteil geworden ist,**
treu/verlässlich zu sein.
26 [a]**Ich bin nun der Ansicht, dies sei als Gutes vorhanden**
um der bestehenden Zwangslage leiblicher Existenz **willen,**
[b]**dass** es also **gut ist für einen Menschen: das So-**, nämlich das Treu-**Sein.**
27 Das bedeutet: [a]**Bist du gebunden an eine Frau,**
[b]**suche nicht nach einer Auflösung** der Verbindung,
[c]**bist du unabhängig von einer Frau,** [d]**suche nicht eine Frau.**
28 [a]**Doch auch wenn du heiraten solltest,** [b]**hast du** damit **nicht gesündigt,**
[c]**und wenn das keusche Mädchen heiratet,** [d]**hat es nicht gesündigt;**
[e]**aber Bedrängnis im Fleisch** ihres Leibes **werden solche** Eheleute **haben.**
[f]**Ich aber schone euch.**

29 [a]**Dies aber sage ich,** [b]**Geschwister:**
[c]**Die Zeit ist zusammengedrängt.** [d]**Im Weiteren** ist es nötig,
[e]**dass die, die Frauen haben, wie solche sind, die keine haben,**
30 **und die, die weinen, wie solche, die nicht weinen,**
und die, die sich freuen, wie solche, die sich nicht freuen,
und die, die kaufen, wie solche, die es **nicht besitzen,**
31 [a]**und die, die die Welt gebrauchen, wie solche, die** sie **nicht verbrauchen.**
[b]**Denn die Gestalt dieser Welt vergeht.**

32 [a]**Ich möchte aber, dass ihr ohne Sorge sein** könnt.
[b]**Der Unverheiratete sorgt sich um die Angelegenheiten**
des Herrn, [c]**wie er** mit seinem Leben **dem Herrn gefalle;**
33 [a]**wer aber geheiratet hat, sorgt sich um die Angelegenheiten**
der Welt, [b]**wie er** mit seinem Leben **der** Ehe-**Frau gefalle,**
34 [a]**und ist** innerlich **zerteilt.**
[b]**Und die Frau, die unverheiratet** ist,
wie **auch das keusche Mädchen sorgt sich um die Angelegenheiten**
des Herrn, [c]**auf dass sie** oder es **heilig sei am Leib und auch am Geist;**
[d]**welche aber geheiratet hat, sorgt sich um die Angelegenheiten**
der Welt, [e]**wie sie** mit ihrem Leben **dem** Ehe-**Mann gefalle.**
35 [a]**Dies aber sage ich zu eurem eigenen Nutzen –**
[b]**nicht, damit ich euch eine Schlinge überwerfe** und gefangen nehme,
sondern zur Förderung von **dem, was wohl schicklich**
und dem Herrn wohl angemessen ist, ohne hin- und hergezogen zu sein.

36 [a]**Sobald aber einer der Ansicht ist, unschicklich zu verfahren**
mit seinem keuschen Mädchen, [b]wenn es überaus geschlechts**reif ist,**
und eine Verpflichtung besteht, dass es **so geschieht,**
[c]dann **soll er tun, was er will – [d]er sündigt nicht, [e]sie sollen heiraten.**
37 [a]**Wer aber in seinem Herzen fest steht, ohne in einer Zwangslage zu sein,**
[b]**vielmehr ein Verfügungsrecht hat bezüglich des eigenen Willens**
und dies entschieden hat im eigenen Herzen,
[c]**sein keusches Mädchen** als solches **zu bewahren, [d]wird gut handeln.**
38 **Daher** gilt: **Wer sein keusches Mädchen verheiratet, handelt gut,**
und wer es **nicht verheiratet, wird besser handeln.**

39 [a]**Eine Frau ist gebunden für die Zeitspanne, die ihr Mann lebt;**
[b]**wenn aber der** Ehe-**Mann entschlafen ist,**
[c]**ist sie frei, sich mit wem sie will zu verheiraten –** [d]doch **nur im Herrn!**
40 [a]**Glückseliger aber ist sie, wenn sie** so, d. h. Witwe **bleibt,**
[b]**nach meinem Urteil; [c]doch meine auch ich, Gottes Geist zu haben.**

A Paulus bespricht die Situation von *parthenoi* (wörtl. „Jungfrauen", s. 7,25.28.34.36–38), geht aber auch noch einmal auf die von Verheirateten und Unverheirateten (7,29.32–34) sowie Witwen (7,39f.) ein. Den Sinnzusammenhang zeigt er mit Hinweisen auf sein Urteil in 7,25.40 an; zudem greift er am Ende weitere Stichwörter aus dem Eingangsteil auf („nicht sündigen" 7,36.28, „Zwang" 7,37.26, „gut" 7,37f.26, „gebunden" 7,39.27). 7,25–28 und 7,36–40 bilden also Rahmenstücke. Der Mittelteil wird durch die kommunikativen Notizen in 7,29a–b.32a.35 abgegrenzt und unterteilt. Direkte Anredeformen finden sich zudem in 7,27–28b (Sing.) und 7,28f (Pl.). Im Ganzen tritt der Apostel, von Gott bevollmächtigt (7,25b.40c), als Ratgeber und – da er seine Ratschläge begründet – als Lehrer in Sachen Lebensführung auf. Als Leitidee vertritt er eine zeitgemäße (7,26a.29c.31b, ferner 7,39a) Ausrichtung auf den Herrn (7,32b–c.34b–c.35b.39d) statt auf den Kosmos (7,31b.33a.34d). Sie verknüpft sich mit einer gegenüber 7,1.8 neuen Differenzierung des „Guten" (7,26.37) – in das, was man ohne Sünde (7,28a–d.36) „gut" (7,38) tun kann, und das Nützliche (7,35a), Bessere (7,38$_{\text{fin.}}$), das die Adressaten vor Bedrängnis (7,28e–f) und Sorge (7,32a) bewahrt und glückseliger macht (7,40a).

B 25 Mit *peri de* (s. zu 7,1) führt er einen weiteren, der Gemeinde offenbar vertrauten Aspekt des Miteinanders von Mann und Frau ein. Es geht um *parthenoi*. Damit sind hier nicht generell Ledige gemeint, die „jungfräulich" leben (so Apk 14,4). Wie das Folgende zeigt, geht es um unverheiratete Frauen (7,28c), genauer – dem eigentlichen Wortsinn gemäß (vgl. Lk 1,27; Apg 21,9) – um sehr junge, geschlechtsreif gewordene (7,36b), sexuell unberührte Frauen (7,34b–c), die noch unter der Obhut eines ihnen vertrauten Mannes stehen (7,38). Nach 7,37c vollzieht sich das Leben dieser Mädchen zudem unter dem Vorsatz andauernder Jungfräulichkeit;

das ergibt sich auch aus der in 7,28d.36d abgelehnten Vorstellung, eine Heirat wäre eine Sünde.

Eine derartige Lebensweise basiert auf der gemeinantiken Erwartung, ein Mädchen habe bis zur Heirat keusch zu leben (s. 2Kor 11,2b). In diesem Sinne werden Jungfrauen auch in Satzungen paganer Kultvereine erwähnt. Programmatische Keuschheit ist etwa für die römischen Vestalinnen sowie die Frauen unter den jüdischen Therapeuten (vgl. Philon, Cont. 68) bezeugt.

Paulus stellt extra fest, dass er dazu keine verbindliche Anweisung des „Herrn°" Jesus anführen kann. Stattdessen gibt er sein eigenes Urteil (s. 1,10) ab, spricht also in eigener Autorität. Die beruht auf dem Erbarmen, das ihn zum berufenen Apostel (s. 1,1) werden ließ (s. 2Kor 4,1); sie wird deshalb darin erkennbar, dass er – der Treue° Gottes (s. 1,9) entsprechend – als Apostel selbst treu (s. 4,2) und somit für die Adressaten verlässlich ist.

26–27

7,26 wird oft als eschatologisch veranlasstes Lob der Enthaltsamkeit verstanden. Dann schließt aber 7,27 nicht gut an. Zudem legen Satzbau und paulinischer Sprachgebrauch ein anderes Verständnis nahe. 7,26b ist ein Zusatz, der „Gutes" und „dies" aus 7,26a in chiastischer Folge erläutert. Ferner gilt: Das zweite Verb in 7,26a sagt, dass etwas „vorhanden" ist (s. 11,7.18; 12,22; 13,3 u. ö.); das Partizip „bestehend" verweist auf den aktuellen Weltzustand (s. 3,22 u. ö.); und „Zwang" im Sing. bezeichnet meist die unausweichliche Verpflichtung, auf bestimmte Weise zu handeln (s. 7,37; 9,16 u. ö.), einmal, neben „Bedrängnis" (s. 7,28e), eine persönliche Notlage (s. 1Thess 3,7), nie aber die mit dem nahen Weltende verbundene Not (so Lk 21,23). Im Übrigen redet Paulus – statt von einem „So-Bleiben" (s. 7,40a sowie 7,8b) – vom „So-Sein"; und der nächstliegende Bezugspunkt dafür ist in 7,25b die Wendung „treu sein" – umso mehr, als in 7,25a ein zu bewahrender Zustand, nämlich der Jungfräulichkeit, zwar mitgedacht, aber nicht zur Sprache gebracht wird. Zudem wird das Prädikat „gut" im Passus 7,25–40 nicht nur der Ehelosigkeit zugemessen (s. o.). Die gegenwärtig dem Menschen als etwas Gutes zu Gebote stehende Existenzweise besteht also darin, dem Vorbild des Apostels folgend (s. 4,16f.) Gott treu und den Mitmenschen gegenüber verlässlich zu sein. Notwendig ist das wegen der Zwangslage, in der sich Christusgläubige in der bestehenden Welt befinden: Sie haben in ihr, aber nicht nach ihren Maßstäben, im, aber nicht nach dem Fleisch zu leben (2Kor 10,3; s. 3,1.3).

Was das im Blick auf den Familienstand eines Mannes heißt, wird ihm mit 7,27 in knapper Bündelung von 7,8–16 mitgeteilt: Ist er ehelich an eine Frau „gebunden" (s. Röm 7,2), soll er die Ehe nicht aufzulösen trachten (s. 7,11f.); lebt er ehelos, soll er sich nicht bemühen, eine Ehefrau zu finden (s. 7,8). Auf beiden Wegen wird er sich als treu und verlässlich erweisen.

28 Der letztgenannte Rat setzt nach 7,9a allerdings die Gabe der Enthaltsamkeit voraus. Der hier angesprochene Mann kann daher durchaus heiraten (s. 7,9b–c); er begeht damit keine Sünde. Das gilt selbst für den Fall, dass er ein Mädchen zur Frau nimmt, das unter dem Vorsatz andauernder Jungfräulichkeit lebt (s. 7,37c). Auch für dieses Mädchen wäre Heiraten keine Sünde. Paulus zufolge ist solch ein Vorsatz also nicht unbedingt bindend und kann widerrufen werden. Er sagt den betreffenden Eheleuten indes bedrängende Erfahrungen „im Fleisch°" voraus, zu dem sie sich nach Gen 2,24 verbunden haben (s. 6,16). Was gemeint ist, wird im Folgenden deutlich; eine negative Rückwirkung des Widerrufs jenes Vorsatzes ist demnach nicht im Blick.

Am Ende des Einleitungsteils leitet 7,28f zum Folgenden über; das belegt die sachliche Wiederaufnahme des Sätzchens in 7,32a. Die Schonung besteht also nicht darin, dass Paulus die Ehelosigkeit empfiehlt oder eine Heirat zugesteht. Er schont die Adressaten mit dem in 7,29–31 erteilten Rat; denn dieser macht deutlich, wie der angekündigten Bedrängnis zu begegnen ist.

29–31 Als solch geschwisterlicher° Rat dient eine eigens angekündigte eschatologische Belehrung (s. 15,50a–b). In ihr rahmen zwei Charakterisierungen der Gegenwart (7,29c.31b) eine fünffach variierte Mahnung. Erstere markieren die zeitliche Begrenztheit der bestehenden Lebensbedingungen. Diese ‚Zeitansage' dient nicht zum Trost im Leid (so 4Esr 4,26 u. ö.), sondern zur ethischen Orientierung (s. Röm 13,11–14; Gal 6,9f.). Denn es geht nicht nur um die Kürze der Zeit, die der Welt und damit dem Erdenleben der Adressaten bleibt. In der Tat steht der „Tag des Herrn" (1,8) „nahe" bevor (s. Phil 4,5 u. ö.); viele haben sein Kommen (s. 4,5 u. ö.) noch zu Lebzeiten zu erwarten (s. 15,51). Entscheidend aber ist, dass die Welt° in ihrer äußeren Erscheinung und natürlichen Beschaffenheit (s. Phil 2,7c) schon im Vergehen begriffen, dieses also nicht reine Zukunft ist (so TestHiob 33,4). Mit der Auferweckung Jesu (s. 6,14) ist das Ende der Weltzeit (10,11) für die Christusgläubigen bereits zur lebensprägenden Wirklichkeit geworden (s. 15,57), auch wenn ihre eigene Auferweckung (6,14 u. ö.) in die Königsherrschaft Gottes (4,20 u. ö.) hinein noch aussteht (s. 15,22–28). Von der weltliche Maßstäbe wirkungslos machenden Kraft dieser Wirklichkeit war bereits in 1,27f.; 2,6 u. ö. die Rede.

Auf dieser Einsicht gründet der Appell, sich in ehelichen Beziehungen (7,29e), in Trauer- und Freudenbekundungen, im Umgang mit Gütern (7,30) sowie generell den Gegebenheiten der Welt (7,31a) innere Unabhängigkeit zu bewahren. Die zeigt sich keineswegs in einer Distanzierung vom Ehepartner (s. 7,3–5a) oder von eigenen Gefühlen (s. Phil 3,18; 4,10 u. ö.). Gemäß 7,30$_{\text{fin.}}$–31a ist eine heilsame Begrenzung zwischenmenschlicher, emotionaler und materieller Bindungen im Blick. Sie erwächst aus dem Wissen, dass die Welt vergeht; sie vollzieht sich darin, dass Beziehungen (s. 7,39), Empfindungen (s. Phil 4,4), Besitz (s. Phlm 16) und Leistungen

(s. 15,58) „im Herrn“ realisiert und wahrgenommen, d. h. in die Christusbeziehung eingeordnet werden; und sie führt dazu, dass man sich in derartigen Bindungen – als Geschenken auf Zeit – nicht verliert. Die empfohlene Haltung erinnert an Ideen der Stoa zur Autarkie – jedenfalls an solche, die nicht zur Indifferenz raten. So liebte Sokrates seine Kinder nach Epiktet „als solche, die weggehen; … als freier Mensch; im Wissen, dass man zuerst ein Gottesfreund sein muss“. Allerdings begreift Paulus die Welt als im Prozess der Erlösung befindliche Schöpfung Gottes, also deutlich anders als stoische Philosophen.

32a Der Satz schließt adversativ an 7,31b an. Zugleich greift er 7,28f wieder auf und lenkt zur Thematik von 7,27–28e zurück. Der Ausdruck „ohne Sorge sein“ erinnert zudem an die Infinitivwendungen am Ende von 7,25.26. Dazu passt, dass im Griechischen „sich sorgen“ den betreffenden Gemütszustand in seiner Auswirkung auf die Lebenspraxis bezeichnet (vgl. Lk 10,41 u. ö.). Die paulinische Unterweisung soll die Adressaten also davor bewahren, sich in ihrer Existenz auf die vergehende Welt auszurichten und so von der Treue zu Gott und der Verlässlichkeit für andere ablenken zu lassen.

32b–34 In zwei weitgehend parallel angelegten Durchgängen (7,32b–33.34b–e) wird entfaltet, welche Gestalt eine Sorge um die Angelegenheiten der Welt innerhalb einer Ehe für einen Mann und eine Frau annimmt – und welchen Vorzug demgegenüber ein Leben in Ehelosigkeit bietet. Letzteres wird für die Frau, in Aufnahme von 7,25a.28c–d, auch auf keusch lebende Mädchen bezogen; und zwischendrin benennt 7,34a den wesentlichen Gesichtspunkt. Demnach können Unverheiratete sich ungeteilt den Ansprüchen widmen, die sich aus ihrer Christusbeziehung ergeben, um so dem Herrn° zu „gefallen“ (s. 1Thess 4,1 u. ö., vgl. Sir 48,22[25] u. ö.). Auf weiblicher Seite konkretisiert 7,34c diesen Gedanken unter Aufnahme des Begriffs der „Heiligkeit°“, die die personale Existenz im Ganzen, an Leib° und Geist° prägt. Verheiratete hingegen sind insofern innerlich gespalten, als sie neben dem Herrn auch dem jeweiligen Ehepartner gerecht werden wollen und müssen.

Diese Verse bieten nun aber nicht einfach, wie oft behauptet, ein Lob der Keuschheit im Kontrast zur Ehe. So verstanden würden sie Letztere als minderwertige Lebensweise kennzeichnen und den mit 7,29–31 erteilten Rat entwerten. Im Anschluss an 7,32a explizieren sie vielmehr die These 7,28e; sie verdeutlichen also im Vergleich mit der Ehelosigkeit die Größe der Aufgabe, die eine Ehe in der vergehenden Welt darstellt. Demgemäß sind die Sätze beschreibend und nicht mahnend formuliert. Sie erläutern, warum gerade Eheleute die in 7,29–31 empfohlene Haltung einzunehmen haben.

35 Die rückblickende Notiz weist in dieselbe Richtung, redet sie doch vom Nutzen°, den die ganze Gemeinde aus dem Dargelegten ziehen soll. Es ermutigt in der Tat die Unverheirateten zu dauernder Keuschheit, indem

es deren Vorzüge markiert (7,32b–c.34b–c), und weist zugleich den Verheirateten einen Weg (7,29e), der sie vor innerer Spaltung (7,34a) bewahrt. Paulus will also die Adressaten nicht zu etwas zwingen, wie man es mit Jagdbeute oder Kriegsgegnern tut (vgl. Spr 6,5; Josephus, Bell. 7,250). Er zeigt Frauen und Männern, wie sie ihr Miteinander in Treue und Verlässlichkeit (s. 7,25f.) gestalten können. Auf seinen Rat hin werden sie gesellschaftliches Ansehen finden (s. 1Thess 4,12 u. ö.) und zugleich ihre Christusbindung bezeugen, ohne zwischen beidem hin- und hergezogen zu sein (vgl. Lk 10,40). Letzteres lässt eine stoische Idee anklingen: Prinzipiell schütze die Ehelosigkeit den Weisen in seinem Dienst am besten vor Ablenkung; sie setze aber bestimmte Gegebenheiten voraus (vgl. Epikur). Paulus variiert die Idee, um die Vermeidung des Zerrissenseins auch für Eheleute aussagen zu können.

36–40 Am Ende behandelt er zwei Sonderfälle, die sich aus 7,27–28d ergeben.

36–38 Worum es beim ersten Fall geht, ist in der Forschung strittig: Ist vom Vater bzw. Vormund, vom Verlobten oder von einer Art Schutzpatron des Mädchens die Rede? Die Debatte erwächst aus sprachlichen Ambivalenzen: Wer ist in welchem Sinn „überaus reif" (7,36b)? Welche „Zwangslage" (7,37a) ist im Blick? Meint *gamizein* (7,38) wie üblich „verheiraten" – oder wie das sonst verwendete *gamein* (7,9f.28.33f.39) „heiraten"? Für die letztgenannte Annahme gibt es aber kaum Belege (vgl. Methodius im 3. Jh.). Beim Bezug auf den künftigen Ehemann wäre zudem wie in 7,27f. die 2. Person Sing. zu erwarten. So liegt die Deutung auf den Vater oder Vormund am nächsten. Dass dessen Rolle gesondert thematisiert wird, entspricht der Bedeutung, die ihm für die Heirat einer jungen Frau in hellenistisch-römischer Zeit zukam.

Zwei Handlungsoptionen stellt 7,36f. nebeneinander: Gäbe ein Vater oder Vormund sein keusches Mädchen in eine Ehe, würde er keine Sünde begehen (s. 7,28d); ließe er es in Keuschheit weiterleben, würde er gut handeln. 7,38 erläutert die Wertungen noch einmal im Rückgriff auf 7,26: Schon Ersteres ist gut, Letzteres Paulus zufolge (s. 7,7) noch besser. Die Handlungsalternative ergibt sich allerdings erst angesichts besonderer Umstände.

Für die erste Möglichkeit sind sie in 7,36b genannt. Zum einen liegt eine Verpflichtung auf Vater oder Vormund (s. 11,10 u. ö.). Da der Plural in 7,36e den künftigen Bräutigam einbezieht, dürfte sie ihm gegenüber bestehen. Zum andern ist eine beteiligte Person „überaus reif". Das Mädchen in 7,36a ist die nächstliegende Bezugsgröße für diese Kennzeichnung, es geht also wohl darum, dass es das Alter der Geschlechtsreife überschritten hat (vgl. Soranus u. a.). Unter diesen Umständen mag ein Vater oder Vormund es nicht als schicklich (s. 7,35b) ansehen, den Keuschheitsvorsatz für das Mädchen aufrechtzuerhalten (7,36a). Er ist dann nach 7,36c–e frei, es zu verheiraten. Die zweite Möglichkeit setzt nach 7,37a–b nicht nur eine feste Entscheidung des Herzens° (s. 4,5) voraus. Zudem darf der Vater oder

Vormund nicht aufgrund persönlicher Verpflichtungen in einer Zwangslage sein (vgl. Lk 14,18) – muss also das Verfügungsrecht° (s. 8,9 u. ö.) haben, seinen eigenen Willen umzusetzen. Der Ausdruck *exousia peri* in 7,37b bezeichnet tatsächlich die Vollmacht in den Angelegenheiten (vgl. 4Makk 4,5) des eigenen Willens – und nicht etwa, wie meist angenommen, die Macht über ihn (so Röm 9,21 u. ö.: mit Genitiv [ähnlich 7,4], sowie Lk 9,1 u. ö.: mit der Präposition *epi*).

7,36–38 überträgt demnach die Weisung 7,27c–28d auf den Fall eines Vaters oder Vormunds, der für sein Mädchen den Vorsatz andauernder Keuschheit gefasst hat. Die Rolle des Mädchens selbst wird dabei ausgeblendet; sie wurde bereits in 7,28c–d.34 bedacht. Dass es gegen seinen eigenen Willen in Keuschheit leben oder eine Ehe eingehen muss, ist daher nicht gesagt.

39–40

Am Ende wendet Paulus 7,27f. auf den Fall an, dass eine junge Frau zur Witwe wird; er entfaltet damit auch 7,8f. Die Bindung (s. 7,27a) an den Ehemann gilt für die Dauer seines Lebens; das entspricht Qumrantexten wie CD 4,20f., griechischen Eheverträgen, die den Sexualverkehr mit anderen Frauen ausschließen, und vor allem der Weisung Jesu (s. 7,10f.), die auch eine Scheidung untersagt (s. 7,27b). Stirbt der Mann, hat die betroffene Frau die rechtliche und innere Freiheit°, sich nach ihrem eigenen Wunsch (s. 7,36c) erneut zu verheiraten. Solche Freiheit wird auch in jüdischen Scheidebriefen (gemäß Dtn 24,1 u. ö., vgl. mGit 9,3) und griechisch-römischen Scheidungsurkunden erwähnt. Einschränkend (s. Gal 2,10 u. ö.) fügt Paulus die Bedingung „nur im Herrn“ (s. 1,31; 4,17 u. ö.) an. Sie verankert die neu erlangte Freiheit ebenso in der Christusbeziehung der Frau (s. 7,22) wie, auf dieser Basis, die Wahl eines neuen Ehemanns. Dass dieser selbst zur Gemeinde gehört, ist damit, im Gefolge von 7,12f., nicht gefordert – wohl aber, dass die neue Ehe die Frau in ihrer Glaubensexistenz nicht einschränkt (s. 7,29e.35).

Glückseliger wird sie aber sein, so Paulus, wenn sie Witwe bleibt und sexuell enthaltsam lebt wie er (s. 7,8). Er vertieft damit das gemeinantike Lob der auch dem verstorbenen Ehemann treuen Witwe. Denn Glückseligkeit, die Gottes Heilszuwendung entspringt (s. Röm 4,6–8, vgl. 1Hen 58,2; Lk 6,20f. u. ö.), wird in einem Lebenswandel erfahrbar, der Gottes Willen entspricht (s. Röm 14,22, vgl. Ps 1,1f.; Mt 5,5–9 u. ö.). Solche Glückseligkeit wird dann dadurch vermehrt, dass der Verzicht auf eine eheliche Bindung die Ausrichtung des eigenen Lebens auf jenen Willen erleichtert (s. 7,32–34).

Abschließend untermauert Paulus das Gewicht seines Urteils (s. 7,25b) – angeschlossen durch „doch auch“ (s. 2Kor 5,11 u. ö.) – mit dem Hinweis auf seinen Geistbesitz° (s. 2,4.13; 4,21). Es besteht daher kein Anlass, das „auch ich“ als polemische Spitze gegen korinthische „Pneumatiker“ (14,37) aufzufassen. Denen hält er Gebote des Herrn und Schriftbezüge (s. 2,13–16) entgegen. Zudem verbindet der Geistbesitz ihn mit der Gemeinde (s. 3,16; 6,11) und ihren einzelnen Gliedern (s. 6,19). Dabei betont die Wendung „den Geist haben“ die Zugehörigkeit zu Jesus Christus (s. Röm 8,9–11; 2Kor 4,13f.). Dessen Autorität bringt der Apostel als Geistträger zur Geltung (s. 7,25). Auf diese Weise spricht er ebenso im Namen Gottes, wie es die Schrift von Josef (Gen 41,38), Josua (Num 27,18) oder Daniel (Dan 4,5[8][Th]) bezeugt.

C Der Gedankengang setzt voraus, dass in der Gemeinde geschlechtsreife Mädchen unter dem Vorsatz dauernder Keuschheit lebten (s. 7,28.34–38). Er lässt ferner vermuten, dass dort zumal Männer (s. 7,27c–28b.32–34a), inklusive der Väter oder Vormünder (7,36–38), zweifelten, ob man solche Mädchen (ver)heiraten dürfe – oder in ihrer Keuschheit bewahren solle. Ähnliche Gedanken hatten wohl die Mädchen selbst (s. 7,28c–d.34b–c). Dass in Verbindung mit dieser Unsicherheit entsprechende Fragen für Witwen (s. 7,39f.) sowie bezüglich bestehender Ehen (7,27a–b.29e) aufkamen, liegt nahe. Solche Fragen waren bereits zuvor im Blick (s. S. 92). Jene Unsicherheit wiederum passt gut zu der Tendenz mancher Männer, auf ehelichen Geschlechtsverkehr zu verzichten (s. S. 88). Als gemeinsamer Hintergrund kommt die Idee einer ‚reinen‘, von Sexualpraktiken freien Gemeinde in Betracht. Bei Juden, Griechen und Römern gab es die Auffassung, der Kultvollzug setze die sexuelle Abstinenz der Beteiligten voraus (vgl. Ex 19,15 u. ö.; Ovid u. a.). Da die Gemeinde als Tempel galt (s. 3,16; 2Kor 6,16), konnte man jene Auffassung auf sie anwenden, ohne generell für sexuelle Askese einzutreten. Der sachliche Konnex mit 7,1–16 spricht zugleich dafür, dass der Brief der Adressaten an Paulus den Umgang mit keuschen Mädchen ebenso thematisierte wie die Haltung zum ehelichen Sexualverkehr (s. 7,1).

Die Wurzel jener Idee könnte in einer sowohl überzogenen als auch einseitig auf das Binnenleben der Gemeinde fokussierten Ausdeutung der Gründungspredigt des Apostels (s. S. 3f.) liegen – schloss sie doch die Forderung ein, „Unreines nicht anzurühren“ (2Kor 6,17c). Aber das bleibt Spekulation.

E Auf entsprechende briefliche Nachrichten oder Fragen hin erörtert Paulus, unter welchen Bedingungen innerhalb der Gemeinde Männer sehr junge, keusch lebende Frauen heiraten bzw. als Väter oder Vormünder verheiraten können. Er tut dies unter Einbeziehung der damit verbundenen Unsicherheit, wie christusgläubige Eheleute und Witwen künftig leben sollen. Vermutlich leitete die Adressaten die Idee einer von sexueller Praxis freien, weil als Tempel gedachten Gemeinde. Paulus verweist dagegen – mit der Autorität des Apostels – auf die Zwangslage, die die vergehende Welt für das leibliche Dasein der Christusgläubigen mit sich bringt. Er rät daher jedem einzelnen Gemeindeglied, Treue zu Gott und Verlässlichkeit für andere zu integrieren. In diesem Sinne befürwortet er die Ehelosigkeit, weil sie es erlaube, das Leben uneingeschränkt auf Christus auszurichten. Allerdings setze sie – neben der Geistesgabe sexueller Enthaltsamkeit (s. 7,7.9) – voraus, dass man in der Lage sei, sich dazu in völliger gedanklicher und zwischenmenschlicher Freiheit fest zu entschließen. Andernfalls solle und könne man auch gut heiraten. Eheleute stünden zwar vor der bedrängenden Herausforderung, die Bindung an Christus mit der an den jeweiligen Ehepartner zu vereinen. Doch Gottes Heilshandeln habe das Ende der Weltzeit heraufgeführt und bestimme bereits die Existenz der Gemeindeglieder. Es sei daher den Ehepaaren möglich, ihr Zusammenleben in innerer Unabhängigkeit voneinander zu gestalten.

Diese Ausführungen sind ohne Zweifel antiken Rollenbildern verhaftet; sie lassen sich daher nicht ohne Weiteres auf heutige Gegebenheiten anwenden. Die erkennbare Tendenz zur Berücksichtigung männlicher und weiblicher Perspektiven sowie zur Gleichachtung verschiedener Formen des Umgangs mit der eigenen Sexualität regt aber dazu an, sie in einer Sexualethik sach- und zeitgemäß fortzuführen. Die Verortung christusgläubiger Existenz in einer Welt, die infolge der Auferweckung Jesu Christi im Prozess ihrer Vollendung steht, ist dabei auch heute von fundamentaler Bedeutung.

2. Zu Fragen rund um Götzenopfer (8,1–10,31)

Nach der Sexualsünde (4,18–7,40), und in sachlicher Verknüpfung mit ihr (s. S. 65), behandelt Paulus nun „das dem Götzen Geopferte“ (8,1a). Er ordnet zuerst die diesbezügliche „Erkenntnis“ kategorial ein (8,1–3) und erörtert sodann Fragen, die dessen Verzehr in der Gemeinde aufwarf – mit Blick auf ihr Binnenleben (8,4–13) und ihr Umfeld (10,23–31). In der Mitte stehen zwei durch 9,24–27 verbundene Abhandlungen zu Grundsatzfragen, die 8,4–13 hervorruft: zur Handhabung individuellen „Verfügungsrechts“ (9,1–23, s. 8,9) und zur Teilnahme am „Götzendienst“ (10,1–22, s. 8,10a).

2.1 Einleitung (8,1–3)

1 [a]**Über das dem Götzen Geopferte aber** ist zunächst einmal zu sagen:
[b]**Wir wissen, dass wir alle** die grundlegende **Erkenntnis** Gottes **haben.**
[c]Das bedeutet für unser Miteinander: **Die Erkenntnis bläht** einen selbst **auf,**
[d]**die Liebe aber baut** andere **auf.**
2 [a]**Wenn jemand** von sich **meint, etwas** Bedeutsames **erkannt zu haben,**
[b]**hat er noch nicht erkannt, wie man erkennen muss.**
3 [a]**Wenn aber jemand Gott liebt,** [a]**ist dieser von ihm erkannt worden.**

Die Verse nennen zunächst (8,1a–b) das Thema und den Ausgangspunkt des Folgenden. Zu dessen Vorbereitung setzen sie sodann die grundlegenden Gesichtspunkte „Erkenntnis“ und „Liebe“ in Beziehung zuein- A ander. Dies geschieht mittels der Antithese 8,1c–d, die in zwei „Wenn-jemand"-Sätzen erläutert wird (8,2f.). So führt der Passus in den Gedankengang 8,4–10,31 ein, der alle wichtigen Aussagen wieder aufnimmt: die Wissensaussage 8,1b in 8,4 und den Fragen 9,13.24, die Rede von Erkenntnis in 8,7–11; 10,1–4, den Verweis auf die Liebe in 8,13 (s. Röm 13,10); 9,19a (s. Gal 5,13); 10,24 (s. 13,5), das Verb „aufbauen" in 8,10; 10,23, die „Wenn-jemand"-Satzform in 10,27f., das Motiv der Liebe zu Gott in 8,6a; 9,23; 10,31 sowie, warnend, in 10,7.14.22a, die Idee des Von-Gott-erkannt-Seins in 8,6; 9,17d; 10,1–4.

B 1a Die Themenangabe, syntaktisch eigenständig wie 7,1a, formt den griechischen Begriff „das heilig Geopferte" (s. 10,28) unter Aufnahme des biblisch-jüdischen Wortes „Götze(nbild)°" (Lev 19,4 u. ö.) polemisch um (vgl. 4Makk 5,2 u. ö.). Der neue Ausdruck bezeichnet alles, was bei paganen Kultfeiern teils einem Gott(esbild) dargebracht, teils verzehrt wurde; das war Fleisch (s. 8,13b), aber auch Wein (s. 10,21a). Solche Opfer gab es bei städtischen Festen, Kultvereinstreffen und privaten Feiern. Zudem wurde das in den Tempeln geschlachtete Fleisch z. T. auf dem Markt (s. 10,25) weiterverkauft.

1b Paulus eröffnet die Erörterung mit der Erinnerung an ein ihn und die Adressaten einendes Wissen (s. Röm 2,2; 3,19 u. ö.). Demnach „haben" alle Christusgläubigen „Erkenntnis°". Das klingt – anders als in 1,5; 13,2, wo „jede (Art von) Erkenntnis" angesprochen wird – ganz allgemein. Gerade so greift es ein Prädikat des Gottesvolkes auf (vgl. Hos 4,6), ist also auf die Gotteserkenntnis zu deuten (s. Röm 11,33 u. ö., vgl. Sap 14,22). Diese entspricht der Einsicht, dass alle Erkenntnis in Gott wurzelt (vgl. 2Makk 6,30 u. ö.) und erst Gottes Geist sie den Menschen eröffnet (2,11f., vgl. Jes 11,2).

1c–3 Der konjunktionslose Anschluss markiert die Antithese 8,1c–d, dem paulinischen Sprachgebrauch gemäß (s. 7,27 u. ö.), als unmittelbare Folgerung. Gerade weil die grundlegende Erkenntnis Gottes allen Gemeindegliedern zuteilgeworden ist, darf nicht ein Einzelner sie für sich beanspruchen. Er würde dann höher von sich als von anderen denken (s. 4,6e) und in Gegensatz zur Liebe° treten (s. 13,4e). Denn wer liebt, wendet sich anderen wertschätzend zu (s. 4,14), dient ihnen (s. Gal 5,13), baut sie in ihrer Gottesbeziehung auf (s. 14,17; 1Thess 5,11) – und damit auch die Gemeinde (s. 14,4f. u. ö.).

Die Entfaltung der Antithese in 8,2f. bestätigt deren Deutung auf die Haltung von Einzelnen. Zuerst weist ein „Wenn-jemand-meint"-Satz (s. 3,18) die hohe Selbsteinschätzung zurück, die aus dem Bewusstsein erwächst, etwas als bedeutsam (s. 3,7) erkannt zu haben. Wer so denkt, ist „noch nicht" (s. 3,2c) zu der Art von Erkenntnis gelangt, wie sie der Gottesbeziehung entspricht (s. Röm 12,3 u. ö.). In ihr gilt es zu erkennen, was Gott wohlgefällt (vgl. Sap 9,10). Solche Erkenntnis führt Menschen in die Liebe (s. Phil 1,9), und zuerst in die Liebe zu Gott (s. 2,9), die

Merkmal des Gottesvolkes ist. Denn wer Gott liebt, folgt im eigenen Lebenswandel dem Willen Gottes (vgl. Dtn 10,12f.). Der Ursprung dieser Liebe zu Gott liegt darin, dass man selbst von Gott erkannt, d. h. in die Beziehung zu Gott hineingestellt worden ist (vgl. Hos 12,1 [11,12] u. ö., s. Röm 8,29f.). Rechte menschliche Erkenntnis ist also das Spiegelbild des Von-Gott-erkannt-Seins (s. Gal 4,9). Paulus wandelt damit, ähnlich wie Philon (Somn. 2,226f.), einen Gedanken griechischer Philosophen ab, die Ähnliches formuliert, allerdings für die Götter auf deren Aufsicht über das Leben aller Menschen bezogen haben (vgl. Porphyrius).

C Paulus behandelt ein in der Gemeinde aktuelles Thema: Es gab dort verschiedene Haltungen gegenüber dem „dem Götzen Geopferten" (s. S. 4f.). Er kritisiert (8,2a, s. 3,18; 11,16; 14,37) die Gemeindeglieder, die diesbezüglich eine höhere Erkenntnis für sich reklamierten. Die Rede von ihr im Proömium (s. 1,5) bereitet das vor. Dass der Apostel seine Informationen dem Brief der Adressaten (s. 7,1) entnahm, legt die mit 7,25a parallele Formulierung in 8,1a nahe. 8,1b als ein, ggf. von Paulus verändertes, Zitat zu lesen, leuchtet jedoch nicht ein: Die Einleitung „wir wissen, dass" markiert andernorts gemeinsame Auffassungen (s. o.); „wir alle" passt nicht zu dem hinter 8,2a stehenden Anspruch; die Wendung „Erkenntnis haben" drückt die Überzeugung des Paulus gut aus; und in der Sache wird 8,1b weder durch 8,1c–d relativiert noch durch 8,7a eingeschränkt (s. u.). Selbst der Begriff „Erkenntnis" ist gut paulinisch (s. 13,2 u. ö.), muss also kein Schlagwort einiger Korinther gewesen sein. Eher steht zu vermuten, dass sie ihn vom Apostel übernahmen und in seiner Bedeutung veränderten – und der nun darauf reagiert. Dazu nutzt er u. a. den ebenfalls für ihn typischen Begriff „aufbauen" (8,1d).

E Paulus greift schriftliche Hinweise oder Fragen zu einem gemeindeinternen Dissens in der Einschätzung des „dem Götzen Geopferten" auf. Da er das entscheidende Problem in einem Missverständnis von „Erkenntnis" sieht, ordnet er diese in den Zusammenhang der durch wechselseitige Erkenntnis und Liebe bestimmten Beziehung zwischen Gott und Gottesvolk ein. Diese Grundbestimmung hat heute nichts an Relevanz verloren.

2.2 Erste Erörterung (8,4–13)

4 [a]**Über das Verspeisen des dem Götzen Geopferten** ist **also** zu sagen:
[b]**Wir wissen, dass es keinen Götzen in der Welt** gibt **und**
dass keiner Gott ist **außer einem.**

5 [a]**Selbst wenn es so genannte Götter gibt, sei es im Himmel, sei es auf Erden**
– [b]**wie es ja** tatsächlich **viele Götter gibt und viele Herren –,**

6 [a]so gibt es **doch für uns** nur den **einen Gott: den Vater,**
von dem das alles herkommt, **und wir** existieren **auf ihn hin,**
[b]**und** nur den **einen Herrn: Jesus Christus,**
durch den das alles zustande kommt, **und wir** existieren **durch ihn.**

7 [a]**Doch nicht in allem / bei allen** ist **diese Erkenntnis** Gottes wirksam.
[b]**Vielmehr** ist es bei **einigen** so: **Aufgrund der bis jetzt** andauernden
Vertrautheit mit dem Götzen essen sie es als dem Götzen Geopfertes,
[c]**und ihr Gewissen wird, weil es schwach,** d. h. überempfindlich **ist, befleckt.**

8 [a]**Speise** an sich **aber wird uns nicht vor Gott stellen;**
[b]**weder haben wir, wenn wir nicht essen, einen Mangel,**
[c]**noch haben wir, wenn wir essen, einen Überschuss.**

9 **Gebt aber Acht, dass nicht etwa dieses euer Verfügungsrecht**
zum Stolperstein wird für die Schwachen.

10 [a]**Denn wenn jemand** ⸢**dich, der du Erkenntnis** Gottes **hast**⸣,
im Götzenhaus zu Tisch **liegen sieht,**
[b]**wird** dann **nicht sein Gewissen, weil er schwach ist,**
dahingehend **aufgebaut, das dem Götzen Geopferte** als solches **zu essen?**

11 [a]**Zugrunde geht also der Schwache**
durch deine Erkenntnis Gottes,
[b]**der Bruder, um dessentwillen Christus starb.**

12 **Indem ihr aber auf diese Weise an den Geschwistern sündigt**
und ihr sich schwach, d. h. überempfindlich **zeigendes Gewissen schlagt,**
sündigt ihr an Christus.

13 [a]**Darum** gilt: **Wenn** meine **Speise meinen Bruder zu Fall bringt,**
[b]**will ich keinesfalls Fleisch essen für die** ganze **Weltzeit,**
[c]**damit ich meinen Bruder nicht zu Fall bringe.**

⸢⸣ *Einige Handschriften verallgemeinern die Aussage und lesen „den, der Erkenntnis hat“.*

A Der Passus thematisiert das „dem Götzen Geopferte“° (8,4a.7b.10b), insofern die Adressaten davon Fleisch (8,13a) verspeisen (8,4a.8a) bzw. essen (8,7f.10b.13b). Er verhandelt eine gemeindeinterne Spannung: hier „einige“, deren Gewissen „schwach ist“ (8,7c.12) und die in 8,9–11 selbst „schwach“ genannt werden, dort die anderen, die aus ihrer Gotteserkenntnis (8,10f., ferner 8,7a) ein Verfügungsrecht ableiten (8,9). Die Erörterung des Themasatzes 8,4a beginnt wie in 8,1 mit der Erinnerung an gemeinsames Wissen samt Erläuterung (8,4b–6: 1. Person Pl.); 8,7 benennt dann das Problem (3. Person Pl.). Eröffnet durch den Grundsatz 8,8 (1. Person Pl.) bietet 8,9–12 eine begründete Ermahnung derer, die den „Schwachen“ gegenüberstehen (2. Person Pl., in 8,10f. Sing.). In 8,13 zieht Paulus die Konsequenz (1. Person Sing.). So gegliedert, verknüpft der Text die alle Beteiligten einende Gottesbeziehung (8,4.6.8) mit der Warnung, nicht aufgrund eigener Erkenntnis an den Schwachen als Geschwistern und so an Christus zu sündigen (8,10–12).

B 4 8,4a spitzt das in 8,1a genannte Thema auf den Verzehr von Fleisch zu (s. 8,13b), das bei der Vorbereitung oder Darbringung eines paganen Kultopfers dafür freigegeben wurde; die Umstände des Verzehrs kommen dann mit 8,10 in den Blick. Auch beim einleitenden Aufruf gemeinsamen Wissens schärft Paulus gegenüber 8,1 den Fokus. Er erinnert an zwei miteinander verknüpfte biblisch-jüdische Einsichten, die schon seine Missionsverkündigung prägen: 1. Den Götzen eignet jenseits des Materials ihrer bildlichen Darstellung keine Realität (s. 12,2; Gal 4,8 u. ö.; vgl. Hab 2,18f.; Sap 15,8 u. ö.); wo immer in der Welt° ein Götze verehrt wird, verehrt man ein Nichts (s. 10,19, vgl. 1Sam 12,21 u. ö.). 2. In der Tat gibt es nur einen Gott (s. Röm 3,30 u. ö., vgl. Dtn 6,4); außer diesem einen (vgl. Mk 2,7; 10,18), den Paulus verkündet (s. 1Thess 1,9), hat nichts anderes als Gott zu gelten (vgl. Dtn 4,35 u. ö.). Die in 10,20f. bedachte Präsenz von Dämonen ist hier noch nicht im Blick.

5–6 Dieser Wissensbestand wird dadurch erläutert, dass der Apostel den Blick auf die als Götter verehrten Größen mit dem Bekenntnis der Christusgläubigen kontrastiert. Natürlich gibt es in Gottes Herrschaftsbereich, der Himmel und Erde umfasst (vgl. Dtn 3,24 u. ö.), nach paganer Auffassung durchaus Götter – wenn sie aus jüdischer und paulinischer Sicht auch nur „so genannt" werden (vgl. umgekehrt Mt 27,17.22). In Aufnahme biblischer Redeweise (vgl. Dtn 10,17 u. ö.) stellt Paulus ihrer Vielzahl noch die vielen „Herren" beiseite. Das dürfte im Kontext der hellenistisch-römischen Welt zweierlei in den Blick rücken: zum einen die Gottheiten – und zumal solche orientalischen Ursprungs –, denen man mit diesem Titel rettende Kraft zumaß; zum andern den Kaiser und andere Machthaber, denen nicht nur, als „Herren", Gehorsam und Respekt zuteilwurden, sondern zugleich göttliche Verehrung.

Demgegenüber sieht der Apostel sich und die Adressaten – wie der Dativ „uns" anzeigt – als Empfänger der Zuwendung und als Zeugen des Daseins Gottes (vgl. Jes 44,8; 45,21). Sie erfahren und bekennen: 1. Es ist der eine Gott, „von dem das alles" herkommt, der sich darin als „Vater°" erweist und der daher das Ziel ihrer Existenz ist (s. 15,22b–28). Die Verknüpfung dieser Aussagen lässt das Vater-Prädikat mehrdeutig werden. Es benennt Gott also nicht nur in Aufnahme griechischer Ideen (Platon, Homer u. a.) als Schöpfer des Alls (vgl. Josephus, Ant. 7,380 u. ö.) und Regent der Geschichte (vgl. Sap 14,3 u. ö.); es kennzeichnet Gott auch als Vater des Herrn° Jesus Christus° (s. 1,3), Urheber des in ihm gestifteten Heils (s. 1,30; Röm 6,4) und somit Vater all derer, die zu Christus gehören. 2. Christus wiederum erweist sich dadurch als der eine Herr, dass „das alles" durch ihn zustande kommt und den Christusgläubigen ihre Existenz durch ihn erschlossen wird. Er ist also Mittler der Schöpfung (vgl. Kol 1,16 u. ö.) – wie es antik-jüdische Autoren im Gefolge biblischer Sätze (Spr 3,19; Ps 32[33],6 u. ö.) von Gottes Weisheit (Sap 9,9 u. ö.) oder *logos* („Wort/Vernunft": Philon, Cher. 127 u. ö.) sagten –, und er ist Mittler des eschatologischen Heils (s. 15,57; Röm 5,1f. u. ö.). Ähnliches äußert etwa Aelius Aristides über den göttlichen „Herrn" Serapis.

Das Bekenntnis zu Gott und Christus (8,6) lässt demnach griechische Anschauungen anklingen, um ihnen, vorbereitet durch 8,5b, entgegenzutreten. Das zeigt sich auch im Begriff „ein Gott". Er erinnert an Xenophanes' Rede vom größten aller Götter sowie an die Anrufung hellenistischer

Gottheiten; sachlich aber folgt er antik-jüdischen Aussagen (Sib 3,11; Philon, Op. 171 u. ö.), die aufgrund von Dtn 6,4f. die Einheit und Einzigkeit Gottes bezeugen (vgl. Mk 12,29f.32, s. Gal 3,20). Dieses Bekenntnis nimmt Paulus in 8,4b auf und erweitert es in 8,6 christologisch. Rhythmus und Formelcharakter von 8,6 lassen vermuten, dass er dazu frühchristliches Traditionsgut heranzieht.

7 Daraufhin skizziert er das akute Problem. Es liegt nicht in einem Mangel an Erkenntnis° auf Seiten der „Schwachen". Solch eine Deutung stellt 8,7a in Gegensatz zu 8,1b und zum Sprachgebrauch des Paulus. Mit „doch nicht" führt er stets einen neuen Aspekt ein, der zuvor Gesagtes in seiner Alleingeltung relativiert (s. 4,4.15; 6,12; 9,12; 10,5.23; 14,17; 15,46 u. ö.), ohne es an sich einzuschränken. Nach der Doppelaussage über „das alles" (*ta panta*) in 8,6 benennt *en pasin* zudem sowohl Lebensbereiche („in allem", s. Phil 4,12 u. ö.) als auch Personen („bei allen"); und Letztere erscheinen nicht als Inhaber von Erkenntnis, sondern als Orte ihres Wirkens (s. 12,6b, vgl. Koh 9,10). 8,7a gibt also doppelsinnig zu verstehen, dass die in 8,4b–6 beschriebene Erkenntnis nicht bei allen Christusgläubigen in allem Tun wirksam ist.

Konkret geht es um die Auswirkung des Essens von Fleisch, das vom Götzenopfer stammt, auf das Gewissen°. Einigen Adressaten ist der Umgang mit Götzen bis jetzt (s. 4,13; 15,6) so vertraut (vgl. 4Makk 13,22 u. ö.), dass sie meinen, beim Fleischverzehr in das Opfer für die Götzen einbezogen zu werden. Unter paganen Vorzeichen wäre eine Teilhabe an verschiedenen Kulten normal. Im Lichte des Bekenntnisses 8,6 würde dies jedoch gegen das Verbot des Götzendienstes (vgl. Ex 20,3–5) verstoßen. Weil das Gewissen solche Verstöße verbucht, wird es „befleckt" (ähnlich TestIss 4,4^{G}; CD 7,3f. für Verstand bzw. Geist des Menschen), sodass man sich als Sünder erlebt (vgl. Jes 59,2f.). Insofern aber auch 8,4 wahr ist, müsste das Gewissen nicht so reagieren; es ist gleichsam überempfindlich und insofern „schwach".

8 Zu Beginn seiner Stellungnahme relativiert Paulus erneut (s. 6,13a–b) – und wie in 6,12 ohne Bezug auf Thoragebote (s. 8,9) – die eschatologische Bedeutsamkeit des Umgangs mit Speisen (s. Röm 14,17). 8,8a ist dabei doppelsinnig; der Satz lässt sich auf eine Vorführung vor den Richterstuhl (s. Röm 14,10) sowie auf eine Hinführung in die Nähe Gottes (s. 2Kor 4,14) deuten. Dazu passt die Kontrastierung von Mangel und Überschuss in 8,8b–c; sie greift den Gedanken des Lohns im Gericht auf (s. 3,8.14) und differenziert ihn (s. 2Kor 5,10). Das Essen oder Meiden bestimmter Speisen betrifft also das Gottesverhältnis des Einzelnen nicht. Daher ermutigt der Apostel die „Schwachen" wie ihre Kritiker – in der 1. Person Pl. (s. 8,4b.6) mit ihnen vereint – zum Verzicht und warnt sie vor einer positiven Wertung des Essens.

9–12 Eine Mahnung richtet Paulus aber nur an jene, die sich berechtigt° sehen (s. 6,12), Fleisch vom Götzenopfer zu essen. Er hält sie dazu an (s. Gal 5,15

u. ö.), keinesfalls mit der Inanspruchnahme dieses Rechts den anderen einen Stolperstein in den Weg zu legen, d. h. sie zur Sünde des Götzendienstes zu verführen (vgl. Ex 23,33; 34,12). Indem er jene anderen „die Schwachen“ nennt, erhebt er ihr „schwach seiendes“ Gewissen (8,7) zum Identitätsmerkmal; zugleich bezeichnet er sie als die, denen Gottes Erwählung gilt (s. 1,27), denen er selbst, samt den anderen Aposteln, verbunden ist (s. 4,10c; 9,22a) und denen daher innergemeindliche Zuwendung zusteht (s. 1Thess 5,14e).

Zur Begründung schildert Paulus eine Situation, in der solch eine Verführung stattfindet: Ein Schwacher sieht ein anderes Gemeindeglied im abfällig so genannten Götzenhaus (vgl. Dan 1,2 u. ö.) zu Tisch liegen, d. h. an einem Mahl teilnehmen (vgl. Lk 5,29 u. ö.), bei dem Götzenopferfleisch verzehrt wird. So sehr sich jenes Gemeindeglied in seiner Gotteserkenntnis gemäß 8,4b zur Mahlteilnahme berechtigt wissen mag, so verheerend wirkt sich sein Tun am schwachen Bruder° aus. Denn dessen Gewissen wird ganz falsch „aufgebaut“ (8,1d): Er wird ermuntert (s. 1Thess 5,11), auch selbst jenes Fleisch zu essen, obwohl er es nach 8,7 als Element des verbotenen Götzendienstes ansieht. Auf ihn wirkt die Erkenntnis des anderen also wie eine tödliche Waffe (vgl. Mt 26,52c); er wird durch sie von Christus getrennt und geht zugrunde (s. 1,18f.). Das aber bedeutet: Bei rücksichtsloser Ausübung ihres Verfügungsrechts über „das dem Götzen Geopferte“ machen sich die angeredeten Gemeindeglieder selbst zu Sündern: an den Geschwistern, deren „schwach seiendes“ Gewissen (s. 8,7) sie schwer verletzen (vgl. Spr 26,22), und an Christus, dessen heilstiftendes Sterben (s. 15,3 u. ö.) sie für die Geschwister entwerten (s. Röm 14,15). Dass sie so auch ihre eigene Gottes- und Christuserkenntnis verraten, liegt auf der Hand.

13 In der 1. Person Sing. redet der Apostel wieder als Vorbild und Lehrer (s. 4,16f.). Als solcher zeigt er in Form einer Beteuerung auf, welche Folgerung die Hörer aus seiner Mahnung 8,9–12 ziehen sollen. Es gilt, den eigenen Bruder nicht zu Fall zu bringen – was erneut meint: nicht zum Götzendienst zu verleiten (vgl. Ri 2,3 u. ö.). Daher hat man beim Mahl auf alles „Fleisch“, das ja mit Götzenopfern verbunden sein könnte, zu verzichten (s. Röm 14,13.21). Der pauschale Ausdruck und die ausufernde Zeitangabe (vgl. Mk 11,14) unterstreichen den Ernst und die Notwendigkeit der propagierten praktischen Verbundenheit mit dem Schwachen (s. 2Kor 11,29). Um ihn vor dem Tun einer Sünde zu bewahren, ist das Urteil seines Gewissens zu achten – auch dann, wenn es Paulus zufolge überempfindlich ist (s. ähnlich Röm 14,23).

C Inwieweit der Passus Sätze (8,4b / 8,4b–6 / 8,8a) oder Begriffe (Gewissen, schwach, Verfügungsrecht, aufbauen) der Adressaten aufnimmt und reale Situationen (8,7b.10b / 8,10a) voraussetzt, ist in der Forschung umstritten.

Manches lässt sich von der Anlage des Textes her klären; denn in drei Aussagereihen erfolgt jeweils ein kategorialer Sprung vom Darstellen zum

Deuten und Mahnen: 1. Die Wir-Sätze schreiten vom Wissen (8,4b) zu Bekenntnis (8,5f.) und eschatologischer Einsicht (8,8) fort. 2. „Einige" werden zuerst in ihrem Verhalten und Urteilen beschrieben (8,7), dann als „Schwache" und „Geschwister" bezeichnet (8,9–13). 3. Die Ermahnung der anderen geht von Hinweisen auf ihre Erkenntnis und ihr Verfügungsrecht (8,7a.9) zur Warnung vor ihrer drohenden Sünde (8,9–13) über. – Es liegt nahe, die Aspekte der Darstellung auf die Gemeinde zurückzuführen. Paulus dürfte somit auf folgende Situation reagieren: Die Angesprochenen leiten aus ihrem Wissen um die Nichtexistenz der Götzen und die Einzigkeit Gottes ein „Verfügungsrecht" über Fleisch vom Götzenopfer ab. Einige dagegen, deren Denken noch durch ihren früheren Umgang mit den Götzen geprägt ist, lehnen den Verzehr jenes Fleischs unter Berufung auf ihr „Gewissen" ab. Dieses erklären die anderen daraufhin für „schwach". Dass 8,4b eine korinthische Äußerung zitiert, ist damit nicht gesagt; die traditionelle Prägung des Satzes (s. o.) spricht eher für eine Herkunft von Paulus. Das Gleiche gilt für die angeführten Begriffe, da er sie auch andernorts verwendet (s. o. und S. 103).

8,10a verweist wohl auf reale Situationen. Der Anstoß für den Schwachen entsteht erst aus einem öffentlichen Akt der anderen; auch ihr Anspruch auf Erkenntnis spricht für deren demonstrative Umsetzung. Der Text hat also von 8,4 an eine Mahlfeier im Tempelbezirk im Blick. Ihr Anlass und genauer Ort (s. zu 8,1a) bleiben zunächst unklar (s. aber S. 139); pagane Tempel hatten Nebenräume und offene Plätze für verschiedenartige Gastmähler unterschiedlicher Gruppen. Die Rede vom Schwachen, der das Mahl beobachtet und daraufhin selbst Fleisch vom Götzenopfer isst, dürfte angesichts der Mahnung 8,9 und des impliziten Aufrufs in 8,13 allerdings fiktiv sein.

D Die Aussagen in 8,4b.6 lassen Texte aus Dtn 6 und Mal 2 anklingen:

> Dtn 6^B: [4][...] Höre, Israel: Der Herr, *unser Gott*, ist als *Herr* der *eine*; [5]und du sollst *lieben* den Herrn, deinen *Gott*, aus deinem ganzen Denken und aus deiner ganzen Seele und aus deiner ganzen Kraft. [6]Und es sollen diese Worte, die ich dir heute gebiete, *in* deinem Herzen und *in* deiner Seele sein.
>
> Mal 2: [8]Ihr aber seid abgewichen vom Weg und habt viele *geschwächt* im Gesetz(esgehorsam) [...]. [10]Hat nicht (der) *ein(e) Gott uns* geschaffen? Ist nicht ein *Vater* unser *aller* (Vater)? Warum habt ihr ein jeder seinen *Bruder* verlassen, um den für unsere Väter (gestifteten) Bund zu entweihen? [11][...] Juda hat entweiht das Heiligtum des *Herrn* [...] und ist (dem Dienst an) fremden *Göttern* nachgegangen.

Die Abschnitte weisen markante Parallelen zur Rede des Apostels von dem einen Herrn, Gott und Vater aller sowie zur Selbstbindung der Wir-Gruppe auf. Sie bieten ferner Anhaltspunkte für das begriffliche Netzwerk, das er mit 8,3a („Gott lieben"), 8,5 („Götter"), 8,7a („in") und 8,7c.9–13 („Schwäche", „Bruder") schafft. Zwar könnte man die Texte je für sich geradezu als Voten der Konfliktparteien lesen: Die Schwachen klagen mit Mal 2,8–11 die anderen des Götzendienstes an, und die appellieren mit Dtn 6,4–6 an das Denken der Schwachen. Wer aber beide

Texte im Licht des Christusbekenntnisses (8,6b) liest, hört in ihnen den einigenden Aufruf, das Bekenntnis zum einen Gott in der Liebe zu Gott und der Fürsorge für die Geschwister zu bewähren. Paulus dürfte darum mit Bedacht gerade auf diese Schriftworte anspielen.

E Um den gemeindeinternen Konflikt über den Verzehr des Fleischs vom Götzenopfer zu regeln, verortet Paulus den Wissensbestand aller Adressaten im gemeinsamen Bekenntnis und lässt dessen Verankerung in der Schrift anklingen. Auf diese Weise zieht er den Disput von der Ebene der Erkenntnis auf die des ethischen Urteils – und stellt dort das Gewissen „einiger" dem Verfügungsrecht der anderen gegenüber. Explizit ist er darauf aus, Letzteren ins Gewissen zu reden: Sie sollen Erstere als Geschwister achten, deshalb in ihrer Schwachheit schützen und in ihrer Gewissensentscheidung respektieren. Implizit mag man den paulinischen Ausführungen zugleich einen Rat an die „Schwachen" entnehmen: dass sie das gemeinsame Bekenntnis auf ihre Haltung zum Fleisch vom Götzenopfer wirken lassen, also ihr Gewissen stärken und sich auch selbst für berechtigt halten, jenes Fleisch zu verzehren. Doch dieses Anliegen bleibt nachgeordnet; im Vordergrund steht der Appell zur Wahrung der Einheit der Gemeinde durch eine Praxis der Liebe. Diese Gewichtung dürfte auch für heutige gemeindliche Konflikte hilfreich sein.

2.3 Klärung der zugrundeliegenden Grundsatzfragen I (9,1–23)

Zur Stützung seiner in 8,13 bezogenen Position hält Paulus eine Verteidigungsrede (9,3) und legt dar, wie er seine apostolische Freiheit (9,1 f.) handhabt (9,19–23). Als klärend-stützenden Vergleich führt er seinen Verzicht an, das Recht auf Versorgung durch die Gemeinde wahrzunehmen (9,4–18).

Grundlegung (9,1–3)

1 [a]**Bin ich nicht frei?**
[b]**Bin ich nicht Apostel?** [c]**Habe ich nicht Jesus, unseren Herrn, gesehen?**
[d]**Seid nicht ihr mein Werk im Herrn?**
2 [a]**Wenn ich für andere nicht** der zuständige **Apostel bin,**
[b]so **bin ich es doch zumindest für euch;**
[c]**denn das Siegel meines Apostolats seid ihr im Herrn.**
3 **Meine Verteidigungsrede gegenüber denen, die mich verhören, ist diese:** [4 …]

A Der Apostel benennt in 9,1a das Thema von 9,1–23, klärt sodann für dessen Behandlung grundlegend sein amtliches Verhältnis zu den Adressaten und zeigt den apologetischen Charakter der nachfolgenden Ausführungen auf.

B 1a Im Gefolge von 8,13 redet Paulus weiterhin als Vorbild und Lehrer der Gemeinde (s. 4,16f.). Demnach führt er seine „Freiheit°" als Maßstab für das von vielen Adressaten reklamierte Verfügungsrecht (8,9) an. Sie bezieht sich also auf weltliche, vom Christusglauben überholte Ansichten (s. 8,4), nicht auf Gebote o. Ä. (so Röm 7,3 u. ö.). Zudem sind gemäß 7,22 menschliche Bindungen im Blick; diese werden dann in 9,19–23 auch eigens thematisiert.

1b–2 Paulus verankert seine Freiheit in seinem Apostolat° (s. 1,1). Der basiert wie bei allen anderen Aposteln auf der Vision des Auferstandenen (s. 15,5–10 u. ö.), der als Auferstandener der Herr° auch der Adressaten ist (s. Röm 4,24 u. ö.). In dessen Auftrag (s. 2Kor 10,13f.) und Vollmacht (s. 2,4f. u. ö.) hat Paulus die Gemeinde zu Korinth gegründet. Mag er für andere Gegenden (2Kor 10,15a) und Gruppierungen (s. Gal 2,7–9) nicht zuständig sein – diese Gemeinde ist ihm als Apostel zugeordnet. Denn sie bildet sein apostolisches Werk (s. 3,13–15); und damit hat Gott seine Beauftragung bestätigt, so, wie es ein Siegel auf einer Ernennungsurkunde täte (vgl. Joh 6,27).

3 Auf dieser Basis hält Paulus die anschließende Rede. Wie die Schlussstellung von Verb und Pronomen zeigt, schließt 9,3 ja nicht das Voranstehende ab (so Mt 22,38 u. ö.), sondern leitet das Folgende ein (s. 2Kor 1,12a, vgl. Jak 1,27a; Did 1,2a u. ö.). Die Rede dient der Verteidigung (vgl. Apg 22,1); denn Paulus sieht sich wie vor Gericht befragt (s. 2,14f., vgl. Sus 48.51). Anlass ist gemäß 8,13–9,1a die Handhabung seiner Freiheit.

C/E Der Text gibt keinen Anlass anzunehmen, in der Gemeinde sei der Apostolat des Paulus hinterfragt worden; das geschah erst im Vorfeld des 2. Korintherbriefs (s. 2Kor 1,13f. u. ö.). Vielmehr lassen 9,1a als rhetorische Frage und 9,3 darauf schließen, dass er sich genötigt sah, die Handhabung seiner Freiheit gegen Einwände zu verteidigen. Diese dürften, dem Zusammenhang mit 8,9.13 gemäß, seine Praxis betreffen, sich in ethischen Entscheidungen auf Gegenüber und situativen Rahmen auszurichten; sie konnte den Verdacht mangelnder Prinzipientreue nähren (s. dazu, mit anderem Sachbezug, 2Kor 1,17f.). Paulus stellt die Einwände über eine Kette rhetorischer Fragen (9,1b–d) in den Kontext, in dem jene Praxis seines Erachtens diskutiert werden muss: in die Beziehung, die letztlich Jesus Christus selbst zwischen ihm als Apostel und der Gemeinde als seinem „Werk im Herrn" gestiftet hat.

Klärender Vergleich zur paulinischen Position (9,4–18)

4 Haben wir etwa nicht das Recht, zu essen und zu trinken?

5 Haben wir etwa nicht das Recht, eine Schwester als Ehefrau mitzuführen wie die übrigen Apostel und die Brüder des Herrn und Kephas?

6 Oder haben allein ich und Barnabas nicht das Recht, nicht zu arbeiten?

7 [a]**Wer dient jemals als Soldat für eigenes Kostgeld?**
[b]**Wer pflanzt einen Weingarten und isst nicht seine Frucht?**
[c]**Oder wer weidet eine Herde**
und isst nicht von dem, was aus **der Milch der Herde** hergestellt wird?
8 **Rede ich dies etwa** nur **nach Menschen**weise,
oder sagt dies nicht auch das Gesetz?
9 [a]**Im Gesetz des Mose ist ja geschrieben:**
[b]***„Du sollst einem dreschenden Ochsen ⸂keinen Maulkorb anlegen⸃."***
[c]**Kümmert sich Gott denn etwa um die Ochsen,**
10 [a]**oder spricht** die Schrift auch hier **auf jeden Fall um unsertwillen?**
[b]**In der Tat, um unsertwillen wurde** es **aufgeschrieben**, mit dem Sinn:
Es ist notwendig, dass der Pflügende aufgrund von Hoffnung pflügt
und der Dreschende aufgrund von Hoffnung, am Ertrag **Anteil zu erhalten.**
11 [a]**Wenn wir für euch das Geistliche ausgesät haben,**
[b]ist es dann eine **große** Sache, **wenn wir von euch das Fleischliche ernten werden?**
12 [a]**Wenn andere an dem Recht auf** Unterhalt von **euch Anteil erhalten,**
[b]haben dann **nicht umso mehr wir** dieses Recht?
[c]**Doch wir haben von diesem Recht keinen Gebrauch gemacht,**
[d]**vielmehr ertragen wir alles,**
[e]**damit wir nicht etwa dem Evangelium Christi ein Hemmnis bereiten.**

13 [a]**Wisst ihr nicht:**
Welche die heiligen Arbeiten versehen, essen ⸆ vom Heiligtum,
[b]**welche am** Opfer**altar Dienst tun, teilen sich mit dem Altar** die Opfer?
14 **So hat auch der Herr für die, die das Evangelium verkünden, verfügt,**
dass sie vom Dienst am **Evangelium leben** dürfen.
15 [a]**Ich aber habe nichts von diesen** Dingen **in Anspruch genommen.**
[b]**Ich habe dies aber nicht geschrieben,** [c]**damit es so an mir geschehe,**
[d]**denn gut für mich** wäre **eher**, vor Hunger und Durst **zu sterben, als ...**
– [e]**meinen Ruhm wird niemand** seines Sinnes und Grundes **entleeren!**
16 [a]**Denn wenn ich das Evangelium verkünde,**
[b]**ist das für mich keine** Quelle des **Ruhms;**
[c]**denn ein Zwang liegt auf mir;** [d]**ein „Wehe!" nämlich**
steht mir bevor, wenn ich das Evangelium nicht verkünde.
17 [a]**Denn wenn ich dies freiwillig tue,** [b]**habe ich** Anspruch auf **Lohn,**
[c]**wenn aber unfreiwillig,** [d]**ist mir eine Verwaltung anvertraut.**
18 [a]**Was ist also mein Lohn?** [b]**Dass ich, indem ich das Evangelium verkünde,**
das Evangelium kostenfrei stelle,
auf dass ich an meinem Recht auf Unterhalt aus dem **Evangelium**
keinen euch als Hörerschaft **beanspruchenden Gebrauch mache.**

⸂ ⸃ *Die meisten Handschriften passen das Zitat der LXX („[das Maul] nicht verbinden") an.*
⸆ *Viele Handschriften fügen erleichternd einen Artikel („die [Sachen]") ein.*

A Gegenstand der Darlegung ist die paulinische Praxis, das „Recht" (*exousia* wie 8,9) auf Versorgung durch die Adressaten seiner Evangeliumsverkündigung (9,4.6,11–12b.14) nicht in Anspruch zu nehmen (9,12c–e.15a.18b). Der Passus lässt sich anhand der einander ähnlichen Schlusssätze 9,18b und 9,12c–e, der Anrede 9,13$_{init.}$ und des Wechsels vom Wir- zum Ich-

Stil in zwei Teilabschnitte gliedern: 9,4–12 (der Zwischensatz 9,8$_{\text{init.}}$ in der 1. Person Sing. verändert die grundsätzliche Prägung der Verse nicht) und 9,13–18. Im ersten Teil dominieren rhetorische Fragen (anders nur 9,9a–b.10b–c.12c–e); mit lebensweltlichen Vergleichen und einem Schriftargument (9,7–11) untermauert er allererst das apostolische Recht auf Unterhalt. Im zweiten Teil führt das Aufrufen kultischen Wissens (9,13) über ein Herrenwort (9,14) zu Aussagen, die den paulinischen Verzicht auf Einlösung jenes Anrechts im Zuge der Evangeliumsverkündigung erläutern (9,15–18).

B 4–6 Paulus erläutert seine Freiheit (9,1a) mittels einer Analogie. Sie ergibt sich aus dem Anrecht° auf Versorgung mit Essen und Trinken (vgl. Lk 10,7a), das er, seine Mitarbeiterschaft und ihm verbundene Missionare wie Barnabas (s. Gal 2,1 u. ö.) ebenso haben wie die anderen Apostel°. Dazu zählen auch die leiblichen Brüder des Herrn° Jesus (vgl. Apg 1,14) und der in Korinth gut bekannte Kephas (1,12d; 3,22). Diese Männer führen auf ihren Missionsreisen sogar ihre Frauen mit, die ihnen auch Glaubensschwestern° sind (s. 7,15); ähnlich verfuhr mancher umherziehende Wanderphilosoph. Auf jeden Fall schließt der apostolische Unterhaltsanspruch das Recht ein, von der mühevollen Erarbeitung des eigenen Lebensunterhalts (s. 4,12a; 1Thess 2,9 u. ö.) abzusehen. Dieses Recht reklamiert Paulus mit Nachdruck für sich selbst und Barnabas, den er auf diese Weise als seinen Gesinnungsgenossen präsentiert.

7 In formaler Parallele zu 9,4–6 listet der Apostel drei weitere rhetorische Fragen auf. Sie illustrieren, wie selbstverständlich jener Anspruch auf Verköstigung ist; denn Soldaten, Weingärtner (vgl. Dtn 20,6) und Viehhirten nähren sich ihrerseits vom Ertrag ihrer Arbeit. Die gewählten Beispiele sind alltäglich und naheliegend (vgl. 2Tim 2,4.6). Paulus vergleicht sich auch andernorts mit einem Soldaten (s. 2Kor 10,3 f.) und Gärtner (s. 3,6–8; zum Hirten vgl. Eph 4,11 u. ö.) – und redet auch sonst mit Blick auf seinen Aposteldienst von „Kostgeld“ (2Kor 11,8), „Frucht“ (Phil 4,17) und „Milch“ (3,2). Zudem sind Weingarten und Herde biblische Bilder für das Gottesvolk (vgl. Jes 5,1; Ez 34,12 u. ö.), die im entstehenden Christentum auf die Gemeinde Christi übertragen werden (vgl. Mt 20,1; Apg 20,28 u. ö.). Die Aussagen in 9,7 lassen sich daher auch metaphorisch auf den Aposteldienst beziehen.

8–10 Die Begründung des Unterhaltsanspruchs aus der Analogie zu jenen Erwerbstätigkeiten mag indes als in menschlichen Maßstäben verhaftete Redeweise (s. Gal 3,15 u. ö.) erscheinen. Paulus verweist daher ergänzend auf das „Gesetz“ (s. 14,34), d. h. das Gesetz des Mose: die biblische Sammlung der Mosebücher (vgl. Lk 24,44 u. ö.). Das daraus zitierte Gebot Dtn 25,4 ist ursprünglich und nach antik-jüdischer Ansicht (vgl. Josephus, Ant. 4,233, u. a.) Ausdruck des Tierschutzes: Tiere, die man zum Ernten einspannt, sollen ihren Teil an den Früchten fressen dürfen. Anders als oft behauptet bestreitet Paulus diesen wörtlichen Sinn keineswegs. 9,9c setzt ihn gerade voraus: Nur was vorhanden ist, kann einen „nicht kümmern“ (s. 7,21a–b). Gott hat das Gebot erlassen, und es ist im Wortsinn zu befolgen. Doch Gottes eigentliche Sorge gilt den Adressaten des Gesetzes bzw. der ganzen Schrift (vgl. Philon, Spec. 1,260, u. a.). Das sind Paulus zufolge die Christusgläubigen (s. 10,11 u. ö.); denn im Bezug auf Gottes eschatologisches Heilshandeln in Christus tritt die finale Bedeutung der Schrift zutage (s. Röm 4,23–25; 15,3f.). In diesem Fall spricht sie (s. Gal 4,30 u. ö.) speziell die Apostel an, wie die 1. Person Pl. anzeigt (s. 9,4–6.11f.). Wurde aber das zitierte Gebot um ihretwillen „aufgeschrieben“ (s. 10,11b; Röm 4,23; 15,4b), besagt es mehr, als der Wortsinn kundtut. In der Tat räumt es gemäß 9,10b Feldarbeitern das Recht ein, ihren Anteil am Ernteertrag zu erhalten. Hier wird demnach weder ein weiteres Schriftwort unbekannter Herkunft zitiert noch ein Thoragebot allegoretisch gedeutet (so Arist 144 u. ö.). Vielmehr nimmt Paulus logisch betrachtet einen doppelten Analogieschluss vor: von den Ochsen auf die Feldarbeiter (vgl. dazu bBM 88b) und von denen auf „uns“, die Apostel. Auf diese Weise bestätigt 9,8–10 aus dem Gesetz das in 9,6f. hergestellte Entsprechungsverhältnis zwischen Erwerbstätigen und den Verkündigern des Evangeliums.

11 Mit einer weiteren rhetorischen Frage appelliert Paulus nun ausdrücklich an die Adressaten. Im Anschluss an die Motivik von 9,10b greift er dazu das ebenso verbreitete wie vielfältig genutzte Bildfeld von Saat und Ernte auf: Er und seine Mitarbeiterschaft haben das Evangelium als geistliches° Gut (s. 2,13) in Korinth ausgesät (vgl. Mk 4,14 u. ö.) und so die Gemeinde ins Leben gerufen; sie würde deshalb den Verkündigern mit Kost und Logis einen vergleichsweise bescheidenen, weil rein materiellen Anteil (s. Röm 15,26f.) an den vielen Gütern geben, die ihr seither zugewachsen sind (s. 1,4f.).

12 Im Grunde bestätigt die Gemeinde selbst dieses Recht auf Verköstigung. Denn solche gewährt sie offenbar auch später bei ihr tätig gewordenen Predigern wie z. B. Apollos (s. 3,6b). Damit gibt sie ihnen letztlich Anteil an dem Recht, das an sich den Gemeindegründern (s. 3,6a.10a; 4,15) eignet.

Paulus und seine Mitarbeiterschaft haben ihr Recht jedoch nicht eingefordert. Dieser Hinweis knüpft an den Aufruf 8,9 an. Das zeigt sich auch in der Begründung: Wie die Inanspruchnahme des Rechts auf Unterhalt die Hörerschaft des Evangeliums° hindern könnte (s. 2Kor 6,3), es anzunehmen, so würde die Ausübung des Rechts auf Fleischverzehr den Schwachen zum Stolperstein werden. Beides gilt es zu vermeiden. Worin das Hemmnis im ersten Fall bestünde, sagt Paulus nur indirekt. Wenn er und seine Mitarbeiterschaft „alles ertragen“, was der Erwerb des Lebensunterhalts an Mühe bringt (s. zu 9,6), fallen sie anderen nicht zur Last (s. 1Thess 2,9 u. ö.) und handeln in Liebe (s. 13,7a). Sie bekräftigen dadurch ihr Bekenntnis zum Christus°, wie es das „Evangelium Christi“ (s. Phil 1,27; 2Kor 9,13 u. ö.) fordert. Es geht also darum, die Botschaft von der Rettung durch die Hingabe Christi (s. 7,22f.) mit entsprechendem

Verhalten zu unterstützen, statt sie durch ein Beharren auf dem eigenen Recht zu verdunkeln. Zugleich distanzieren sich die Verkündiger auf diese Weise von bestimmten Philosophen, die von ihrer Hörerschaft Geld verlangen oder Unterstützung erbetteln.

13–18 Das Folgende erläutert die Auskunft 9,12c–e mit Blick auf Paulus selbst.

13–14 Zunächst benennt er die eigentliche Quelle seines Rechts auf Unterhalt seitens der Gemeinde. Dazu führt er ein Herrenwort an und unterstreicht dessen Logik durch einen Vergleich, der vorhandenes Wissen der Adressaten wachruft (s. 5,6 u. ö.). Dieser Vergleich lässt sprachlich (s. S. 15) ebenso an das Heiligtum und den Opferaltar zu Jerusalem (vgl. 1Esr 4,51f. u. ö.) wie an pagane Tempel und Altäre denken (vgl. 1Makk 6,2; Hos 10,1f. u. ö.); hier wie dort werden die Priester, die die Opfer am Altar darbringen, wie auch das übrige Tempelpersonal (vgl. Num 8,11; 1Esr 7,2f. u. ö.) aus den Einkünften des Tempels versorgt (vgl. Num 18,9–11.26 u. ö.). Der Schluss auf die Evangeliumsverkündiger legt aber nahe, dass Paulus wie in 3,16 primär auf das Jerusalemer Heiligtum verweist – und die durch das Evangelium gegründete Gemeinde (s. 4,15) ihrerseits als Tempel begreift. Es ist diese Identität, die sie zur Verköstigung der Träger des Evangeliums verpflichtet. Das dazu beigezogene Herrenwort hat in den Evangelien folgenden Wortlaut:

Mt 10: [9]Verschafft euch weder Gold noch Silber noch Kuper für eure Gürtel, [10]weder einen Reisesack für den Weg noch zwei Untergewänder noch Sandalen noch einen Stock; denn wert ist der *Arbeiter* seiner Nahrung.	Lk 10: [7]In demselben Haus aber bleibt, indem ihr *esst und trinkt*, was (euch) von ihnen (vorgesetzt wird); denn wert ist der *Arbeiter* seines *Lohnes*. Zieht nicht von Haus zu Haus.

Die Stichwortübereinstimmungen mit 9,4.17f. sprechen für einen Rekurs auf die lukanische Tradition. Wie 7,10f. gibt 9,14 die Weisung Jesu sinngemäß, nicht wörtlich wieder und nennt im Dativ diejenigen, die sie betrifft; sie richtet sich also an die Hörerschaft der Christuspredigt. Paulus dürfte sich daher auf den Begründungssatz über die Würde der Arbeiter (vgl. Lk 10,2) beziehen, den 1Tim 5,17f. im vergleichbaren Sachzusammenhang zitiert. Denen, die Christus verkünden (s. 2,1), räumt der Satz ein Recht auf Unterhalt ein.

15–18 Der Apostel aber hat darauf von Anfang an verzichtet. Warum und wozu er das tut, legt er in dem von 9,15a.18$_{\text{fin.}}$ umrahmten Passus ausführlich dar.

15b–e Im Rückblick auf das soeben Geschriebene (s. Phlm 19.21) stellt er allererst klar: Auch künftig will er seinen Unterhaltsanspruch nicht einlösen. Dass er der Gemeinde gegenüber davon grundsätzlich absieht, betrachtet er vielmehr als seinen „Ruhm°“ (s. 2Kor 11,9f.) – ihr und anderen Predigern gegenüber. Sein Verzicht spiegelt ja die Selbsthingabe Christi wider (s. 9,12d–e); und somit erfolgt sein zwischenmenschlicher Selbstruhm „im

Bezug auf das Werk des Herrn“, wie es 1,31 fordert. Demgemäß will Paulus auf jeden Fall verhindern, dass jemand seinen Ruhm entleert. Das dürfte doppeldeutig sein: Niemand wird ihn dazu bringen, sich versorgen zu lassen, also den Grund seines Rühmens aufzugeben; und niemand wird ihm einreden, sein Verzicht sei etwas Schändliches, sodass sein Rühmen keinen Sinn habe. Eine Änderung seiner Haltung zum Thema schließt der Apostel aus. Zur Begründung verweist er – statt auf seine Entschlossenheit (dann müsste es heißen „eher würde ich sterben ...“) – auf den Nutzen, den seine Praxis für ihn hat (s. 7,1b). Der ist so groß, dass Paulus sich bereit zeigt, wirklich alles zu ertragen (9,12d), bis hin zum Sterben vor Hunger und Durst (s. 2Kor 11,27c). Indem er die Fortführung der Aussage 9,15d den Adressaten überlässt, versucht er sie zur Zustimmung zu bewegen: Nichts auf der Welt kann ihn veranlassen, seinen Ruhm preiszugeben. Seine Hoffnung darauf ist nicht unbegründet; denn antike Philosophen wie Plutarch halten ein Selbstlob dessen, der ein gutes Beispiel gibt oder sich verteidigt (s. 8,13; 9,3), für zulässig.

16–17 Vorausgesetzt ist bei alledem: Dass der Apostel das ihm aus Gnade verliehene Amt (s. Röm 1,5 u. ö.) wahrnimmt, gibt ihm noch keinen Anlass zum Ruhm (s. 4,7c–d). Denn seine Verkündigung des Evangeliums erfolgt aufgrund einer persönlichen Bindung und insofern unter Zwang (s. 7,36f.). So wie Gott die Propheten zur Ausrichtung ihrer Botschaft genötigt hat (vgl. Am 3,8 u. ö.; Sib 3,4–7 u. ö.), so handelt Paulus im Auftrag des Herrn Jesus Christus, der einst sein Richter sein wird (s. 4,4). Auf die Gefahr, vor ihm nicht bestehen zu können, verweist das „Wehe!“ (vgl. Jes 1,4 u. ö.; bNed 62a u. ö.). Der als synthetischer Parallelismus gebaute Vers 9,17 verdeutlicht den Sachverhalt im Rückgriff auf 4,1f.: Als Verwalter handelt Paulus nicht aus freien Stücken, sondern übt in Treue den Dienst aus, der ihm anvertraut ist; ein Lohn, d. h. eine Auszeichnung (vgl. Mt 5,46f.) seitens seines Auftraggebers, steht ihm aufgrund solcher Pflichterfüllung nicht zu (vgl. Lk 17,10).

18 Erhält er dann wenigstens einen Lohn für seinen Unterhaltsverzicht, den er doch freiwillig leistet? Paulus bejaht diese Frage, gibt dem Wort „Lohn“ aber einen speziellen Sinn, der ihn zum theologischen Pendant des zwischenmenschlichen Ruhms macht (ähnlich Röm 4,2–5). Ausgezeichnet sieht sich der Apostel dadurch, dass er den Gnadencharakter des Evangeliums herauszustellen vermag. Indem er dessen Hörerschaft die Kosten für seine Versorgung erspart, bewahrt er sie ja davor, durch sein Unterhaltsrecht ihrerseits beansprucht zu werden. Damit erinnert er an die Haltung des Sokrates: Xenophon zufolge nahm der kein Geld von Menschen, die er unterwies, und sah seinen Gewinn darin, der Tugend Anhänger zu gewinnen. Dass gute Werke selbst der eigentliche Lohn des Weisen sind, lehren dann stoische Philosophen (Seneca u. a.) und Philon (Somn. 2,34). Der Bezug auf das Evangelium von der Hingabe Christi gibt der Praxis des Paulus aber ein besonderes Profil.

C Nach 9,6 hat Paulus die Praxis, auf den in der Jesusüberlieferung verankerten Unterhaltsanspruch zu verzichten, mit Barnabas gemein. Sie dürfte daher auf ihre gemeinsame Missionstätigkeit von Antiochia aus zurückgehen (s. S. 1). Vermutlich hängt sie mit dem städtischen Milieu dieser Mission zusammen: Zumindest anfänglich machte es die Erwartung, verköstigt zu werden, unrealistisch; und Geldspenden anzunehmen war anrüchig (s. zu 9,12). Eigene Erwerbstätigkeit (4,12a) sicherte zudem die Unabhängigkeit des Apostels, verschaffte ihm zusätzliche Kontakte und näherte ihn auf der sozialen Ebene der überwiegend armen Hörerschaft des Evangeliums an (s. 1,26–28). Allerdings lehnte Paulus nicht jede Hilfe ab: Nach 16,6 wollte er in der Gemeinde zu Korinth überwintern und von ihr für die Weiterreise ausgerüstet werden; Gaius (s. 1,14) war bei einem späteren Besuch sein Gastgeber (Röm 16,23); Phöbe aus Kenchreä nennt er in Röm 16,1 f. seine „Unterstützerin". Von der Gemeinde zu Philippi nahm er sogar Geldspenden entgegen, die ihm halfen, Bedrängnis und Mangel zu überstehen (Phil 4,10–18, s. 2Kor 11,8 f.). Der Unterhaltsverzicht ist also kein Selbstzweck; Paulus verzichtet gezielt auf Ansprüche, um das Evangelium anschaulich zu machen.

Nach 9,5 f. wissen die Adressaten bereits um die übrigen Apostel, die Brüder des Herrn und Barnabas; dass sie ihnen persönlich begegnet sind, setzt die paulinische Darstellung jedoch nicht voraus. Beim Unterhalt, den die Gemeinde „anderen" gewährt, so dass diese an dem Recht des Paulus und seiner Mitarbeiterschaft teilhaben (9,12a), ist eher an Apollos (s. 3,5 f.) zu denken.

Dass der Apostel sich in diesem Zusammenhang ausdrücklich auch von Kephas° absetzt, erinnert an 1,12; 3,22. Womöglich nennt er ihn hier deshalb, weil der Unterhaltsanspruch auf der Jesusüberlieferung beruht (9,14). Mit ihr mag Paulus bei seinem Erstbesuch in der Jerusalemer Gemeinde (Gal 1,18) von Kephas vertraut gemacht worden sein; jedenfalls galt dieser gewiss als Garant dieser Überlieferung. Umso wichtiger ist es, dass Paulus sich in 9,13–18 als ihr kundiger Interpret präsentiert – und zeigt, dass sie ein Recht, nicht aber eine Verpflichtung der Verkündiger des Evangeliums bezeugt.

D Paulus zitiert Dtn 25,4 in einem Wortlaut, der die hebräische Version noch präziser wiedergibt als die LXX. Ob er ihn (wie bei 3,19) vorgefunden oder (wie in 1,19) selbst hergestellt hat, muss offenbleiben. Jedenfalls hat er wohl den weiteren Kontext des Schriftworts wahrgenommen. In ihm heißt es u. a.:

> Dtn^{LXX}: [24,14]Du sollst den *Lohn* eines Mittellosen [...] unter deinen Brüdern oder unter den Hinzugekommenen, die in deinen Städten sind, nicht unrechtmäßig zurückhalten. [15][...]; denn er ist mittellos und hat auf ihn die *Hoffnung* (gesetzt). [...] [19]Wenn du eine *Ernte* einbringst auf deinem Feld und eine Garbe vergisst [...], sollst du nicht umkehren, um sie zu holen; für den Armen und den Hinzugekommenen [...] soll sie (da)sein [...]. [21]Wenn du deinen *Weingarten* aberntest, sollst du hinter dir keine Nachlese halten; es

soll für den Hinzugekommenen [...] (da) sein. [...] [25,1]Wenn zwischen Menschen eine Wider*rede* entsteht und sie vor Gericht gehen und man ein Urteil fällt [...], [2]dann wird es (so) sein: Wenn der Gottlose der (als Strafe vorgesehenen) Schläge *wert* ist [...]: Mit der Anzahl [3]von 40 (Schlägen) soll man ihn auspeitschen, man soll nicht fortfahren [...].

Dass Paulus das Zitat auf die Hoffnung der Feldarbeiter deutet, am Ertrag teilzuhaben (9,10b), mit Hinweisen auf Weingarten (9,7b), Ernte (9,11) und Lohn (9,17f.) verknüpft, sodann das Herrenwort vom Wert der Arbeiter als Weisung an deren Gegenüber auslegt (9,14) und in einer Verteidigungsrede auf seine Mission in der Stadt Korinth bezieht, hat also Anhalt am biblischen Kontext. Zudem ordnet auch Josephus Dtn 25,4 in eine Gebotsreihe ein, die die Fürsorgepflicht von Landwirten und Weinbauern gegenüber Armen und Vorüberziehenden betrifft (vgl. Ant. 4,231–239). Die Kenntnis dieser Zusammenhänge erleichtert es sehr, der Argumentation in 9,7–18 zu folgen.

E

Zur Erläuterung der jeweils situationsgemäßen Handhabung seiner apostolischen Freiheit legt Paulus eingehend dar, warum und wozu er sein Recht auf Versorgung durch die Adressaten nicht einfordert. Dieses Recht, das er und seine Mitarbeiterschaft mit allen anderen Aposteln teilen, ergibt sich schon aus der Entsprechung zum Erwerbsleben; Letztere wird mittels eines doppelten Analogieschlusses aus einem Gebot des Mose und seinem weiteren biblischen Zusammenhang legitimiert. Die Gemeinde selbst bestätigt das paulinische Recht mit ihrer Versorgung anderer Verkündiger wie z.B. Apollos. Seine eigentliche Basis aber bildet eine Weisung Jesu. Paulus wendet sie über den Vergleich der Gemeinde mit dem Jerusalemer Tempel auf die Adressaten an; und damit erweist er sich als ein Kephas ebenbürtiger Ausleger der Jesusüberlieferung. Der Verzicht auf dieses Recht hat seine Wurzeln in der antiochenischen Missionspraxis. Indem dieser Verzicht die Hörerschaft des Evangeliums vor allen Ansprüchen der Verkündiger bewahrt, spiegelt er die Selbsthingabe Christi wider und beglaubigt gleichsam die Botschaft. Sie auszurichten ist die unausweichliche Pflicht des Apostels; doch sie für die Adressaten kostenfrei zu stellen und damit ihren Gnadencharakter anzuzeigen, ist für Paulus ein Ruhm gegenüber den Adressaten und anderen Predigern sowie eine Auszeichnung im Verhältnis zu Christus und Gott. Die Annahme freiwilliger Unterstützung seines Dienstes ist damit nicht ausgeschlossen. Dieser evangeliumsgemäße Umgang mit eigenen, als solchen unbestreitbaren Rechten gegenüber anderen hat bis heute Vorbildcharakter.

Beschreibung der paulinischen Position (9,19–23)

19 [a]Es ist **nämlich** so:
Als einer, der aus allen menschlichen Bindungen **frei** geworden **ist,**
habe ich mich selbst allen zum Sklaven gemacht,
[b]**damit ich die Mehrzahl** von ihnen für Christus **gewinne.**
20 [a]**Und** in diesem Sinne **wurde ich den Juden wie ein Jude,**
[b]**damit ich Juden gewinne,**
[c]**denen,** die **unter dem Gesetz** leben, **wie einer unter dem Gesetz**
[d] **– obwohl ich selbst nicht** mehr **unter dem Gesetz bin –,**
[e]**damit ich die unter dem Gesetz gewinne,**
21 [a]**denen,** die **ohne Gesetz** leben, **wie einer ohne Gesetz**
[b] **– obwohl ich keiner bin,** der **ohne Gesetz** in der **Gottes**beziehung lebt,
sondern einer, der **im Gesetz,** weil als Sklave **Christi** lebt **–,**
[c]**damit ich die ohne Gesetz gewinne;**
22 [a]**ich wurde den Schwachen ein Schwacher**
[b]**damit ich die Schwachen gewinne.**
[c]**Diesen allen bin ich alles geworden,**
[d]**damit ich unter allen Umständen einige rette.**
23 [a]**Alles aber tue ich um des Evangeliums willen,**
[b]**damit ich einer werde, der, mit** anderen, **Gemeinschaft an ihm hat.**

A Der Passus ist ringförmig angelegt: Im Zentrum stehen die weithin parallel geformten, auf das „Gesetz“ bezogenen Sätze 9,20c–e.21; umgeben sind sie von den ebenfalls weitgehend parallelen, jeweils mit „ich wurde“ eröffneten Aussagen 9,20a–b.22a–b zu „Juden“ und „Schwachen“; diese wiederum werden umrahmt durch die ihrerseits einander entsprechenden Äußerungen zu „allen“ in 9,19a$_{\text{fin.}}$–b.22c–d; der Schlusssatz 9,23 lenkt auf die einleitende Wendung 9,19a$_{\text{init.}}$ zurück. Alle Aussagen fügen sich zu einer in der 1. Person Sing. formulierten Selbstreflexion zusammen; sie klärt generell – ohne Anrede der Adressaten –, wie der Apostel seine Freiheit (9,19a) gegenüber verschiedenen Gruppen von Menschen, denen er das Evangelium bezeugt, zur Geltung bringt. Als Leitbegriff dient das Verb „gewinnen“ (9,19b.20b.e.21c.22b), das in 9,22d durch das Verb „retten“ abgelöst wird.

B 19 Paulus greift 9,1a auf und erläutert sein Frei°-Sein durch die Wendung „aus allen“. Sie ist wie das folgende, in 9,22c wieder aufgenommene Pronomen „allen“ personal zu deuten, zumal 9,20–22b das Verhältnis zu bestimmten Menschengruppen behandelt. Umso mehr fällt der Gebrauch der Präposition „aus“ (statt „von“) auf. Er ist bei Begriffen des Wortfeldes „frei“ im NT wie in der LXX analogielos und auch im paganen Sprachgebrauch ungewöhnlich. Die engste Parallele bietet die Weisung, Sklaven unter bestimmten Umständen „als Freie hinauszuschicken“ (Dtn 15,12 u. ö.). Daher dürfte Paulus gemäß 7,22 auf seine Freiheit von menschlichen Bindungen verweisen. Er modifiziert damit die stoische Idee, der Weise sei in seinem Tun unabhängig von den Meinungen anderer. Denn der Apostel setzt seine Freiheit ethisch darin um, dass er sich allen Menschen, denen er begegnet, „zum Sklaven gemacht“ hat. Dieser kühne, streng genommen 7,23b widerstreitende Ausdruck erklärt sich von 9,19b her: Um Menschen für Christus zu gewinnen (s. Phil 3,8), stellt sich Paulus als Sklave Christi (s. 7,22) denen zur Verfügung, die in Christus ihren Herrn finden sollen (s. 2Kor 4,5). So bündelt der Ausdruck, was der Sache nach schon 9,12 sagt. Der ganze Satz benennt gleichsam das ethische Programm, das den apostolischen Dienst des Paulus prägt und ihn zum Verzicht auf Einlösung seines Unterhaltsanspruchs führt.

20–22b

Zwei ringförmig angeordnete Aussagenpaare illustrieren das Programm.

22a–b

Ihr Zielpunkt liegt in dem letzten Satz, der auf 8,7–13 zurückweist: Paulus richtet seine Lebensführung in der Begegnung mit „den Schwachen“ auf deren schwaches Gewissen aus. Indem er seinerseits darauf verzichtet, Fleisch vom Götzenopfer (s. 8,1) zu essen, handelt er, als sei er selbst ein Schwacher (s. 2Kor 11,29a). Das Verb „gewinnen“ meint demnach nicht die erstmalige Herstellung einer Christusbindung, sondern gemäß 8,11 deren Bewahrung angesichts drohender oder bereits begangener Sünde (vgl. Mt 18,15).

20a–b

Der zugehörige Auftakt 9,20a–b stützt die Plausibilität solchen Verhaltens. Er leuchtet unmittelbar ein: Für Juden wird der Apostel nur dann zum glaubwürdigen Zeugen Christi, wenn er als solcher weiterhin oder erst recht „wie ein Jude“ lebt. In Entsprechung zu 9,22a geht es dabei vor allem darum, sich bestimmter Praktiken zu enthalten, die dem jüdischen Gegenüber aufstoßen würden. Das relativierende „wie“ markiert dabei den Unterschied zu 9,22a: Paulus kann und muss nicht erst ein Jude werden; es geht allein um die erkennbar jüdische Prägung seiner Lebensführung. Umgekehrt dürfte das Fehlen des Artikels in 9,20b anzeigen, dass er, der Apostel für die Weltvölker (s. Gal 2,8 u. ö.), es nicht als seine erste Aufgabe ansieht, Juden für Christus zu gewinnen. Er predigt aber im Rahmen seines Auftrags auch in Synagogen (vgl. Apg 14,1 u. ö.), weil er dort auf gottesfürchtige Nichtjuden trifft (vgl. Apg 13,26 u. ö.); und dabei wird er auch Juden zum Christuszeugen.

20c–21

Das Aussagenpaar 9,20c–21 dient zur Erläuterung seiner diesbezüglichen Haltung. Es ist ja, anders als 9,22a–b, syntaktisch von „ich wurde“ in 9,20a abhängig. Wenn der Apostel für die Weltvölker „den Juden wie ein Jude“ wird, wirft das in der Tat die Frage auf: Wie geht er vor diesem Horizont mit dem Gesetz um, das das jüdische Leben in der Völkerwelt wesentlich bestimmt? Hierzu gab es unter den Christusgläubigen jüdischer Provenienz diverse Meinungen, die gerade im Kontext der paulinischen Mission aufeinanderprallten (s. Gal 2,1–5,12; Röm 3,27–4,25, vgl. Apg 15,1–29). Schon im antiken Judentum war strittig, auf welchem Wege die Weltvölker zum Gotteslob zu führen seien (s. Röm 2,17–20): Manche setzten auf weitgehende Anpassung an die hellenistisch-römische Kultur (vgl. 1Makk 1,11–15), andere auf strikte Trennung (vgl. Jub 22,16). Paulus, vor seiner Berufung selbst ein Verfechter klarer Abgrenzung (s. S. 1), vertritt eine mittlere Linie. Er beschreibt sie schematisierend im Gegenüber zweier Möglichkeiten.

20c–e Einerseits trifft der Apostel auf Menschen, die sich dem Gesetz unterstellt sehen (s. Gal 4,4d) und ihr ganzes Leben an ihm ausrichten (s. Gal 3,10.12); das sind neben gesetzestreuen Juden auch Proselyten (vgl. Apg 2,11 u. ö.). Um ihnen Christus bezeugen zu können, unterlässt er im Zusammensein mit ihnen seinerseits jede Handlung, die das Gesetz nach ihrem Verständnis untersagt. Er tut dies, obwohl er aufgrund seiner Christusbindung nicht mehr „unter dem Gesetz" steht. Denn dort wird nach seiner Einsicht ein Mensch von der Sünde beherrscht (s. 15,56; Röm 6,14 u. ö.); und aus dieser Herrschaft hat Christus ihn als Glaubenden erlöst (s. Gal 3,22–25).

21 Andererseits begegnet der Apostel denen, die ihr Leben ohne Bezug auf das Gesetz (s. Röm 2,12a–b) gestalten. Das gilt generell für Nichtjuden – es sei denn, sie wenden sich als Gottesfürchtige jedenfalls partiell dem Gesetz zu (vgl. Apg 10,2); in Teilen trifft es auch auf Juden zu, die ihr Leben in manchen Aspekten unabhängig vom Gesetz führen. Um solchen Menschen Christus° bezeugen zu können, lässt Paulus sich im Kontakt mit ihnen auf ein Leben ohne Gesetz ein. Das tut er, wie er sofort klarstellt, in klaren Grenzen. Sie werden in 9,21b relativ deutlich benannt: Erstens geht es im Gefolge von 9,20–21a weiter um das Gesetz des Mose (s. 9,9). Zweitens gehören die Genitive „Gottes" und „Christi" zur Person, nicht zum Gesetz; Paulus ist, wörtlich übersetzt, „nicht ‚Einer-ohne-Gesetz' Gottes, sondern ‚Einer-im-Gesetz' Christi". Drittens liegt es nach 6,9f. auf der Hand, dass er ein Übertreten von Gottes Geboten keinesfalls guthieße. Das schließt Kult- und Ritualgebote ein, soweit sie für ihn als Juden in der Diaspora einschlägig sind (s. 7,19). Das Heilshandeln Gottes in Christus eröffnet gerade die Möglichkeit, in der Kraft des Geistes den Weisungen des Gesetzes zu folgen (s. Röm 8,3f.). 9,21b besagt demnach, dass Paulus sein Leben vor Gott mitnichten ohne Gesetz führt, dass er vielmehr durch seine Christusbindung (7,22b) zu einem Lebensvollzug befreit ist, der dem Gesetz entspricht. Freilich ist es die Beziehung zu Christus, die ihn dazu befähigt. Sie bestimmt daher auch seine Stellung zum Gesetz. Im vorliegenden Zusammenhang bedeutet das: Sie ermächtigt ihn, um des Kontakts zu Nichtjuden willen solche Praktiken zu unterlassen, die ihn von diesen absondern würden. Das ist notwendig, weil „in Christus" die Statusunterschiede zwischen Juden und Griechen aufgehoben sind (s. Gal 3,28). Sichtbar wird der Verzicht auf Absonderung nicht zuletzt im Zuge der Tischgemeinschaft (s. Gal 2,12, vgl. Lk 15,2; JosAs 7,1 u. ö.).

22c–23 Um seines Auftrags willen, Menschen für Christus zu gewinnen, hat Paulus stets so agiert wie beschrieben. Das ist auch dann sinnvoll, wenn dadurch nur einige gerettet° werden (s. 10,33). Er folgt in gewisser Weise dem gemein-antiken Rat, sich als Reisender den Sitten der Besuchten anzupassen. Die Wandlungsfähigkeit eines Staatsmanns wie Alkibiades (vgl. Plutarch) liegt ihm aber fern. Ein ständiger Wechsel zwischen jüdischer und ‚heidnischer' Lebensweise ließe ihn auch unglaubwürdig erscheinen. 9,22c blickt in der Tat, wie der einleitende Artikel zeigt, auf die zuvor genannten Gruppen; der Satz propagiert kein Sich-Angleichen an jedes Gegenüber. Eine 9,20a–b entsprechende – und nach 1,22 an sich zu erwartende – Aussage „ich wurde den Griechen wie ein Grieche …" fehlt nicht zufällig. Zudem ist Paulus dem Evangelium° verpflichtet. Er hat es unverfälscht (s. Gal 1,6f.), als Botschaft von der Rettung durch Hingabe, zu verkündigen (s. 9,16). Er muss also alles daransetzen, seinen Adressaten den Zugang zum Evangelium nicht etwa durch seine Lebensführung zu erschweren (s. 9,12e). Das ist auch für ihn selbst notwendig; denn die rettende Kraft der Gemeinschaft° am Evangelium erfährt er nur gemeinsam mit seiner Hörerschaft (s. Phil 1,7). Eben damit präsentiert er sich den Adressaten erneut als Vorbild (s. 8,13).

C Ob die lukanischen Berichte von Auftritten des Paulus in Synagogen (vgl. Apg 13,5 u. ö.) historisch zuverlässig sind, ist in der Forschung strittig. Für Korinth (vgl. Apg 18,4) erscheint solch ein Vorgehen plausibel. Der erste Korintherbrief setzt ein beträchtliches Maß an Schriftkenntnis bei den Adressaten voraus – und weist sie von 1,1–3 an in eine jüdisch geprägte Denkwelt ein. Dies lässt vermuten, dass neben Juden (s. S. 33) auch Gottesfürchtige zur Gemeinde gehörten; und die traf der Apostel am besten in der Synagoge an. Dass seine Predigt gerade unter ihnen Gehör fand (vgl. Apg 18,13), würde auch die Strafmaßnahmen von jüdischer Seite verständlich machen, die 2Kor 11,24 bezeugt. Schon an sich ist die paulinische Christusbotschaft nach 1,23 für Juden ein Skandal. Wenn sie aber den paganen Sympathisanten- und Unterstützerkreis der Synagogengemeinde schmälerte, wurde dadurch deren Stellung in der Stadt ernsthaft bedroht (s. zum Ganzen S. 3f.).

E Paulus führt den Adressaten anhand seiner apostolischen Existenz vor Augen, wie die in der Christusbeziehung gründende Freiheit von menschlichen Bindungen evangeliumsgemäß zu handhaben ist: Man sieht von Praktiken ab, die das jeweilige Gegenüber hindern würden, das Evangelium zu Herzen zu nehmen. In der Briefsituation betrifft dies konkret den Umgang mit den Schwachen (9,22, s. 8,9–11). Der Apostel vergleicht seine diesbezügliche Position mit seiner Praxis, in der Lebensführung den Verzichtserwartungen jüdischer Kontaktpersonen zu folgen. Diesen Hinweis expliziert er dann im Blick auf seinen jeweils adressatenorientierten Umgang mit dem Gesetz. Dabei hält er fest, dass er nicht mehr unter ihm steht, sein Leben als Zeuge Christi ihm aber gerecht wird. Dass er somit der zwischenmenschlichen Gemeinschaft am Evangelium ausschlaggebenden Wert für die Gestaltung der Freiheit im Christusglauben zumisst, hat auch heute orientierende Kraft.

2.4 Überleitung (9,24–27)

24 [a]**Wisst ihr nicht:** Von denen, **die im Stadion laufen, laufen zwar alle,**
[b]**doch** nur **einer erhält den** Sieges**preis?**
[c]Genau **so** wie dieser eine **lauft, damit ihr** eurerseits den Preis **gewinnt!**
25 [a]**Jeder aber, der kämpft, übt in allem Selbstkontrolle aus –**
[b]**jene** Wettläufer **nun** tun es, **damit sie einen vergänglichen Kranz erhalten,**
[c]**wir aber** tun es für **einen unvergänglichen** Siegeskranz.
26 [a]**Ich laufe folglich so wie** einer, der **nicht ins Ungewisse** läuft,
[b]**boxe so wie einer, der nicht auf die Luft einschlägt.**
27 [a]**Vielmehr versetze ich meinem Leib einen Fausthieb ins Gesicht und versklave** ihn,
[b]**damit ich nicht etwa als einer, der anderen** Christus **verkündigt hat,** am Ende **selbst untauglich** für die Gemeinschaft mit ihm **werde.**

A Paulus greift Bilder aus zwei Arten des Wettkampfsports (9,25a–b) auf, dem Laufen (9,24.26a) und dem Boxen (9,26b.27a). So veranschaulicht er die Notwendigkeit, die eigene leibliche Existenz auf deren endzeitliches Ziel auszurichten (9,24c.25c.27b). Mittels einer „Wir"-Aussage (9,25c) verbindet er dazu einen Appell (9,24c) mit Sätzen über sich selbst (9,26f.).

Sprachlich und rhetorisch leitet der Passus von 9,1–23 zu 10,1–22 über: Einerseits präsentiert er den Apostel wie zuvor als Vorbild und knüpft begrifflich (s. 9,19a/27a: Sklaverei), stilistisch (s. $9{,}13_{\text{init.}}/24_{\text{init.}}$: Wissensfrage) sowie motivisch (s. 9,16d.23b/27b: Heilsteilhabe des Verkündigers) an das Voranstehende an. Andererseits bereitet er das Folgende vor: mit dem Motiv der Auswahl in 9,24a–b (s. 10,5), mit der Mahnung 9,24c (s. 10,7a u. ö.), der Rede von der gebotenen Selbstkontrolle in 9,25 (s. 10,6b u. ö.) und mit dem inklusiven „Wir" in 9,25c (s. 10,1c u. ö.). Der einende Horizont besteht in der Sorge um die endzeitliche Heilsteilhabe (s. 9,16–18.22d.23b; 10,8–11).

B 24–25 Kenntnisse über den Wettlauf in einem Stadion gehörten in hellenistisch-römischer Zeit zum Allgemeinwissen. Sie aufzurufen liegt gegenüber den Adressaten aber besonders nahe; in der Nähe von Korinth fanden alle zwei Jahre die Isthmischen Spiele statt, zu denen viele tausend Menschen aus allen Teilen Griechenlands anreisten. In der Tat erhielt dort nur der Sieger eines Wettbewerbs einen Preis: den Siegeskranz aus Fichte und/oder Sellerie. Zugleich wurde die Bildwelt des Wettkampfsports in der Antike vielfach in übertragenem Sinn genutzt: Mit ihr illustrierten Philosophen Mühe und Lohn des Kampfes gegen die Begierden sowie des Strebens nach Tugend (Epiktet u. a.), hellenistisch-jüdische Autoren Einsatz und Leidensbereitschaft um der Gottesgemeinschaft willen (vgl. TestHiob 27,3–5 u. ö.). An diese Tradition knüpft Paulus an. Er ruft die Adressaten auf, sich mit aller Kraft und Konzentration zu bemühen, den Preis zu gewinnen, den Gott ihnen als Christusgläubigen verheißen hat: die Teilhabe an der Heilsvollendung (s. Phil 3,14). Dabei vermischt er den Verlauf des Wettlaufs bzw. -kampfs (vgl. Hebr 12,1; 2Tim 4,7a) und dessen

Vorbereitung; denn sie ist es, die einen durch und durch disziplinierten Lebensstil fordert. Selbstkontrolle bezüglich leiblicher Bedürfnisse und Freuden (s. 7,9a; Gal 5,23a) war seit Sokrates indes ein Kernelement griechischer Ethik überhaupt. Auch die Abwertung des aus Pflanzen geflochten Kranzes gegenüber dem Lebensziel folgt philosophischen Vorgaben (Seneca u. a.). Im Kontrast von Vergänglichem und Unvergänglichem öffnet sich dann, antik-jüdischer Tradition gemäß (vgl. Josephus, Ap. 2,217f. u. ö.), der Ausblick auf das Auferstehungsleben (s. 15,42.53f.).

26–27 An sich selbst zeigt der Apostel, worum es in der Existenz der Christusgläubigen konkret geht: wie ein Läufer stracks auf das Ziel zulaufen und wie ein Boxer den Gegner niederschlagen. Denn wie Ersterer den Wettlauf verliert, wenn er das Ziel nicht vor Augen hat, so verliert Letzterer den Boxkampf, wenn er stets nur die Luft trifft. Als Gegner, den ein Treffer am Kopf kampfunfähig machen soll, benennt Paulus den eigenen Leib°. Was das brutale Bild meint, verdeutlicht er mit dem Verb „versklaven“: Er kämpft mit ganzem Einsatz darum, die volle Verfügungsgewalt über seinen Leib zu gewinnen. Im Hintergrund steht die in 6,12–20 anhand der Sexualsünde entfaltete Einsicht: Der Leib der Christusgläubigen gehört nicht der Sünde (s. Röm 6,6.12), sondern Christus. Der Apostel will daher in der Kraft des Geistes jeden Einfluss der Sünde auf sein leibliches Dasein tilgen (s. Röm 8,13). Er ist dazu umso mehr verpflichtet, als er anderen Menschen Christus als Quelle eschatologischen Heils verkündigt° hat (s. 1,23f.). Seine Verkündigung hat sich darin zu bewähren, dass er selbst sein Leben auf das Ziel, die endzeitliche Gemeinschaft mit Christus (s. 1,9), ausrichtet. Der Drang, sich dafür bei der Prüfung im Gericht (s. 3,13) am Tag des Herrn (s. 1,8) als tauglich zu erweisen, bestimmt demnach seine Existenz. Gerade auf diese Weise bietet sich der Apostel denjenigen Adressaten als Vorbild dar, die ihre eigene Gotteserkenntnis (s. 8,1f.) den „Schwachen“ entgegenhalten (s. 8,9).

C Vermutlich hat Paulus während seines anderthalbjährigen Gründungsaufenthalts selbst einige Wettkämpfe der Isthmischen Spiele beobachtet (s. S. 3f.). Viele Adressaten dürften sie jedenfalls aus eigener Anschauung gekannt haben. Die Angaben in 9,24–27 sind jedoch so allgemein, dass spezifische Bezüge gerade auf diese Spiele kaum zu erkennen sind.

E In drastischen Bildern aus der Welt antiker Sportwettkämpfe hält Paulus die Adressaten an, seinem vorbildlichen Einsatz zu folgen, ihr Leben auf die endzeitliche Heilsvollendung auszurichten und die eigene leibliche Existenz von der Sünde freizuhalten. Er leitet damit geschickt von der Einladung, seine Handhabung apostolischer Freiheit nachzuahmen (9,1–23), über zu der Mahnung, sich dem Götzendienst zu entziehen (10,1–22). Der Einsatz eindrücklicher Bildsprache wirkt auch heute anregend. Deren Brutalität ist anstößig; immerhin entspricht sie der Größe der Gefahr, in der Paulus die Adressaten infolge ihrer Neigung zur Teilnahme am Götzendienst stehen sieht.

2.5 Klärung der zugrundeliegenden Grundsatzfragen II (10,1–22)

Im Anschluss an die in 8,10 skizzierte Mahlsituation hält Paulus eine Warn- und Mahnrede (s. 10,6 u. ö.) und zeigt auf, was die Adressaten unbedingt vermeiden müssen: die Teilnahme am Götzendienst (10,7.14) bzw. die Gemeinschaft mit den Dämonen (10,20c). Die Rede gliedert sich in zwei Durchgänge. Beide beginnen mit Aussagen zu Grundgegebenheiten, die Paulus und die Adressaten teilen (10,1c.16a: 1. Person Pl.), und münden in Sätze zu dem, was Letztere (nicht) vermögen (10,13b.21); in 10,22 greift Paulus den Wir-Stil dann noch einmal auf. Beide Redeteile verbinden zudem den Blick auf ein in der Schrift dokumentiertes Handeln und Ergehen Israels mit Appellen an die Adressaten, es jenen Israeliten nicht gleichzutun (10,5–10.18–22). Die grundsätzlich gehaltenen Aufforderungen 10,14f. dienen als Brücke; sie runden den ersten Durchgang ab und eröffnen zugleich den zweiten.

Erster Redegang (10,1–13)

1 [a]**Denn ich will nicht, dass ihr in Unkenntnis darüber seid,** [b]**Geschwister,**
[c]**dass unsere Väter alle unter der Wolke waren**
und alle durch das Meer hindurchzogen
2 **und alle auf Mose getauft,** d. h. existentiell mit ihm verbunden **wurden**
in der Wolke und in dem Meer
3 **und alle dieselbe geistliche Speise aßen**
4 [a]**und alle denselben geistlichen Trank tranken;**
[b]**denn sie tranken** regelmäßig **aus einem geistlichen Felsen,**
der ihnen **folgte –** [c]**der Felsen aber war der** präexistente **Christus.**
5 [a]**Doch an den meisten von ihnen fand Gott kein Wohlgefallen,**
[b]**denn sie wurden** ***‚niedergestreckt in der Wüste‘.***
6 [a]**In dieser Hinsicht aber sind sie für uns zu Beispielen geworden,**
[b]**auf dass wir nicht** unsererseits **nach Bösem** ***‚Begierige‘*** **seien,**
[c]**wie jene** es **tatsächlich begehrten.**

7 [a]**Werdet** also **nicht Götzendiener**
wie einige von ihnen, [b]**wie ja** in ‚den Schriften‘ **geschrieben ist:**
[c]***„Es setzte sich das Volk, um*** *(vom Götzenopfer?!)* ***zu essen und zu trinken,***
und sie standen auf, um *vor dem Götzenbild tanzend* ***zu spielen.“***
8 [a]**Lasst uns auch nicht Sexualsünde begehen,**
[b]**wie einige von ihnen** ***‚Sexualsünde begingen‘,***
‚und es fielen an **einem** ***Tag 23.000‘.***
9 [a]**Lasst uns auch** ***‚nicht den*** ⸀**Christus** ***herausfordernd versuchen‘,***
[b]**wie einige von ihnen** ***‚den Herrn versuchten‘,***
und durch ***‚die Schlangen‘*** **gingen sie** langsam **zugrunde.**
10 [a]**Murrt auch nicht,**
[b]**gleichwie einige von ihnen** ***‚gegen Gott sowie Mose und Aaron murrten‘,***
und ***‚sie gingen zugrunde‘*** **durch den Austilger.**

11 [a]**All dies aber wurde jenen urbildlich zuteil,**
[b]**wurde aber** aufgeschrieben **zur Zurechtrückung unseres Sinns,**
[c]**zu welchen die Vollendung der Weltzeiten gelangt ist.**

12 **Daher soll, wer meint,** fest **zu stehen, Acht geben, dass er nicht falle.**
13 [a]**Eine** echte **Versuchung hat euch nicht erfasst,**
außer eine nach **menschlichen** Maßstäben bemessene;
[b]**treu aber ist Gott,** [c]**der nicht zulassen wird, dass ihr versucht werdet über** das **hinaus,**
was ihr vermögt, sondern mit der Versuchung auch deren **Ausgang bewirken wird:**
dass ihr sie **zu ertragen vermögt.**

⌜ *Einige, z. T. bedeutende Handschriften bieten gemäß dem LXX-Sprachgebrauch „Herrn".*

A

Paulus agiert als Lehrer: Eingangs unterweist er die Adressaten zu Vorgängen aus der Geschichte Israels (10,1–5), am Ende ermahnt und ermutigt er sie bezüglich ihrer Glaubensexistenz (10,12f.). Vorbereitet durch den Begriff „unsere Väter" (10,1c), verbindet der Mittelteil 10,6–11 Apostel und Leserschaft zu gemeinsamer Reflexion über das Zeugnis der Schrift; in 10,7a.10a redet aber wieder der Lehrer Paulus. Die Rahmensätze 10,6.11 sagen, worum es geht: Anhand „dieser" Vorgänge dienen „jene" Israeliten „uns", vermittelt durch die Schrift, als „urbildliche" Warnung vor drohender Verfehlung und deren verheerenden Folgen. Der Verweis auf die Präsenz des Christus unter den Vätern (10,4c) stützt diesen eschatologischen Zugriff auf sie.

B 1a–b

Im Anschluss an 9,27 markiert die einleitende Kundgabeformel die Lehrkompetenz des Paulus. Er will seinen Geschwistern° Neues sagen, genauer: ein bestimmtes Verständnis des Mitgeteilten eröffnen (s. 12,1; Röm 1,13 u. ö.) – und damit Voranstehendes begründen. Da nachfolgend der Kontrast zwischen allen und wenigen (10,1c–5a) das Gegenüber von „alle" und „einer" aus 9,24a–b aufgreift, liegt der Bezugspunkt dafür im Appell 9,24c.

1c–2

Zuerst benennt Paulus Heilserfahrungen im Exodus. Die von Ex 13,21f.; 14,21f. u. ö. abweichenden Wendungen „unter der Wolke" und „durch das Meer" deuten an, dass dort Gottes Macht (s. 15,25 u. ö.) bewahrend und rettend (s. 3,15 u. ö.) wirksam wurde; das entspricht der Sichtweise der Psalmen (Ps 77[78],13; 104[105],39 u. ö.) und späterer jüdischer Literatur (Sap 10,18; 19,7 u. ö.). Inwiefern das Geschehen für die Adressaten bedeutsam ist, macht die biblische Rede von „unseren Vätern" (vgl. 2Esr 19[Neh 9],9 u. ö.) klar: Sie schreibt Gottes Geschichte mit Israel den zumeist nichtjüdischen Christusgläubigen zu Korinth (s. 12,2 u. ö.) als Herkunftsgeschichte zu, aus der sie ersehen können, wie Gott an ihnen handelt (s. Röm 4,16–21 zu Abraham).

Ein weiterer Deutungsschritt identifiziert Wolke und Meer als Orte und/oder Mittel (vgl. Mk 1,5.8 u. ö.) des „Auf-Mose-getauft-Werdens". Dieser Ausdruck erinnert an die Formel zur Taufe° „auf Christus"

(Gal 3,27 u. ö.); er zeigt also an, dass jene Rettung beim Exodus eine existenzbestimmende Beziehung der Israeliten zu Mose begründet hat (vgl. Ex 14,31). Wie die Analogie zwischen Exodus und Taufe gedacht ist, bleibt aber – trotz des beide einenden Wassermotivs – auf der Textoberfläche unklar. Das Gleiche gilt für die Rolle, die Gott Mose gegenüber den Israeliten verliehen hat.

3–4 Sodann führt Paulus deren Versorgung mit Speise und Trank zur Zeit der Wüstenwanderung an. Dies erinnert allererst an Ex 16f. Das Adjektiv „geistlich°“ markiert gemäß 15,44 u. ö. die wunderbare Herkunft jener Gaben; denn Gott ließ Israel Manna und Wachteln zukommen und trug Mose auf, Wasser aus einem Felsen fließen zu lassen (vgl. Ex 16,12–14; 17,5f.). Die gleichlautende Bezeichnung des Felsens weist in dieselbe Richtung, zumal das beigefügte Attribut „nachfolgend“ sein wunderbares Mitwandern andeutet. Dem liegt eine antik-jüdische Auslegungstradition zugrunde (vgl. LibAnt 10,7 u. ö.); offenbar rief der erneute Bericht vom Felsenwasser in Num 20,7–11 die Idee hervor, ein Felsenbrunnen habe Israel durch die Wüste begleitet. Demgemäß zeigt das Impf. „tranken“ (10,4b) ein wiederholtes Trinken an.

Im Gefolge des Taufmotivs erinnert die Rede von Speise und Trank zudem an das ebenfalls wiederholt gehaltene Herrenmahl. 10,16f.21 handelt dann auch von ihm; und Did 10,3 belegt es mit fast denselben Begriffen. In diesem Kontext erscheinen Speise und Trank mit der Wertung „geistlich“ als rettende Gaben (s. 2,12f.); durch Gottes Geist° qualifiziert, verliehen sie den Vätern Leben in der Gemeinschaft mit Gott. Das entspricht der Auffassung vom Manna als Himmels- und Engelsbrot in Ps 77[78],24f. u. ö. sowie als Vorzeichen der endzeitlichen Heilsspeise in 2Bar 29,8 u. ö.

Die Herleitung dieser Wirkung des Tranks aus der Qualität des Felsens wird durch 10,4c gestützt. Wie das Impf. „war“ belegt, bildet der Satz keinen exegetischen Kommentar (so Gal 4,25a, vgl. CD 6,4 u. ö.), sondern eine geschichtliche Identitätsangabe (vgl. Mk 7,26a). Diese misst – ähnlich wie das Bekenntnis 8,6b – Christus° Präexistenz zu. Das erinnert an Philons allegoretische Deutung des Felsens auf die präexistente Weisheit (Leg. 2,86 u. ö.). Paulus erklärt indes das Felsenwasser-Wunder selbst zum Ort der Christusbegegnung – und attestiert ihm damit die gleiche Kraft wie dem Herrenmahl.

1c–4 Wie er herausstellt, machten „alle“ Väter dieselben Heilserfahrungen.

5 Umso erschütternder ist der folgende lapidare, als Litotes formulierte Hinweis: Gott fand „nicht an der Mehrzahl von ihnen“ – d. h. an den meisten von ihnen kein – Wohlgefallen; denn das gilt jenen, die Gott fürchten (vgl. Ps 146[147],11). Statt also gerettet zu werden, gingen sie in der Wüste unter Gottes Gericht zugrunde. Im Weiteren illustriert Paulus dies.

6 Zuerst klärt er dazu das Ziel seiner Darlegung. Subjekt in 10,6a sind wie in 10,5b die Israeliten, die getötet wurden; *tauta* („dies“), das auf

die Ereignisse aus 10,1–5 verweist, bräuchte als Subjekt ein Verb im Sing. (s. 10,11a). Es geht also um den Kontrast von Heil und Gericht, der an den Vätern sichtbar wird. Das geschieht auf urbildliche Weise (s. 1Thess 1,7; Phil 3,17) – um die Adressaten, in der Gemeinschaft mit Paulus, von einer Wiederholung des Tuns „unserer Väter“ abzuhalten. Dieses wird zusammenfassend Begierde nach Bösem° genannt. Das spiegelt Überzeugungen des Apostels wider; ihm gelten das Begehren als Muster der Sünde (s. Röm 7,7f.; Gal 5,16) und „Böses“ als Inbegriff allen Tuns, das Gott verurteilt (s. Röm 2,9; 3,8). Sie entsprechen damit der biblisch-jüdischen Auffassung, dass die Begierde als solche böse (Spr 12,12; 21,26), ja, die Quelle alles Bösen ist (vgl. Philon, Spec. 4,84 u. ö.). Zugleich greift die Warnung vor ihr den Ruf zur Selbstkontrolle aus 9,24f. auf. 10,6 eignet sich deshalb gut als Einleitung zum Folgenden.

7–10

An vier Beispielen aus der Schrift (10,11b) führt Paulus vor, für welche Vergehen Gott jeweils „einige“ Israeliten bestraft hat – sodass die Adressaten sie unterlassen müssen. Alle Angaben werden durch die Konjunktion „auch/also nicht“ eingeführt und sind eng verzahnt: Formal gesehen rahmen die Appelle 10,7.10 die Kohortative 10,8f.; sachlich gehören jeweils die Warnungen vor Dienst an den Götzen° und vor Sexualsünde° (10,7f., s. 6,9) sowie die vor Versuchung und Murren (vgl. Ex 17,2f.) zusammen (10,9f.).

7–8

Das erste Beispiel hebt Paulus hervor: Er formuliert den Appell mit einem Nomen („Götzendiener“, s. 5,10f.; 6,9), begründet ihn mit einem Schriftzitat und verzichtet auf eine Strafangabe. Dabei ist das Zitat aus Ex 32,6^{LXX} mehrdeutig: Greift es mit „essen und trinken“ 10,3f. auf, sodass Israel erst beim kultischen Tanzspiel (vgl. Ex 32,19) Götzendienst getrieben hätte – oder redet es wie 10,21 von einem Götzenopfermahl? Es bedarf der Verortung des Zitats in der Erzählung Ex 32, um den Sinn bestimmen zu können (s. u. D).

Die Warnung 10,8 führt 10,6f. weiter: Die Begierde, die ein Athlet kontrollieren muss (s. 9,25), wirkt zumal in Speise und Sexualität; und Sexualsünde steht dem Götzendienst nahe (s. o.). Da auch das Fehlen einer Gerichtsaussage in 10,7 beide verknüpft, sah Paulus, jüdischer Tradition gemäß (s. S. 65), sie wohl sachlich verbunden. Der Schriftbezug selbst zeigt dies indes nicht an; 10,8b betont mit der drastischen Strafe nur die Schwere des Vergehens. Erst vom Quelltext Num 25,1–9 her wird der Konnex deutlich (s. u. D).

9–10

Versuchung und Murren kamen, z. T. miteinander verschränkt, während Israels Wüstenwanderung öfter vor (vgl. Num 14,22.27 u. ö.). Die ähnlich lautenden Strafnotizen weisen dann auf einzelne Texte: Num 21,5–9 erzählt von todbringenden Schlangen nach einer Lästerung gegen Gott und Mose, Num 16,41–50 [17,6–15] von der Bestrafung des Murrens gegen Mose und Aaron mit einer Vernichtung, die jüdische Auslegungstradition dem Austilger aus Ex 12,23 zuschreibt (Sap 18,25 u. ö.). Indem Paulus die Warnung 10,9a auf den Christus zuspitzt, stellt er ihm als Urheber des

Lebens (s. 10,4) dessen Austilger (s. 5,5) in $10{,}10_{\text{fin.}}$ gegenüber. Was all das mit der Begierde nach Bösem zu tun hat, bleibt auf der Textoberfläche jedoch offen (s. u. D).

11 Im Rückgriff auf 10,6a bindet Paulus die urbildliche Funktion des Ergehens der Väter nun ausdrücklich an das biblische Zeugnis. Dessen wirklicher Sinn zeigt sich im Bezug auf die Existenz der Christusgläubigen (s. 9,9f.). Das ähnelt jüdischen Erfüllungsinterpretationen, wie sie etwa 1QpHab 6,14–7,5 bietet. Die Hermeneutik des Apostels impliziert indes ein eigenes Zeitverständnis: Wer dem auferweckten Herrn (s. 6,14) verbunden ist, ist schon einbezogen in die Vollendung (s. 7,29–31) der Weltzeiten, die mit der Auferweckung der Toten eintreten wird (s. 15,23–28 u. ö.). Auch andernorts setzt Paulus daher Gottes eschatologisches Heilshandeln in Christus in Analogie zum anfänglichen, in der Schrift bezeugten Gotteshandeln (s. 2Kor 4,6; 6,16; Röm 4,17 u. ö.). Hier geht es ihm darum, die Adressaten angesichts des bevorstehenden Gerichts (1,7f. u. ö.) zum Umdenken (s. 4,14) zu drängen.

12–13 Der Abschluss des Redegangs ist doppelbödig gestaltet. Zunächst bündelt Paulus die Warnungen und Appelle aus 10,6–10 zu einer aufrüttelnden Mahnung. Diese gilt jenen, die einen festen Stand (s. Gal 5,1) für sich reklamieren – gemeint ist wohl: im Glauben (s. 16,13). Das tun nach 8,1f. diejenigen, die sich mit Blick auf die Götzen anderen gegenüber aufblähen, da sie der eigenen Gotteserkenntnis gewiss sind. Ihnen führt der Apostel die Gefahr vor Augen, dem Gericht zu verfallen (s. 10,8b; Röm 11,22b u. ö.). Gerade sie sind seines Erachtens im Begriff, gleichsam stehend (s. 10,7c) zu Götzendienern zu werden und damit selbst Gottes Wohlgefallen zu verspielen (s. 10,5).

Sodann folgt eine tröstende Zusage. Diese benennt im Stichwortanschluss an 10,9a allerdings zugleich die bedrohliche Lage der Adressaten: Wie einst die Väter in der Wüste (vgl. Dtn 8,2f. u. ö.) sind sie einer Versuchung ausgesetzt, in der sie ihren Gehorsam gegenüber Gott bewähren müssen. Tröstlicherweise fällt diese Versuchung nicht so gewaltig aus, dass man ihr zwangsläufig erliegen würde; dann könnte man nur beten, vor ihr bewahrt zu werden (vgl. Lk 11,4; 22,40 u. ö.). Sie erfolgt vielmehr in menschlicher Dimension. Und da Gott den Adressaten treu° verbunden ist (s. 1,9), wird die Versuchung auch künftig ihre Kräfte° nicht übersteigen. Dieser Zuspruch modifiziert traditionelle Ansichten: Gegen die Gewissheit Marc Aurels, ein Stoiker müsse nichts über seine Natur hinaus ertragen, betont er Gottes Wirken; anders als das qumranische Vertrauen auf Gottes Hilfe gegen den zur Sünde verleitenden Engel der Finsternis 1QS 3,20–25 lässt er offen, ob Gott die Versuchung selbst verursacht – oder ‚nur' zulässt (vgl. Hi 1,12; 2,6), um dann helfend in sie hineinzuwirken. Gerade auf diese Weise aber rüttelt auch 10,13 auf und betont die Größe der Aufgabe, Gott in Liebe (s. 8,3) verbunden zu bleiben.

C 10,1–4 setzt elementare Kenntnisse der Leserschaft zu Israels Exodus und Wüstenzeit voraus; die Darlegung bliebe ihr ohne Wissen um Wolkensäule, Meeresdurchzug sowie Versorgung mit Manna und Wasser unverständlich. Zudem werden die Israeliten so beiläufig „unsere Väter" genannt, dass ihr wohl auch diese Bezeichnung bekannt ist. Beides gehört demnach zu ihrer grundlegenden Vertrautheit mit der Schrift, die 15,3f. anzeigt. Das Neue gemäß 10,1a bildet dann das Verfahren, die biblische Erzählung durch 10,2.4c und die „geistliche" Wertung von Speise und Trank mit den Erfahrungen der Adressaten zu verknüpfen (s. S. 73f.). Ab 10,5 hingegen ist der Text darauf angelegt, ihnen Kenntnisse und zugehörige Einsichten allererst zu vermitteln. Auf eine spezifisch korinthische Auffassung der Sakramente – etwa als Schutz gegen Gefährdungen von außen – lässt er nicht schließen; die Warnung 10,12 richtet sich gegen eine Überbewertung eigener Gotteserkenntnis. Ebenso wenig setzt 10,7f. eine kultische Prägung der Sexualsünde voraus, etwa in Gestalt einer Tempelprostitution. Ob es die in Korinth gab, ist unsicher; und der Zusammenhang mit dem Götzendienst ist biblisch vorgegeben.

D Mit 10,1c–2 schreibt Paulus Mose eine Doppelbedeutung zu, die erst bei genauerer Kenntnis der biblischen Erzählungen einleuchtet. Zum einen stützen sie die Wertung des Mose als Mittler der göttlichen Rettung, die Israel im Exodus erfuhr: Eben diese Aufgabe erhielt er von Gott und nahm er wahr (vgl. Ex 3,10; 14,10–14 u. ö.). Zum andern bestätigen sie die Implikationen des Taufmotivs – dass die Israeliten aufgrund jener Rettung fortan auf Mose bauen und ihren Lebensvollzug an ihm ausrichten sollten. Denn am Sinai stimmte Israel der Bundesverfügung zu (Ex 24,7f.), die Gott Mose mitgeteilt hatte (Ex 19,3–6 u. ö.), auf dass Israel Mose „für die Weltzeit vertraue" (Ex 19,9). Vor diesem Hintergrund wird Zweierlei deutlich: Erstens erweist sich der Treuespruch 10,13b als bedachte Aufnahme des Bundesgedankens (s. 1,9) mit Blick auf die Adressaten. Die Aussagen zur „Gemeinschaft" in 10,16–20 knüpfen daran trefflich an. Zweitens erschließt sich die Logik, mit der 10,6–10 auf das Referat der Heilserfahrungen 10,1–4 folgt: Die Israeliten haben in der Wüste grundlegende Gebote Gottes aus dem mosaischen Gesetz übertreten (10,7f.) – und zugleich Gott sowie Mose das Vertrauen verweigert (10,9f.). Denn Israel hat den Herrn versucht (Ex 17,2 u. ö.), gemurrt aber auch gegen Mose und Aaron (Ex 16,2 u. ö.). Dass Paulus all dies der Begierde zuordnet (10,6), passt zu deren Erwähnung im Dekalog (Ex 20,17) und in der Murr-Geschichte Num 11; in der Tat bietet Num 11,34 einen von nur zwei biblischen Belegen des in 10,6b genutzten Nomens „Begieriger". Im Übrigen verknüpft die Schrift Begierde auch mit der Versuchung Gottes (Ps 105[106],14) sowie mit der Verehrung fremder Götter (Dtn 7,25).

Ferner greift 10,5b mit bei Paulus singulären Begriffen eine Wendung aus Num 14,16^{LXX} auf. Es heißt dort in einer Rede des Mose:

> [15]Und du wirst dieses Volk aufreiben [...], und die Weltvölker, die von deinem Namen hörten, werden sagen: [16]„Weil der Herr dieses Volk nicht in das Land hineinführen konnte, das er ihnen zugeschworen hatte, *streckte* er sie *in der Wüste nieder.*“ [17]Und nun soll deine Kraft erhöht werden, Herr, wie du gesagt hast: [18]„Der Herr ist großmütig, barmherzig und wahrhaftig, wenn er wegnimmt [...] die Sünden [...].“

Vor dem Horizont von Num 14 stärkt dieser Bezug die Plausibilität der paulinischen Darlegung: Er verweist auf das Land als das Ziel, das den Israeliten beim Exodus zugedacht war (vgl. Ex 3,8) – und das ihre Kinder (Num 14,23) nur kraft des Wohlgefallens Gottes (s. 10,5a) erreichten (vgl. Ps 43[44],4); er unterstreicht die Härte der Feststellung 10,5a, weil laut Num 14,30 aus der Wüstengeneration nur Kaleb und Josua ins Land einziehen durften; und er macht das Nacheinander verschiedener, jeweils begrenzter Strafhandlungen Gottes (s. 10,8–10) verständlich – denn immer wieder konnte Moses Fürbitte eine vollständige Auslöschung Israels verhindern (vgl. Ex 32,7–14 u. ö.).

Die in 10,7f. angeführten Erzählungen lassen daraufhin den Konnex von Götzenopfermahl und kultischer Götzenverehrung hervortreten: Ex 32,4–6.8f.19 (vgl. tSota 6,6 u. ö.) schildert ihn als Folge der Herstellung eines Götterbildes; Num 25,1f. beschreibt, wie beides aus der Sexualsünde mit nichtjüdischen Frauen hervorging. Es steht daher zu vermuten, dass sich in der – als solcher nicht zu belegenden – Gerichtsszene 10,8$_{\text{fin.}}$ zwei Bezüge vermischen: auf Num 25,9 („Und es wurden 24.000, die in der Plage gestorben waren.“) und auf Ex 32,28 („[...] , und es fielen aus dem Volk an jenem Tag an die 3.000 Männer.“). Eine ähnliche Mixtur bietet Philon in Spec. 3,126.

Dass die Israeliten Gott versuchten und gegen Gott sowie Mose und Aaron murrten (10,9f.), erwuchs wiederholt aus ihrem Begehren nach Speise und Trank (vgl. Ex 16,2–12; 17,2–7 u. ö.). Oft erinnerten sie dabei an die Kost in Ägypten (vgl. Num 11,4f. u. ö.). Demgemäß stellt Ps 105[106],25–29 Murren, Götzendienst und Opfermahl zusammen; und Dtn 6,14–16 fügt die Weisung, Gott nicht herausfordernd zu versuchen, an das Verbot der Fremdgötterverehrung an. Diese Weisung überträgt 10,9a in Form einer Warnung auf Christus. Im Anschluss an 10,4 erscheint er damit implizit als Urheber der geistlichen Speise, die den Adressaten im Herrenmahl zukommt (s. 10,16f.) – so wie Israel die Himmelsspeise von Gott erhielt (vgl. Ps 77[78],19.24). Zugleich erinnert der Gegensatz zum Austilger an Moses rettendes Eingreifen nach Num 16,46–48 [17,11–13]; 21,8f.: Israel ging nur darum nicht völlig zugrunde (vgl. Num 17,12[27]), weil Mose Aaron Sühne schaffen ließ und ein Rettungszeichen aufstellte, dessen Anblick Leben verlieh.

Die Prägung von 10,1–10 durch Schriftbezüge reicht somit über deren Wortlaut hinaus. Wird das sie verbindende Netz entdeckt, lässt es die Stringenz der Darlegung zutage treten. Sie erweist sich als thematisch geschlossene Reflexion, die die Gefährdungssituation der Adressaten klärt. Dies geschieht durch eine Kette von Entsprechungen zum Ergehen der im Exodus geretteten, in der Wüste aufgrund ihres Versagens aber gestraften Israeliten.

Paulus untermauert und konkretisiert die Mahnung zur Selbstkontrolle auf dem Weg zum endzeitlichen Ziel (9,24f.). Mittels einer schriftgelehrten Abhandlung führt er den Adressaten die Gefahr vor Augen, in der sie sich befinden. Dazu schildert er zuerst Israels Exodus und Versorgung in der Wüste als Urbild des eschatologischen Heils, das ihnen Taufe und Herrenmahl erschließen; dies setzt voraus, dass sie die biblische Erzählung in Grundzügen kennen. Sodann stellt er etliche Beispiele der Verfehlung Israels gegenüber Gott und Mose in der Wüste zusammen und präsentiert sie als abschreckendes Muster für das Verderben, das denen droht, die der Begierde nach Bösem verfallen. Damit werden der Gemeinde neue Einsichten eröffnet. Deren Zusammenhang wird aber erst vor dem Hintergrund der biblischen Kontexte plausibel, denen die Schriftbezüge entstammen. Demnach stößt der Apostel hier erneut einen Bildungsprozess im Umgang mit der Schrift an (s. S. 43f.): Es gilt, die eigene Existenz in der Bindung an Christus analog zur Existenz der Israeliten in der Bindung an Mose zu verstehen; Mose erscheint dabei als Garant der Rettung und Mittler der Bundesverfügung für Israel. Die Adressaten sind somit aufgefordert, ihre Lage als Versuchungssituation anzusehen; sie dürfen sich durch ihre Gotteserkenntnis keinesfalls verleiten lassen, in ihrem paganen Lebenskontext an einem Götzenopfermahl teilzunehmen. E

Dieser Gedankengang unterstreicht mit seiner urbildlichen Interpretation der Mose-Erzählungen im Horizont jüdischer Auslegungstraditionen die Bedeutung der Schrift für das Verständnis christusgläubiger Existenz. Zugleich wirft er mit seiner scharfen Warnung vor kultischer Grenzüberschreitung die Frage auf, in welchen Situationen Gemeindeglieder heute Gefahr laufen, mit ihrer Lebensführung das ihnen in Christus erschlossene Heil zu ‚verspielen'.

Überleitende Mahnung (10,14–15)

14 [a]Darum, [b]meine Geliebten, [c]flieht vor dem Götzendienst!
15 [a]Als/wie zu Verständigen rede ich. / sage ich: [b]Beurteilt ihr, was ich sage!

Mit ihren markanten Kennzeichnungen der Adressaten gehören die beiden Sätze zusammen. Dabei lässt sich die Mahnung 10,14, zumal von 10,7a her, als Abschluss von 10,1–13 lesen (s. 8,13; 15,58) – ebenso gut aber, zumal mit Blick auf 10,20c–21, als Einleitung zu 10,15–22 (s. Phil 2,12; 3,1). Auch der Aufruf zum eigenen Urteil über das, was der Apostel sagt, weist sowohl zurück als auch voraus. Die Verse leiten demnach vom ersten A zum zweiten Redegang über – und bilden insofern das Zentrum der ganzen Rede.

B Paulus betont erneut (s. 4,14) seine besondere, durch Liebe° geprägte Beziehung zu den Gemeindegliedern und zieht aus dem Voranstehenden die Konsequenz. Er knüpft damit an die Rede von Versuchung in 10,13 und die Darstellung der Gefährdungslage in 10,1–13 insgesamt an. Um ihrer Gottesbeziehung willen müssen die Adressaten vor dem Götzendienst° fliehen wie vor übermächtigen Feinden (vgl. Jes 48,20 u. ö.). Ihn zu vollziehen brächte sie in eine Versuchung, der sie nicht widerstehen, in eine Gefahr, der sie nur erliegen könnten. In der Tat ist er eine Sünde; und vor der gilt es zu fliehen (vgl. Tob 4,21[S]) wie vor einer tödlichen Schlange (vgl. Sir 21,2, s. 10,9b).

Dies sollte den Adressaten einleuchten. Der Satz 10,15a ist indes doppelbödig. Ob sie als Verständige angeredet oder mit solchen nur verglichen werden, sodass wie in 4,10 Ironie vorläge, bleibt offen. Ob man dann 10,15a auf die Aussagen des Paulus im Ganzen oder nur auf den Appell 10,15b bezieht, ist unerheblich. So oder so hält er die Christusgläubigen zu Korinth an, sich ein eigenes Urteil zu bilden (s. 11,13). Das ist nach 4,3–5 erstaunlich genug. Im Blick auf 10,1–13 kommt es einem Aufruf zu eigenem Schriftstudium gleich; im Blick auf 10,16–22 betont es die Plausibilität des Dargelegten. Den Götzen zu dienen wäre unvernünftig (s. Röm 1,21–23, vgl. Sap 14,21 f.).

C/E Die von 6,18a abweichende Formulierung „fliehen vor“ erweckt den Eindruck, die Adressaten vollzögen den Götzendienst noch nicht. Die Redeweise könnte allerdings auch rhetorisch bedingt sein. Erst der nächste Redegang klärt die Situation. In jedem Fall sucht Paulus mit den Adressaten das Einverständnis herzustellen, dass solcher Vollzug unbedingt zu meiden ist.

Zweiter Redegang (10,16–22)

16 [a]**Der Segens-Kelch, den wir segnen,** [b]**ist**, d. h., bewirkt **er nicht Gemeinschaft** der Teilhabe **an dem** zu unserer Rettung vergossenen **Blut des Christus?**
[c]**Das Brot, das wir brechen,** [c]**ist**, d. h., bewirkt **es nicht Gemeinschaft** der Teilhabe **an dem** für uns hingegebenen **Leib des Christus?**

17 [a]**Weil** es **ein Brot** ist, [b]**sind wir, die Vielen, ein Leib,**
[c]**denn wir alle erhalten** unseren jeweiligen **Anteil aus dem einen Brot.**

18 [a]**Schaut auf das Israel**, das **nach dem** Maßstab des **Fleisch**es handelt:
[b]**Sind nicht, welche die Opfer essen, Gemeinschaft**steilhaber **am Opferaltar?**

19 [a]**Was also sage ich** damit?
[b]**Dass ein Götzenopfer etwas bedeutet? Oder dass ein Götze etwas bedeutet?**

20 [a]Nein! **Vielmehr** sage ich:
Was ⌜**sie opfern,** [b]‚***opfern sie Dämonen und nicht Gott***‘!
[c]**Ich will jedoch nicht, dass ihr Gemeinschaft**steilhaber **der Dämonen werdet.**

21 [a]**Ihr vermögt es nicht,**
den Kelch des Herrn zu trinken und den Kelch von Dämonen,
[b]**ihr vermögt es nicht,**
Anteil am Tisch des Herrn zu erhalten und am Tisch von Dämonen!
22 [a]**Oder wollen wir den ‚*Herrn zum Eifern bringen*'?**
[b]**Sind wir etwa stärker als er?**

⌜ *Etliche Handschriften fügen zur Festlegung des Textsinns „die Weltvölker" ein.*

Das Textstück stellt die Teilnahme am Herrenmahl (10,16f.) und die am paganen Opfermahl (10,18–20b) gegeneinander (10,21). Dazu überführt es die Alternative zwischen Christus und einem Götzen (10,16–19) in die zwischen Gott bzw. dem Herrn und den Dämonen (10,20–22). Der Aufbau ist annähernd ringförmig: Den Rahmen bilden rhetorische Fragen im Wir-Stil, deren erste eine Erläuterung erhält (10,16f.22). In einem inneren Ring entsprechen sich an die Adressaten gerichtete Sätze (10,18.20c$_{\text{fin.}}$–21), die das Leitwort „Gemeinschaft" aus 10,16 in personalisierter Form aufnehmen. Im Zentrum stehen Ich-Aussagen des Paulus (10,19–20c$_{\text{init.}}$). Prägend wirkt insgesamt die viermalige Verdoppelung von Fragen und Aussagen (s. 10,16.19b.21.22). A

Der Apostel erinnert die Gemeinde an den Sinn der Handlungen, die beim Herrenmahl die Austeilung der Elemente einleiten: Zum Abschluss des Gemeinschaftsmahls wird über einem Kelch mit Wein ein Segensgebet gesprochen, zur Einleitung dieses Mahls ein Laib Brot gebrochen (s. 11,25a.24a). Beides entspricht dem jüdischen Gastmahl ebenso wie der Begriff „Segens-Kelch" (vgl. JosAs 19,5; bBer 51a–b u. ö.). Dass der vor dem Brot genannt wird, verstärkt die Antithese zum paganen Kultmahl, das durch ein Trankopfer eröffnet wurde; zudem erleichtert die Satzfolge den Anschluss von V. 17. B 16

Die Deutung erfolgt über den Begriff „Gemeinschaft°" (s. 1,9); sie betont also die sachorientierte Teilhabe sowie das personale, gnädig gewährte und verpflichtende Miteinander. Erstere hat zwei eng verknüpfte Bezugspunkte: das im Tod Christi° vergossene Blut, mit dem Gott eschatologische Gerechtigkeit (s. 1,30) gestiftet hat (s. Röm 3,25; 5,9), und den Leib° Christi, dessen Hingabe in den Tod eschatologische Rettung (s. 1,18) erschließt (s. 11,24; Röm 7,4). Anders als beim Mysterienmahl geht es also nicht um rituelle Teilnahme am Geschick und Lebensgewinn der Gottheit selbst. Im Herrenmahl empfangen diejenigen, die es feiern, die rettende Wirkung des Todes Jesu Christi. Dass sie dadurch auch in eine Gemeinschaft mit ihm als ihrem Herrn gestellt sind, die sie ganz in Anspruch nimmt, zeigt dann 10,21.

Zunächst betont Paulus ihre Verbundenheit miteinander. Das Herrenmahl illustriert sie, ähnlich wie ein Vereinsmahl, in einem Akt: Allen wird ihr Anteil aus einem Brot herausgebrochen. Weil die Einheit der Gemeinde 17 jedoch auf der Hingabe des Leibes Christi gründet, dient als Sprachbild für die Einheit der Leib, nicht das Brot. Demgemäß ist 10,17a nicht mit 10,17b zu vereinen („Denn ein Brot, ein Leib sind wir ...“), sondern als vorausweisender Kausalsatz zu lesen (s. 12,15 u. ö.). Als Organismus ist der Leib auf das Beisammensein und Zusammenwirken seiner Glieder angewiesen (s. 12,12–27). So erinnert das Bild selbstgewisse Gemeindeglieder im Sinne von 8,1–3, dass sie das durch Christus gestiftete Heil nicht für sich allein haben.

18 Der Appell, genau hinzuschauen, leitet zum zentralen Anliegen des Passus über. Dabei ist nicht das jüdische Volk als Abstammungsgemeinschaft (Röm 9,3 u. ö.) mit der Jerusalemer Kultpraxis im Blick. Das wäre ein neuer Sachverhalt, der vom Argumentationsziel eher ablenkt. Vielmehr weist die Wendung „nach dem Fleisch°“ wie in 1,26 auf einen Widerspruch gegen Gottes Willen (s. 5,5). Natürlich wird nicht Israel an sich negativ gewertet; das widerspräche dem Duktus des Briefes. Im Anschluss an 10,6f. geht es um das Volk der Wüstenzeit, das „der Begierde des Fleisches“ (Gal 5,16) nachging. Denn an ihm wird urbildlich deutlich, was jeden Kult kennzeichnet: Wer von den Opfern isst, wird Teilhaber des Geschehens am Opferaltar und damit Mitglied der Gemeinschaft rund um den Altar. Und weil ein Opfer der Gottheit gehört, der es zukommt, ist sie der eigentliche Urheber und Gastgeber der Opfermahl-Gemeinschaft. Das gilt im paganen Denken (vgl. Aelius Aristides zu Serapis) ebenso wie im jüdischen (vgl. Philon, Spec. 1,221).

19–20b Paulus will den Götzen° damit nun aber nicht, gegen 8,4f., doch irgendein Dasein zugestehen. Auch dem Verzehr von Götzenopferfleisch° misst er an sich weiterhin keine Bedeutung bei (s. 8,8). Wo immer aber Menschen, wie einst Israel in der Wüste (s. 10,7), den Götzen statt dem einen, wahren Gott opfern, opfern sie tatsächlich den Dämonen. Paulus greift hier die biblisch-jüdische Deutung paganer Götter (vgl. Ps 95[96],5; Jub 22,17 u. ö.) und der ihnen dargebrachten Opfer (vgl. Jes 65,3; 1Hen 19,1 u. ö.) auf. Er versteht demnach unter Dämonen nicht schützend-beratende Mächte (so Platon), sondern finstere (vgl. Xenokrates), konkret: im Dienste Satans (s. 5,5) stehende Geister (vgl. Mk 3,22f.; Lk 10,17f.). Mit der rationalen Opferkritik griechischer Philosophie (bei Plutarch u. a.) hat seine Position daher wenig zu tun.

20c–22 Obwohl also nach Paulus pagane Gottheiten ein Nichts sind, hält er es für gefährlich, sie kultisch zu verehren. Denn damit träten Christusgläubige einer Kultgemeinschaft bei, deren Urheber und Gastgeber Dämonen sind. Davon will er als Apostel (s. 7,7 u. ö.) die Adressaten abhalten. Aus paganer Sicht mag ein Nebeneinander von Opfermahl und Herrenmahl gut möglich sein (s. zu 8,7); Paulus wertet es als unzulässigen Gegensatz. Er betont ihn durch die Rede von Kelch und Tisch (vgl. JosAs 8,5), welche die Ähnlichkeiten im rituellen Vollzug markiert. Zugleich erinnert 10,21b an prophetische Anklagen, Israel habe den „Tisch des Herrn“ befleckt

(Mal 1,7.12) und Dämonen einen Tisch bereitet (Jes 65,11). In der Tat vertritt der Apostel eine biblische Sichtweise: Wer neben Gott auch noch widergöttliche Mächte verehrt, ruft Gottes strafenden Eifer hervor (vgl. Dtn 6,13–15 u. ö.). Das brächte die Adressaten in eine Lage, die ihre Kräfte° (s. 10,13c) überstiege. Denn so gewiss Gottes Eifer und Stärke zusammengehören (vgl. Nah 1,2f. u. ö.), so gewiss wurzelt die Stärke der Gläubigen darin, dass sie Gott ehren (vgl. Spr 7,1[a]). Sie wird zunichte, wenn man Gottes Eifer herausfordert (vgl. Ps 77[78],58–61). Mit dem Gebrauch des Titels „Herr°“ überträgt Paulus diesen Gedanken auf die Christusbeziehung, die er mit den Adressaten teilt.

C

Die sprachliche Gestaltung von 10,16 fällt auf; umso mehr, als das Wortpaar Blut und Leib an Mk 14,22–24 erinnert. Sie passt aber, wie dargelegt, zu Gedankengang und Stil des Passus; und in seinem theologischen Gehalt ist der Satz gut paulinisch. Die These, er stamme aus der Gemeindetradition, hat darum wenig für sich. Auch ein Rückschluss aus der Reihenfolge „Kelch – Brot“ auf den Ablauf des Herrenmahls in Korinth ist nicht angezeigt. Die Textanordnung ist dem paulinischen Argumentationsziel geschuldet; und die Parallele zu Did 9 wird dadurch gemindert, dass dort zwei Dankgebete zitiert werden, die beide der Feier der „Eucharistie“ (Did 9,1.5) vorangehen.

10,20c–21 spricht davon, dass Gemeindeglieder an einem kultisch eingebetteten Götzenopfermahl teilnehmen. 10,20c lässt indes erkennen, dass es dazu noch nicht gekommen ist. In paulinischer Sicht stehen manche Adressaten im Begriff, sich darauf einzulassen (s. 10,12f.). Aus der scharfen Warnung davor ergibt sich im Rückblick auf 8,10, dass dieser Vers eine andere Situation voraussetzt. Es geht dort um ein Mahl, das an einem paganen Tempel stattfindet (s. S. 112), aber offenbar nicht um ein regelrechtes Kultmahl.

D

In 10,20a.22a dürfte Paulus auf Dtn 32,17a.21a anspielen. Es heißt dort:

> [16]Sie reizten mich mit fremden (Göttern) [...]. [17]*Sie opferten Dämonen und nicht Gott* [...]. [18]Gott, der dich gezeugt hat, hast du verlassen [...]. [19]Und es sah (das) *der Herr* und begann *zu eifern* [...] [20]und sagte: „Ich werde abwenden mein Angesicht von ihnen [...], Söhne, in denen es keine Treue gibt. [21]Sie haben mich *zum Eifern gebracht* gegen einen *Nicht-Gott*, mich erzürnt durch ihre *Götzen*(bilder) [...].“

Die analogielose Wortlautkongruenz in 10,20a lässt eine intendierte Anspielung vermuten. Dafür sprechen auch viele weitere Bezüge auf Dtn 32: s. 10,4 (Dtn 32,10: Versorgung in der Wüste); 10,7.18 (Dtn 32,16.21.38: Erzürnen Gottes durch Götzendienst; Essen von Opfern und Trinken); 10,8 (Dtn 32,39: Gott tötet im Gericht), 10,9f. (Dtn 32,24.35: Tötung durch Tiere; Zugrundegehen); 10,13 (Dtn 32,4: treu ist Gott); 10,19 (Dtn 32,21: Nicht-Gott, Götze). Demgemäß wird 10,22a auf Dtn 32,21a verweisen, zumal Paulus Dtn 32,21b in Röm 10,19 zitiert und „zum Eifern bringen“ nur noch in den zugehörigen Versen Röm 11,11d.14 benutzt. Er deutet Dtn 32 somit als Muster des Gerichts über die, die Gottes Treue mit Götzendienst beantworten. Wer das wahrnimmt, kann die Rede von „Gemeinschaft" in 10,16–22 als Pendant zum biblischen Konzept der „Bundesverfügung" (Dtn 4,23 f. u. ö.) begreifen.

E Im Opfermahl paganer Kulte sieht der Apostel widergöttliche Mächte am Werk. Er legt daher im Anschluss an 10,1–13 dar, dass aus solch einem Mahl eine Gemeinschaft erwächst, die formal betrachtet der durch das Herrenmahl begründeten Gemeinschaft gleicht. Der Sache nach schließen beide einander jedoch aus. Denn im Herrenmahl eignet der eine Gott allen Christusgläubigen gemeinsam das im Tod Christi gestiftete eschatologische Heil zu; und dadurch sind sie Gott auf exklusiv-verpflichtende Weise verbunden, wie es dem deuteronomischen Bundesgedanken entspricht. Wer dennoch an einem paganen Opfermahl teilnähme, würde sich das Strafgericht Gottes zuziehen. Die dämonologische Deutung anderer Religionen lässt sich nicht einfach auf heute übertragen. Die Warnung davor, den Christusglauben unbedacht mit konkurrierenden Bindungen zu kombinieren, hat aber bleibende Aktualität.

2.6 Zweite Erörterung (10,23–31)

23 [a]**Zu allem ist man berechtigt, doch nicht alles,** was man tut, **nützt** auch;
[b]**zu allem ist man berechtigt, doch nicht alles,** was man tut, **baut** andere **auf.**
24 Niemand soll das eigene Bedürfnis zu erfüllen **suchen,**
vielmehr soll ein jeder **das** Bedürfnis **des anderen** zu erfüllen suchen.

25 Alles, was auf dem Markt verkauft wird, esst – und zwar **so,**
dass ihr dabei nichts auf seine Herkunft **prüft um des** eigenen **Gewissens willen.**
26 Denn *‚**Eigentum des Herrn ist die Erde und** alles, **was sie füllt**‘.*
27 [a]**Wenn einer der Ungläubigen euch einlädt und ihr** hingehen **wollt,**
[b]**esst alles, was euch vorgesetzt wird –** und zwar **so,**
dass ihr dabei nichts auf seine Herkunft **prüft um des** eigenen **Gewissens willen.**
28 [a]**Wenn aber jemand euch sagt:** [b]**„Das ist heilig Geopfertes!",** [c]**esst** es **nicht**
– um desjenigen, der es **angezeigt hat, und** zwar um **des Gewissens willen;**
29 [a]vom **Gewissen aber rede ich** jetzt selbstverständlich so,
dass ich **nicht das eigene, sondern das des anderen** meine.
[b]**Warum wird denn** sonst **über meine Freiheit**
von einem andern Gewissen geurteilt?
30 [a]**Wenn ich durch Gnade Anteil** am Essen **erhalte,** [b]aus **was** für einem Grund
werde ich denn **verlästert wegen etwas, wofür ich** selbst **Dank sage?**

31 [a]**Ob ihr also esst, ob ihr trinkt, ob ihr** irgendetwas anderes **tut,**
[b]**tut alles zur Ehre Gottes!**

A Vor dem Hintergrund von 9,1–10,22 greift Paulus die in 8,4–13 erörterte Frage nach dem Verhältnis von Verfügungsrecht (10,23), Rücksicht

(10,24.28c), Gewissen (10,25.27–29) und theologischer Einsicht (10,26) auf; er überträgt sie nun auf das Verhalten gegenüber Nicht-Gemeindegliedern. Den Auftakt bilden ein Grundsatz und eine allgemein gehaltene Mahnung (10,23f.). In 10,25–27 wird der Zuspruch des Grundsatzes durch parallel gestaltete Ermutigungen anhand zweier Beispiele konkretisiert; verknüpft sind sie durch die Glaubensaussage 10,26. Die Weisung 10,28 entfaltet die Einschränkung im Grundsatz für eine veränderte Situation; Ausführungen in der 1. Person Sing. (10,29f.) erläutern das. Ein Appell, der die Ermutigungen zum Essen aus 10,25.27b generalisierend weiterführt (10,31), rundet den Passus ab.

B 23–24

Wie in 6,12–20 entwickelt Paulus seine Position zum verhandelten Thema aus einem zweigliedrigen Grundsatz. Dieser ist ähnlich wie 6,12 formuliert, also analog zu verstehen: Er benennt – ohne Sachbezug auf Gebote des mosaischen Gesetzes – das Verfügungsrecht° über die eigene Lebensgestaltung, das aus der Bindung an Christus erwächst, und markiert seine Grenze. Zugleich zeigen die Differenzen im Wortlaut eine Sinnverschiebung auf drei Ebenen an: 1. Der Satz entbehrt Personalpronomina, gilt also für alle Christusgläubigen in gleicher Weise. 2. Die Grenze ist mit der Notwendigkeit einer positiven Wirkung auf andere gesetzt. Das Bildwort „aufbauen" lässt an die Gemeinde als Bezugskontext denken (s. 3,9 u. ö.). Dennoch geht es nicht nur darum, wie man mit anderen Gemeindegliedern umgeht (so 14,17 u. ö.). Gefordert ist generell eine Praxis der Liebe (s. 8,1d). Die ist nach 13,5b – gemein-antiker Anschauung gemäß – nicht auf den eigenen Vorteil bedacht, sondern stellt, dem Urbild Christi folgend, den Bedarf des Gegenübers in den Vordergrund (s. Phil 2,4f. u. ö.). Aufzubauen ist also die Gottesbeziehung aller Menschen (s. 14,3), denen ein Gemeindeglied begegnet (s. 10,29a). 3. Der in 10,23a genannte Nutzen° richtet sich demnach nicht auf den Akteur selbst. Im Blick ist der Gewinn, den dessen Kontaktpersonen aus seinem Handeln ziehen können. Das philosophische Ideal des Nutzens für das Allgemeinwohl (vgl. Aristoteles), das Paulus in 12,7 auf die Gemeinde überträgt, wird damit auf konkrete Außenbeziehungen der Adressaten hin personalisiert.

25–27

Dieser Ausrichtung gemäß benennt Paulus zwei alltägliche Situationen, in denen die Adressaten das Verfügungsrecht über ihr Essen (s. 8,8 u. ö.) öffentlich bewähren müssen. Eine Zuspitzung auf das Götzenopfer-Fleisch (s. 8,1.4) erfolgt aber erst mit 10,28. Hier betont der Apostel im Anschluss an 10,23 gerade, dass „alles" verzehrt werden soll; er stellt jenes Fleisch also anderen Speisen gleich. Grundlage dafür ist, was etwa die Psalmen bekunden (vgl. Ps 23[24],1 u. ö.): das Verständnis der Erde und all dessen, was auf ihr lebt, als Schöpfung Gottes, des Herrn°. Die erste Situation betrifft den Erwerb von Lebensmitteln auf dem Markt. In Korinth lag der unweit von den Tempeln rund ums Forum; manche Ware stammte daher aus dem Opferanteil der Priesterschaft. Als zweites Beispiel dient die Teilnahme an einem Gastmahl, das ein Ungläubiger° ausrichtet;

dass dieser auch sakral Geschlachtetes auftischte, lag nahe. In beiden Fällen sollen die Adressaten darauf verzichten, von sich aus die Herkunft des Angebotenen zu überprüfen (s. 2,14f.). Zur Begründung verweist Paulus auf das Gewissen° und meint damit das Gewissen derer, die er zum Essen anhält; das belegt die gegenläufige Erklärung von 10,28c in 10,29. Es ist dann unerheblich, ob man den Verweis mit „prüft" („... ob etwas euer Gewissen belasten würde") oder „nichts prüft" („... damit ihr euer Gewissen nicht belastet") verknüpft. Weil letztlich alle Speise von Gott kommt (vgl. auch Ps 144[145],15), ist das Gewissen weder auf dem Markt noch beim Gastmahl für eine Urteilsbildung zuständig.

28–30 Anders verhält es sich, wenn jemand die Herkunft von Fleisch aus dem paganen Opferkult anzeigt, sei es auf dem Markt oder beim Gastmahl. Was der Sprecher meint, ergibt sich aus 10,30b: Er „verlästert" das angeredete Gemeindeglied, rügt also zu Unrecht ein Fehlverhalten (s. Röm 3,8). Das kann man ihm aber nicht einfach darlegen. Er redet, wie der Ausdruck „heilig° Geopfertes" belegt, als Anhänger jenes Kults (s. S. 106); und eine Grundsatzdebatte im Sinne von 8,4–6 lässt die vorausgesetzte Situation nicht zu. So ist es wichtig, ihn vor falschen Schlüssen zu bewahren. Darum sollen die Adressaten angesichts solch einer Aussage das angebotene Fleisch nicht verzehren. Andernfalls würde das Gegenüber im Gewissen falsch geprägt – und meinen, Christusgläubige dürften sich beim Essen in pagane Opferhandlungen einbinden lassen. Da es um das Gewissen „des anderen" geht, wie 10,29a klarstellt, hat schon 10,28c nur diese eine Person im Blick; das legt auch die Zuordnung zweier Angaben zur Konjunktion „um ... willen" nahe. Das die Angaben verbindende „und" ist dann erklärend aufzufassen („und zwar").

Bei seinem Rat präsentiert sich Paulus den Adressaten wiederum als Vorbild. Darum weist er auf 9,1a zurück: Als Apostel ist er „frei°" von Ansichten, die im Christusglauben als überholt gelten. Diese Freiheit bewährt er darin, dass er sein Verhalten auf Gegenüber und Situation ausrichtet (s. S. 114). 10,29b bietet daher keine Begründung für das Voranstehende; die wäre, wie die Forschungsdiskussion zeigt, auch gar nicht schlüssig. Vielmehr bildet der Satz eine mit „Warum ... denn" (vgl. Hi 3,20) eröffnete rhetorische Frage. Sie markiert erläuternd, dass Paulus das Fremdurteil 10,28b nur aus dem in 10,28c genannten Grund akzeptiert: Sein Verzicht auf die „heilig Geopfertes" genannte Speise kommt dem ungläubigen Gegenüber zugute. Die zweite rhetorische Frage 10,30 unterstreicht das. Paulus darf an sich alles essen, was er – der Einsicht 10,26 und jüdischer Tischsitte (vgl. bBer 35a u. ö.) gemäß – im Dankgebet (s. 11,24; Röm 14,6b–c) empfängt. Damit bekundet er, dass er seinen Anteil am Mahl der Gnade° Gottes zuschreibt (s. 1,4 u. ö. zum Dank für Gnade). Er braucht sich also nicht einreden zu lassen, er würde Gott untreu, wenn er Fleisch vom Götzenopfer äße. Wenn aber andere dies als Einschränkung seiner exklusiven Christusbindung ansähen, würde er darauf verzichten. Nur so könnte er das Gewissen des Gegenübers in rechter Weise aufbauen (s. 10,23b und 8,10) und ihm, gemäß 9,19, „zum Sklaven werden".

25–30 Die paulinische Haltung zum Götzenopferfleisch entspricht in etwa dem Diktum Rabban Gamaliels aus mAZ 3,4: „Das, was man als Gottheit behandelt, ist verboten; was man aber nicht als Gottheit behandelt, ist erlaubt." Allerdings trifft Gamaliels erster Satz sie nur insoweit, als sie das „Als-Gottheit-Behandeln" allein durch das pagane Gegenüber veranlasst sieht.

31 Paulus zieht die Folgerung für die Adressaten und rundet den Passus im Blick auf Gottes Ehre° ab (s. Phil 1,11 u. ö.). Damit greift er den Verweis auf das Dankgebet in 10,30 auf (s. 2Kor 4,15), führt aber darüber hinaus: Der Umgang mit Essen und Trinken soll insgesamt zur Ehre Gottes dienen – so, wie es 6,20b als Motto für die leibliche Existenz der Christusgläubigen benannt hat. Paulus mahnt diese Ausrichtung dann gar für alles Tun der Adressaten an. Damit erinnert er sie an das generelle Ziel des Heilshandelns Gottes in Christus (s. Phil 2,11) und ihrer Berufung (s. Röm 15,7) – und bereitet auf diese Weise den Abschluss des zweiten Hauptteils in 10,32–11,1 vor.

C Der Text bezeugt die Einbindung vieler Adressaten in das wirtschaftliche und soziale Leben Korinths (s. S. 5). Einladungen zum Gastmahl waren ein wichtiger Teil dieses Lebens; sie erfolgten u. a. aus diversen familiären Anlässen. Die Szene, die 10,27.28–30 dazu entwirft, dürfte in einem Privathaus spielen; im Tempelbezirk (s. 8,10) wäre die kultische Herkunft der Speisen selbstverständlich, sodass sich eine Prüfung erübrigen würde. Dabei sind zumal nichtjüdische Gemeindeglieder im Blick, da Einschränkungen, die die Speisegebote der Thora Juden auferlegten, nicht zur Sprache kommen.

D 10,26 bietet eine Anführung aus Ps 23[24],1. Es heißt dort nach der LXX:

> [1a]Ein Psalm Davids; am ersten (Tag) der Woche. [b]*(Eigentum) des Herrn ist die Erde und (alles,) was sie füllt*; der Erdkreis und alle, die in ihm wohnen. [2]Er hat sie über den Meeren gegründet [...]. [3]Wer wird hinaufgehen auf den Berg des Herrn [...]? [4a](Einer, der) unschuldig (ist) mit (den) Händen und rein im Herzen, der seine Seele nicht zu Nichtigem (her)genommen [b]und nicht zum Betrug an seinem Nächsten geschworen hat. [...] [7]Erhebt die Tore [...], und einziehen wird der König der *Ehre*.

Der Psalm ist demnach mit 1Kor 10 vielfältig vernetzt: Ps 23[24],1a verweist auf den Tag, an dem nach Apg 20,7 das Herrenmahl gefeiert wird (s. 10,16f. und dazu 16,2); Ps 23[24],3–4a bindet den Eintritt in die Gottesgemeinschaft unter Rekurs auf Ex 20,3–7 an die Treue zu Gott (s. 10,21f.) im ganzen Lebensvollzug (s. 10,31a), Ps 23[24],4b darüber hinaus an wahrhaftiges Reden gegenüber dem Nächsten (s. 10,28f.); Ps 23[24],7 schreibt allein Gott Ehre zu (s. 10,31b). Zudem diente das in 10,26 angeführte Psalmwort rabbinischen Texten (tBer 4,1 u. ö.) zufolge als Segensspruch beim Mahl (s. 10,16a.30b) – ein Brauch, der womöglich schon in paulinischer Zeit existierte. Wer diese Bezüge entdeckt, wird der Gedankenführung in 10,21–31 leichter folgen und sie in ihrer durchgehenden Orientierung an der Schrift würdigen können.

E Jenseits des paganen Kultmahls haben die nichtjüdischen Adressaten volles Verfügungsrecht über alle ihnen öffentlich oder privat angebotenen Speisen. Es basiert auf dem Verständnis der Welt als Schöpfung Gottes; das eigene Gewissen hat hier keine Funktion. Begrenzt wird jenes Recht indes von der Fürsorgepflicht für das Gewissen paganer Kontaktpersonen. Um es vor einer Fehlausrichtung zu schützen, gesteht ihnen der Apostel zu, über seine Glaubensfreiheit von pagan-religiösen Anschauungen zu urteilen, verzichtet er also darauf, Götzenopferfleisch zu essen. Dadurch wird er den Adressaten zum Vorbild, durch eine Praxis der Liebe zum Nächsten Gott in allem Tun, auch beim Essen, die Ehre zu geben. Diese schriftgemäße Konkretion der unbedingten Treue zu Gott in einem situationsgemäßen, am Nutzen des Gegenübers orientierten Verhalten ist auch für eine heutige Ethik maßgebend.

Der Abschluss des zweiten Hauptteils (10,32–11,1)

32 **Werdet unanstößig, sowohl für Juden als auch für Griechen**
und ebenso **für die Versammlung Gottes,**
33 [a]**wie auch ich in allem allen** zu **Gefalle**n lebe,
indem ich nicht meinen eigenen Nutzen suche, sondern den der Vielen,
[b]**auf dass sie gerettet werden.**
1 **Werdet meine Nachahmer, wie auch ich Christi** Nachahmer werde!

A Die Sätze beschließen den zweiten Hauptteil, nicht nur, wie meist behauptet, den voranstehenden Passus. Schon 10,33 greift nebst 10,23 auch 9,22c–d auf. Zuvor weitet der Blick auf Juden und Griechen (s. 1,22) den Horizont und erinnert an Kap. 5–6, die die Außenwirkung der Lebenspraxis der Adressaten mehrfach thematisieren. Vor allem knüpft der Hinweis auf die „Versammlung Gottes“ (1,2) an 4,17d an, während 11,1 auf 4,16b zurückweist.

B 32 Paulus bündelt seine Weisungen zu den Fragen rund um Sexualsünde und Götzendienst mit Blick auf den Effekt des eigenen Tuns. Dazu vereint der Begriff „unanstößig für“, der Untadeligkeit vor Gott einschließt (s. Phil 1,10 u. ö.), zwei Aspekte: Die Adressaten sollen der Gemeinde°, der sie angehören, Ehre machen, indem sie deren Identität im Verhalten zur Geltung bringen; und dafür müssen sie es vermeiden, ihrer vielfältig geprägten Umwelt zum Anstoß zu werden – und so den Zugang zum Evangelium zu erschweren.

33 Wie das gelingt, können sie am Apostel sehen. Er gestaltet sein Leben in jeder Hinsicht so, dass es dem Wohl aller Mitmenschen dient. Damit

entspricht er formal einem antiken politischen Grundsatz (Chilon u. a.), der Sache nach aber dem Urbild Christi (s. Röm 15,3a). Demgemäß weist die Wendung „Nutzen° der Vielen“ auf die Gemeindeglieder (s. 7,35; 10,17; 12,7) und die Gesamtheit der Zeitgenossen (s. 10,23, vgl. Mk 10,45 u. ö.). Diese und jene zu retten°, ist das Ziel des apostolischen Wirkens (s. 5,5; 9,22).

1 Am Ende wiederholt Paulus den Appell, ihn nachzuahmen° (s. 4,16b). In der Tat zeigt er sich in 4,18–10,31 fortlaufend als Vorbild und Lehrer der Adressaten (s. 4,19f.; 5,3–5; 6,12; 7,6f.25f.40; 8,13; 9,1–23.26f.; 10,15.29f.). Dass er selbst Christi° Weisung und Vorbild folgt, betont auch die Wendung „meine Wege in Christus“ in 4,17. Es wird in Kap. 6–9 (s. 6,12; 7,10f.; 9,1.12.15–19.27) und bereits zuvor (s. 1,1.17.23; 2,1–5.16; 3,5.10f.; 4,1.9–13.15) immer wieder deutlich. Die Rede von einer „Nachahmung“ Christi hat dabei antike Analogien, etwa in dem Anspruch eines Herrschers, Herakles nachzuahmen (vgl. Plutarch); ihnen fehlt aber die bindende Kraft des Dienstverhältnisses, in dem der Apostel zu Christus steht (s. 9,16).

C Der Passus setzt voraus, dass die Adressaten in ihrem gemeinschaftlichen Dasein als Versammlung Gottes in Korinth von Juden und Griechen kritisch wahrgenommen wurden. Ob dies öffentlich geschah, wie es Apg 18,12–17 für den Gründungsaufenthalt des Paulus erzählt (s. S. 4), muss offenbleiben; die sozialen Kontakte einzelner Gemeindeglieder hat es jedenfalls geprägt.

E Der Aufruf zur Nachahmung des Apostels beschließt seine ethischen Darlegungen zu den beiden Feldern, auf denen die Gemeinde vor allem in Konflikt mit der paganen Kultur kam: denen der Sexualsünde und des Götzendienstes. Er weist die Adressaten damit in eine unanstößige, dienende Existenzweise ein, die das Wohl ihrer Mitmenschen fördert und diesen den Zugang zum Evangelium erleichtert. Dass er der Lebensführung der Gemeindeglieder eine derart große Bedeutung für ihren öffentlichen Zeugnisauftrag (s. Phil 2,15) gibt, ist auch für ein heutiges Gemeindeleben beachtenswert.

III. Zu Gottesdienst und Endzeithoffnung (11,2–16,4)

Der dritte Hauptteil enthält Ausführungen zu Problemen, die im Zusammenleben der Adressaten als „Versammlung Gottes“ (1,2) aufgetreten sind. Die beiden Themenfelder „Gottesdienst“ und „Endzeithoffnung“ sind zweifach miteinander verknüpft: formal durch den Bezug auf die von Paulus übermittelten „Überlieferungen“ (11,2, s. 11,23; 15,3), inhaltlich durch die eschatologische Prägung der Gottesdienste (vgl. dazu 4Q400–407); diese zeigt sich zumal in der Feier der „neuen Bundesverfügung“ (11,25) beim Herrenmahl sowie im Gebrauch der „Geistesgaben“ (12,1 u. ö.), die das „Angeld des Geistes“ (2Kor 1,22; 5,5) erfahrbar machen (vgl. Apg 2,1–21). Die einzelnen Abschnitte sind im Anschluss an den Leitsatz 11,2 einander ringförmig zugeordnet: 11,3–16 und 16,1–4 betreffen Fragen im Verhältnis zu anderen Gemeinden; 11,17–34 und 15,1–58 klären gemeindeinterne Spannungen im expliziten Rückgriff auf besagte Überlieferungen; 12 und 14 erörtern die Geistesgaben. Im Zentrum steht der eschatologisch bestimmte Lobpreis der Liebe als Grundlage und Maßstab jener Geistesgaben (12,31b–13,13).

Der Leitsatz (11,2)

2 [a]Ich lobe euch aber, weil ihr mich bei allem Tun **in Erinnerung habt und, [b]wie ich** sie **euch überliefert habe, [c]die Überlieferungen festhaltet.**

Der Satz leitet den ganzen Hauptteil ein, nicht nur, wie meist angenommen, 11,3–16. Das belegen der Verweis auf die Überlieferungen (s. 11,23; 15,3), die grundlegende Rede von der Erinnerung an Paulus (s. 4,17) und die Wiederaufnahme der Stichwörter „loben“ in 11,17.22 und „festhalten“ in 15,2. A

Wenn Paulus die Gemeinde lobt, redet er vor dem mit 4,5 skizzierten Horizont in der Autorität des Herrn. Er kann das aufgrund seiner zuvor benannten Christusbindung (s. 11,1$_{\text{fin.}}$). Demgemäß hat sein Lob einen doppelten Grund: die ständige Erinnerung an den Apostel und seine Lehre (s. 4,17) sowie die Bewahrung derjenigen Überlieferungen, durch die sein Evangelium in den Anfängen des Christusbekenntnisses und damit im Christusgeschehen verwurzelt ist. Gerade die Fülle dieses Lobs bereitet der folgenden Kritik einiger Verhaltensweisen und Auffassungen der Adressaten den Boden. B

C/E Wie 11,23–26; 15,3–5 zeigen, gab Paulus mit seiner Gründungspredigt in Korinth (s. S. 3 f.) auch festgefügte Traditionsstücke weiter. Solche Basistexte haben auch heute für innergemeindliche Debatten orientierende Kraft.

1. Kopfbedeckung und Haartracht im Gottesdienst (11,3–16)

3 [a]**Ich will aber, dass ihr wisst:**
Eines jeden Mannes Haupt ist **der Christus,**
[b]**das Haupt einer Frau aber** ist **der Mann,**
[c]**das Haupt des Christus aber** ist **Gott.**
4 **Jeder Mann, der, wenn er betet oder prophetisch redet,**
etwas **vom Haupt herab**hängen **hat, beschämt sein Haupt.**
5 [a]**Jede Frau aber, die, wenn sie betet oder prophetisch redet,**
dies **mit unverhülltem Haupt** tut, **beschämt ihr Haupt;**
[b]**denn** dann **ist sie ein und dasselbe mit der** Frau,
die am Haupt **rasiert wurde.**
6 [a]**Denn wenn eine Frau sich,** d. h. ihr Haupt **nicht verhüllt,**
[b]**dann soll sie sich** gleich das Haupt kurz **scheren** lassen; [c]**wenn aber**
das Kurzgeschoren- **oder Rasiert-Sein beschämend für eine Frau** ist,
[d]**soll sie sich,** d. h. ihr Haupt **verhüllen.**
7 [a]**Denn ein Mann ist zwar nicht verpflichtet, das Haupt zu verhüllen,**
weil er als ‚*Bild*‘ und Glanz ‚*Gottes*‘ existiert;
[b]**die Frau aber ist Glanz des Mannes.**
8 **Denn nicht stammt der Mann aus der Frau,**
sondern die Frau ‚*aus dem Mann*‘;
9 **und der Mann wurde ja nicht geschaffen um der Frau willen,**
sondern die Frau um des Mannes willen.
10 **Deshalb ist die Frau verpflichtet, ein** Zeichen ihres **Verfügungsrechts**
auf dem Haupt zu haben um der Engel willen.
11 **Allerdings** ist **weder eine Frau ohne Mann**
noch ein Mann ohne Frau,
nach den **im Herrn** geltenden Maßstäben;
12 [a]**denn wie die Frau ‚*aus dem Mann*‘** entstanden ist,
[b]**so** entsteht seither **auch der Mann durch die Frau;**
[c]**das alles aber** kommt **aus Gott.**
13 [a]**Urteilt bei euch selbst:**
[b]**Ist es angemessen, dass eine Frau unverhüllt zu Gott betet?**
14 **Und lehrt euch nicht die** in der **Natur selbst** verankerte Ordnung,
dass zwar, wenn ein Mann lange Haare hat, es **für ihn eine Schande ist,**
15 [a]dass **aber, wenn eine Frau lange Haare hat,** es **eine Ehre für sie ist?**
[b]**Denn das** lange **Haar ist ihr anstelle eines Umhangs gegeben.**
16 [a]**Wenn aber jemand meint,** im Streit **siegen zu wollen,** sollt ihr wissen:
[b]**Wir haben solch eine Sitte nicht, die Gemeinden Gottes auch nicht.**

A Paulus wehrt einer neuen, den christusgläubigen Gemeinden fremden Sitte (11,16): In der gottesdienstlichen Versammlung gestalten die Adressaten ihr Haupt auf eigene Weise. Ob dies Haartracht (11,14f.) oder Kopfbedeckung (11,7a.13) oder beides betrifft, ob allein Frauen oder auch Männer im Blick sind und ob es um Ehepaare geht, ist in der Forschung strittig. Deutlich zutage tritt die Kritik des Apostels. Zu ihrer Begründung verknüpft er kulturelle Vorstellungen von Scham und Ehre (11,4–6.13–15) mit diversen theologischen Erwägungen (11,3.7–9.11f.) zu der Würde, die Mann und Frau im Verhältnis zueinander und zu Gott eignet. Dabei nutzt er die Mehrdeutigkeit der Begriffe „Haupt" (11,3–5.7.10) und *doxa* („Ehre, Glanz"; 11,7.15). Gegliedert ist der Gedankengang primär durch die Anrede der Adressaten in 11,13a, im ersten Teil zudem durch den Stilwechsel in 11,4 und die Folgerung 11,10.

B 3

Am Beginn steht ein entschiedener Wunsch: Die Gemeinde soll dem Wissensbestand, an dem sie ihre Existenz ausrichtet (s. 3,16 u. ö.), einen Lehrsatz hinzufügen. Er überträgt die Zuordnungskette 3,22d–23, die die Stellung der Adressaten zum Kosmos klärt, auf das Verhältnis von Mann und Frau, gibt ihr jedoch eine neue Pointe. Durch die nicht-hierarchische Folge, die christologische Rahmung und die kategoriale Differenz der Teilsätze verweist 11,3 Mann *und* Frau auf ihre Stellung im Horizont von Gottes Offenbarungs- (11,3c), Schöpfungs- (11,3b) und Rettungshandeln (11,3a): Wie der Mann Christus° als dem ihm Heil und Orientierung bietenden ‚Oberhaupt' (vgl. Philon, Praem. 125; Zosimos) nachgeordnet ist, so die Frau dem Mann als ihrem ‚Ursprung' (vgl. Philon, Congr. 61; Artemidorus). Dem Satzbau gemäß ist dabei nicht die Autorität des Hauptes im Blick, sondern die bereitwillige Rollenübernahme der nachgeordneten Person – die damit Gottes gute Ordnung für die Welt wahrt. Das bestätigt der dritte Teilsatz, der an den heilstiftenden Gehorsam Christi gegen Gott erinnert (s. Phil 2,8; Röm 15,3).

4–6

Aufgrund jener Ordnung gelten für Männer und Frauen gegenläufige Regeln, mit welchem Erscheinungsbild sie in der gottesdienstlichen Versammlung das Wort ergreifen (s. 14,26). Solche Regeln sind nötig, weil jedes Wort im Gottesdienst derer, die Gottes Tempel bilden (s. 3,16), der Gottesbeziehung Ausdruck gibt. Beides, das Beten zu Gott (s. Röm 8,26) wie das prophetische Reden° von Gott her (s. 12,10f.), ist ja von Gottes Geist getragen. Ein Mann soll dabei keinesfalls „etwas vom Haupt herabhängen haben". Das kann langes Haar, aber auch ein über den Kopf gezogenes Gewand meinen. Da Paulus im Weiteren beides erwähnt (s. 11,7.14), ist der Doppelsinn wohl beabsichtigt. Seine ablehnende Haltung mag seiner jüdischen Prägung entspringen; denn der Zutritt zum Jerusalemer Tempel war Priestern mit langem Haar nach mKel 1,9 untersagt, und nur römische Priester pflegten ihr Haupt im Kult zu verhüllen (vgl. Plutarch). Der Text nennt als Grund indes etwas Anderes: Wenn ein Mann sich so präsentiere, beschäme er „sein Haupt". Auch das ist doppeldeutig. Seine Haare lang zu tragen wäre gemäß 11,14 allererst für einen selbst eine Schande (s. u.); den Kopf zu verhüllen käme 11,3a zufolge einer Entehrung Christi gleich, wie 11,7 dann plausibel macht. In beiden Fällen aber entstünde die Beschämung aus der öffentlichen Negation der mit der Schöpfung gegebenen Unterscheidung von Mann und Frau.

Umgekehrt würde eine Frau gerade damit „ihr Haupt" beschämen, dass sie ohne Kopfbedeckung im Gottesdienst spricht. Wie groß die Beschämung wäre, zeigt der Vergleich mit Kopfrasur und Kurzhaarschnitt. Beides galt als entehrend und diente öfter dazu, Frauen zu bestrafen oder öffentlich bloßzustellen (vgl. Sib 3,359; TestHiob 24,10). Im Hintergrund dürfte die ebenfalls gemein-antike Wertung langer Haare als Ausdruck der Weiblichkeit stehen. Paulus teilt beide Ansichten (11,6c.15a) und erklärt lange Haare zum Unterscheidungsmerkmal zwischen Frau und Mann (11,14f.). Beschämend wäre der Verzicht auf eine Kopfbedeckung im Gottesdienst also deshalb, weil die Frau damit vor Gott ein klares, öffentliches Zeichen der Geschlechterdifferenz ablegen würde. Auch diese Beschämung träfe daher in doppeltem Sinne das eigene „Haupt" (11,5a): die Frau selbst ebenso wie den Mann.

In der Antike hat eine Frau ihr Haupthaar öffentlich generell dazu verhüllt, um sexuelle Nichtverfügbarkeit anzuzeigen. Dies spielt in 11,3–16 keine Rolle. Paulus spricht allein vom Auftreten im Gottesdienst und betont, dass Männer und Frauen dort auf je andere Weise ihr Haupt präsentieren sollen.

7–10 Zur weiteren Begründung dieser Unterscheidung dienen zwei Aspekte des biblischen Zeugnisses von der „Erschaffung" des Menschen (vgl. Dtn 4,32).

Zuerst verweist Paulus auf das grundlegend in Gen 1,26f. bezeugte Motiv, dass der Mensch „nach dem Bild Gottes" gemacht wurde. Demnach ist der von Gott geschaffene Mensch gegenüber den anderen Geschöpfen Repräsentant der Herrschaft Gottes. Freilich stellt 11,7 einen besonderen Zug dieses Motivs heraus: Das Bild macht den Glanz des Originals sichtbar (s. 2Kor 4,4b+6c). Diese Zuspitzung erlaubt es Paulus, die Gottebenbildlichkeit allein dem Mann zuzusprechen (vgl. Gen 5,1 und bKet 8b u. ö.): Er ist es, der in seinem geschöpflichen Dasein Gottes Ehre° widerspiegelt. Demzufolge muss er seinen Kopf beim gottesdienstlichen Reden nicht bedecken. In der Tat würde er damit gleichsam Christus, der „sein Haupt" ist (11,3a), verhüllen.

Dass es sich bei der Frau anders verhält, erschließt Paulus dann aus einer weiteren Erzählung. Ihr zufolge wurde die Frau als Beistand für den Mann erschaffen und dazu „aus ihrem Mann" genommen (Gen 2,18.23). Sie ist ihm also nachgeordnet, wie 11,8f. zweimal betont, und gilt Paulus demgemäß als „Glanz des Mannes". Insofern bringt sie in ihrem geschöpflichen Dasein allererst die Ehre des Mannes zur Geltung (vgl. Spr 11,16a) – und nur auf diese vermittelte Weise auch Gottes Ehre. Soll und will sie dennoch im Gottesdienst unmittelbar zu und vor Gott reden, muss sie ihren Kopf und damit ihre Zuordnung zum Mann verhüllen. Eben diese Schlussfolgerung bietet 11,10. Die in ihrem Sinn umstrittene Wendung „*exousia* haben" identifiziert demnach – in Fortführung des Sprachgebrauchs aus 6,12 u. ö. – die Kopfbedeckung als Zeichen des Verfügungsrechts° der Frau über Gebet und Prophetie im Gottesdienst. Der Zusatz „wegen der Engel" dient dann dazu, den Einklang des Gottesdienstes mit der Schöpfung anzuzeigen, da in jüdischer Tradition die Engel hier wie dort als präsent gedacht sind (vgl. 1QSa 2,3–9; bSanh 38b u. ö.).

11–12 Ein Nachtrag stellt klar, dass es bei alledem um Differenzierung statt Abstufung geht. Er erinnert an die Aufhebung der Statusunterschiede „in Christus", die Gal 3,28 bezeugt, setzt aber einen anderen Akzent: „Im Herrn°", d. h. im Horizont der Beziehung zu ihm (s. 4,17; 7,39 u. ö.) sind beide, Frau und Mann, aufeinander angewiesen – und insofern, bei aller Verschiedenheit, gleichberechtigt. Begründet wird dies erneut aus der Schöpfungsgeschichte, welche die Entstehung der Frau „aus dem Mann" (s. 11,8) durch die Einsetzung dieser Frau, Eva, zur „Mutter aller Lebenden" (Gen 3,20) ergänzt. Sie bezeugt damit nach Paulus das schöpferische Wirken Gottes (s. 8,6), das im Christusgeschehen sein eschatologisches Pendant hat (s. 1,30) und deshalb erst von dort her in seinem Sinn erschlossen wird. Eine Eingrenzung der paulinischen Darlegung auf Eheleute liefe daher dem Text zuwider.

13–15 Ein Appell an die Urteilskraft der Adressaten (s. 10,15) leitet den Abschluss der Darlegung ein. Im Rückbezug auf 11,4f. werden mittels rhetorischer Fragen noch einmal beide Praktiken behandelt, die der Würde gottesdienstlichen Redens entgegenstehen. Dass Frauen auf eine Kopfbedeckung verzichten, wertet Paulus nun im Blick auf das Gebet zu Gott als unangemessen; er wählt damit einen Maßstab, den stoische Philosophen in der naturgegebenen Vernunft des Menschen verankert sahen (vgl. Panaitios). Dass andererseits Männer lange Haare tragen, präsentiert er generell als Widerspruch gegen die natürliche Ordnung. Auch dabei folgt er einem Prinzip der Stoa (vgl. Epiktet), bezieht es aber im Stil der Popularphilosophie auf eine soziale Konvention. Viele Zeitgenossen sahen lange Haare als unmännlich an. Mit der Rede von Ehre und Schande (wörtlich „Unwürde") hebt Paulus diese Ansicht auf die Ebene gesellschaftlicher Anerkennung (s. 4,10): Wer sich als Mann zulegt, was einer Frau zu allgemeiner Ehre gereicht, negiert die Geschlechterdifferenz und damit die Würde, die ihm als Mann eigen ist. 11,15b begründet das mit einer Konkretion der in 11,14 angesprochenen Ordnung: Lange Haare sind der Frau zugedacht; sie dienen ihr, nicht dem Mann, als eine Art Umhang, der ihre Besonderheit anzeigt (vgl. 2Makk 3,26).

16 Wie der Hinweis auf die Neigung manch eines Gemeindeglieds zur Streitsucht (vgl. Spr 10,12) signalisiert, rechnet der Apostel mit Widerspruch. Daher ruft er die Adressaten auch in dieser Angelegenheit in die Gemeinschaft nicht nur der paulinischen, sondern aller christusgläubigen

Gemeinden° hinein (s. 1,2 u. ö.); denn denen sei die Sitte, die in Korinth um sich greift, fremd.

C Anders als oft behauptet rügt der Text nicht nur ein Verhalten weiblicher Gemeindeglieder. Der Einsatz mit 11,3a, die Feststellungen zum Erscheinungsbild eines Mannes (11,4.14) und die betonte Klärung des Verhältnisses von Mann und Frau (11,8f.11f.) zeigen, dass es auch um das Tun von Männern geht. Daraus erklärt sich das Nebeneinander von Aussagen zu Haartracht und Verhüllung des Kopfes. Allerdings lassen die rhetorische Gestaltung und die argumentative Funktion von 11,5b.6b–c und 7a vermuten, dass dort jeweils nur hypothetisch geredet wird. Anlass zur Kritik bietet also die gottesdienstliche Sitte, dass Frauen mit unverhülltem Haupt das Wort ergreifen (11,5a.13), während Männer dies mit langen Haaren tun (11,4.14). Die paulinische Argumentation lässt darauf schließen, dass diese Sitte auf die Beseitigung von Zeichen der Geschlechterdifferenz im Gottesdienst zielte. Wie sie entstand, muss offenbleiben. Womöglich haben die Adressaten hier erneut (s. S. 83) eine These des Paulus über deren Intention hinaus radikalisiert: die These zur Einheit von Mann und Frau in Christus (s. Gal 3,28).

Woher die von Paulus vorausgesetzte Praxis stammt, dass Frauen im Gottesdienst ihr Haupt verhüllen, ist auch unklar. Sie erinnert an einen jüdischen Brauch (vgl. bNed 30b), zugleich aber an diverse griechische und römische Zeugnisse über das Auftreten verheirateter Frauen in der Öffentlichkeit.

D Paulus zeigt in 11,9 mit dem Verb „schaffen“ (s. Röm 1,20.25 u. ö., vgl. Gen 14,19 u. ö.) an, dass er auf die biblische Schöpfungsvorstellung zurückgreift. Das Wissen um die in 11,7a.8f.12a.b angespielten Erzählzüge von der Gottebenbildlichkeit des Menschen (Gen 1,26f.), der Erschaffung der Frau als Beistand des Mannes aus seiner Rippe (Gen 2,18–23) und der Geburt jedes weiteren Menschen aus der Frau (Gen 3,20) setzt er bei den Adressaten voraus; ohne dieses Wissen liefe seine Argumentation ins Leere. Erst bei genauerer Kenntnis der Schöpfungserzählungen in Gen 1–3 aber erschließt sich der paulinische Gedankengang in seiner Tiefe. In Gen 1–2^{LXX} heißt es:

> [1,26]Und Gott sprach: „Wir wollen den Menschen machen nach unserem *Bild und* nach (unserer) Ähnlichkeit, und *sie* sollen herrschen […] über die ganze Erde […].“ [27]Und Gott machte den Menschen. Nach dem *Bild Gottes* machte er ihn, männlich und weiblich machte er sie. […] [2,22]Und Gott der Herr baute die Rippe, die er von Adam genommen hatte, zur Frau und führte sie zu Adam. [23]Und Adam sprach: „Dies ist nun Knochen von meinem Knochen und Fleisch von meinem Fleisch. Diese wird Frau heißen, weil sie *aus* ihrem *Mann* genommen wurde.“

Gen 1,26f. bietet eine Basis für die Erwähnung der Engel in 11,10, setzt doch das „wir“ deren Präsenz voraus. Der Text lässt ferner erkennen, dass der Ausdruck „Glanz Gottes“ in 11,7 die biblische Rede von „Ähnlichkeit“ ersetzt – und stellt dadurch klar, dass Gottebenbildlichkeit an sich – abgesehen vom Glanz Gottes – Mann *und* Frau eignet. Angesichts von Gen 2,22f. wird zudem deutlich, dass 11,7 anstelle von Knochen und Fleisch vom „Glanz des Mannes“ spricht (s.dazu 15,39f.). Wer das wahrnimmt, versteht: Paulus verknüpft die verschiedenen Texte dadurch, dass er Mann und Frau analoge Funktionen zuschreibt; beide zeigen die Würde dessen an, dem sie ihrer Herkunft nach entsprechen. Auf diesem Wege interpretiert er Gen 1,1–2,3 durch Gen 2,4–3,24 und umgekehrt: Die Nachordnung der Erschaffung der Frau in Gen 2 führt zu einer Differenzierung der Rede von der Gottebenbildlichkeit in Gen 1, sodass nur der Mann unmittelbar Gottes Glanz widerspiegelt; die Gleichstellung von Mann und Frau in Gen 1 aber unterstreicht, dass jene Nachordnung der Frau nicht ihren Anteil an der Gottebenbildlichkeit bestreitet, sodass beide, Mann und Frau, von Gott her aufeinander verwiesen sind.

E

In der Gottesdienstversammlung zu Korinth wurden – entgegen dem, was andernorts galt – zwei Zeichen der Geschlechterdifferenz aufgehoben: Männer traten mit langen Haaren auf, Frauen ohne Kopfbedeckung. Seine Kritik daran gründet Paulus auf einen Lehrsatz zur Stellung von Mann und Frau in Gottes heilvoller, durch Christus erschlossener Weltordnung. Aus ihm folgert er, dass die Adressaten mit ihrem Erscheinungsbild beim Beten und prophetischen Reden jeweils sich selbst und die Quelle ihrer Entstehung beschämen. Aus der biblischen Schöpfungsgeschichte erhebt er sodann Grundsätze einer guten gottesdienstlichen Praxis: a) Da der Mann als Glanz Gottes existiert, braucht er sein Haupt nicht zu verhüllen; b) die Frau jedoch, die aufgrund ihrer nachgeordneten Erschaffung Glanz des Mannes ist, bedarf einer Kopfbedeckung, die ihr Verfügungsrecht über Gebet und Prophetie anzeigt; c) gleichwohl sind Mann und Frau vor Gott gleichberechtigt und aufeinander verwiesen. Ergänzend erschließt der Apostel aus Vernunft und Natur, wie unangemessen und schändlich das Verhalten der Adressaten im gesellschaftlichen Kontext ist. Er folgt damit einer im hellenistischen Judentum gängigen Argumentationsweise und verändert sie vom Christusglauben her. Die Zeitgebundenheit seiner Methode und ihrer gedanklichen Voraussetzungen steht der Übernahme seiner Ansichten in die Gegenwart entgegen. Anregend bleiben aber sein Anstoß, die Gleichberechtigung der Geschlechter im gemeindlichen Leben mit der Berücksichtigung ihrer Unterschiede zu verknüpfen, und sein Ansatz, gottesdienstliche Praktiken sowie überhaupt soziale Konventionen im Licht von Schrift und Christusbekenntnis kritisch zu prüfen.

2. Ein Missstand beim gemeinsamen Mahl (11,17–34)

17 ⸂**Da ich aber dies anordne,**
lobe ich natürlich **nicht**⸃, **dass ihr nicht zu dem** für euch **Besseren,**
sondern zu dem für euch **Schlimmeren zusammenkommt.**
18 **Vor allem nämlich höre ich von eurem Zusammenkommen**
in der Gemeinde**versammlung, dass es Spaltungen unter euch gibt**
– und zum Teil glaube ich es.
19 [a]**Es muss ja auch Abspaltungen unter euch geben,**
[b]**damit** ⸀**auch die** in Treue **Bewährten offenbar werden unter euch.**
20 **Wenn ihr also am selben Ort zusammenkommt,**
geschieht es gar **nicht, dass ihr ein Herrenmahl** als solches **esst;**
21 [a]**denn** jede und **jeder nimmt zuvor das eigene Mahl ein beim Essen,**
[b]**und der eine hat Hunger, der andere ist betrunken.**
22 [a]**Habt ihr etwa keine Häuser für das** alltägliche **Essen und Trinken?**
[b]**Oder verachtet ihr die** Gemeinde**versammlung Gottes**
[c]**und beschämt die, die** solch eine Möglichkeit **nicht haben?** [d]**Was soll ich euch sagen?**
[e]**Soll ich euch loben?** [f]**In diesem** Verhalten **lobe ich euch nicht.**

23 [a]**Ich habe ja empfangen vom Herrn,** [b]**was ich euch auch überliefert habe:**
[c]**Der Herr Jesus – in der Nacht, in der er ausgeliefert wurde –**
nahm einen Laib **Brot,**
24 [a]**und als er gedankt hatte, brach er** ihn **und sagte:** [b]**„Dies ist mein Leib,**
der für euch gegeben ist; [c]**dies tut zu meiner Vergegenwärtigung."**
25 [a]**Ebenso** nahm er **auch den Kelch nach der Mahlzeit, indem er sagte:**
[b]**„Dieser Kelch ist die neue Bundesverfügung,** erlassen **in meinem Blut;**
[c]**dies tut,** [d]**sooft ihr** ihn **trinkt,** [e]**zu meiner Vergegenwärtigung."**
26 [a]**Denn sooft ihr dieses Brot esst und den Kelch trinkt,**
[b]**verkündet ihr** damit **den Tod des Herrn, bis er kommt.**

27 [a]**Daher** gilt: **Wer auch immer auf unwürdige Weise**
das Brot des Herrn **isst oder den Kelch des Herrn trinkt,**
[b]**wird schuldig sein am Leib und am Blut des Herrn.**
28 **Es soll sich aber ein** jeder **Mensch selbst prüfen**
und nur **so von dem Brot essen und aus dem Kelch trinken;**
29 **denn wer isst und trinkt, isst und trinkt sich selbst ein Gericht**surteil,
wenn er dabei **nicht den Leib** des Herrn in seiner Würde **herausstellt.**
30 **Deshalb** gibt es **unter euch viele Schwache und Kraftlose,**
und es entschlafen wirklich **genug** von ihnen.
31 [a]**Wenn aber wir uns selbst** zu **beurteil**en hätten,
[b]**würden wir** gar **nicht gerichtet;**
32 [a]**da wir aber vom Herrn gerichtet werden, werden wir** von ihm **erzogen,**
[b]**damit wir nicht mit der Welt verurteilt werden.**

33 [a]**Daher,** [b]**meine Geschwister:**
[c]**Wenn ihr zum Essen zusammenkommt, empfangt einander** zum Essen.
34 [a]**Falls jemand Hunger hat,** [b]**soll er im Haus essen,**
[c]**damit ihr nicht zum Gericht**surteil **zusammenkommt.**
[d]**Das Übrige aber werde ich verfügen, sobald ich komme.**

⸂⸃ *Einige Textzeugen bieten vorausweisend „Dies aber ordne ich an, wobei ich nicht lobe".*
⸀ *Viele Handschriften glätten den Text durch Streichung des „auch".*

A

Der Text kritisiert die Mahlpraxis (11,20–22.27–29.33f.) in der Gemeindeversammlung zu Korinth (11,17f.20.22.33f.). Die Verweigerung des Lobes rahmt die Darstellung des Missstandes (11,17–22), die mit 11,22a–c zur Argumentation überleitet. Deren Basis bildet das Zitat einer Tradition, die Paulus den Adressaten übermittelt hat (11,23–25). Über den Kommentar 11,26 leitet er aus ihr allgemeine Verhaltensregeln im Horizont des Gerichts ab (11,27–29), den 11,30–32 genauer beschreibt. Konkrete Weisungen und ein Ausblick auf den bevorstehenden Besuch des Paulus runden den Passus ab (11,33f.). Sein gedanklicher Aufbau wird formal durch Sätze in der 1. Person Sing. (11,17f.22d–23b.34d) und Pl. (11,31f.), anklagende Fragen (11,22a–c), Schlussfolgerungen (11,27.33) und die direkte Anrede 11,33b angezeigt.

B 17

Der Wortfolge gemäß (s. Phil 1,25 u.ö.) knüpft die Einleitung des Satzes an die apostolische Anordnung (s. 7,10) in 11,3–16 an. Er tadelt in verkappter Weise (vgl. 2Chr 21,20) ein weiteres Fehlverhalten in den Versammlungen der Gemeinde (s. 11,18.20). Dessen Brisanz zeigt sich darin, dass es ihr statt zum Guten (s. 7,9c) zum Schaden gereicht. Wie die Aufnahme der Rede vom Lob aus 11,2 andeutet, besteht es in einer von den paulinischen Traditionen abweichenden Praxis. Inwiefern sie schadet und worum genau es geht, lässt Paulus vorerst offen; so erhöht er die Aufmerksamkeit der Adressaten.

18–19

Diese Strategie führt er mit der stufenweisen Annäherung an das Thema fort. Ein an 1,10f. erinnernder Hinweis auf Nachrichten über Spaltungen betont die Schwere des Versagens: Bei der Versammlung der Gemeinde° wird deren in der Christusbeziehung verankerte Einheit (s. 1,13) beschädigt. Paulus gibt diesem Aspekt Vorrang vor allem (s. Röm 1,8; 3,2), was zu jenem Versagen sonst noch zu sagen wäre. Auch die Notiz, dass er die schlimmen Nachrichten jedenfalls zum Teil für glaubwürdig° hält, markiert den Ernst der Lage. Diese entspricht der traditionellen Erwartung (vgl. Justin, Dial. 35,3, u.ö.), es müsse einen eschatologischen Prozess (s. 15,25 u.ö.) der Abspaltung einiger Christusgläubiger geben. In ihm zeigt sich, wer sich Gott gegenüber als treu bewährt (s. 2Kor 2,9) und wer nicht. Anders als in 1,10–13 trifft der tadelnde Hinweis auf Spaltungen also nicht alle Adressaten, sondern zumal jene, die sich in der Gemeindeversammlung absondern.

20–22

Nun identifiziert Paulus das Problem. Es tritt zutage, wenn die Gemeinde an einem Ort (s. 14,23) zum Gemeinschaftsmahl zusammenkommt. Dessen Gestaltung verhindert, dass das vom Herrn eingesetzte Herrenmahl (s. 11,23–25) eingenommen werden kann. Gemeint ist nicht, dass Letzteres entfällt; es wird, wie 11,27 zeigt, seiner Würde beraubt und so verfälscht (s. Gal 1,7). Was zur Verfälschung führt, bringt 11,21 kurz, aber im Grunde klar zur Sprache. Gemäß 11,18f. geht es um eine Spaltung; und diese betrifft nach 11,21b die Mahlgemeinschaft (s. Röm 14,2). Der Vorwurf der Trunkenheit (s. 5,11 u. ö.) mag dabei auf Trinkgelage verweisen, die gemeinsame Mähler römischer Prägung oft beschlossen. Der Kontrast zum Hunger lässt indes primär den Gegensatz von ernsthaftem Mangel und übermäßiger Fülle hervortreten. Das unterstreichen die anklagenden Fragen 11,22a–c; sie richten sich nicht nur an die vermögenderen Gemeindeglieder, die Häuser bewohnen, appellieren aber an deren Verantwortung. Nach 11,21a entsteht der Gegensatz daraus, dass beim gemeinsamen Essen alle zuerst, also vor dem Herrenmahl, ihre eigenen Mahlzeiten verzehren. Prinzipiell entspricht das dem antiken Freundschaftsmahl; zu ihm brachte man selbst mit, was man essen wollte (vgl. Xenophon u. a.). Führt solch ein Mahl sozial Gleichgestellte zusammen, wie es üblich war, ist das auch unproblematisch. Doch in der sozial durchmischten Gemeinde zu Korinth (s. S. 33) erzeugt diese Praxis Ungleichheit, die dem Wesen gemeinschaftlichen Essens widerspricht. Im „Herrenmahl" findet ja die Zugehörigkeit aller Teilnehmenden zum Herrn Ausdruck – und damit die Einheit der „Versammlung Gottes" (1,2). Die gilt es zu achten (s. 1,10); und deshalb ist es verfehlt, andere Mitglieder zu „beschämen" (s. 11,4f.). Das aber geschieht, wenn das Herrenmahl mit einem Gemeinschaftsmahl verbunden wird, bei dem die Ärmeren Mangel leiden. Im Vorgriff auf die Weisungen am Abschnittsende (11,33f.) deutet 11,22a daher schon an, dass vornehmlich in den Häusern gespeist und getrunken werden soll. Die erneute Verweigerung des Lobs in 11,22d–f zeigt dann an, wie sehr Paulus das Verhalten der Adressaten empört. Er wertet es im Gefolge von 11,19 geradezu als Konkretion der dort angekündigten Abspaltungen.

23–26 Zur Begründung dient eine Tradition zum Ursprung des Herrenmahls. Die Worte „empfangen von" führen sie auf den Herrn° zurück (vgl. Mt 17,25 u. ö.) – was den Empfang „von Seiten" menschlicher Übermittler keineswegs ausschließt (s. 1Thess 2,13). Sie verweist demnach die Gemeinde, der Paulus sie bei seinem Erstbesuch mitgeteilt hat (s. 15,3), auf die Wurzeln ihrer Christusbeziehung (s. 11,2). Gegenüber der Erzählung vom Abschiedsmahl Jesu in Mk 14 (s. u. C) zeigt 11,23c–25 indes ein eigenes Gepräge, als Einsetzungsbericht und im Wortlaut. Der Kommentar 11,26 verstärkt dies noch. Es tritt auch im bekenntnisartigen Titel „Herr" (s. 12,3) zutage, den Paulus schon auf Jesu Erdenwirken anwendet (s. 2,8; 7,10; 9,14). Demgemäß sorgt er mit der Anrede der Adressaten in 11,23b.26 dafür, dass sie sich durch die Worte Jesu in 11,24b–c.25b–e angesprochen sehen – auch wenn die 2. Person Pl. dort zuerst denen gilt, die am letzten Mahl Jesu teilnahmen.

23c–24 Infolge der Datierung auf eine bestimmte Nacht bezeichnet das Verb „ausliefern" die Übergabe Jesu an öffentliche Instanzen (vgl. Mk 14,10.41 u. ö.); dass darin auch Gott handelt (s. Röm 4,25, vgl. Jes 53,12), dürfte aber mitgedacht sein. Der referierte Vorgang aus Dankgebet und Brotbrechen, der dem Auftakt eines jüdischen Gastmahls entspricht, lässt Jesus als Gastgeber erscheinen. Dass er sein Abschiedsmahl im Kontext des Passafestes (s. 5,7) hält (vgl. Mk 14,12 u. ö.), sagt 11,23c nicht. Diesen Kontext ruft aber die symbolische Deutung eines Mahlelements auf ein geschichtliches Heilsereignis auf. Sie hat nämlich ihre einzige echte Parallele im Passamahl: Dort werden Lamm, ungesäuertes Brot und Bitterkraut auf einzelne Aspekte des Auszugs aus Ägypten bezogen (vgl. mPes 10,4 f.). Dazu passt auch 11,24c. Wie dieser Satz den Vollzug des Herrenmahls als ‚Vergleichzeitigung' mit Jesus wertet, so gedenkt das jüdische Volk beim Passafest des Auszugs aus Ägypten (vgl. Ex 12,14; 13,3); und nach mPes 10,5 gibt das Passamahl denen, die es feiern, am Auszug selbst Anteil. Das Wort „Vergegenwärtigung" entspricht zwar eher paganem Sprachgebrauch. So diente die Stiftung eines Totengedenkens dem Gedächtnis der Wohltaten berühmter Männer (vgl. Cicero u. a.); und manche Kulte riefen das Leiden einer Gottheit zum Zwecke mitfühlender Anteilnahme in Erinnerung (vgl. Plutarch u. a.). Im Herrenmahl geht es jedoch darum, dass die Hingabe des Leibes° Jesu in den Tod den Angeredeten heilsam zugutekommt (s. 10,16; Röm 8,32 u. ö.). Eben sie wird demgemäß im Brechen des Brotes dargestellt. „Dies" in 11,24b verweist ja nicht auf das im Griechischen maskuline Wort „Brot", sondern wie in 11,24c auf das, was mit dem Brot geschieht. Vom Austeilen oder Essen wird hier indes noch nicht geredet; eine Zueignung des Leibes Jesu an die zum Mahl Versammelten ist daher nicht im Blick. So wird jeder Anklang an die Theophagie vermieden, wie sie etwa im Kult des Dionysos stattfand; dort aß man rohes Fleisch, um sich die Kräfte dieser Gottheit einzuverleiben.

25 Andere Akzente setzt die Tradition im zweiten Teil. Statt eines Getränks fügt sie dem Brot den Kelch hinzu. Zudem deutet sie mit „ebenso" nicht nur an, dass Jesus den Kelch ebenfalls nach einem Dankgebet in die Hand nimmt (s. 11,23c–24a); ihr zufolge redet er auch davon, dass der Kelch getrunken wird. Das geschieht nach der Mahlzeit. Entgegen der in 11,21a skizzierten Praxis sieht die Tradition also vor, dass Brot und Kelch des Herrenmahls das gemeinsame Essen rahmen. Gemäß 11,26–28 trinken dabei alle aus einem Kelch. Das entspricht nicht dem jüdischen Segenskelch (s. S. 137), wohl aber dem griechisch-römischen Vortrunk, der – nach dem Ausgießen des Trankopfers – das dem Mahl folgende Trinkgelage eröffnet (vgl. Theophrast u. a.). Allerdings verbindet sich jener Trunk mit dem gegenseitigen Zuspruch von Glück. 11,25b–e vollzieht hingegen eine heilsgeschichtliche Deutung: Der Kelch stellt symbolisch Gottes in Jer 38[31],31–34 verheißene „neue Bundesverfügung" dar. Damit meint Paulus eine heilvolle Setzung (s. Gal 3,17), die den Menschen Vergebung der Sünden (s. Röm 11,27) und ewiges Leben erschließt (s. 2Kor 3,6). Dazu passt die Wendung „in meinem Blut", die Jesu gewaltsamen Tod (s. 10,16) als Mittel der Inkraftsetzung jener Bundesverfügung wertet. Denn zum einen stiftet Gott in diesem Tod Sündenvergebung (s. 15,3), um denen, die als Glaubende zu Christus gehören, eschatologische Gerechtigkeit zu schenken (s. Röm 3,25 f.; 5,9). Zum andern entspricht jene Wertung der antik-jüdischen Deutung des „Bundesblutes" aus Ex 24,8

als Sühnemittel (TgOnq u. a.). Im gemeinsamen Trinken des Kelchs wird demnach gefeiert, dass Gott diese Bundesverfügung aufgerichtet hat, und Jesus als der vergegenwärtigt, durch dessen Lebenshingabe dies geschehen ist.

26 Der paulinische Kommentar benennt die für die Mahlpraxis der Adressaten wesentlichen Aspekte des Traditionsstücks: Das regelmäßig vollzogene Herrenmahl ist auf Dauer Merkmal der eschatologischen Existenz der Gemeinde; es rückt bei der Vergegenwärtigung des Herrn seinen heilstiftenden Tod ins Zentrum; es dient insofern als öffentliches Zeugnis (s. 2,1; Phil 1,18); und es richtet die Adressaten auf Jesu endzeitliches Kommen aus (s. 16,22), also auch auf das bevorstehende Gericht (s. 4,5). Auf diese Weise führt der Apostel ihnen vor Augen, dass sie sich ethisch zu bewähren haben (s. 1,8 f.), um an der endzeitlichen Herrlichkeit des Herrn (s. 2,8) Anteil zu erhalten.

27 Nun wertet Paulus die so gedeutete Tradition aus. Er fasst dazu die Christusgläubigen als Einzelne ins Auge und verallgemeinert das in 11,21 umrissene Tun mittels eines adverbialen Ausdrucks: Wird das Herrenmahl „auf unwürdige Weise" gefeiert, kann es nicht als solches gelten (s. 11,20). 11,27 verdeutlicht das mit Hilfe der Begriffe aus 11,23–26. „Brot …" und „Kelch des Herrn" (10,21) stellen daher keine verselbständigten Gaben dar, sondern Symbole. Erst der Umgang mit ihnen führt zu seiner Vergegenwärtigung; es ist ihr ‚Verzehr' in der Gemeindeversammlung, der seinen Vergebung stiftenden Tod bezeugt. Eine Schuld an „Leib und Blut" des Herrn entsteht dann daraus, dass man den Zeugnischarakter des Herrenmahls zerstört. Paulus benennt sie in der gemein-antiken Form sakraler Rechtssätze (vgl. Mt 5,21 f. u. ö.). Dies gibt dem Vorwurf des Beschämens anderer (11,22c) nachträglich scharfen Sinn (s. 1,27): Es stellt Schuld dar, weil es die Heilswirksamkeit der Lebenshingabe Jesu für die Glaubensgeschwister konterkariert (s. 8,11 f.).

28–29 Demzufolge sollen alle, die am Herrenmahl teilnehmen, im Zuge ihrer Teilnahme sich selbst, d. h. das eigene Verhalten (s. Gal 6,4) prüfen. Zu klären ist, ob es Gottes Willen entspricht (s. Röm 12,2 u. ö.), konkret: der Teilhabe an dem durch Jesu Tod erschlossenen Heil. Im stiftungsgemäßen Umgang mit Brot und Kelch wird diese Teilhabe gefeiert. Daher unterliegen das Essen und Trinken in der Gemeindeversammlung großer Verantwortung. Das Herrenmahl dient der Vergegenwärtigung Jesu, der sich leibhaftig für die Menschen hingegeben hat. Wer diese Hingabe im eigenen leiblichen Verhalten beim Mahl entehrt, zieht sich Gottes Gerichtsurteil (Röm 2,3 f. u. ö.) zu. Denn solches Tun missachtet die besondere Würde des in den Tod gegebenen Leibes Jesu. Gewiss kann man in 11,29 auch an die Gemeinde als Leib Christi (12,27) denken; nahe liegt das nach 11,24.27 aber nicht. Andererseits entspricht es dem Blick auf die Vorgänge beim Herrenmahl, dass Jesu Blut hier nicht eigens erwähnt wird. Brot und Kelch sind nicht als Repräsentation von Leib und Blut des Herrn anzusehen.

Wichtig ist, wie man in der Gemeinschaft derer agiert, die „*von* dem Brot essen und *aus* dem Kelch trinken".

30–32 Dass gerade die Gemeinde zu Korinth solcher Selbstprüfung bedarf, begründet der Hinweis auf viele Fälle von Krankheit (vgl. Mt 10,8; Mk 6,13 u. ö.) und Tod in ihr. Anders als meist angenommen sind sie nicht als Vollzug des in 11,29 genannten Gerichtsurteils anzusehen. Ein Verständnis von Krankheit und Tod als Sündenstrafe (vgl. Joh 9,2 u. ö.) liegt Paulus fern (s. Phil 2,26f.; 1Thess 4,13f.); und dass unter den Adressaten gerade die erkranken und sterben, die im Sinne von 11,27 Schuld auf sich laden, ist weder gesagt, noch ist es angesichts von 11,21f. wahrscheinlich. Zudem richtet sich 11,30 wie 11,18f. an die Gemeinde als ganze. Jene Fälle sind demnach Teil des Schadens, den sie sich mit ihrer Versammlungspraxis zuzieht (s. 11,17).

Das Folgende bestätigt diese Lesart. 11,31 entnimmt man zwar meist, die Adressaten hätten einem Strafgericht durch sachgerechte Selbstbeurteilung entgehen können. Diese Deutung passt aber weder zum „Wir"-Stil des Satzes noch zu 4,3f. Im Rückgriff darauf schließt er vielmehr ein Missverständnis von 11,28 aus: Der Prüfauftrag misst den Christusgläubigen nicht das Amt zu, sich selbst zu beurteilen. Dann stünde ihnen gar kein Gerichtsurteil bevor. Nach 11,32a hält der Herr Gericht. Und der tut alles, damit seine Erwählten nicht die Verdammnis trifft, die dem gottfernen Kosmos° (s. 1,20f. u. ö.) droht (vgl. 2Makk 6,12–16 u. ö.). Um sie vor ihr zu bewahren, ist Christus ja gestorben (s. Röm 8,34 u. ö.). An ihnen vollzieht sich sein Gericht daher allererst darin, dass er sie mit Züchtigung erzieht (vgl. Spr 3,11f.; Hebr 12,4–11 u. ö.). Für die Adressaten konkretisiert sich dies in besagten Krankheits- und Todesfällen. Deren Häufung soll die Adressaten zur Umkehr rufen (vgl. PsSal 3,4; 16,11). In solcher Umkehr würden sie sich vom Herrn „bis zur Vollendung befestigen" lassen (1,8) und dem Verdammungsurteil entgehen.

33–34 Angesichts von 11,18 meint umkehren: die Spaltung beim gemeinsamen Mahl überwinden. Deshalb redet Paulus die Adressaten nun, in Abgrenzung vom Kosmos, als seine „Geschwister°" an und fordert sie auf, den in 11,20f. skizzierten Missstand durch zwei Maßnahmen zu beseitigen. Erstens sollen sie einander zum Essen in der Gemeindeversammlung gastfreundlich „empfangen". Die Wahl dieses Verbs (anders Röm 15,7) mag durch 11,32 bedingt sein, da es auch die Akzeptanz von Erziehungsmaßnahmen ausdrückt (vgl. Sir 18,14 u. ö.). Es im zeitlichen Sinn („erwarten", s. 16,11) aufzufassen, stünde in Spannung zu 11,21; dort ist ein dem Herrenmahl vorgeschalteter Verzehr eigener Mahlzeiten im Blick, nicht ein versetztes Eintreten in die Mahlgemeinschaft. Konkret will Paulus die jeweils mitgebrachten Speisen wohl so aufgeteilt wissen, dass der Überfluss der einen den Mangel der anderen ausgleicht (s. 2Kor 8,14). Möglicherweise schwingt die Idee mit, das gemeinsame Mahl der zitierten Tradition 11,23–25 gemäß mit dem Brotbrechen zu beginnen, um einander auf diese Weise zum Essen zu empfangen.

Zweitens soll etwaiger Hunger „im Haus“ gestillt werden. Diese Weisung greift 11,22a auf, kann sich aber nicht nur auf die beziehen, die Häuser bewohnen. Das wäre nach dem Tadel 11,21b geradezu zynisch. Zudem zielt sie darauf, den Adressaten das Gerichtsurteil zu ersparen, das 11,29 androht. Sie müssen also davon Abstand nehmen, die leibliche Hingabe Jesu beim Mahl zu missachten. Daher sollen sie die alltägliche Sättigung im Miteinander jenseits der Gemeindeversammlung gewährleisten. Damit sind die Vermögenderen gefordert, ihre Speise mit den Ärmeren zu teilen (vgl. Jes 58,7 u. ö.).

Beides sind dringende Sofortmaßnahmen, die den eingetretenen Schaden (11,17) beseitigen und Schlimmeres verhüten. Was sonst in dieser Sache zu tun ist, will der Apostel bei seinem bevorstehenden Besuch (s. 4,19) klären.

C Nach 11,20; 14,23 konnte sich die korinthische Gemeinde an einem Ort versammeln. Das setzt ihrer Größe klare Grenzen (s. S. 4). Als Versammlungsstätte scheiden private Wohnhäuser nach 11,22 aus. Dass die noch junge Gemeinde aber bereits ein eigenes ‚Gemeindehaus‘ besaß, ist unwahrscheinlich. Röm 16,23a legt die Annahme nahe, dass der in 1,14 erwähnte Gaius einen geeigneten Ort zur Verfügung stellen konnte. Ob er ein entsprechend großes Haus besaß oder etwa einen Versammlungssaal anmieten konnte, muss offenbleiben.

Warum die Adressaten dem Herrenmahl insgesamt ein Sättigungsmahl voranstellten, ist unklar. Dass es dabei zu der in 11,21 angedeuteten Spaltung kommen konnte, erklärt sich hingegen aus den äußeren Bedingungen: In der Antike wurden Tischgruppen mit meist neun Plätzen gebildet, die in der Regel sozial etwa gleichgestellte Personen einnahmen. Die architektonische Gliederung eines Saales oder Hauses führte dabei zwangsläufig zu einer gewissen Trennung dieser Gruppen. Für die Annahme, ärmere Gemeindeglieder hätten erst später kommen und mit dem Mahl beginnen können als reichere, gibt es in der antiken Mahlpraxis hingegen keine Analogie.

11,22–27 tritt dem Tun der Adressaten unter Anführung einer Tradition entgegen. Dies lässt darauf schließen, dass sie während ihres Gemeinschaftsmahls gerade nicht rezitiert wurde. Woher Paulus sie kannte, ist ungewiss. Womöglich lernte er sie bei seinem ersten Besuch in Jerusalem (s. Gal 1,18f.) kennen. Der gebotene Text, der stärker griechisch geprägt ist als Mk 14,22–25, dürfte jedoch einer Griechisch sprechenden Gemeinde entstammen, etwa der in Antiochia (vgl. Apg 11,19–26). Eine Urfassung hinter den beiden Versionen lässt sich nicht mehr rekonstruieren. Dennoch sprechen drei Gründe dafür, das Herrenmahl aus dem Abschiedsmahl Jesu herzuleiten. Erstens belegen ebenso zahlreiche wie deutliche *Übereinstimmungen* zwischen 11,23–26 und Mk 14,17f.22–25 das hohe Alter der gemeinsamen Tradition:

Mk 14: [17]Und als es Abend geworden war, kommt er mit den Zwölf. [18]Und während sie zu Tisch lagen und aßen, sagte Jesus: Amen, ich sage euch: „Einer von euch wird mich *ausliefern*, der, der mit mir isst." [...] [22]Und während sie aßen, als er *ein(en Laib) Brot genommen*, den Segen gesprochen hatte, *brach er (ihn)* und gab ihnen (davon) *und sagte*: „Nehmt, *dies ist mein Leib*!"

[23]Und als er einen *Kelch* genommen, gedankt hatte, gab er ihnen (den); und sie *tranken* alle daraus. [24]Und er *sagte* ihnen: *„Dies ist mein Blut* der *Bundesverfügung*, das für viele vergossen wird.
[25]Amen, ich sage euch, dass ich nicht mehr vom Gewächs des Weinstocks trinken werde bis zu jenem Tag, da ich es neu trinken werde im Reich Gottes."

1Kor 11: [23][...] [c]Der Herr Jesus – in der Nacht,

in der er *ausgeliefert* wurde –

nahm ein(en Laib) Brot,
[24a]und als er gedankt hatte, *brach er (ihn)* *und sagte*: [b]*„Dies ist mein Leib*, der für euch; [c]dies tut zu meiner Vergegenwärtigung." [25a]Ebenso auch den *Kelch* nach der Mahlzeit, indem er *sagte*: [b]*„Dieser* Kelch *ist* die neue *Bundesverfügung* in *mein*em *Blut*; [c]dies tut, [d]sooft ihr (ihn) *trinkt*, [e]zu meiner Vergegenwärtigung."
[26a]Denn sooft ihr dieses Brot esst und den Kelch trinkt, [b]verkündet ihr den Tod des Herrn, bis er kommt.

Zweitens verbindet die Vorstellung von Jesus als Gastgeber das Herrenmahl gerade mit dem Abschiedsmahl. In der Erzählüberlieferung nimmt er diese Rolle nur noch bei den Speisungswundern und der Emmaus-Episode ein (vgl. Mk 8,6 u. ö.; Lk 24,30); die betreffenden Texte sind darin jedoch durch die Herrenmahlstradition geprägt. Drittens gehören die Deuteworte zu Brot und Kelch aufgrund ihrer Verwandtschaft mit denen beim Passamahl in den Kontext des Passafestes. Das Herrenmahl wird aber unabhängig von ihm gefeiert. Die Nähe zum Passamahl erklärt sich daher am besten, wenn die Deuteworte im Kern auf das Abschiedsmahl Jesu mit seinen Jüngern zurückgehen; denn die Überlieferung stellt dieses Mahl unabhängig von seiner genauen Datierung in den Horizont des Passafestes (vgl. Mk 14,12.17; Joh 13,1 f.).

Der Begründungszusammenhang 11,28–30 könnte darauf hindeuten, dass die erwähnten Krankheits- und Todesfälle ihrer Eigenart nach mit der Ernährungssituation der Adressaten verknüpft waren. Zu belegen ist dies nicht.

D

Die in 11,25 anklingende Verheißung der „neuen Bundesverfügung" in Jer 38[31],31 lautet in ihrem ursprünglichen LXX-Zusammenhang:

> [31]Siehe, es kommen Tage spricht der Herr, da werde ich für das Haus Israel und das Haus Juda eine *neue Bundesverfügung* festsetzen, [32]nicht gemäß der Bundesverfügung, die ich für ihre Väter festsetzte [...]; [33][...] [b]Wenn ich meine Gesetze gebe, werde ich (sie) in ihren Verstand und auf ihre Herzen schreiben; [c]und ich werde für sie Gott sein, und sie werden für mich Volk sein; [34][...] [b]alle werden mich kennen, von ihrem Kleinsten bis zu ihrem Größten, [c]denn ich werde gnädig sein gegenüber ihren Ungerechtigkeiten, und ihrer Sünden werde ich gewiss nicht mehr gedenken.

Dieser Text prägt zwar nicht die Sprache, wohl aber die Logik der paulinischen Argumentation. Hier wie dort wird Gottes Heilssetzung eschatologisch aufgefasst (Jer 38[31],31, s. 11,26b; 2Kor 3,6), auf eine Gemeinschaft von Erwählten bezogen (Jer 38[31],33c, s. 11,22b; 2Kor 6,16), die untereinander gleichgestellt sind (Jer 38[31],34b, s. 11,18–22; 4,7), und als Akt der Sündenvergebung bestimmt (Jer 38[31],34c, s. 11,24b; 15,3), der zugleich auf ein Leben nach dem Willen Gottes verpflichtet (Jer 38[31],33b, s. 11,26–29; 10,6–11). Die Wahrnehmung dieses Zusammenhangs stärkt die Plausibilität der paulinischen Auswertung der Herrenmahlstradition erheblich.

E Bei ihrem Gemeinschaftsmahl verzehrten die Adressaten jeweils eigene Mahlzeiten. Aufgrund ihrer sozialen Diversität kam es dadurch zu einer Spaltung zwischen Überfluss und Mangel. Damit sah Paulus das anschließende Herrenmahl entwürdigt und die Gemeinde verachtet. Seine Kritik leitet er aus der bekannten, beim Essen aber nicht präsenten Herrenmahlstradition ab. Dass er sie auf den Herrn zurückführt, ist im Kern historisch plausibel. Mit ihr deutet er das Herrenmahl – in Analogie zum Passamahl und mit Bezügen auf pagane Kultfeiern – als Vergegenwärtigung des Todes Jesu, durch den Gott Vergebung gestiftet hat. Dabei stellt das Brotbrechen symbolisch die Hingabe des Leibes Jesu dar, während mit dem Trinken aus dem Kelch die Aufrichtung der neuen Bundesverfügung aus Jer 38[31] „in [s]einem Blut" gefeiert wird. Infolge ihres eschatologischen, einend-verpflichtenden Charakters darf dieser Zeugnischarakter des Herrenmahls nicht zunichtewerden. Wer Gottes Gericht entgehen will, muss daher sein Verhalten beim Mahl prüfen. Wie dringend dies ist, zeigen die als Züchtigungsgericht aufgefassten Krankheits- und Todesfälle in der Gemeinde. Der Apostel fordert, einander beim Essen in der Gemeindeversammlung zu empfangen, indem man mitgebrachte Speisen teilt und ggf. das Mahl mit dem Brotbrechen beginnt. Die eigentliche Sättigung soll aber in den Wohnhäusern der besser gestellten Gemeindeglieder stattfinden; diese haben also die ärmeren zu versorgen. Paulus entwickelt seine Position aus einer Reflexion der Jesustradition vor dem Hintergrund ihrer Schriftbezüge; dabei bringt er die Würde des Herrenmahls mit der sozialen Verantwortung der Gemeinde in Einklang. Dieses Verfahren hat Vorbildfunktion für vergleichbare Probleme in heutigen Gemeinden.

3. Die Geistesgaben (12–14)

Nach einer grundsätzlich gehaltenen Einleitung (12,1–3) behandelt ein erster Abschnitt Vielfalt und Zusammengehörigkeit der verschiedenen Gaben des einen Geistes (12,4–30). Der zweite Abschnitt empfiehlt, sich um bestimmte als die größeren Gaben zu bemühen (12,31–14,40) – und knüpft dieses Bemühen einleitend an die Liebe als dessen Grundbedingung (12,31b–14,1a).

Einleitung (12,1–3)

1 [a]**Hinsichtlich der geistlichen Angelegenheiten aber,** [b]**Geschwister,**
[c]**will ich nicht, dass ihr in Unkenntnis seid.**
2 **Ihr wisst** doch, **dass ihr, als ihr „Heiden" wart, zu den stimmlosen Götzen**bildern **... –**
wie ihr ständig zu ihnen **geführt wurdet als Abgeführte.**
3 [a]**Darum bringe ich euch** erneut **zur Kenntnis,**
dass niemand im heiligen Geist redend sagt: [b]**„Verflucht** ist **Jesus!",**
[c]**und niemand sagen kann:** [d]**„Herr** ist **Jesus!",** [e]**außer im heiligen Geist.**

A In direkter Anrede der Gemeinde bereitet Paulus allem Folgenden den Boden: Er leitet seinen Wunsch, sie mit dem Wirken des Geistes genauer vertraut zu machen, aus dem Kontrast zwischen vorhandenem Wissen und noch fehlender Kenntnis bezüglich der Genese ihrer eigenen Existenz ab (12,2f.).

B 1 Die Themaangabe verweist allgemein auf geistliche° Angelegenheiten (s. 2,13; 9,11); sie bereitet damit die Ausführungen zu Geistesgaben (14,1b, s. 12,4.31: Gnadengaben) und Geistesmenschen (14,37) in gleicher Weise vor. Angesichts dieses generellen Sachbezugs hat die Kundgabeformel (s. 10,1a–b) einen kritischen Unterton: Als Lehrer will der Apostel seine Glaubensgeschwister° davon abbringen, jene Angelegenheiten falsch einzuschätzen.

2–3 Demgemäß erinnert er sie an einen Erfahrungskomplex aus der Zeit der Gemeindegründung. Um dessen negative Seite wissen sie genau (s. 1Thess 2,1 u. ö.). Vor ihrer Hinwendung zu Jesus standen sie als „Heiden°" im Götzendienst (s. 6,9c–11a). Jüdischer Polemik folgend verspottet Paulus die nur in Bildern existenten Götzen° als sprachunfähig (vgl. Ps 113,15[115,7] u. ö.) – und verweist so implizit auf Gottes Wort als Basis christusgläubiger Existenz (s. 1Thess 2,13). Gleichwohl betont er die Ohnmacht der Adressaten gegenüber dem ständigen Sog in den Götzendienst; er setzt dazu syntaktisch neu an und wechselt ins Passiv. Letzteres lässt von 10,20f. her an Dämonen als wirkende Mächte denken (vgl. Athenagoras). Die Wortwahl gemahnt zudem an den Akt, in dem man Häftlinge vor den Richter führt (vgl. Mk 14,53 u. ö.); sie deutet also an, dass jenes Vorgeführt-Werden im Verderben endet.

Das positive Gegenstück hingegen muss Paulus der Gemeinde erneut zur Kenntnis geben – obwohl sie darum eigentlich wissen sollte (s. 15,1). Erst das machtvolle Wirken des göttlichen Geistes°, der an Gottes Heiligkeit° Anteil hat, befähigt° Menschen, das rettende Bekenntnis „Herr° ist Jesus!" (s. Röm 10,9 u. ö.) zu sprechen. Demnach gründet die Gottesbeziehung der Christusgläubigen von Anfang an und in jeder Hinsicht auf Gottes Wirken (vgl. Joh 6,44.65). In der Tat wohnt der heilige Geist in ihnen (s. 6,19), um sie seinerseits zu führen (s. Röm 8,14 u. ö.). Doch diese Führung macht sie nicht passiv, sondern aktiv, leitet sie also an, recht von Gottes Wirken zu reden (s. 2,13; 14,2f.). Solches Reden basiert auf der Erkenntnis, dass Gott selbst Jesus zum Herrn ernannt hat (s. Phil 2,9–11). Nur der Geist eröffnet sie (s. 2,12.16c); in den Kategorien des „Fleischs" (s. 3,3) ist sie ebenso unmöglich wie im Bereich „dieser Weltzeit" (s. 2,8; 2Kor 5,16). Paulus erläutert das, indem er die radikale Antithese zum rettenden Bekenntnis anführt: Wer Jesus, etwa ob seines Kreuzestodes (s. 1,23), als von Gott verflucht (s. Röm 9,3) bezeichnet und so dem Geist widerspricht, bekundet damit, ebenso wenig Zugang zum endzeitlichen Heil zu haben wie die Götzendiener (s. 6,9). Damit wendet der Apostel den traditionellen Gedanken, dass Götzendienst über das Lob der Götzen ins Lästern Gottes führt (vgl. 3Makk 4,16), auf die Identität Jesu an. Sie erkennen und dann recht zur Sprache bringen zu können, ist die erste, fundamentale Wirkung des Geistes.

C/E Wie die Formulierung 12,1a nahelegt, geht Paulus hier erneut auf das in 7,1 genannte Schreiben der Adressaten ein (s. S. 107). Gemäß 12,29–31a und 14,26 haben sie wohl die Bedeutung einzelner oder das Verhältnis verschiedener Geistesgaben angesprochen, zumal im Blick auf den Gottesdienst. Was genau sie dazu sagten oder fragten, muss jedoch offenbleiben. 12,2f. reagiert jedenfalls nicht, wie oft behauptet, auf konkrete Vorgänge in der Gemeinde. 12,2 spricht nicht von ekstatischen Erlebnissen, sondern generell von der Erfahrung des Ausgeliefertseins an die Götzen (s. Gal 4,8); und 12,3b führt daraufhin die inzwischen überholte, dem Grundbekenntnis der Christusgläubigen zuwiderlaufende Wertung der Identität Jesu an. Beides unterstreicht die befreiende Wirkung, die der Empfang des Geistes hat; schon jenes Bekenntnis verdankt sich ihr. So ordnet Paulus auf mustergültige Weise alles, was es an besonderen Gaben und Funktionen einzelner Gemeindeglieder gibt (12,1a), in den Gesamtzusammenhang christusgläubiger Existenz ein.

3.1 Vielfalt und Zusammengehörigkeit der Gnadengaben (12,4–30)

Der Passus ist ringförmig aufgebaut: Grundsätzliche Aussagen zur gemeinsamen Herkunft und differenzierten Zuteilung der verschiedenen Gnadengaben der Gemeindeglieder (12,4–11.28–30) werden durch die metaphorische Beschreibung der Gemeinde als Leib (12,12–27) miteinander verknüpft.

Grundlegung (12,4–11)

4 [a]**Ja, Zuteilungen von Gnadengaben gibt es,** [b]**doch** es ist **derselbe Geist;**
5 [a]**und Zuteilungen von Diensten gibt es,** [b]**und** es ist doch **derselbe Herr;**
6 [a]**und Zuteilungen von Tätigkeiten gibt es,** [b]**doch** es ist **derselbe Gott,**
der bei allem in allen tätig ist.
7 **Jedem** Gemeindeglied **aber wird die Manifestation des Geistes gegeben zum Nutzen**
auch für andere:
8 [a]**Denn einem wird durch den Geist Weisheits-Rede gegeben,**
[b]**einem anderen aber Erkenntnis-Rede gemäß demselben Geist,**
9 [a]**einem weiteren Glauben in demselben Geist,**
[b]**einem anderen aber Gnadengaben für Heilungen in dem einen Geist,**
10 [a]**einem anderen aber Tätigkeiten als Machterweise,**
[b]**einem anderen Prophetie,**
[c]**einem anderen Unterscheidungen der Eingebungen des Geistes,**
[d]**einem weiteren** manche **Arten von** fremden **Sprachen,**
[e]**einem anderen Übersetzung von** fremden **Sprachen;**
11 **bei all diesem aber ist der eine und derselbe Geist tätig,**
indem er jedem Gemeindeglied **gesondert zuteilt, wie er** es **beabsichtigt.**

A Allgemeine Lehrsätze beschreiben, wie ein und derselbe Geist (12,4.7–9.11), in Handlungseinheit mit dem Herrn und mit Gott, an allen Gemeindegliedern gesondert tätig ist: Er teilt ihnen diverse Gaben, Dienste und Tätigkeiten zu und bringt diese in ihnen zur Wirkung. Daher betont der Text sowohl die eine Quelle (12,4–6) als auch, unter dem Vorzeichen des Nutzens (12,7), die Vielfalt jener Gaben (12,8–10); am Ende fasst 12,11 beide Aspekte zusammen.

B 4–6 Das Stichwort „Zuteilungen“ (*diaireseis*) markiert den Gegenentwurf des Paulus zu den „Abspaltungen“ (11,19: *aireseis*), die in der Gemeinde anheben (s. 1,10; 11,18): So verschieden die Wirkungen des Geistes° (12,1) sind, sie haben denselben Ursprung. Zugleich zeigen drei parallel gebaute Sätze schon die Differenzierung an: Sie benennen jene Wirkungen nach ihrer Herkunft, Ausrichtung und Eigenart – und ordnen sie so bezeichnet dem Geist, dem Herrn° und Gott zu. Dieses triadische Muster (s. 6,11; 2Kor 13,13) lässt das Konzept ‚Einheit in Vielfalt‘ klar zutage treten. Dabei markieren die gewählten Begriffe dreierlei: den Geschenkcharakter der Gnadengaben° samt ihrer Verwurzelung in Gottes Gnade (s. 1,4–7; 4,7b); ihren Zweck, in der Gemeinde dem Wohl anderer zu dienen, in der Bandbreite vom apostolischen Dienst° (s. 3,5 u. ö.) bis zu finanzieller Hilfeleistung (s. 16,15 u. ö.); und die umfassende Prägung durch Gottes eigenes Tätigsein, das alle in jedem Tun bestimmt (s. Phil 2,13 u. ö.), die Apostel in ihrer Verkündigung ebenso wie die Gemeindeglieder in ihrem Glauben (s. Gal 2,8; 1Thess 2,13).

7 Eine These bündelt diese Gesichtspunkte mit Blick auf das einzelne Gemeindeglied: Seine Gabe, sein Dienst, seine Tätigkeit kommt ihm – wie das Verb im Präsens Passiv anzeigt – stets aufs Neue von Gott zu, macht

das Wirken des Geistes in der Gemeinde konkret erfahrbar und ist darauf angelegt, von Nutzen° zu sein, für einen selbst ebenso wie für die anderen (s. 6,12; 10,23). Auf diese Weise leitet 12,7 zugleich die folgende Auflistung ein.

8–10 Sie zeigt beispielhaft, wie der eine Geist jede und jeden mit eigenen Gaben ausstattet. Geprägt ist sie durch vierfache Paarbildung zu Rede, Heilung und Machterweis (s. 12,28d–e), Prophetie und Beurteilung (s. 14,29) sowie Sprachen und Übersetzung (s. 14,27). Wie das Fehlen von „aber" ab 12,10b anzeigt, besteht die Liste aus zwei Blöcken; in ihnen markiert der Wechsel von „anderen" zu „weiteren" (12,9a.10d) jeweils einen Einschnitt. Die Häufung beider Pronomina macht deutlich, dass niemand alle Gaben auf sich vereint.

Der erste Block 12,8–10a ist rund um den Glauben° gebildet. Im Gefolge von 12,3c–e ist damit schlicht der im Evangelium gründende Glaube an Gott (s. 1,21) gemeint. Er steht Paulus zufolge in einem Wechselverhältnis mit dem Geist: Wie Menschen den Geist vermittelt durch den Glauben empfangen (s. Gal 3,14), so ist der Glaube ein Werk des ihnen gegebenen Geistes (s. Gal 5,22). 12,9a betont Letzteres. So wird es möglich, den Glauben in doppelter Zuspitzung zu präsentieren. Zum einen erscheint er als Folge der in 12,8 genannten Redeweisen: Rechte Weisheits-Rede, die Gottes Weisheit° (s. 2,7) vermittelt und ihr auch der Form nach entspricht, zielt auf das Wissen um Gottes Heilsgabe und insofern auf geistgewirkten Glauben (s. 2,4f.7.12f.). Ähnlich dient auch die Erkenntnis-Rede, die aus der Gottes- und Christuserkenntnis (s. 8,1–7) erwächst, dem Zweck, genau solche Erkenntnis° zu stiften (s. 2Kor 4,6 u. ö.); und die hat, bei aller Vielfältigkeit (s. 1,5; 13,2), im Christusglauben ihr Maß (s. Phil 3,8–10 u. ö.). Zum andern kennzeichnet der Anschluss von 12,9b–10a den Glauben als die Quelle, aus der Wunder hervorgehen (s. 13,2) – seien es Heilungen, die ein Geistbegabter aufgrund des Glaubens des zu Heilenden vollzieht (vgl. Apg 3,6.16), oder Macht°-Taten eines Glaubenden, in denen Gott selbst am Werk ist (vgl. Apg 19,11).

Der zweite Block (12,10b–e) nennt Prophetie° sowie (fremde) Sprachen – und stellt ihnen jeweils das geistgewirkte Vermögen zur Seite, das ihren Einsatz in der Gemeindeversammlung erlaubt. Beide Geistesgaben werden in 12,31–14,40 eingehend besprochen. Wie sich zeigt, haben sie wenig mit dem griechisch-römischen Orakelwesen gemein. Prophetie meint die Kundgabe einer durch göttliche Offenbarung erschlossenen Einsicht gegenüber anderen Christusgläubigen (s. 14,29f.). Nach 13,2 geht es um Geheimnisse, die ein Mensch an sich nicht kennt. Sie betreffen die geschichtliche Ausgestaltung der Beziehung zu Gott, in Zukunft (s. 15,51f. u. ö.), Gegenwart (vgl. Apk 2,2.9 u. ö.) oder Vergangenheit (s. 14,24f.). In dieser Eigenart knüpft Prophetie im entstehenden Christentum an die biblisch-jüdische Prophetentradition an. Als Geistesgabe ist sie daher primär bestimmten Leuten zu eigen, die „Propheten" heißen (s. 12,28f., vgl.

Apg 11,27 u. ö.); punktuell kann sie aber jedem Gemeindeglied zukommen (s. 14,5.24). Paulus hält es dabei, anders als Did 11,7, für nötig, Prophetie in der Gemeindeversammlung urteilend zu begleiten. Er spricht indes nicht davon, diverse Geister auf ihre Herkunft zu prüfen (so 1Joh 4,1), sondern sieht vor, die Eigenart konkreter Eingebungen des Geistes zu klären (s. 14,29–32). „Sprachen“ (wörtlich „Zungen“) wiederum meint die Fähigkeit, in einer an sich fremden Sprache zu reden (vgl. Mk 16,17). Nach 12,10d.28h begegnet sie in diversen Formen. 13,1 unterscheidet grundlegend zwischen Menschen- und Engelssprachen. Dem entspricht der weitere Quellenbefund: Apg 2,4–11 erzählt von der Geistesgabe, die Christusbotschaft in den Sprachen fremder Völker zu verkünden. 14,2–23 handelt hingegen von einer für Menschen an sich unverständlichen Sprache, in der man zu Gott betet; erst die Gabe, sie übersetzen zu können, eröffnet den Zuhörenden wie den Betenden selbst ihren Sinn (s. 14,13f.27f.). In Parallele zu TestHiob 48–51 und Tertullian, An. 9, ist sie wohl als engelartige Sprache gedacht; so bringt sie die Gemeinschaft der Frommen und der Engel im Gotteslob (vgl. Apk 14,1–3; 1QH 11[3],21–23 u. ö.) zum Ausdruck.

11 Der Schlusssatz bündelt die Ausführungen, indem er viele ihrer Elemente aufgreift: „alles“ und „tätig sein“ aus 12,6, „der eine“ und „derselbe Geist“ aus 12,4.8b–9, „jeder“ aus 12,7, „zuteilen“ aus 12,4–6. Demnach verdankt sich jede Gabe, jeder Dienst und jede Tätigkeit, bei aller Besonderheit (s. 7,7b; Röm 12,6a), allein Gottes Geist. Er ist es, der all dies verleiht und darin wirkt, und zwar nach seinem eigenen Heilsplan (s. Röm 9,19). Er tut dies unabhängig von der Würde oder den Fähigkeiten eines Menschen – und ohne irgendein Gemeindeglied anderen gegenüber zu bevorzugen.

C/E Wie 12,31–14,40 zeigt, reagiert Paulus darauf, dass die Adressaten engelartige Sprache überbewerten. Dem entzieht er mit 12,4–11 in mehreren Schritten den Boden: 1. Er identifiziert die Gnadengaben mit den Tätigkeiten und Diensten, die der Gemeinde geschenkt sind. 2. Er wertet sie als unverdiente Zuteilungen des Geistes. 3. Er eröffnet deren Auflistung mit der Weisheits-Rede, seiner Alternative zu der in Korinth geschätzten Rede-Weisheit (s. 1,17b), bindet die Gaben also an seine Predigt. 4. Er deutet im Begriff „Erkenntnis-Rede“ seine Kritik an denen an, die vor anderen auf ihre Gotteserkenntnis pochen (s. 8,1–3). 5. Er stellt Engelssprache nicht nur mit Heilung oder Prophetie, sondern sogar mit Glaube gleich. 6. Er nennt auch Beurteilen und Übersetzen und zeigt damit an, dass alle Begabten aufeinander bezogen sind. Auf diese Weise ordnet Paulus diverse Gnadengaben situationsbezogen in das Wirken des einen Geistes ein. Daran sind auch heute überzogene Einschätzungen einzelner Gaben innerhalb der Gemeinde zu messen.

Vergleichend-metaphorische Entfaltung (12,12–27)

12 [a]**Denn gleichwie der Leib einer ist und viele Glieder hat,**
[b]**alle Glieder des Leibes aber, obwohl sie viele sind, einen Leib bilden,**
[c]so verhält es sich **auch** dort, wo **der Christus** am Werk ist;
13 [a]**denn in einem Geist wurden wir alle zu einem Leib getauft,**
[b]**seien** wir **Juden, seien** wir **Griechen, seien** wir **Sklaven, seien** wir **Freie,**
[c]**und alle wurden wir mit einem Geist getränkt.**

14 **Denn auch der Leib ist nicht** aus **ein**em **Glied, sondern** aus **viele**n gebildet.
15 [a]**Wenn der Fuß sagt:**
[b]**„Weil ich nicht Hand bin,** [c]**stamme ich nicht aus dem Leib“,**
[d]**stammt er** doch **nicht** schon **deswegen** tatsächlich **nicht aus dem Leib.**
16 [a]**Und wenn das Ohr sagt:**
[b]**„Weil ich nicht Auge bin,** [c]**stamme ich nicht aus dem Leib“,**
[d]**stammt es** doch **nicht** schon **deswegen** tatsächlich **nicht aus dem Leib.**
17 [a]**Wenn der Leib als ganzer Auge** wäre, [b]**wo** wäre dann **das Gehör?**
[c]**Wenn** er **als ganzer Gehör** wäre, [d]**wo** wäre dann **die Nase?**
18 [a]**Nun hat aber Gott die Glieder** angelegt/eingesetzt,
[b]**ein jedes von ihnen im Leib, wie** Gott es **wollte.**
19 [a]**Wenn aber das Ganze ein Glied wäre,** [b]**wo** wäre dann **der Leib?**

20 [a]**Nun aber** gibt es **zwar viele Glieder,** [b]**doch** nur **einen Leib.**
21 [a]**Es kann aber nicht das Auge der Hand sagen:**
[b]**„Bedarf an Dir habe ich nicht!“ –**
[c]**oder wiederum das Haupt den Füßen:** [d]**„Bedarf an euch habe ich nicht!“**
22 **Vielmehr sind erst recht die**jenigen **Glieder unentbehrlich,**
die als schwächere am Leib vorhanden zu sein scheinen.
23 [a]**Und von welchen wir meinen, sie seien eher ehrlose** Glieder **am Leib,**
diesen legen wir übermäßige Ehre bei/um,
[b]**und so haben unsere unschicklichen** Glieder **übermäßige Schicklichkeit;**
24 [a]**doch unsere schicklichen** Glieder **haben keinen** derartigen **Bedarf.**
[b]**Vielmehr hat Gott den Leib zusammengefügt**
und dazu **dem** Glied, **dem es** an Ehre **mangelt, übermäßige Ehre gegeben –**
25 **auf dass es keine Spaltung im Leib gebe,**
sondern die Glieder in gleicher Weise füreinander sorgen.
26 [a]**Auch in dem Fall, dass ein Glied leidet,** [b]**leiden alle Glieder mit;**
[c]**in dem Fall, dass ⌜ein⌝ Glied geehrt wird,** [d]**freuen sich alle Glieder mit.**

27 **Ihr aber seid** ein **Leib Christi und,** je **als Teil** des Leibes, **Glieder** Christi.

⌜ ⌝ *Die meisten Handschriften bieten hier parallel zu 12,26a das Zahlwort „ein“.*

A Paulus stützt sein Konzept ‚Einheit in Vielfalt‘ durch einen Vergleich mit dem Leib und seinen Gliedern (12,12); 12,13 wendet das Bild direkt auf die Christusgläubigen an. Entfaltet wird es mit Blick auf die Differenz und dann die Verbundenheit der Glieder. Die Absätze sind parallel angelegt: Auf eine These (12,14.20) folgt ein Widerspruch gegen zwei im Fabelstil zitierte Aussagen einzelner Glieder (12,15f.21); dessen argumentative Vertiefung, die den Blickwinkel erweitert (12,17.22–24a), mündet in einen

Satz zu Gottes Schöpferhandeln am Leib samt abschließender Folgerung (12,18f.24b–26); Letztere lenkt begrifflich zur These zurück. Wie die Sprache (schwächer, Ehre, Spaltung, sorgen, leiden, sich freuen) anzeigt, geht Paulus – vorbereitet durch die Personifikation in 12,15f.21 – ab 12,22 dazu über, metaphorisch statt vergleichend von der Gemeinde zu reden. Die Identifikation der Adressaten als Leib und Glieder Christi (12,27) rundet daraufhin den Passus ab.

B 12 Schon in 10,17 illustriert das Bild vom Leib° die Einheit der Gemeinde. Hier zeigt seine chiastische Entfaltung zugleich an, dass in ihr verschiedene Menschen zusammenwirken (s. Röm 12,4f.). Paulus greift damit den verbreiteten Gebrauch des Bildes in antiker Sozialethik auf; dort stellt es klar, dass solche Kooperation die Bedingung für den Bestand des Gemeinwesens (vgl. Platon u. a.) oder einzelner Verbände wie Volksversammlung, Heer und Chor (vgl. Chrysippus u. a.) bildet. Einen eigenen Akzent setzt Paulus, indem er im Nachsatz Christus° statt der Gemeinde anführt. Er wertet Letztere aber nicht als irdische Repräsentanz Christi; eine kosmische (so Kol 1,18–20; Eph 1,22f. u. ö.) oder mystische Realität rückt der Begriff „Leib“ im Bezug auf Christus nicht in den Blick. Vielmehr verweist 12,12c wie 15,42a in verkürzter Form auf das eschatologische Heilsgeschehen, das der zuvor benannten geschöpflichen Wirklichkeit entspricht. „Der Christus“ steht hier also wie in 1,13a u. ö. metonymisch für das in ihm gestiftete Heil.

13 Demgemäß bleibt die angefügte Begründung mit der Rede von *einem* Leib auf der Bildebene und benennt ihrerseits Vorgänge, die die Einheit der Christusgläubigen konstituieren. Als erster Vorgang erscheint die Taufe°. Da in ihr der Geist° wirkt (s. 6,11, vgl. Tit 3,5 u. ö.) und dieser ein einziger ist (s. 12,11), garantiert er die Einheit der Getauften. Dabei markiert die Präposition *eis* („zu“) die Einheit des Leibes als Ergebnis der Taufe; dass einzelne in einen ihnen vorgegebenen Leib hineinkommen, kann *eis* nach „wir alle“ nicht ausdrücken. Jene Einheit integriert Menschen verschiedenster ethnischer und sozialer Identitäten, wie zwei auch in Gal 3,28; Kol 3,11 belegte Gegensatzpaare illustrieren. Anders als dort geht es hier aber nicht um die Aufhebung von Statusunterschieden. Dass Paulus eine traditionelle Taufformel gebraucht, wie oft vermutet wird, ist daher keineswegs sicher. Vor allem knüpft er an frühere Briefpassagen an (s. 1,22 u. ö.; 7,21f.), um die Vielfalt unter den Mitgliedern der einen Gemeinde zu betonen. Verstärkt wird dies durch den Blick auf einen zweiten, der Verbform nach ebenfalls einmaligen Vorgang: die Gabe des Geistes (s. Röm 5,5 u. ö.). Das Bildwort vom Tränken lässt an die Taufe als deren Ort denken (vgl. Apg 2,38 u. ö.); doch ist die Verknüpfung nicht zwingend (s. Gal 3,2.5). Gemäß 3,2.7f. deutet es jedenfalls auf die nährend-belebende Kraft des Geistes (vgl. Jes 44,3f. u. ö.), die allen Gemeindegliedern zugeflossen ist. Es passt darum gut zum Verweis auf die vielfältigen Wirkungen des einen Geistes in 12,7–11, erinnert

aber auch daran, dass erst der Geist heilvolle Erkenntnis stiftet (s. 2,12, vgl. Sir 15,3).

14–19 Es folgt eine erste Entfaltung des Bildes vom Leib. Sie betont die unabdingbare Vielfalt der Glieder. Zur Begründung weist 12,15f. zuerst die Idee ab, ein Glied könnte sich aufgrund seiner Eigenart gegenüber verwandten Gliedern vom Gesamtgefüge lossagen. Das ist weder für eine der Extremitäten noch für eines der Sinnesorgane plausibel; sie alle sind in gleicher Weise Teile des Leibes. Rhetorische Fragen zeigen dann am Beispiel der Sinnesorgane auf, dass keines andere ersetzen und deren Aufgaben übernehmen kann; keines darf daher Alleinvertretungsansprüche erheben. In der Tat sind die Dinge anders geordnet; das bringt der mit „nun aber" (*nyni de*) das Absatzende einleitende (s. Röm 6,22 u. ö.) Vers 18 zur Sprache. Gerade die Vielzahl verschiedener Glieder entspricht dem Gestaltungswillen° des Schöpfers (vgl. TestNaph 2,8). Dass Gottes gestaltendes Handeln das Gemeindeleben in analoger Weise bestimmt, deutet das auf 12,28 vorausweisende Verb in 12,18a an. Für den Leib selbst hält 12,19 in Form einer rhetorischen Frage fest: Seiner Natur nach kann er nicht aus einem einzigen Glied bestehen.

20–22 Mit erneutem, leicht variiertem „nun aber" (*nyn de*) beginnt (s. 14,6 u. ö.) daraufhin der zweite Gedankengang. Ihm zufolge sind die Glieder notwendigerweise zu einem Leib verbunden und somit aufeinander angewiesen. Die in Bildworten geläufige Wendung „es kann nicht" (vgl. Mt 5,14b u. ö.) eröffnet die Erläuterung der These 12,20 (zu anreihendem „aber nicht" s. 10,20c). Wiederum weist Paulus wörtliche Aussagen einzelner Glieder zurück. Hier betreffen sie die Illusion der Unabhängigkeit des Hauptes und seiner Organe von den Extremitäten; denn Gesehenes will ergriffen, Lenkung will in Bewegung umgesetzt sein. Demgemäß bedarf der Leib gerade seiner handelnden Glieder, um seine Ziele zu erreichen. Mit der Bezeichnung dieser Glieder als der „schwächeren" dringt die Gemeindewirklichkeit in die bildliche Darstellung ein. Im Blick ist allerdings nicht wirkliche Schwäche (so 8,9; 11,30). Vielmehr spiegelt der Ausdruck eine verfehlte Einschätzung wider (s. 3,18b; 8,2a; 10,12): Wer sich selbst als in besonderer Weise mit dem Geist begabt ansieht (s. 14,37a) und daher anderen Gemeindegliedern überlegen wähnt, widerspricht dem Erwählungshandeln Gottes an den Schwachen (s. 1,27).

23–24a Mit „und" angeschlossen, führt ein vor den Hauptsatz gezogener Relativsatz die metaphorische Darlegung weiter (s. 15,37 u. ö.). Sie appelliert in der 1. Person Pl. an das Einverständnis der Adressaten (s. 8,1 u. ö.). Tatsächlich sind in der Antike bestimmte Körperteile, zumal Ausscheidungs- und Sexualorgane, weithin schambehaftet (vgl. Cicero), sodass Menschen sie bedecken, statt sie öffentlich zu zeigen (vgl. Gen 3,7; ApkMos 20,4f.). Paulus nun wertet solches Umlegen von Kleidung als Beilegen einer Ehre, die die übliche Geringschätzung als verfehlt erweist. Sie ist zugleich besondere Ehre; denn die in 12,15–17.21 benannten Glieder, die man der

Konvention gemäß (s. 7,35f.) vor anderen Menschen entblößt, erfahren keine derartige Behandlung. In der Gemeinde sind demnach die gesellschaftlichen Maßstäbe für das Zumessen von Ehre aufgehoben.

24b Unter Aufnahme des „vielmehr" aus 12,22 vertieft ein erneuter Hinweis auf Gottes Tun (s. 12,18) die Darlegung. Hier verknüpft die Wendung „Ehre geben" (*timēn didōmi*, vgl. Dan 1,9^LXX u. ö.) die Erschaffung des Menschen mit der Konstituierung der „Versammlung Gottes" (1,2). In beiden Fällen hat Gott den Leib als Ensemble seiner Glieder angelegt. Erst deren Zusammenwirken sichert also den Bestand des Leibes. Zudem hat Gott gerade denjenigen Körper- und Gemeindegliedern Ansehen verschafft, denen die Gesellschaft es vorenthält. Da *timēn didōmi* in der LXX auch „einen Preis bezahlen" meinen kann (vgl. Ex 34,20 u. ö.), schwingt im Gefolge von 6,20a; 7,23a womöglich der Gedanke mit, dass die von Gott den Gemeindegliedern verliehene Ehre auf der Lebenshingabe Jesu Christi beruht (s. 8,11). Jedenfalls müssen sie anerkennen, dass Gott allen die gleiche Ehre zugemessen hat.

25–26 In der Tat zielt das den Leib in seinem Dasein begründende Handeln Gottes darauf, jede Spaltung zu vermeiden (s. 1,10). Demgemäß sollen die Glieder – je „in gleicher Weise" (vgl. Mt 27,44) – ihre gedankliche Sorge und praktische Fürsorge (s. S. 101) wechselseitig auf das Wohl der anderen ausrichten (s. Gal 5,13; Phil 2,3 u. ö.). Solche Für-Sorge reicht so weit, dass das Ergehen eines Gliedes das Gesamtgefüge betrifft. Beim menschlichen Leib passiert das automatisch: Schmerz oder Glück, die man an einem Glied empfindet, wirken sich von selbst auf alle anderen aus. Für die Gemeinde wird dieser Sachverhalt zum Muster (vgl. Platon u. a.): Es entspricht ihrem Wesen, an Leid und Freud des Einzelnen Anteil zu nehmen (s. Röm 12,15). Das als Anlass zur Freude genannte „Geehrt°-Werden" (*doxazesthai*) kann dabei von Gott (vgl. Ps 14[15],4) ebenso ausgehen wie von Menschen (vgl. Lk 4,15).

27 Der Schlusssatz bündelt die ab 12,22 zunehmend auf gemeindliche Verhältnisse zugespitzten Ausführungen in einer Identitätsaussage (s. Gal 4,28 u. ö.). Wie das Fehlen des Artikels vor „Leib" zeigt, bleibt sie auf der Ebene der Metapher (s. 3,16). Sie spricht den Adressaten zu, als Gemeinde Christi wie ein Leib verfasst (s. 12,12) und darum als Einzelne in ihn eingebunden zu sein (s. 6,15). Als Christusgläubige sind sie somit dazu bestimmt, in ihm zusammenzuwirken und seine Einheit zu bewahren.

C Die vergleichend-metaphorische Rede vom Leib und seinen Gliedern lädt dazu ein, sie als Spiegelbild realer Verhältnisse aufzufassen. Allerdings stellt der Text keine Allegorie dar. Auf die Gemeindesituation (s. S. 4–6) ist er also nur insoweit zu beziehen, als Duktus und Sprache dazu anleiten. 12,13 ist daher nicht zu entnehmen, dass ethnische oder soziale Unterschiede das Miteinander hinsichtlich der Geistesgaben geprägt hätten. Paulus verdeutlicht anhand jener Unterschiede nur die gegebene innergemeindliche Vielfalt.

Dass diese für den Leib lebensnotwendig ist, stellt 12,14–19 klar. Wie die Rahmensätze zeigen, wird damit die Idee zurückgewiesen, er bestehe aus nur einem Glied. Demgemäß verweisen die zur Identifikation einladenden Voten 12,15f. auf die Herkunft aus dem Leib, nicht auf die Zugehörigkeit zu ihm oder die Relation zu anderen Gliedern. Der beliebte Rückschluss auf Unterlegenheitsgefühle mancher Gemeindeglieder entspricht dieser Eigenart der Verse nicht. Der situative Hintergrund besteht eher in der Auffassung, einige Adressaten könnten unabhängig existieren und alle Aufgaben allein erfüllen.

12,20–26 veranschaulicht sodann die Einheit des Leibes, innerhalb dessen alle Glieder einander brauchen. Die ausführliche Rede von Schwäche, Ehrlosigkeit und Unschicklichkeit bestimmter Glieder in 12,22–24 weist auf den wahrscheinlichen Anlass: eine Missachtung anderer Gemeindeglieder seitens derer, die sich ihnen gegenüber mit besonderen Gaben ausgezeichnet sehen. Eine Ausdeutung weiterer Details des Passus – etwa der Zuschreibung der Voten in 12,21 an Auge und Haupt oder der Anleitung zu Fürsorge und Sympathie in Leid und Freude (12,25f.) – bliebe hingegen spekulativ.

E Der Tendenz mancher Adressaten, aufgrund ihrer spezifischen Begabungen aus der Gemeinde herauszutreten und sich über andere Christusgläubige zu erheben, tritt der Apostel mit dem in der Antike gängigen Bild vom Leib und seinen Gliedern entgegen. Er gestaltet es durch wörtliche Rede, rhetorische Fragen und Anspielungen auf gesellschaftliche Konventionen breit aus. Zugleich gibt er ihm durch Rückbindung an die Erschaffung des Menschen, Verankerung im Christusgeschehen und Ausrichtung auf das Wirken des Geistes ein eigenes Profil. Drei Aspekte hebt er hervor: Er weist zumal den Selbstbewussten ihren Ort im Gesamtgefüge zu; er zeigt, dass Gottes Heilshandeln gerade vermeintlich unbedeutende Glieder zu Ehren bringt; und er verpflichtet alle Beteiligten zur Achtung ihres Miteinanders und Fürsorge für jedes einzelne Gemeindeglied. Diese Profilierung wird durch den Übergang von vergleichender zu metaphorischer Redeweise unterstützt. Wie Paulus ein in der Sozialethik seiner Zeit verbreitetes Denkmuster theologisch reflektiert auf eine innergemeindliche Problematik hin zuspitzt, hat auch für heutige Urteilsbildung zu Fragen des Verhältnisses einzelner Personen, ihrer Rollen und ihrer Aufgaben in Kirche und Gemeinde orientierende Kraft.

Auswertende Konkretion (12,28–30)

28 [a]**Und die einen setzte Gott in der Versammlung** Gottes **ein:**
erstens zu Aposteln, [b]**zweitens zu Propheten,** [c]**drittens zu Lehrern.**
[d]**Sodann** etablierte Gott in der Versammlung **Machterweise,**
[e]**sodann Gnadengaben für Heilungen,** ferner
[f]**Hilfeleistungen,** [g]**Leitungstätigkeiten,** [h]**Arten von** fremden **Sprachen.**

29 [a]Sind **etwa alle Apostel,** [b]**etwa alle Propheten,** [c]**etwa alle Lehrer?**
[d]Verfügen **etwa alle** über **Machterweise,**
30 [a]**haben etwa alle Gnadengaben für Heilungen?**
[b]**Reden etwa alle in** fremden **Sprachen?** [c]**Übersetzen** sie **etwa alle?**

A

Im Rückgriff auf 12,4–11 überträgt Paulus das Motiv der vielen Glieder des eines Leibes (12,12.27) auf die verschiedenen Dienste (12,28a–c.29a–c) sowie Gaben und Tätigkeiten (12,28d–h.29d–30c), die die „Versammlung Gottes" auszeichnen. Er verknüpft dazu den Hinweis auf Gottes Handeln mit einer Reihe rhetorischer, adressatenkritischer Fragen.

B 28

Wie beim menschlichen Leib (s. 12,18) hat Gott auch beim Leib Christi (12,27) alle Teile des Gesamtgefüges in ihrer jeweiligen Eigenart geschaffen und mit einem je eigenen Auftrag betraut. Deren Aufzählung passt ebenso für eine lokale Gemeindeversammlung wie für den Verbund der christusgläubigen Gemeinden; alle aufgeführten Posten gibt es außer- und innerhalb der Adressatengemeinde. Dabei überrascht das Format der Liste. Erstens ist ihr Beginn mit Aposteln°, Propheten° und Lehrern durch 12,8–10 inhaltlich nur partiell vorbereitet. Zweitens geht sie ab 12,28d – zusätzlich betont durch den Umbruch im Satzbau – in eine sachbezogene Redeweise über. Paulus hebt dadurch die drei erstgenannten Dienste (s. 3,5; 12,5) von allem anderen Tun ab – und präsentiert sie mit der personalen Zuordnung als fest installierte Ämter (vgl. Apg 13,1; Eph 4,11 u. ö.). In der Tat hängt die Existenz jeder Gemeinde° von ihnen ab. Denn Letztere wird a) von Aposteln durch die Predigt des Evangeliums gegründet (s. 1,17; 4,15), b) von Propheten durch die Kundgabe göttlicher Geheimnisse aufgebaut (s. 13,2; 14,30) und c) von Lehrern (s. Röm 12,7) durch traditionsbasierte Unterweisung, zumal in Sachen Lebensführung, orientiert (s. 4,17; Röm 6,17). Zugleich gibt es apostolisches (s. 2Kor 8,23 u. ö.), prophetisches (s. 11,4f. u. ö.) und lehrendes Wirken (s. 14,26) auch auf Seiten der Gemeinde selbst. So erhalten die anschließend benannten Gnadengaben° ein Vorzeichen, das ihren gemeindeinternen Gebrauch vor einen ökumenischen Horizont (s. 1,2) stellt.

In 12,28d–h weicht Paulus erneut von 12,9f. ab. Röm 12,6–8 verändert die Charismenliste ebenfalls. Sie ist also jeweils exemplarisch gemeint. Zwischen den Machterweisen° samt Heilungen und den fremden Sprachen° nennt sie aber wohl nicht zufällig die Hilfe für Bedürftige (vgl. Apg 20,35) sowie die, dem Handeln eines Steuermanns vergleichbare, Leitung einer Gemeinschaft (s. 1Thess 5,12f., vgl. Spr 1,5 u. ö.). Beide Tätigkeiten tragen wesentlich zur Einheit der Gemeinde bei, und beide binden sie in das Netzwerk der Christusgläubigen ein (s. 10,16; 16,1f. u. ö.) – und das, obwohl ihre Verwurzelung im Geist weniger klar erkennbar ist als bei anderen Geistesgaben.

29–30 Mit einer Kette von Fragen führt Paulus den Adressaten vor Augen, dass all diese Dienste, Gaben und Tätigkeiten jeweils nur bestimmten Personen gegeben sind. Wer eine bestimmte Geistesgabe hat, ist also keineswegs anderen Gemeindegliedern gegenüber ausgezeichnet, sondern hineingestellt in eine Schar insgesamt vielfältig und jeweils besonders begabter Menschen. Das gilt auch und gerade für solche Dienste und Gaben, bei denen das Wirken des Geistes offen zutage tritt. Auf sie konzentriert sich der Apostel hier – und tritt damit jeder Form innergemeindlichen Hochmuts entgegen.

C Oft wird aus dem syntaktischen Bruch in 12,28 und der Parallele in Eph 4 gefolgert, Paulus verarbeite mit 12,28a–c frühchristliche Tradition, etwa aus Antiochia. Da jener Bruch rhetorische Funktion hat, ist das aber nicht sicher. Immerhin setzt Paulus voraus, dass die Adressatengemeinde die drei angeführten Ämter kannte. Ob es diese auch in ihr gab, muss aufgrund der generellen Angaben zu Prophetie und Lehre in 14,1.5.26 offenbleiben.

Für 12,28f–h legt sich im Briefkontext ein Situationsbezug nahe: 1. Die Rede von Hilfeleistungen wirkt angesichts von 11,33f.; 16,1f. ebenso appellativ wie die von Leitungstätigkeiten mit Blick auf 14,33a.40 – umso mehr, als beide dann im Fragenkatalog 12,29f. fehlen. 2. Dass Paulus die fremden Sprachen der Prophetie so deutlich nachordnet und erneut mit der Gabe des Übersetzens (s. 12,10) verknüpft, dürfte von Kap. 14 her ein Indiz ihrer seines Erachtens überzogenen Hochschätzung seitens der Adressaten sein.

E Die Verse wenden das Bild vom Leib auf das Ensemble von Diensten und Tätigkeiten in der Gemeinde an. Deren Auflistung spitzt den Passus 12,4–30 kritisch zu: Paulus ordnet die innergemeindlich vorhandenen Gnadengaben den ökumenisch vorgegebenen Ämtern nach; er führt eigens eher unspektakuläre, einheitsstiftende Tätigkeiten an; er stellt die in Korinth so geachteten fremden Sprachen ans Ende; und er schärft den Adressaten ein, dass erst das Miteinander diverser, jeweils einigen Personen anvertrauten Gaben und Aufgaben die Gemeinde lebensfähig macht. Gerade Letzteres ist auch heute für ein Bemühen um inner- und zwischengemeindliche Einheit zu beachten.

3.2 Das Eifern um die größeren Gaben (12,31–14,40)

Mahnungen, um bestimmte Gaben zu „eifern" (12,31a; 14,39f.), rahmen den Passus. Das Pendant 14,1 führt von der fundamentalen Würdigung der Liebe (12,31b–13,13) zum Vergleich von Prophetie° und Engelssprache° im Kontext der Gemeindeversammlung samt zugehörigen Weisungen (14,2–38).

Motto (12,31a)

31 [a]Eifert aber um die größeren Gnadengaben! [b]…

Der Neueinsatz in 2. Person Pl. samt „aber“ ist imperativisch zu lesen; das belegen die Wiederaufnahme in 14,1b.39c und Parallelen wie 8,9. So leitet der Satz nach der Belehrung 12,4–30 die Anweisung ein, wie man bestimmte Gnadengaben° einschätzen und gebrauchen soll. Dabei lässt der generelle Aufruf, den eigenen Eifer für und vor Gott (s. Röm 10,2 u. ö.) auf die größeren Gaben (s. 14,5) zu lenken, aufhorchen; es bleibt offen, was „größer“ nach der zuvor betonten Gleichordnung aller Gaben meinen soll. A/B

Paulus dürfte hier die Vorliebe einiger Gemeindeglieder für bestimmte Geistesgaben, zumal die Engelssprache aufgreifen (s. S. 167). Er bestärkt die Adressaten also darin, dass die Gaben zu gewichten sind, wird im Folgenden aber ihre Maßstäbe für ein Urteil korrigieren. Im Lichte dieser Fortsetzung erweist sich die Rede von den größeren Gaben als rhetorischer Kunstgriff. C/E

Lobrede (12,31b–13,13)

31 [a]**…** [b]**In der Tat, einen** anderen Wegen **weit überlegenen Weg zeige ich euch.**
1 [a]**Wenn ich mittels Sprachen der Menschen rede und gar** denen **der Engel,**
[b]**Liebe aber nicht habe,**
[c]**bin ich ein tönendes** Schallgefäß aus **Erz geworden oder eine laut klingende Zimbel.**
2 [a]**Und wenn ich das Prophezeien** als Gabe **habe**
und dafür **um alle Geheimnisse und alle Erkenntnis weiß**
und wenn ich allen Glauben habe, um Berge zu versetzen,
[b]**Liebe aber nicht habe,** [c]**bin ich ein Nichts.**
3 [a]**Und wenn ich all mein Gut** in Häppchen **verfüttere**
und wenn ich meinen Leib ausliefere, auf dass ich ⸢mich rühmen kann⸣,
[b]**Liebe aber nicht habe,** [c]**hilft es mir nichts.**

4 [a]**Die Liebe übt Langmut,** [b]**erweist Güte;**
[c]**die Liebe eifert nicht –** [d] ⊤ **prahlt nicht,** [e]**bläht sich nicht auf –,**
5 [a]**handelt nicht unschicklich,**
[b]**sucht nicht das Ihre –** [c]**lässt sich nicht reizen,** [d]**(be)denkt nicht das Böse –;**
6 [a]sie **freut sich nicht an** Taten **der Ungerechtigkeit,**
[b]**freut sich aber mit an** Taten, die aus **der Wahrheit** hervorgehen;
7 [a]**alles erträgt sie,** [b]**alles glaubt sie,** [c]**alles hofft sie,** [d]**alles erduldet sie.**

8 [a]**Die Liebe fällt niemals** dahin.
[b]**Seien es aber Prophetien, sie werden bedeutungslos werden;**
[c]**seien es** fremde **Sprachen, sie werden aufhören;**
[d]**sei es Erkenntnis, sie wird bedeutungslos werden.**
9 **Denn bruchstückhaft erkennen und bruchstückhaft prophezeien wir;**
10 [a]**wenn aber das Vollkommene** herbeigekommen ist,
[b]**wird das Bruchstückhafte bedeutungslos werden.**

11 [a]**Als ich unmündig war,** [b]**redete ich wie ein Unmündiger,**
[c]**trachtete ich wie ein Unmündiger,** [d]**(be)dachte ich wie ein Unmündiger;**
[d]**als ich ein Mann geworden bin,**
[e]**habe ich das** Verhalten **des Unmündigen bedeutungslos gemacht.**

12 [a]**Denn wir sehen jetzt** alles **mittels eines Spiegels in einem Rätsel**bild,
[b]**dann aber** werden wir **von Angesicht zu Angesicht** sehen;
[c]**jetzt erkenne ich bruchstückhaft,**
[d]**dann aber werde ich (an)erkennen, wie ich auch (an)erkannt wurde.**

13 [a]**Nun aber bleibt Glaube,** [b]**Hoffnung,** [c]**Liebe,** [d]**dieses Drei**gespann, in Geltung;
[e]**die Größere aber unter diesen ist die Liebe.**

⌜ ⌝ *Die breit, aber qualitativ schlechter bezeugte Lesart „verbrannt werde" bezieht den Text, wohl im Lichte von Dan 3,95[28], sekundär auf Feuermartyrien von Christusgläubigen.*
⊤ *Viele Handschriften fügen „die Liebe" ein und machen damit 13,4a–c zum Obersatz.*

A Laut Einleitung (12,31b) liegt ein demonstrativer Text vor: Paulus preist die Vorzüge der Liebe (13,1–4.8.13), um sie den Adressaten als „Weg" durchs Leben zu empfehlen. Dies tut er in drei Stufen: Er hebt in der 1. Person Sing. hervor, wie unverzichtbar die Liebe im Konnex mit Geistesgaben ist (13,1–3); er präsentiert sie als mustergültige Akteurin und listet auf, was sie tut und lässt (13,4–7); und er betont, zumal im Kontrast zur Erkenntnis, ihre bleibende Bedeutung durch z. T. in der 1. Person Pl. und Sing. formulierte Feststellungen (13,8–13). In Thema, Form und Aufbau ähnelt der Text griechischen Lobreden auf den Eros: den urmenschlichen Drang zu vernünftiger Selbstverwirklichung, die zu erfülltem Leben führt (vgl. Platon; Maximus v. Tyrus). Hellenistisch-jüdische Parallelen betonen den Vorrang mancher Gaben Gottes wie der Weisheit (Sap 7,8–14) oder der Wahrheit (3Esr 4,34–40). Paulus hingegen behandelt, dem Wortgebrauch der LXX folgend, die Liebe in Gestalt der *agapē* (s. 4,14; 8,1). Als wertschätzende, bedingungslose Zuwendung ist sie von ihren affektbetonten Verwandten, dem *erōs* und der in gegenseitiger Zuneigung geübten *philia*, unterschieden; sie kann darum Gott ebenso zugeschrieben werden wie dem Menschen (s. Röm 5,5; 13,10 u. ö.).

B 31b Eine persönliche Ankündigung führt den Aufruf 12,31a fort. Paulus tritt als Lehrer des Gottesvolkes auf, der darlegt, auf welchem Weg° es besser als bisher gottgefällig leben kann (vgl. 1Sam 12,23). Weil dieser Weg vortrefflich ist, eignet er sich als Maßstab zur Identifikation der größeren Gaben.

1–3 Zu Beginn der Lobrede spricht das vorbildliche Ich des Apostels in drei Konditionalsatzgefügen. Sie zeigen exemplarisch auf: Jede Geistesgabe wird existentiell belanglos, wenn man sie, und sei es in vollendeter Form, ohne Liebe° handhabt. Dabei bestätigen die Beispiele, was die Nähe der Sätze zum Weisheitswort Sap 9,6 nahelegt: Implizit erscheint die Liebe als Gottesgabe (s. Gal 5,22), die in doppelter Ausrichtung die Beziehung des Paulus zu Gott und die zu anderen Menschen, auch den Adressaten, bestimmt (s. 4,21; 8,3).

Zuerst nennt er das Reden in Menschen- oder Engelssprachen°: Ohne achtsame Hinwendung zum Gegenüber degradiert man sich damit zum bloßen Klangkörper, wird ehernen Schallverstärkern im Theater gleich oder metallenen Becken im Tempel. Da beide in der Antike als Bilder für Leute dienten, die inhaltsleer daherreden (vgl. Platon; Plinius), zeigen sie an: Man erzeugt zwar laute, u. U. schöne Töne (vgl. Ps 150,5), aber keine sinnvolle Aussage; und dann verliert jede Sprache des Geistes, diene sie dem öffentlichen Gotteslob (vgl. Apg 2,11) oder dem Gebet (s. 14,2), ihre Bedeutung. 1

Noch schärfer sagt es der Apostel für Prophetie° und Glaube°. Wie hoch er beide Gaben schätzt, belegen die Erläuterungen: Er verankert die Prophetie im Wissen um göttliche Geheimnisse°, die er verwaltet (s. 4,1), sowie um geistgewirkte Erkenntnis°, die seine Predigt bezeugt (s. 2,13–16); und er illustriert die wunderwirkende Kraft des Glaubens an einem Bild, das erneut (s. S. 26) Jesusüberlieferung aufgreift (vgl. Mk 11,22f.; Mt 17,20). Ohne Liebe zu Gott (s. 2,9) als Urheber und zu den Menschen als Adressaten dieser Gaben ist er gleichwohl ein Nichts vor Gott (vgl. dazu Hi 40,4 u. ö.). Das gilt selbst dann, wenn ihm jene Gaben in Vollendung zu Gebote stehen. 2

Ähnliches stellt Paulus ferner – im Gefolge der Rede von Hilfeleistungen (12,28f) – für eine vorbildliche Lebenspraxis fest. Erneut sind die Beispiele positiv konnotiert. Wer eigenen Besitz für Bedürftige aufgibt, realisiert echte Nachfolge (vgl. Mk 10,21.28 u. ö.); wer den eigenen Leib° für ein höheres Gut einsetzt, etwa das eigene Volk, empfängt in der Antike generell Lob (vgl. 2Makk 7,37; Thukydides u. ö.). Die Formulierung spitzt beides auf den apostolischen Dienst zu. Denn gefüttert werden die, die sich nicht selbst versorgen können (vgl. 2Sam 13,5 u. ö.); und genau dies leistet Paulus für seine Gemeinden (s. 1Thess 2,7f.). Das Ausliefern des Leibes wiederum erfolgt in der Existenzgemeinschaft mit Jesus (s. 11,24; Gal 2,20 u. ö.), die den Apostel auszeichnet (s. 2Kor 4,11). Nur deshalb erlaubt es Selbsthingabe, sich zu rühmen°: dem Maßstab aus 1,31 gemäß (s. 2Kor 10,17f.). All dies aber ist in endzeitlicher Perspektive ohne Belang (s. 15,32, vgl. Mk 8,36), wenn es nicht der Liebe zu Gott entspringt und in Liebe zu Menschen geschieht. 3

Der Mittelteil variiert die Form der Lobrede. Er listet stetige Verhaltensweisen auf, in denen sich die Liebe gegenüber anderen Menschen zeigt. Im hellenistischen Judentum beschrieb man mit solchen Listen Tugenden oder Laster (vgl. Philon, Sacr. 32 u. ö.). Paulus lässt auf zwei positive (13,4a–b) sieben negative Aussagen über die Liebe folgen, die im Muster A – B 1+2 \ C / A′ – B′ 1+2 angeordnet sind (13,4c–5); das antithetische Aussagenpaar 13,6 leitet dann zu vier positiven, mit „alles“ gebildeten Sätzen (13,7) über. 4–7

Langmut, die den Zorn gegen eine Verfehlung zurückstellt, und Güte, die ein Gegenüber trotz eines Versagens freundlich annimmt, sind nach 4a–b

Röm 2,4 (vgl. Ex 34,6; Ps 24[25],7f. u. ö.) allererst Haltungen Gottes. Die Kraft des Gottesgeistes befähigt Menschen, entsprechend zu handeln (s. Gal 5,22). Das wird an Paulus und seiner Mitarbeiterschaft erkennbar (s. 2Kor 6,6). Wohl deshalb erscheinen Langmut und Güte hier als Handlungsweisen der Liebe.

4c–5 Der Auftakt der Siebenerreihe überrascht, da Gottes Liebe zum und Eifer um das Volk Israel in dessen Erwählung vereint sind (vgl. Dtn 5,9f.; 7,7f.). Auch Paulus eifert in Liebe um die Adressaten (s. 2Kor 11,2.11). Hier aber meint Eifer selbstbezogenes Tun. Das belegt die Fortsetzung, die Sich-vor-anderen-Aufblähen (s. 4,6 u. ö.) und wortgewandtes Angeben verknüpft. Solches Tun widerspricht der Liebe, da es der Gemeinschaft schadet (s. 3,3; 8,1).

Im Zentrum markiert die Reihe den Verzicht der Liebe auf ein Tun, mit dem man die allgemeine Auffassung von Anstand (s. 7,35f.) im Miteinander mutwillig verletzt, sich also in unangemessenem Hochmut über sie erhebt.

Zum Abschluss betont der Apostel die prinzipielle Ausrichtung auf den Bedarf des jeweiligen Gegenübers (s. 10,24), wie er sie selbst praktiziert (s. 10,33). Sie zeigt sich gerade darin, dass man dem Bösen° (s. 10,6) im Umgang mit anderen keinen Raum gibt: Man lässt sich nicht dazu provozieren (vgl. Spr 20,2; Epiktet) – und sieht davon ab, das Böse, wie es doppelsinnig heißt, selbst zu erdenken (vgl. Ps 34[35],4 u. ö.) oder, wenn man es erleidet, in Rechnung stellend zu bedenken. So entspricht ein Mensch dem, was Christus ins Werk gesetzt hat (s. Phil 2,4f.; 2Kor 5,19 und vgl. Mt 26,51–54).

6 Bei der Rede von Freude und Mitfreude blickt Paulus auf das, was auf Seiten des Nächsten geschieht (s. 12,26 u. ö.). Dazu greift er die traditionelle Antithese von Ungerechtigkeit° und Wahrheit auf. Da das Tun des Rechten in der Wahrheit wurzelt (vgl. 3Esr 4,35–40), ist der Liebe Freude am Unrecht fremd, ganz gleich, ob es anderen widerfährt oder andere es tun (s. Röm 1,32, vgl. Spr 24,19^{LXX}). Vielmehr freut sie sich mit ihnen (s. Röm 12,15) an allem, was ihnen an wahrhaftiger Redlichkeit zuteilwird oder gelingt.

7 Die Liste endet mit Sätzen von universalem Anspruch. Sie übertragen den antik-jüdischen Rat, Leiden glaubend, hoffend und duldend zu bewältigen (vgl. 4Makk 17,2–4 u. ö.), auf das Miteinander der Menschen. Dort zeigt sich – der Rahmen-Kern-Struktur der Satzfolge gemäß – die Liebe auf zwei Ebenen grenzenlos: in dem Zutrauen (s. 9,17 u. ö., vgl. Plutarch) und der Zuversicht (s. 2Kor 8,5 u. ö.), die sie andern entgegenbringt, und eben darum in Tragfähigkeit (s. 9,12) und Duldsamkeit auch unter Bedrängnis (s. 2Kor 1,6 u. ö.). Der Ursprung solch unerschütterlicher Zuwendung liegt in Gott; denn wie Gott nach Ps 70[71],5 die Geduld und die Hoffnung des Beters ist, so bleibt Gott denen, die Gott lieben, nach Dtn 7,9 in steter Treue verbunden.

Worauf der ausführliche Abschluss der Lobrede zielt, zeigen die Rahmensätze 13,8.13: Die Liebe hat allezeit Bestand und überragt darin jede Geistesgabe, sogar Glaube und Hoffnung. Expliziert wird das zumal im Gegenüber zur Erkenntnis, die den Christusgläubigen eignet. Die Aussagen hierzu sind ihrerseits ringförmig angeordnet; in der Mitte steht das Gleichnis 13,11. 8–13

In bildhafter Redeweise, die er sonst auf Personen anwendet (s. Röm 14,4 u. ö.), negiert Paulus die Idee, die Liebe könnte je ihre Geltung verlieren. Er unterstreicht das durch den Kontrast zu den Gnadengaben. Exemplarisch führt er drei Gaben an, die die Begabten besonders eng mit Gottes Ewigkeit verbinden: Prophetische Einblicke in die Geheimnisse des göttlichen Heilshandelns (s. 13,2) sind angesichts seiner Vollendung (s. 15,24) nicht mehr nötig; die Neuschaffung des Leibes (s. 15,44) macht die Gabe, Gott in fremden Sprachen loben oder anbeten zu können (s. 13,1), überflüssig; und die gegenwärtig durch den Geist erschlossene Gottes- und Christuserkenntnis (s. 13,2) verliert beim Eingang in die unmittelbare Gemeinschaft mit Gott, welche die Königsherrschaft Gottes erschließt (s. 15,24b–28), ihre Bedeutung. 8

Mit der Erkenntnis fasst der Apostel die Gabe näher ins Auge, bei der die Adressaten ihm nachstehen (s. 2,6–3,4) – und deren Abkoppelung von der Liebe er bereits in 8,1–3 gerügt hat. Umso mehr lässt sich an der Erkenntnis die Vorläufigkeit aller Geistesgaben verständlich machen: Selbst in ihrer höchsten Form bleibt sie Stückwerk, wenn man sie an dem misst, was die Heilsvollendung heraufführen wird (s. Phil 3,12–14); für die in der Erkenntnis verankerte Prophetie gilt das erst recht. Über das Verb „kommen“ wird jene Vollendung dabei mit dem Tag des Herrn verknüpft (s. 1,8; 4,5 sowie 1Thess 5,2); es verweist also auf die Erwartung einer neuen Welt (s. 15,50). 9–10

Paulus illustriert den damit gegebenen kategorialen Sprung anhand seines eigenen Werdegangs. Das liegt nahe, weil *teleios* in 13,10a („vollkommen°“) auch „reif“ im Gegensatz zu „unmündig“ meinen kann (s. 14,20); in der Antithese von Kindes- und Erwachsenenalter entspricht es hellenistischer Rhetorik (vgl. Xenophon u. a.). Das hier benutzte „ich“ hat daher prototypischen Sinn; dafür spricht auch die Verknüpfung mit dem „wir“ in 13,9.12. Gerade im Kontext der Erkenntnisthematik ist es bezeichnend, dass der Apostel sich selbst den Adressaten als Vorbild anbietet. Wie und was er als Kind (s. 3,1 f.) redete, im Sinn hatte und selbsttätig oder reaktiv dachte, spielt für ihn als Mann keine Rolle mehr. Ein konkreter Bezug auf einzelne Geistesgaben ist damit aber nicht gegeben; das Gleichnis zeigt, dass Unvollkommenes darauf angelegt ist, aufgehoben zu werden. Dass die Details nicht allegoretisch zu deuten sind, belegt auch 13,11e; denn hier erscheint der Mann als Subjekt des Vorgangs, der nach 13,8.10 die Menschen ohne ihr Zutun erfasst. 11

Die Bruchstückhaftigkeit menschlichen Erkennens (13,9) veranschaulicht sodann das Bildwort 13,12a. In der Tat bezeichnet „sehen“ (*blepein*) 12 nicht nur die optische Wahrnehmung, sondern oft auch die Gottesschau. Dazu passt die Rede vom Spiegel: Im Hellenismus gelten Bestandteile des Kosmos als Spiegelbild des Göttlichen; nach antik-jüdischer Auffassung erblicken Menschen durch die Offenbarung Gott wie in einem Spiegel. Hier wie dort hebt man aber die klare Schau – die antike Spiegel, meist aus Bronze oder Silber gefertigt, durchaus erlauben – von rätselhaften Eindrücken ab. In diesem Sinn hebt LevR 1 (von Num 12,6–8 her) die Offenbarung an Mose von der an die Propheten ab, Plutarch wiederum die Spiegelung des Göttlichen in Lebewesen und Himmelskörpern von der, die Zahlen und Figuren erzeugen. Paulus wendet diese Differenz eschatologisch. Er dürfte dabei, wie in 13,9, mit der Erkenntnis zugleich die Prophetie im Blick haben – auch wenn er diese sonst nicht mit Sehen (vgl. Am 8,2 u. ö.) verknüpft. Jedenfalls setzt er voraus, dass ein Spiegel nur ein Abbild zeigt, das hinter der unvermittelten Schau zurückbleibt. Die erwartet er nicht von der Philosophie (so Philon), sondern für die Endzeit, wenn Gott sich von Angesicht zu Angesicht zu erkennen gibt (vgl. Gen 32,31; Apk 22,4 u. ö.) – anders, als es derzeit geschieht (vgl. Ex 33,20). „Dann“ (s. 4,5; 15,28.54) werden Menschen Gott in der gleichen Eindeutigkeit erkennen und anerkennen (s. Röm 1,28 u. ö.), in der Gott sie als Christusgläubige jetzt schon erkennt und anerkennt (s. 8,3; Gal 4,9).

13 Der Schlusssatz fokussiert die durch Gottes Heilshandeln bestimmte Gegenwart (s. 15,20 u. ö.). Dass Menschen ihr durch eine Existenz in Glaube (s. 13,2), Liebe und Hoffnung entsprechen, ist paulinische Grundüberzeugung (s. 1Thess 1,3; 5,8). Sie basiert auf der traditionellen Paarung des Glaubens mit Lieben (vgl. Jub 17,18; Sap 3,9 u. ö.) und Hoffen (vgl. Ps 77[78],22; Sir 2,6 u. ö.). Paulus meint dabei mit Hoffen das zuversichtlich-verlangende Erwarten der Heilsvollendung, das der Geist aufgrund der im Glauben empfangenen Heilszuwendung Gottes ermöglicht, auch gegen den Augenschein (s. Röm 5,1–5; 8,20–24 u. ö.). Die Trias ist daher anders geartet als ähnliche Reihen paganer Herkunft, die menschliche Frömmigkeit zusammenfassend beschreiben (Porphyrius nennt Glaube, Wahrheit, Eros, Hoffnung). Als Filiationsreihe präsentiert sie zum einen den Glauben als die grundlegende Geistesgabe (s. 12,9), aus der über die Hoffnung die Liebe erwächst (s. Gal 5,5f.), zum andern die Liebe als die Haltung, in die der Glaube über die Hoffnung mündet. In diesem Zusammenhang ist die Liebe, den genannten Traditionsbezügen gemäß, erneut auf Gott und die Mitmenschen bezogen. Daher bildet sie, gemeinsam mit Glaube und Hoffnung, bleibend (s. 2Kor 3,11; Röm 9,11) das wesentliche Merkmal der in Christus gestifteten Gottesbeziehung – und wird mit ihnen auch im Endgericht Bestand haben (s. 3,14). Doch so bedeutsam Glaube und Hoffnung (s. Röm 8,24) sind, nach 13,12 werden sie in der Endzeit durch die unmittelbare Gottesschau abgelöst. Die Liebe aber wird auch dann noch die Beziehungen zwischen Gott und den Menschen prä-

gen (s. 13,8a). Insofern ist sie größer selbst als Glaube und Hoffnung – und deshalb das maßgebliche Kriterium zur Beurteilung der Gnadengaben.

C

Die Lobrede auf die Liebe ist fortlaufend auf die briefliche Kommunikationssituation (s. S. 5f.) bezogen: a) Paulus tritt unter dem Stichwort „Weg" (12,31b) erneut als Lehrer auf, der Vorbild und Unterweisung vereint (s. 4,16f.). b) Er sagt Relativierendes zu Gaben, die viele Adressaten schätzen: Rede in fremden Sprachen, zumal Engelssprache (13,1.8c, s. 14,13f. u. ö.), und Erkenntnis (13,2.8d–12, s. 8,1–3) – tut aber Gleiches mit Blick auf Vollzüge, die er empfiehlt: Prophetie, Glaube, Einsatz für andere, Rühmen im Herrn (13,2f.8f.13, s. 1,31; 4,11–13; 14,1; 16,13). c) Er stellt die Liebe der Prahlerei, Rücksichtslosigkeit und Ungerechtigkeit einiger Gemeindeglieder entgegen (13,4c–e.5b.6a, s. 4,6f.; 6,8; 8,11 u. ö.). d) Er erinnert sie implizit daran, dass sie keineswegs vollkommen sind, sondern zur Unmündigkeit neigen, wie ihre Gruppenbildung zeigt (13,10f., s. 2,6; 3,1–4; 4,8 u. ö.).

E

Zur Klärung der Rede von den größeren Gnadengaben benennt Paulus die Gottes- und Nächstenliebe als Urteilskriterium. Sie eignet sich dazu, weil sie die Adressaten auf vorzügliche Weise in ein gottgefälliges Leben führt (12,31). Das belegt ein dreiteiliger Lobpreis. 13,1–3 zeigt am Apostel auf: Jeder noch so vollendete Einsatz einer Geistesgabe wird erst dann existentiell belangvoll, wenn er aus und in der von Gott stammenden Liebe erfolgt. Dabei misst sich Paulus auch diejenigen Gaben zu, deren Bevorzugung in Korinth er für problematisch hält, Engelssprache und Erkenntnis. So stärkt er die Akzeptanz seiner Vorbildrolle. 13,4–7 stellt die Liebe daraufhin als vorbildliche, Gottes Güte und Christi Hingabe entsprechende, dem Bösen widerstehende, gemeinschaftsfördernde Handlungsträgerin dar. Dieses Portrait wirft kritisches Licht auf manches schon zuvor gerügte Fehlverhalten in der Gemeinde. 13,8–13 weist dann in bildhafter Sprache auf, dass als Merkmal menschlichen Daseins nur die Liebe unvergänglich ist. Durch sie wirkt die endzeitliche Vollendung bereits in die Gegenwart hinein. Das unterscheidet sie nicht nur von allen Geistesgaben, gerade auch der Erkenntnis; es hebt sie sogar über Glaube und Hoffnung, die beiden anderen Charakteristika christusgläubiger Existenz, hinaus. Damit ist dem selbstzufriedenen Hochgefühl derjenigen Korinther, die für sich über alles zum Leben Erforderliche zu verfügen meinen, erneut gewehrt. Insgesamt erweist der Text die Kunst des Paulus, eine konkrete Herausforderung mit einer grundsätzlichen, gleichwohl situationsbezogenen Reflexion zu bewältigen. Er zeichnet sich durch eine implizite Theologie der Aussagen – Gott, Christus oder Geist werden nie genannt, sind aber stets im Blick – und eine zurückhaltende Entfaltung der Eschatologie aus. Gerade so wird die Empfehlung der Liebe auch für heutige Debatten um den rechten Weg, Gemeindeleben zu gestalten, plausibel.

Überleitung (14,1)

1 [a]**Strebt nach der Liebe,** [b]**eifert aber um die geistlichen** Gaben,
[c]**vor allem aber** darum, **dass ihr prophezeit.**

A/B Der dreifach gestufte Aufruf wertet das Voranstehende konkretisierend aus. Die Adressaten sollen gemäß 12,31b–13,13 die liebende Hinwendung zum Nächsten in ihrem Handeln zur Geltung bringen (s. Röm 14,19; 1Thess 5,15 u. ö.). Um dies auf ihren Eifer (s. 12,31a) um die prinzipiell gleichrangigen Gnadengaben (12,4–30) anzuwenden, stellt Paulus mit deren Bezeichnung als Geistesgaben° (s. 12,1) die Quelle und Kraft jener Begabungen heraus. Unter ihnen ist es die Prophetie°, die dem Kriterium der Liebe° besonders gut entspricht. Warum und inwiefern das gilt, wird das Folgende zeigen.

C/E 14,37a spricht das Selbstbild mancher Adressaten als „Geistesleute" an; sie haben daher wohl auch von „Geistesgaben" geredet. Paulus nutzt das, um jene Gaben der Liebe als erster Frucht des Geistes (s. Gal 5,22) zuzuordnen.

Vergleichende Betrachtung (14,2–25)

2 [a]**Wer nämlich mittels** Engels**sprache redet, redet nicht zu Menschen,**
sondern zu Gott; [b]**denn niemand hört** und vernimmt,
[c]**mit** dem **Geist aber redet er** oder sie **Geheimnisse.**
3 **Wer aber prophezeit, redet zu Menschen**
und bewirkt **Aufbau und Ermunterung und Zuspruch.**
4 [a]**Wer mittels** Engels**sprache redet, baut sich selbst auf;**
[b]**wer aber prophezeit, baut die** versammelte **Gemeinde auf.**
5 [a]**Ich will freilich, dass ihr alle mittels** fremder **Sprachen redet,**
[b]**vor allem aber, dass ihr prophezeit.** [c]**Größer aber ist, wer prophezeit,**
als wer mittels fremder **Sprachen redet – es sei denn, er** oder sie **übersetzt** auch,
[d]**damit die Gemeinde** etwas zu ihrem **Aufbau empfange.**

6 [a]**Nun aber,** [b]**Geschwister:** [c]**Wenn ich zu euch komme**
als einer, der mittels fremder **Sprachen redet,** [d]**was werde ich euch helfen,**
wenn ich nicht zu euch rede aufgrund einer Offenbarung oder aufgrund einer Erkenntnis oder in Form **einer Prophetie oder einer Lehre?**
7 [a]**Ebenso** gilt für **die leblosen Dinge, sobald sie einen Laut hervorbringen,**
[b]**sei es eine Rohrpfeife, sei es eine Leier:**
[c]**Wenn sie einen Unterschied bei den Tönen nicht hervorbringen,**
[d]**wie soll das auf Rohrpfeife oder Leier Gespielte erkannt werden?**
8 [a]**Denn auch wenn eine Trompete einen unklaren Laut hervorbringt:**
[b]**Wer wird sich zur Schlacht bereit machen?**
9 [a]**So auch ihr: Wenn ihr durch die** Engels**sprache kein deutliches Wort hervorbringt,**
[b]**wie soll, was** von euch **geredet wird, erkannt,** d. h. verstanden **werden?**
[c]**Denn ihr werdet dabei** gleichsam **in die Luft reden.**

10 **So viele Arten von** sprachlichen **Lauten gibt es womöglich in der Welt,**
und keine Art ist **ohne Laut;**
11 [a]**wenn ich also um die** Aussage**kraft des** jeweiligen **Laut**gebens **nicht weiß,**
[b]**werde ich dem** oder der **Redenden ein Fremder sein,**
und der oder die **Redende wird mir ein Fremder** oder eine Fremde **sein.**
12 [a]**So auch ihr:** [b]**Da ihr ja um Geistesmanifestationen Eifernde seid,**
[c]**sucht zum Aufbau der Gemeinde** danach, **dass ihr** mit ihnen **überströmt.**

13 **Darum** gilt: **Wer mittels** Engels**sprache redet,**
soll darum **beten, dass er** oder sie es auch **übersetzen** kann.
14 [a]**Wenn ich mittels** Engels**sprache bete,** [b]**betet mein Geist,**
[c]**mein Verstand aber ist** dann **ohne** jede **Frucht.**
15 [a]**Was also ist** daraus zu folgern?
[b]**Ich will mit dem Geist beten,** [c]**aber auch mit dem Verstand beten,**
[d]**will mit dem Geist lobsingen,** [e]**aber auch mit dem Verstand lobsingen.**
16 [a]**Denn wenn du im Geist ein Lob**gebet **sprichst –**
[b]**wie soll** jemand, **der** oder die **den Platz des Unkundigen ausfüllt, das Amen sagen**
auf dein Dankgebet **hin?** [c]**Denn was du sagst, weiß er** oder sie ja **nicht.**
17 [a]**Du sprichst zwar auf** eine für dich **schöne Weise** dein **Dank**gebet,
[b]**doch der** oder die **andere wird nicht aufgebaut.**
18 [a]**Ich danke Gott:** [b]**Mehr als ihr alle rede ich mittels** fremder **Sprachen.**
19 [a]**Doch in einer** Gemeinde**versammlung will ich** lieber **fünf Worte mit meinem**
Verstand reden, [b]**damit ich auch andere unterweise,**
[c]**als zigtausend Worte in** Engels**sprache.**

20 [a]**Geschwister,** [b]**werdet nicht** wie kleine **Kinder im Urteilsvermögen,**
sondern seid wie **unmündige** Säuglinge **in** Sachen **Bosheit,**
[c]**im Urteilsvermögen aber werdet reif/vollkommen.**
21 [a]**Im Gesetz ist geschrieben: „*Durch Leute anderer Sprache***
und durch Lippen von anderen werde ich zu diesem Volk reden,
und auch so werden sie nicht auf mich hören, [b]***sagt der Herr.*“**
22 [a]**Daher sind die** fremden **Sprachen zu einem** Identifikations**zeichen** bestimmt
nicht für die Glaubenden, sondern für die Ungläubigen,
[b]**die Prophetie aber** ist zu einem Identifikationszeichen bestimmt
nicht für die Ungläubigen, sondern für die Glaubenden.
23 [a]**Wenn also die ganze Gemeinde an einem Ort zusammengekommen ist**
und alle mittels fremder **Sprachen reden,**
[b]dann **aber Unkundige oder Ungläubige hereinkommen,**
[c]**werden sie nicht sagen: „Ihr seid von Sinnen!“?**
24 [a]**Wenn aber alle prophezeien,**
[b]dann **aber jemand hereinkommt,** der oder die **ungläubig oder unkundig** ist,
[c]**wird er** oder sie **zurechtgewiesen von allen,** [d]**durchleuchtet von allen,**
25 [a]**das im eigenen Herzen Verborgene wird offenbar,**
[b]**und so wird er** oder sie **aufs Angesicht fallen, Gott anbeten**
und kundtun: „*Wirklich, Gott ist in/unter euch!*“

A

Paulus kontrastiert die fremden Sprachen (14,2.4–6.9.13–19.21–23) mit der Prophetie (14,3–6.22.24) und weiteren Formen verständlichen Redens in der Gottesbeziehung (14,6.15.19). Bei Ersteren fokussiert er im Sing. das in Korinth geschätzte Beten mittels engelartiger Sprache (14,2.4.9.13f.19,

s. 13,1), bettet es aber in den Gebrauch fremder Sprachen generell ein (14,5f.18.22f.: Pl.). Vergleichend weist er auf, welche Nachteile Letzterer für eine Gemeindeversammlung (s. 14,4f.12.19.23) hat. Dazu fragt er, ob ein Reden aufbauend auf andere wirkt, d. h. förderlich für sie ist (s. 14,3–6.12.17.19.24f.). Die Erörterung hat drei Teile: Die Einleitung beschreibt die gegensätzliche Orientierung beider Redeweisen – erst allgemein, dann auf die Gemeinde fokussiert (14,2f.4) –, benennt die Konsequenz, die zu ziehen er („ich") den Adressaten („ihr") nahelegt (14,5a–b), und formuliert dann im Rückgriff auf 12,31a die These 14,5c–d. Diese wird in zwei jeweils mit der Anrede „Geschwister" eröffneten Gedankengängen ausführlich begründet. Sie behandeln, 14,2f.4 chiastisch aufgreifend, erst das Geschehen innerhalb einer Gemeindeversammlung (14,6–19), dann dessen Außenwirkung (14,20–25). Der erste Gedankengang erhält durch „Ich"-Sätze (14,6.11.14f.18f.), direkte Anreden (14,9.12.18: Pl.; 14,16f.: Sing.), Vergleiche (14,7f.10f.16f.) und rhetorische Fragen (14,6–9b.15a.16a–b) den Charakter eines Schulvortrags. Ihn führt 14,20–25 dann in Form einer schriftgelehrten Unterweisung fort.

B 2–3 Zur Begründung des Aufrufs 14,1 zeigen die ersten Sätze der Einleitung auf, wem das Reden mittels Engelssprache° und das Prophezeien° jeweils gelten. Ersteres richtet sich allein an Gott; für Menschen, die es hören, bleibt es in seinem speziellen Sinngehalt (s. 4,1 u. ö.) verschlossen (s. 14,9.11) und daher folgenlos (s. 14,21). Ohne die Gabe des Übersetzens gilt das selbst für die Redenden (s. 14,13f.). Jene Sprache ist als solche geheimnisvoll°, also jedem menschlichen Zugriff entzogen (s. 2,7). Diese Eigenart entspricht der Herkunft aus dem Geist. Im Kontext von 14,1.12 sowie 14,14–16 ist das doppelsinnig gemeint: In der Kraft des Geistes° Gottes wird ein Gebet ganz im menschlichen Geist°, ohne Mitwirkung des Verstandes formuliert. Prophetie hingegen dient dazu, gewonnene Einblicke in Gottes Handeln (s. 13,2) anderen Menschen mitzuteilen. Sie fördert und stärkt dadurch deren Gottesbeziehung: vermittelt ihnen Ermunterung – Trost in Bedrängnis sowie Ermutigung, das Leben auf Gott auszurichten (s. Röm 12,1; 2Kor 1,4 u. ö.) – und freundlichen Zuspruch in Verzagtheit (s. 1Thess 5,14). Eben damit wird ihnen Liebe zuteil (s. 8,1d; Phil 2,1). Konkret kann das auf verschiedene Weise erfolgen, wie an 14,24f. und 1Thess 4,15–18; 5,1–11 klar wird.

4 Die allgemeinen Sätze 14,2f. werden nun auf die versammelte Gemeinde (s. 14,19.23) übertragen: Während eine Prophetie andere Mitglieder (14,17) und damit auch die Gemeinde° aufbaut (s. 3,9f.), beschränkt sich die aufbauende Wirkung der Engelssprache auf die redende Person. Die eigene Gottesbeziehung zu pflegen ist natürlich gut und richtig (s. Phil 2,12); es darf aber nach 10,24 nicht das Ziel des Handelns im Miteinander sein.

5 Demgemäß zielt der apostolische Wunsch des Paulus für die Adressaten (s. 7,32; 11,3 u. ö.) auf Zweierlei. Ihnen allen wünscht er das Geschenk des Geistes, mittels fremder Sprachen° reden zu können (s. 12,10f.), in

erster Linie aber die Gnadengabe der Prophetie. Sie geschieht ja anderen zugute, statt eigenen Interessen zu dienen, bringt also die Liebe zur Geltung (s. 13,5b) und ist somit die größere Gabe (s. 12,31). Daher haben Personen, die sie praktizieren, höhere Bedeutung für die Gemeinde als jene, die der Geist befähigt, fremde Sprachen zu nutzen. Dies gilt indes nicht, wenn Letztere, vom Geist dazu befähigt, ihr Reden auch übersetzen (s. 12,10e.30c) und so für andere verständlich machen können. Unter dieser Bedingung dienen auch Äußerungen in solchen Sprachen dazu, die Gemeinde und ihre Glieder aufzubauen.

6a–b Ein Verweis auf die gegebene Situation (s. 12,20 u. ö.) und die geschwisterliche° Verbundenheit der Gemeinde mit ihrem Apostel eröffnet den Vortrag zur gemeindeinternen Nutzung einer Engelssprache (14,6–19).

6c–19 Umrahmt von Aussagen zur Gabe des Paulus, mittels fremder Sprachen reden zu können (14,6c.18), gliedert sich sein Vortrag in drei Teile, die jeweils in eine Schlussfolgerung münden. Sie stellen sukzessive klar, dass der Einsatz jener Sprachen für andere unverständlich bleibt (14,6c–9), keine Verbindung mit ihnen schafft (14,10–12) und ihnen – jedenfalls ohne Übersetzung (14,13, s. 14,5) – keine Möglichkeit gibt, an dem jenseits des Verstandes vorgetragenen Gebet teilzuhaben (14,13–19). Dabei sind die ersten beiden Teile ähnlich strukturiert: Hier wie dort schließt Paulus von eigenen, hypothetischen Erlebnissen (14,6c–d.11: „wenn ich …“) auf eine Einsicht bzw. Haltung zum Reden in fremden Sprachen, die die Gemeindeglieder sich zu eigen machen sollen (14,9.12: „So auch ihr …“). Zur Erläuterung dienen Vergleiche mit instrumental bzw. sprachlich erzeugten Lauten (14,7f.10).

6c–d Im Blick auf den geplanten Besuch (s. 4,19 u. ö.) fragt Paulus, wodurch er die Gottesbeziehung der Adressaten stärken werde. Dass er mittels fremder Sprachen reden kann, hilft da nichts. Vielmehr bedarf es der Mitteilung von Einsichten, die der Geist eröffnet. Die vier Angaben dazu betreffen exemplarisch zwei Quellen und zwei Formen solchen Redens. Letztere, Prophetie und Lehre, greifen die Posten zwei und drei der Liste 12,28 auf; bei Ersteren steht neben der schon erwähnten Erkenntnis° (s. 12,8 u. ö.) die „Offenbarung“ (s. 14,26). Sie kann Paulus zufolge verschiedene Inhalte haben: das Evangelium (Gal 1,11f.), Gottes Weisheit (2,9f.), das Verständnis für die eschatologische Existenz von Christusgläubigen (Phil 3,13–15), prophetische Einblicke in Gottes Wirken (14,29f.) oder eine Handlungsanweisung (Gal 2,2).

7–8 Zwei Beispiele aus der Welt des Musizierens veranschaulichen die negativen Folgen unklarer Kommunikation. Dass man Instrumente zum Klingen bringen, gleichsam zum Leben erwecken muss, erinnert an den Charakter der in 14,6 genannten Redeweisen als Gaben des Geistes (s. 2Kor 3,6d). Ein erstes Beispiel verweist auf die Klangfarben zweier in der Antike vielfältig genutzter Blas- und Saiteninstrumente: der scharfe Töne erzeugenden Rohrpfeife und der zart klingenden Leier.

Es wäre widersinnig, wenn der kategoriale Unterschied (s. Röm 10,12, vgl. Ex 8,23[19]) beim Spielen nicht zu hören wäre; man würde die jeweils gespielte Musik nicht mehr in ihrer Eigenart erkennen. Das zweite Beispiel zeigt, wie wichtig es ist, ein militärisches Angriffssignal (vgl. Num 10,9) von anderen Signalen abgrenzen zu können.

9 Anhand dieser bildlichen Erläuterung wendet Paulus seinen Vorbehalt gegenüber der in Korinth beliebten Engelssprache mit „so auch“ (s. 2,11b u. ö.) auf die Adressaten an. Im Miteinander ist solches Reden deplatziert, da es anderen unverständlich bleibt; es erschließt sich ihnen weder in seinem Wesen als engelartige Sprache noch in seinem Aussagegehalt. Demzufolge wird es ebenso nutz- und ziellos sein (s. 9,26b), wie es eine bekannte sprichwörtliche Wendung über in den Wind geredete Worte sagt (vgl. Lukrez u. a.).

10–11 Der zweite Absatz fasst die verschiedenen Lautäußerungen ins Auge, die die Sprachen der Welt° ausmachen. Aus der Sicht eines Hörers stellt Paulus klar: Zur Verständigung kommt es nur, wenn er imstande ist, aus den benutzten Lauten ihre sprachliche Bedeutung zu erschließen. Ohne die dafür nötigen Kenntnisse bleiben er und die redende Person einander so fremd (*barbaros*) wie Barbaren, die kein Griechisch können, und Griechen (s. Röm 1,14).

12 Als Glaubensgeschwister sollen die Adressaten daher ihren Eifer um diverse „Geister“, d. h. Manifestationen des Geistes (s. 14,32) gemäß 12,31 in eine Suche überführen, die der Liebe entspringt (s. 13,5b): die Suche danach, dass die eigenen Geistesgaben auch anderen zugutekommen (s. Röm 5,15) und damit im Sinne von 10,23 f. dem Aufbau der Gemeinde dienen (s. 14,4).

13–19 Ein dritter Absatz erklärt, was das für den Einsatz einer Engelssprache in der Gemeindeversammlung heißt. Dazu erläutert Paulus im gedanklichen Gespräch mit einem Gemeindeglied (14,14–17) die Eigenart jener Sprache und hält in den Rahmensätzen fest, welche Schlüsse daraus zu ziehen sind.

13 Mit „darum“ führt er eine erste Konsequenz aus 14,11 f. ein und eröffnet zugleich den folgenden Gedankengang (s. Röm 15,7 u. ö.). Zum Aufbau der Gemeinde trägt das Reden mittels Engelssprache nur bei, wenn es übersetzt wird. Wer wie Paulus (s. 14,6c) zu solchem Reden befähigt ist, soll daher der in 14,12 empfohlenen Suche gemäß darum beten (s. Phil 1,9), das in jener Sprache Gesagte auch übersetzen zu können (s. 14,5c–d). Individueller Ekstase ist in der Gemeindeversammlung damit ein Riegel vorgeschoben – umso mehr, als das Übersetzen nach 12,10.30 eine eigenständige Gnadengabe ist.

14–15 Die Notwendigkeit der Übersetzung erweist ein Blick auf das Wesen der Engelssprache. Paulus vollzieht ihn wiederum (s. 14,6) in einer persönlichen Äußerung. Dazu modifiziert er eine Idee aus der griechischen Philosophie. Diese besagt, dass Gedichte und Orakel durch Inspiration zustande kommen: Die Gottheit nimmt der betreffenden Person zeitweise den Verstand, um selbst durch sie zur Hörerschaft zu sprechen (vgl. Platon; ähnlich Philon, Spec. 4,49 u. ö.). Drei Aspekte ändert der Apostel: a) Er überträgt die Auffassung auf das Reden zu Gott (14,2a), also das Beten in engelartiger Sprache; b) er hält an seiner Selbsttätigkeit im Gebet fest und verankert diese in seinem Geist (s. 14,2c); c) statt von einer Beseitigung des Verstandes redet er davon, dass dieser für andere wirkungslos (s. 14,19 und 14,12c), weil insgesamt untätig bleibt. Demzufolge nimmt Paulus sich vor, Gebet und Loblied (s. 14,26) nicht nur mittels der Engelssprache vorzutragen, die Gott seinem Geist erschließt (s. 14,2c). Vielmehr will er beides dadurch ergänzen, dass er es jeweils auch mit dem eigenen Verstand, also auf verständliche Weise spricht. Zwischen 14,13 und 14,19 dürfte das zweierlei meinen: Er möchte übersetzen, was er vor anderen in engelartiger Sprache sagt, und er möchte auch unabhängig davon in klaren Worten zu Gott beten und Gott preisen.

16–17 Aus dieser Haltung heraus wendet sich der Apostel einem imaginierten Gemeindeglied zu, das sich am Reden in Engelssprache erfreut (14,17a, s. 2Kor 11,4d). Erst fragend, dann feststellend regt er es zur kritischen Reflexion des eigenen Betens an. Er verweist dazu auf die Gegenwart eines anderen Gemeindeglieds, das jener Sprache „unkundig“ ist. Dieser Begriff markiert fehlende Sachkundigkeit (s. 2Kor 11,6), erinnert aber auch an die Rolle, die Laien gegenüber Amts- oder Funktionsträgern einnehmen; an Nicht-Mitglieder, denen er im antiken Vereinswesen beigelegt wird, ist im Kontext von 14,12.19 kaum gedacht. Demgemäß betont die bildliche Rede vom Ausfüllen eines Platzes, dass Unkundige eine wichtige Rolle in der Gemeinde spielen. Sie haben Anspruch darauf, am Geschehen der Gemeindeversammlung teilzunehmen, also auch darauf, Dank- oder Lobgebete (s. 1,4; 2Kor 1,3 u. ö.) mit den anderen zu bekräftigen. Dazu dient der jüdischen Gottesdiensten entlehnte Ruf „Amen“ (vgl. 1Chr 16,35f. u. ö.). Nur im Zuge solchen Einstimmens derer, die ein Gebet hören, fördert es auch ihre Gottesbeziehung. Dafür muss klarwerden, was es besagt. Wer es nicht versteht, wird ausgegrenzt. Dessen soll sich das angeredete Gemeindeglied bewusst sein.

18–19 Was sich daraus ergibt, bekundet erneut eine persönliche Stellungnahme. Sie gilt allen Adressaten und schließt so zugleich den mit 14,6 eröffneten Gedankenbogen ab. In ironischer Weise überträgt Paulus den Begriff „Dank“ aus 14,16f. auf seine ebenso klare wie die Angeredeten in die Schranken weisende Auskunft: Er verfügt in größerem Maß über die Gabe, mittels fremder Sprachen zu reden. Der Gebrauch des Pl. statt des Sing. in 14,9 unterstreicht die kritische Note des Satzes. Noch verstärkt wird sie durch den Anklang an das Proömium; denn dort (1,4) ist die Wendung 14,18a auf die Fülle an Gnadengaben in der Gemeinde bezogen. So groß aber seine persönliche Begabung ist, in einer Gemeindeversammlung (s. 11,18 u. ö.) stellt Paulus die Engelssprache, die die Adressaten so schätzen, zurück. Schon wenige verständliche Worte sind ihm lieber als ein immenser Reichtum an Gebeten in jener Sprache. Die Zahl fünf markiert das Gewicht jener Worte; sie ist über Finger und Sinne (vgl. Aristoteles) in der menschlichen Natur verankert und wird daher literarisch breit genutzt (vgl. Lev 26,8; Mt 25,2 u. ö.). Der Hinweis auf die unterweisende Funktion des paulinischen Redens (s. Gal 6,6, vgl. Lk 1,4) weitet den Blickwinkel über das Gebet hinaus – und bereitet im Gefolge von 14,3 die nachfolgende Wiederaufnahme des Themas Prophetie vor.

20–25 Zur weiteren Begründung der These 14,5c–d legt Paulus dar, dass Reden in fremden Sprachen und Prophezeien nach außen gegensätzlich wirken (s. 14,23c.25b). Dazu bereitet der generelle Appell 14,20 ein Schriftzitat (14,21) vor, aus dem ein Grundsatz über die konträren Zweckbestimmungen jener Redeweisen abgeleitet wird (14,22). Dessen Sinngehalt veranschaulichen dann zwei hypothetische Szenen aus dem Gemeindeleben (14,23.24 f.).

20 Im sprachlichen Anklang an 13,10 f., also im Horizont der Lobrede auf die Liebe ruft der Apostel seine Glaubensgeschwister (s. 14,6) gleichsam zur Besinnung: Beim Gebrauch ihrer Vernunft sollen sie nicht in kindliches Gehabe zurückfallen (vgl. Plutarch), sondern ihre geistige Reife erweisen. Dieser Ruf zu einem Urteil, das „Vollkommenen°" wohl ansteht, erinnert an 2,6; 3,1 f.; es gilt demnach, bei der Einschätzung der engelartigen Sprache im Anschluss an 14,6–19 nicht weltliche, sondern geistliche, der Weisheit Gottes entsprechende Maßstäbe anzulegen. Dazu passt der zugehörige Aufruf, unmündigen Säuglingen in anderer Hinsicht zu gleichen: durch das Freisein von Bosheit° (s. 5,8) im Trachten und Handeln (vgl. Philon, Leg. 2,53). Denn nach Spr 13,16; 18,2 u. ö. zeigt sich ein Mangel an Vernunft in beidem: in bösem, Gottes Weisung widersprechendem Tun und im Absehen von Gottes Weisheit. Wie dieser Zusammenhang den Umgang mit fremden Sprachen und Prophetie betrifft, muss das Folgende allerdings erst noch zeigen.

21–22a Basis der Argumentation ist ein Zitat aus Jes 28,11 f. In Form einer Ankündigung stellt es das Scheitern eines Bemühens Gottes um Kommunikation mit den Israeliten vor Augen. Auf sie weist biblischem Sprachgebrauch gemäß (vgl. Ex 17,4 u. ö.) der Ausdruck „dieses Volk" – wie es auch die Rede vom Volk in 10,7 nahelegt. Dazu passt die Vorstellung mangelnden Gehorsams, welche die Schlussnotiz in 14,21a wachruft (vgl. 1Sam 3,13 und Jes 1,20 u. ö.). Um ihn zu überwinden, so die Ankündigung, führt Gott eine Begegnung mit Leuten herbei, die eine andere, Israel fremde Sprache sprechen; doch auch auf diesem Weg kommt es nicht dazu, dass jenes Volk Gott, den Herrn°, wirklich hört. Somit behandelt das Zitat eine andere Art fremder Sprache, als sie einige Adressaten für ihr Gebet zu Gott nutzen: eine menschliche Sprache, durch die Gott zu Menschen redet. Im Horizont des Ausdrucks „Arten von Sprachen" (12,10d.28h) entspricht die Unterscheidung der Auskunft des Paulus in

13,1a. Es liegt daher nahe, das Zitat auf das Pfingstwunder (s. S. 167) zu beziehen. Mit ihm befähigte Gottes Geist die in Jerusalem versammelten Christusgläubigen, Gottes Großtaten in den Sprachen anderer Völker zu preisen; doch auch diese Wirkung des Geistes war als solche nicht geeignet, die anwesenden Juden zur Umkehr zu führen (vgl. Apg 2,1–13).

Jenes Reden in fremden Sprachen teilt mit der Engelssprache also Zweierlei: die Prägung durch den Geist und die Wirkungslosigkeit bei denen, die es hören (s. 14,2). Eben diese Gemeinsamkeit bringt der erste Teil des vieldiskutierten Satzes 14,22 auf den Punkt. Es handelt sich um einen Schluss vom Besonderen aufs Allgemeine, der später auch in der rabbinischen Exegese beliebt war. Wohl deshalb verankert die Zitateinleitung das Jesajawort „im Gesetz". Paulus folgt mit dieser Kennzeichnung der ganzen Schrift nicht nur antik-jüdischem Usus (vgl. Ps.-Philon, De Jona 176 u. ö.), wie er es auch in Röm 3,10–19a tut. Er markiert mit ihr zugleich seine im Prinzip halachische Auswertung des Zitats, die er ähnlich in 9,8–10 vornimmt: Ein logischer Schluss erhebt aus einem Schriftwort eine handlungsorientierende Aussage.

Was 14,22a genau besagt, ergibt sich aus dem Zusammenhang mit 14,23. Tatsächlich ist der Einsatz der Gabe, mittels fremder Sprachen reden zu können, ein von Gott gewirktes „Zeichen", das die Identität eines Menschen anzeigt (s. 2Kor 12,12). In der Begegnung von Christusgläubigen° und Ungläubigen° (s. 10,27) wirkt es als solches jedoch nur bei Letzteren, indem es sie in ihrem Unglauben belässt. Erstere hingegen werden durch ihr Reden in fremden Sprachen gerade nicht als Glaubende erkennbar (anders Mk 16,17).

23 Paulus illustriert das im Rückgriff auf 14,5a am Beispiel einer Gemeindeversammlung (s. 11,18.20 u. ö.) „an einem Ort" (vgl. Apg 2,1): Sollten alle Gemeindeglieder (s. 14,5a) gleichzeitig oder nacheinander in fremden Sprachen reden, würden sie von Hinzukommenden völlig falsch beurteilt werden. Da diese jener Sprachen nicht kundig sind, bleibt ihnen verborgen, was gesagt wird (s. 14,16). Das gilt natürlich erst recht für Ungläubige (s. 6,6 u. ö.). Wie der Pl. anzeigt, ist es dabei egal, welche Sprachen zu hören sind. So oder so werden jene Gäste die Gemeindeglieder für verrückt halten (vgl. Joh 10,20) oder ihnen religiöse Raserei bescheinigen, die manche paganen Kulte prägte (vgl. Herodot u. a.). Sie werden also den Gebrauch jener Sprachen nicht als Wirken des Geistes Gottes wahr- und annehmen – und Ungläubige sich daher auch nicht von ihrem eigenen Unglauben lösen – können.

22b Anders verhält es sich mit der Prophetie. Was Paulus zu ihr feststellt, hat keinen Anhalt am Schriftzitat; er leitet seine Aussage vielmehr – erneut der exegetischen Methodik des antiken Judentums folgend – aus dem Gegensatz zu 14,22a ab. Demnach macht das Prophezeien Christusgläubige als solche erkennbar und behaftet Ungläubige gerade nicht bei ihrem Unglauben.

24–25 Auch dies wird durch eine Szene im Anschluss an 14,5 untermauert. Ihre Darstellung fällt breiter aus, da die Wirkung der Prophetie auf einen hinzukommenden Gast und dessen Reaktion eigens geschildert werden (14,24c–25a.b). Weil Letztere eine persönliche Hinwendung zu Gott einschließt, stellt Paulus das Wort „ungläubig" voran und wechselt vom Pl. (14,23b) zum Sing. Zugleich markiert seine Sprache die Bedeutung des Geschehens: Ab 14,24c gibt er dem Text rhythmische Gestalt und nutzt auffällige Ausdrücke aus der LXX-Version der Schrift. In der Tat passiert Außergewöhnliches: Jene ungläubige Person wird im Namen Gottes in ihre Situation vor Gott eingewiesen (vgl. Spr 3,11; Joh 3,20), was die Gemeindeglieder in positivem Licht erscheinen lässt (vgl. Spr 24,25; Eph 5,13); sie wird in ihrem Reden und Tun durchleuchtet, wodurch die geistliche Prägung der Gemeinde zutage tritt (s. 2,14f., vgl. Sus 48–51); sie erkennt das Trachten ihres Herzens°, erlebt also eine Gottesbegegnung, da nur Gott kennt, was im Menschenherz verborgen ist (vgl. Ps 43[44],22 u. ö., s. 4,5); sie wird dadurch in die Verehrung und Anbetung Gottes geführt (vgl. Num 16,22; Sir 50,17[19] u. ö.); und sie wird daraufhin die Versammlung der Gläubigen als Ort der Gottespräsenz preisen. Ob der Lobpreis der Gemeinde („unter …") oder den einzelnen Mitgliedern („in euch") gilt, bleibt vorerst offen. Jedenfalls steht er in Antithese zur negativen Aussage 14,23c – was durch die formale Parallele zwischen 14,25b und der Schlussnotiz in 14,21 („und … so …") noch unterstrichen wird.

20–25 Vor diesem Hintergrund klärt sich der Sinn der Mahnung 14,20. Vor Gästen in Engelssprache zu reden, verbaut ihnen den Weg aus dem Unglauben, statt sie aufzubauen (s. 14,3). Solches Handeln wäre „böse", weil rücksichtslos, würde also der Liebe widerstreiten (s. Röm 13,10); deshalb sollen die Adressaten davon absehen. Umgekehrt würden sie mit der Bevorzugung öffentlich geübter Prophetie die Reife ihres geistlichen Urteils beweisen.

C Paulus argumentiert erkennbar auf der Basis von Ansichten, die er mit den Adressaten teilt: Das Reden in engelartiger Sprache ist Ausdruck der eigenen Gottesbeziehung, erfolgt getrennt vom eigenen Verstand und bleibt für andere unverständlich; das Prophezeien richtet sich an andere Menschen und gibt ihnen Einblick in Gottes Heilshandeln. Einsichtig machen möchte er, was dies für das Miteinander in der Gemeindeversammlung (s. S. 160) und deren Effekt nach außen bedeutet – wenn man ernst nimmt, dass sie die Gottesbeziehung aller Beteiligten fördern soll. Dazu knüpft er an Haltungen der Adressaten an: ihre Praxis, sich vollzählig zu versammeln (s. Röm 16,23), ihren Eifer für die Geisteswirkungen, ihren Anspruch, vollkommen zu sein (s. S. 37f.). Zudem dürfte ihnen der Gebrauch des „Amen" und die Präsenz von Gästen bei ihren Zusammenkünften vertraut sein; es gab nach 6,6; 7,12–15; 10,27 Kontakte zu „Ungläubigen", und offen für Gäste waren auch Synagogengottesdienste (vgl. Apg 13,16.26; DtnR 8) und manche pagane Kultfeier (vgl. Apuleius).

Ob darüber hinaus 14,6c Erwartungen und 14,7.11 Erfahrungen der Gemeindeglieder aufgreifen, muss offenbleiben; wie an 14,8 deutlich wird, greift die Argumentation auch auf rein literarischer Ebene.

Im Schlussteil gründet sie auf dem Zitat in 14,21. Seine Herkunft verstärkt seine Bedeutung noch: Es ist gerade ein klares Prophetenwort, das den öffentlichen Einsatz fremder Sprachen in Korinth als problematisch erweist. D

Allerdings weicht sein Wortlaut von den erhaltenen hebräischen und griechischen Versionen zu Jes 28,11f. in mehrfacher Hinsicht ab. Nach Origenes (Philoc. 9,2) ähnelt er aber der prinzipiell wörtlichen Aquila-Übersetzung. Das Zitat dürfte daher auf einer LXX-Fassung beruhen, die einem leicht veränderten hebräischen Text angenähert wurde und etwa wie folgt lautete:

> [11]Denn durch Leute anderer Sprache und durch Lippen von anderen wird er zu diesem Volk reden, [12a]indem er zu ihm sagt: „Dies ist die Ruhe für den Hungernden, und dies ist der Ruheplatz!“, [b]und auch so werden sie nicht auf ihn hören.

Mit der Auslassung von Jes 28,12a und der Umgestaltung zur Gottesrede fokussiert der Apostel das Jesajawort auf die Ankündigung eines Sprachenwunders gegenüber den Israeliten und dessen Erfolglosigkeit. Er betont so den Kerngedanken, auf dem seine Darlegung gründet. Es erhöht aber die Überzeugungskraft seines Zitatgebrauchs, den ausgelassenen Satz mitzudenken; weil dieser von Gottes Heilshandeln an Hilfsbedürftigen handelt, liegt eine Deutung auf den Lobpreis der Großtaten Gottes gemäß Apg 2,11 nahe.

Ähnliches gilt für den Zitatkontext (Jes 28,7–13), soweit Paulus ihn zur Geltung bringt. Zwar ist unsicher, welcher Wortlaut ihm genau vor Augen stand. Zwei Entsprechungen treten dennoch deutlich zutage; s. 14,23c (vgl. Jes 28,7b: Priester und Propheten in Ekstase) und 14,20 (vgl. Jes 28,9: Vergleich der Angeredeten mit Säuglingen). Ferner erscheint 14,25b als Antithese zu Jes 28,13 (Gottes Reden in fremden Sprachen bringt die, die es hören, zu Fall). Vor diesem Hintergrund gewinnt der Vorbehalt des Paulus gegenüber einer Bevorzugung der Engelssprache an Plausibilität.

Wie sehr die Aufdeckung des schriftgelehrten Fundaments der paulinischen Aussagen deren Verständnis befördert, zeigt sich dann vor allem an 14,25. Zum einen wird hier die Wirkung prophetischen Redens in *deutlicher Parallele* zu Dan 2,46f.^{LXX} geschildert. Es heißt dort:

> [46]Dann *fiel* Nebukadnezzar, der König, *aufs Angesicht* zur Erde und huldigte Daniel / *betete* vor Daniel *an* und … [47]… sagte: „*In Wahrheit* ist *euer Gott* der Gott der Götter …, der allein *verborgene* Geheimnisse zum *Vorschein* bringt …“

Zum andern erinnert die in 14,25b zitierte Äußerung des ungläubigen Gastes an Jes 45,14f. Dort findet sich folgende Aussage südarabischer

Männer, die in Israels Gegenwart zur Anbetung Gottes finden (Text nach Symmachus):

> [14]… „Allein *bei dir* ist *Gott*, und weder ist sonst noch existiert (sonst) ein Gott; [15]*wirklich*, du bist ein verborgener Gott, du Gott, der Israel rettet."

Die Ähnlichkeit der biblischen Szene mit 14,24f. wird dadurch verstärkt, dass sie Israels Rettung auf ein „nicht im Verborgenen" gesprochenes Wort gründet und mit einer Versammlung verknüpft, die der Erkenntnis dient und die Menschen „vom Ende der Erde" einbezieht (Jes 45,19–22). Was Paulus zum Einsatz der Prophetie in der Gemeindeversammlung sagt, erscheint somit als Analogiebildung zu Erzählungen und Ankündigungen der Schrift. Auf diese Weise erhält auch 14,22b eine biblische Grundlage. Wer dies erkennt, kann die paulinische Darstellung insgesamt als schriftbasiert verstehen. Dabei klärt sich auch der Sinn der Stellungnahme am Ende von 14,25. Sie attestiert keineswegs den einzelnen Gläubigen, dass Gott in ihnen sei. Dies käme der paganen Idee nahe, dass ein Orakel von der Gottheit selbst stammt, die in den redenden Menschen einzieht (s. S. 186f.); und damit würde das Prophezeien gegen 14,19 vom menschlichen Verstand abgekoppelt. Es geht vielmehr darum, dass Gott im gemeinschaftlichen Handeln derer erfahrbar wird, die gemeinsam den Tempel Gottes bilden (s. 3,16; 2Kor 6,16).

Insgesamt bekräftigt die Verankerung der Verse 14,20–25 in der Schrift die bereits mit 2,6–16 vermittelte Botschaft des Paulus: „Vollkommen" werden die Adressaten dadurch, dass sie auch beim Einsatz der Geistesgaben den Maßstäben folgen, die er ihnen mit seiner Schriftauslegung an die Hand gibt.

E Paulus reagiert auf die Praxis etlicher Adressaten, engelartige Sprache in der Gemeindeversammlung zu nutzen. Seines Erachtens dient Letztere aber dazu, die Gottesbeziehung der Beteiligten aufzubauen. Im Sinne der Liebe gilt es deshalb, das eigene Reden am Bedarf der anderen Anwesenden auszurichten. Das tut ja auch der Apostel selbst, der mehr als alle Christusgläubigen zu Korinth in fremden Sprachen reden kann. Ihr lobenswerter Eifer für die Manifestationen des Geistes soll demgemäß eher dem für andere verständlichen Reden gelten: dem Übersetzen der in Engelssprache vorgetragenen Gebete, dem Beten „mit dem Verstand" und zumal dem Prophezeien. Paulus entfaltet diese Auffassung zuerst für die Zusammenkunft der Gemeindeglieder. In einem Schulvortrag legt er anhand von Vergleichen und persönlichen Aussagen dar, wie wichtig es ist, sich miteinander zu verständigen und niemanden als jener Sprache unkundig auszugrenzen; am Ende nutzt er dafür auch Ironie. Diese prägt dann ebenso den Auftakt einer schriftgelehrten Abhandlung zur Außenwirkung der Gemeindeversammlung. Paulus zeigt, dass nicht das Reden in fremden Sprachen, sondern das Prophezeien sie als Ort der Gottesgegenwart erweist und Gäste aus dem Unglauben herausführt. Er bedient sich dafür einer halachisch ausgewerteten Prophetie auf das Pfingstwunder sowie biblischer Analogien, die für Schriftkundige erkennbar sind. Dadurch stößt er in der Gemeinde erneut einen Bildungsprozess in Sachen Schriftgebrauch an. Zudem rückt er beide Geistesgaben von Orakeln ab, die nach paganer Auffassung unter zeitweiliger Beseitigung des menschlichen Verstandes von der Gottheit selbst gesprochen werden. Auf diese Weise leitet er die Adressaten zu einem vollkommenen, weil anhand geistlicher, biblisch fundierter Maßstäbe getroffenen Urteil über geistbestimmtes Reden in der Gemeindeversammlung an. Wie er dabei die mit 14,1 geforderte Grundhaltung der Liebe in eine konkrete, an klaren Kriterien orientierte Unterweisung zur ekklesialen Ethik umsetzt, hat auch für heutige Debatten über eine verantwortungsbewusste Frömmigkeitspraxis Bedeutung.

Regelungen (14,26–38)

26 [a]**Was ist also zu tun, Geschwister?** [b]**Sobald ihr zusammenkommt,**
[c]hat **jeder** und jede von euch irgendeine Gabe des Geistes einzubringen:
hat einen psalmartigen **Lobgesang,** [d]**hat eine Lehre,** [e]**hat eine Offenbarung,**
[f]**hat** ein Gebet in Engels**sprache,** [g]**hat eine Übersetzung** dazu:
[h]**Alles geschehe zum** wechselseitigen **Aufbau!**

27 [a]**Für den Fall, dass jemand mittels** Engels**sprache redet,** gilt:
[b]**Zu zweit oder höchstens zu dritt** soll man reden**, und** zwar **nacheinander,**
[c]**und einer** oder eine **soll** es jeweils **übersetzen;**
28 [a]**wenn aber kein Übersetzer** oder keine Übersetzerin da **ist,**
[b]**soll man in der Gemeindeversammlung schweigen,**
[c]**für sich selbst aber soll man reden und für Gott.**

29 Von den **Propheten** und Prophetinnen **aber sollen zwei oder drei reden,**
und die anderen sollen die Eigenart des Gesagten **herausstellen;**
30 [a]**wenn aber** dabei **einem anderen dasitzenden** Gemeindeglied etwas **offenbar wird,**
[b]**soll der** oder die **zuvor** Redende **schweigen.**
31 [a]**Denn ihr vermögt als Einzelne allesamt zu prophezeien,**
[b]**auf dass alle** daraus **lernen und alle** dadurch **ermuntert werden.**
32 **Zudem sind** die **Geistesmanifestationen von Propheten** und Prophetinnen
dem Urteil anderer **Propheten** und Prophetinnen **untergeordnet.**
33 [a]**Denn nicht** ein Urheber **des Tumults** ist **Gott, sondern** ein Urheber **des Friedens.**

[b]Und dabei soll es zugehen **wie in allen Gemeinden der Heiligen:**
34 ⌜[a]**Die** Ehefrauen **sollen in den Gemeindeversammlungen schweigen;**
[b]**denn es ist ihnen nicht erlaubt zu reden,**
[c]**sondern sie sollen sich unterordnen,** [d]**wie auch das Gesetz sagt.**
35 [a]**Wenn sie aber etwas** Bestimmtes **lernen wollen,**
[b]**sollen sie** jeweils **zuhause die eigenen Männer befragen;**
[c]**denn es ist beschämend für eine** Ehefrau**,**
als solche **in einer Gemeindeversammlung zu reden.**⌝
36 [a]**Oder ist von euch das Wort Gottes ausgegangen,**
[b]**oder ist es zu euch allein gelangt?**

37 [a]**Wenn jemand meint, ein Prophet oder Geistesmensch zu sein,**
[b]**soll er** oder sie **anerkennen, was ich euch schreibe: dass es des Herrn Gebot ist.**
38 [a]**Wenn aber jemand** das **nicht zur Kenntnis nimmt,**
[b]**wird er** oder sie **nicht zur Kenntnis genommen.**

⌜ ⌝ *Einige Handschriften (D F G u. a.) bieten den Text von 14,34f. hinter 14,40, sodass er den Aufruf zur Ordnung erläutert. Ähnliche Umstellungen bieten sie in Röm 16,5a.20b.*

A Auf 14,2–25 folgt eine Reihe von Anweisungen für den Einsatz der Gnadengaben in der Gemeindeversammlung (s. 14,26b.28b.34a.35c). Die generelle Mahnung 14,26 wird zuerst knapp für das Reden in Engelssprache entfaltet (14,27f.). Es schließt sich eine ähnlich aufgebaute Regel für die Prophetie an (14,29f.), die eingehend begründet wird (14,31–33a). Eine ringförmig angelegte Ergänzung erläutert dann die Rolle von Ehefrauen in der Versammlung (14,33b–36). Am Ende markieren 14,37f. die apostolische Autorität der Regelungen. Diese erfolgen teils in direkter Anrede der Adressaten (14,26b.31a.36.37b), überwiegend aber in Sätzen der 3. Person Sing. und Pl. oder unpersönlichen Aussagen. Das Ich des Apostels taucht erst in 14,37b auf.

B 26 Eine Frage nach den praktischen Folgen des zuvor Dargelegten (s. 14,15, vgl. Apg 21,22) leitet zu einem Verhaltensgrundsatz über. Er greift die Idee auf, die – im Anschluss an 8,1d – bereits jene Darlegung bestimmt: Bei einer Gemeindeversammlung sollen alle Gnadengaben im Horizont der Liebe (s. 14,1) so genutzt werden, dass sie die Gottesbeziehung der Geschwister° fördern (s. 14,3–5.12.17). Zur Erläuterung listet Paulus ähnlich wie in 12,8–10.28; 14,6 einige Gaben exemplarisch auf. Das einleitende „jeder“ (s. 1,12) und die markante Wiederholung des „hat“ stellen klar, dass grundsätzlich jedes Gemeindeglied mit irgendeiner Geistesgabe oder -manifestation (s. 14,1.12) die Zusammenkunft bereichert (s. 12,11). Die Beispiele in 14,26d–g stammen aus 14,6 sowie 12,10; sie vereinen demgemäß vom Apostel und von den Adressaten Bevorzugtes. Vorangestellt wird der Lobgesang (vgl. Kol 3,16 u. ö.). Er ist gemäß 14,15d–e als eigenständig formuliertes Lied aufzufassen. Die griechische Bezeichnung *psalmos* (vgl. Lk 20,42 u. ö.) zeigt indes an, dass es in Form, Begrifflichkeit und Inhalt den biblischen Psalmen nachgebildet ist (vgl. 1QH; PsSal; Lk 1,46–55.67–79 u. ö.). Paulus ist auch hier bemüht, das Gemeindeleben an der Schrift auszurichten (s. S. 8f.).

27–28 Vom Grundsatz her regelt er zuerst den Gebrauch der Engelssprache°. Den irritierenden Satzbau klärt ein Blick auf seine chiastische Grundstruktur (14,27a.c / 28a.b): Falls eine Person etwas in jener Sprache sagt, soll es übersetzt werden – sei es von der Person selbst (s. 14,5c.13) oder jemand anders; wenn aber in der versammelten Gemeinde° niemand dazu befähigt ist, soll man die Engelssprache nicht nutzen. Diese Regel wird sodann zweifach erweitert. Erstens wird die Zahl derer, die reden dürfen, streng begrenzt. In 14,27c bleibt daraufhin offen, ob die Redebeiträge sämtlich oder jeweils von einem Gemeindeglied zu übersetzen sind. Jedenfalls sorgt das einmalige Übersetzen – das tMeg 4,20 auch beim Verlesen der hebräischen Thora vorschreibt – ebenso für Eindeutigkeit wie die Abfolge der Beiträge. Gleichzeitig gesprochen wären sie nicht ganz zu hören; zudem entspricht das Nacheinander einem auch andernorts gültigen Prinzip (vgl. 1QS 6,10 u. ö.). Zweitens wird das Schweigegebot 14,28b erläutert: Es untersagt das – wie üblich laut gesprochene – Gebet für die Versammlung, nicht für die private Pflege der Gottesbeziehung, der das Gebet natürlich dient (s. 14,2a.4a).

29–30

Die Regelung zur Prophetie° fällt anders aus. Gemäß 12,28 wird sie zunächst auf generell prophetisch tätige Personen zugespitzt; deren Beiträge erscheinen als unerlässlich; und die Begrenzung ihrer Zahl erfolgt ohne feste Obergrenze. Zudem erhalten auch die übrigen aus jenem Personenkreis einen Auftrag; denn zwischen der voranstehenden Zahlenangabe und dem folgenden Gebrauch des Pronomens im Sing. sind sie mit „die anderen“ (14,29) gemeint (vgl. Joh 20,25; 21,8). Sie sollen im Nachgang differenzierend beurteilen, was die vorgetragenen Prophetien kennzeichnet. Zu solchem Urteil befähigt sie nach 12,10c der Geist Gottes. Anhand welchen Maßstabs es ergeht, wird nicht eigens gesagt; im Lichte von 12,3 liegt es nahe, ihn im Bekenntnis zum gekreuzigten Jesus als dem Herrn zu sehen.

Die einschränkende Bestimmung schließt dann wie 14,28 an den Schlussteil der mitgeteilten Redeordnung an. Demnach erfolgt nicht die Darbietung der vorgesehenen Prophetien, sondern die Klärung ihrer Eigenart unter dem Vorbehalt weiterer Offenbarungen (s. 14,26); sobald ein anderes Gemeindeglied (s. 12,8–10) eine solche empfängt, soll der gerade laufende Redebeitrag beendet werden. Zudem zeigt der Satz zweierlei: a) Prophetisches Reden erfolgt im Stehen (vgl. Apg 2,14 u. ö.), während alle Zuhörenden sitzen (vgl. Lk 5,17 u. ö.). b) Zu den eingeplanten Prophetien können weitere hinzutreten; eben deshalb bleibt die Zahlenangabe in 14,29 eher vage (vgl. Mt 18,20).

31–33a

Weil Paulus Prophetie, anders als Engelssprache, bisher nur in Ansätzen charakterisiert hat, fügt er der Regel eine Begründung bei. Deren erster Teil ergeht im Horizont des generellen Ziels 14,26h, dem die Prophetie nach 14,3 besonders gut dient. Es wird hier darauf zugespitzt, dass die versammelten Gemeindeglieder in ihrer Glaubensexistenz unterwiesen und zu entsprechender Lebensgestaltung ermutigt werden. Dafür sollte das prophetische Potential in der Gemeinde ausgeschöpft werden. 14,31a weist daher im Licht von 14,1.5 auf die prinzipielle Befähigung° aller Adressaten zum Prophezeien hin, soll also nicht die Prophetien ordnen; das einleitende Verb bezeichnet auch sonst (s. 10,13 u. ö.), wozu die Korinther in der Lage sind. Paulus redet wie in 14,26.36 die ganze Gemeinde an, stellt für sie die Bedeutung jedes und jeder Einzelnen heraus (vgl. 4Makk 15,12) und gibt an, warum sie im Zuge von Prophetie und Erläuterung der Regel 14,30 folgen kann und soll.

Der zweite Teil der Begründung bezieht sich begrifflich, numerisch und logisch auf 14,29. Er bietet also keinen weiteren Grund für die auf Prophetien gedeutete Weisung 14,30: Wer prophetisch rede, könne den eigenen Vortrag bei Bedarf beenden. Vielmehr begründet 14,32 die Notwendigkeit der Regelung in 14,29: Die Manifestationen des Geistes° (s. 14,12b), die prophetisch Begabte durch ihren je eigenen Geist° (s. 2,11) der Gemeinde vermitteln, unterliegen der Erläuterung durch andere Propheten und Prophetinnen.

Die ganze Ordnung des Prophezeiens basiert darauf, dass Gottes Wirken eine klare Prägung und Zielrichtung aufweist. Die Angabe im Genitiv erinnert an antik-jüdische Gottesprädikate (vgl. 1Esr 4,40: „Gott der Wahrheit", u. a.), wie sie auch Paulus öfter nutzt (s. 2Kor 1,3 u. ö.); die Wendung „Gott des Friedens°" (vgl. TestDan 5,2) ist geradezu typisch für ihn (s. 1Thess 5,23 u. ö.). Indem er sie anklingen lässt, erinnert er wie in 7,15 an die Verpflichtung und Befähigung zum harmonischen Miteinander, die sich aus der Existenz im befriedeten Gottesverhältnis ergibt (s. 1,3). Zur Verdeutlichung grenzt er sie von dem aggressiven Durcheinander ab, das entsteht, wenn Menschen einander in Überheblichkeit statt Liebe begegnen (vgl. Tob 4,13).

33b–36 Funktion, Sinngehalt und Echtheit des folgenden Passus sind umstritten. Wozu wird jetzt eigens von Frauen gesprochen? Ergeht in 14,34 ein generelles Schweigegebot oder ein Lehrverbot wie in 1Tim 2,11f.? Widerspräche beides nicht 11,3–16? Wird also eine spezielle Art des Redens untersagt? Oder weist Paulus mit 14,36 die in 14,34f. beschriebene Position zurück?

Die klare Ringstruktur (14,33b \\ 34a–b \ 34c–35b / 35c // 36) erweist die Verse als Sinneinheit. Diese ergänzt die ab 14,27 erteilten Weisungen; der Appell 14,37 knüpft dann mit „Prophet oder Geistesmensch" über 14,29 wieder an die Liste der Geistesgaben in 14,26 an. Dass 14,34f. die Stichwörter „schweigen", „reden", „unterordnen" und „lernen" aus 14,27–32 variierend aufgreift, unterstreicht den Konnex. Zugleich findet die Antithese „reden – in den Gemeindeversammlungen schweigen" (14,34a–b, s. 14,35c) eine Parallele in 14,27f.; der Sache nach ähnelt zudem die Aufforderung zum häuslichen Gespräch (14,35b) der Anweisung zu privatem Beten (14,28c). Es liegt deshalb nahe, den Passus als Anhang zu den Regeln für Engelssprache und Prophetie zu verstehen, der in Analogie zu 14,28 eine weitere Einschränkung vornimmt. Dieser Anhang weist eine durchaus paulinische Prägung auf.

33b Die meisten Handschriften ziehen diese Angabe zu 14,33a und setzen mit 14,34 neu ein. Freilich lässt sich die vergleichende Wendung hier syntaktisch wie sachlich kaum an das Voranstehende anknüpfen. Sie bildet vielmehr mit 14,36 den Rahmen für 14,34f. und leitet mit „Wie in …" die folgende Mahnung ein (s. Röm 13,13). Dazu verbindet sie den für die Korintherbriefe typischen Ausdruck „alle Gemeinden" (s. 7,17 u. ö.)

mit dem Wort „Heilige°“. Die entstehende, im NT singuläre Wendung stärkt die biblische Prägung des Gemeindebegriffs (vgl. Ps 88[89],6) und in Entsprechung zu 14,36a die Verbindung der Adressaten mit der Gemeinde zu Jerusalem (s. S. 17).

34–35

Die ergänzend angefügte Weisung betrifft, ähnlich wie in 14,28, eine bestimmte Personenkonstellation, die ein öffentliches Reden ausschließt und stattdessen ein Reden im privaten Bereich vorsieht. Wie 14,35 belegt, geht es hier darum, dass sich die Ehefrau eines männlichen Gemeindeglieds zu Wort meldet. Dabei sind nicht nur urteilende Bemerkungen oder Fragen zu vorgetragenen Prophetien (s. 14,29$_{\text{fin.}}$35) im Blick. Im Gefolge von 14,27.29 schließt das Verb „reden“ den Einsatz von Engelssprache und Prophetie ein; und „wenn … aber etwas …“ in 14,35 führt sodann einen Sonderfall ein (s. Phlm 18, vgl. Apg 19,39; Hi 4,12). Untersagt werden den Ehefrauen also alle Formen des Redens in dem mit 14,27–33a erörterten Zusammenhang.

Andererseits lässt das Zentrum des Passus darauf schließen, dass es um ein Reden im Bezug auf Äußerungen der jeweiligen Ehemänner (s. 7,2) geht. Letzteren gilt ja die geforderte Unterordnung. Dies ergibt sich bereits aus dem Zusammenhang 14,34c–35b. Die Parallelen Eph 5,21 f.; Tit 2,5 und analoge Voten hellenistisch-römischer Autoren wie Plutarch stützen diese Deutung. Dazu passt der 9,8 entsprechende Verweis auf das mosaische Gesetz; auch Philon (Op. 167 u. ö.) und Josephus (Ap. 2,199–201) entnehmen ihm solch ein Gebot. Der Hinweis auf die fehlende Erlaubnis (vgl. Mk 10,4 u. ö.), in der Gemeindeversammlung zu reden (14,34a–b), ist daher als halachische Ausdeutung des Gesetzes (s. S. 189) zu verstehen, das jene Unterordnung verlangt. Paulus übernimmt also keineswegs die in der Antike verbreitete Anschauung, Frauen sollten generell nicht an Versammlungen teilnehmen (vgl. Menander; Philon, Spec. 3,169 u. ö.) oder öffentlich reden (vgl. Demokrit u. a.). Er geht gerade davon aus, dass weibliche Mitglieder der Gemeinde in deren Zusammenkunft präsent sind – so, wie es rabbinische Texte für Synagogengottesdienste vorsehen (vgl. bChag 3a u. ö.) – und dass sie dort prinzipiell auch mitwirken (s. 11,3–16). In bestimmten Fällen aber soll eine Ehefrau bei jener Zusammenkunft schweigen, um ihr Ansehen nicht zu beschädigen (s. 11,6c): wenn zu den wenigen Personen, die entweder mittels Engelssprache oder prophetisch reden (14,27a–b.29f.), ihr Ehemann gehört. Es widerspräche ihrer im Gesetz festgelegten, gesellschaftlicher Konvention entsprechenden, untergeordneten Rolle, dann selbst das Wort zu ergreifen. Steht ihr im ersten Fall weder der eigene Einsatz von Engelssprache noch deren Übersetzung zu, so soll sie im zweiten Fall weder zu den Prophetien noch zu deren Beurteilung oder einem anschließenden Lehrgespräch beitragen. Letzteres gilt selbst dann, wenn sie Fragen zum Vorgetragenen hat; etwaigen Klärungsbedarf kann ihr Ehemann zuhause stillen. Im Hintergrund stehen jüdische Ansichten zum Verhältnis von Mann und Frau im Kontext der Thoralehre: Während

SifreDtn zu Dtn 22,16 das Recht der Frau negiert, öffentlich „am Ort des Mannes“ zu reden, obliegt es nach Philon, Hyp. 7,14, einem Mann, seine Ehefrau in der Thora zu unterweisen. Paulus überträgt das auf die Situation eines gemeindeinternen Gesprächs, das einer Prophetie des Ehemanns folgt. Diese Sonderregelung bestätigt im Übrigen die Deutung von 14,34a auf die Ehefrauen derer, die gemäß 14,27 oder 29f. geredet haben. Grundsätzlich verstanden würde das Gebot nicht zu den Aussagen in 7,8–16 passen, denen zufolge jedenfalls einige weibliche Gemeindeglieder unverheiratet, verwitwet, geschieden oder mit „Ungläubigen“ verheiratet sind.

36 Wie andernorts (s. 10,22 u. ö.) rundet eine mit „oder“ eingeleitete rhetorische, kritisch konnotierte Doppelfrage den mahnenden Passus ab. Gemeinsam mit 14,33b untermauert sie die den Brief prägende Einbindung der Gemeinde zu Korinth in die Ökumene (s. 1,2), indem sie an die Ausbreitung der Christusbotschaft (s. 1Thess 2,13 u. ö.) erinnert. Die Adressaten sind weder deren Ausgangspunkt noch deren einziges Ziel; sie sind daher nicht befugt, von der Praxis, die sie mit anderen Gemeinden verbindet, abzuweichen. Dass dies gerade auch für das Auftreten bestimmter Frauen im Gottesdienst gilt, findet sein Pendant in 11,16. Allerdings hebt der implizite Verweis auf Jerusalem, von wo aus das Evangelium in die Völkerwelt getragen wurde (s. Röm 15,19.27), eigens die judenchristliche Prägung jener Praxis hervor.

37–38 Abschließend stellt Paulus klar: Die Adressaten haben um ihrer selbst willen seinen Anweisungen zu folgen. Er appelliert dazu in weiterhin kritischem Ton (s. 3,18 u. ö.) an ihr geistliches° Selbstverständnis (s. 2,13–16). Gerade auf dieser Grundlage müssen sie Inhalt und Gewicht seines Schreibens (s. Gal 1,20) zur Ordnung der vielen Geistesgaben (s. 14,26) in der Gemeindeversammlung anerkennen. Als Apostel des Herrn° redet er gemäß 12,28 selbst als Geistbegabter (s. 7,40) und erteilt Weisungen in Auftrag und Vollmacht dieses Herrn (s. 1Thess 4,1f. u. ö.). Durch sie ergeht deshalb ebenso dessen Gebot (vgl. 2Petr 3,2), wie einst Gottes Gebot in den Befehlen Moses und Josuas erklang (vgl. Jos 22,2f.). Dabei verleiht die exemplarische Erwähnung prophetischen Selbstbewusstseins jenen Sätzen besonderes Gewicht, die den allgemeinen Nutzen, den gemeindeinternen Frieden und den ökumenischen Konsens des Gebrauchs jener Gaben (14,31.33a.b) betreffen. Eine talionartige Sentenz, die für ein Fehlverhalten das entsprechende Ergehen androht, untermauert den Appell: Wer den paulinischen Anordnungen nicht die Autorität zubilligt, die ihnen von Gott her zukommt, wird umgekehrt kein Gehör für das eigene Selbstverständnis als Geistesmensch finden. Paulinischer Sprachgebrauch (s. 2Kor 6,9a) und präsentische Formulierung sprechen dafür, diese Drohung auf die Anerkennung durch Menschen – hier: den Apostel und womöglich die Gemeinde –, nicht durch Gott zu beziehen.

Wie der Passus erkennen lässt, sah Paulus für die Zusammenkünfte der Adressaten angesichts der Vielfalt ihrer Gnadengaben (s. 1,7) und deren Hochschätzung (s. 14,12) erheblichen Ordnungsbedarf: Während dem Beten in Engelssprache zu viel Raum gegeben wurde, kam der Austausch über die Prophetien zu kurz; Letzteres folgte wohl auch aus dem überzogenen Selbstbewusstsein derer, die sich prophetisch begabt sahen. Die Regeln für Ehefrauen dürften einer Praxis wehren, die sich im Grunde aus der Lehre des Apostels herleiten ließ; denn diese stellte Frauen und Männern „in Christus" gleich (s. S. 152). Womöglich betont er darum so stark die Notwendigkeit ökumenischer Gemeinsamkeit. Ob er hier einem Unabhängigkeitsstreben der Korinther entgegentritt, muss deshalb offenbleiben. Dass es neben der gemeindlichen auch eine private Gebetspraxis gab, setzt er voraus. C

Der pauschale Verweis darauf, was das Gesetz sagt (14,34c), dürfte wie bei Philon, Op. 167, auf Gen 3,16 zielen. Der LXX zufolge heißt es dort: D

> Und zur Frau sagte er [sc. Gott]: „Überaus zahlreich werde ich deine Betrübnisse und dein Seufzen machen, in Betrübnissen wirst du Kinder gebären; auch wird beim Mann deine Rückkehr [sc. Heimat] sein, und *er wird über dich herrschen*."

Paulus regelt demnach die Rolle von Frauen im Gottesdienst wie in 11,3.7–9.11f. auf der Basis der biblischen, im Kontext antik-jüdischer Exegese gelesenen Schöpfungs- und Paradieserzählung. Dies wahrzunehmen, stärkt sowohl die Verbindlichkeit als auch die Plausibilität seiner Weisung. 14,34f. negiert nicht generell die Mitwirkungsrechte von Frauen, sondern bietet eine spezielle Regel für Ehefrauen im Bezug auf das Handeln ihrer Männer.

Der Reichtum an Gaben und das z. T. überzogene Selbstbewusstsein auf Seiten der Adressaten nötigen Paulus, den Einsatz von Engelssprache und Prophetie in der Gemeindeversammlung klar zu regeln. Er tut dies unter der Voraussetzung, dass alle etwas beizutragen haben, mit Blick auf die Eigenart beider Gaben und mit dem Ziel, dass alles dem wechselseitigen Aufbau dient. Demgemäß wird das Beten mittels Engelssprache streng begrenzt und unter die Bedingung einer eindeutigen Übersetzung gestellt. Auch das Handeln der prophetisch tätigen Personen hegt Paulus ein, indem er nur wenige zur Darbietung von Prophetien, die übrigen aber zur kommentierenden Erläuterung anhält und zugleich verpflichtet, weiteren Eingebungen des Geistes an andere Gemeindeglieder Raum zu geben. So soll die Zusammenkunft der Gemeinde den Frieden widerspiegeln, den Gott ihr geschenkt hat. Eine Sonderregelung trifft der Apostel für Ehefrauen: Da sie ihren Männern untergeordnet sind, sollen sie sich, wie ökumenisch üblich, des Redens in der Versammlung enthalten, sobald sich die Männer mittels Engelssprache oder Prophetie selbst äußern. All dies präsentiert er in apostolischer Vollmacht, unter Bezug auf das geistliche Selbstverständnis der Adressaten und in fortlaufender Orientierung an E der Schrift. Gerade seine Aussagen zur geordneten Mitwirkung mehrerer Gemeindeglieder im Gottesdienst verdienen auch heute Beachtung. Allerdings unterliegt seine hierarchische Auffassung ehelicher Partnerschaften antikem Zeitgeist und Schriftverständnis; sie ist daher anhand aktueller gesellschaftlicher Konventionen und theologischer Einsichten zu revidieren.

Abschluss (14,39–40)

39 [a]**Daher,** [b]⌜**Geschwister**⌝, [c]**eifert um das Prophezeien,**
und das Reden mittels fremder **Sprachen** ver**hindert nicht;**
40 **alles aber geschehe auf schickliche Weise und ordnungsgemäß!**

⌜⌝ *Einige Handschriften ergänzen, paulinischem Stil entsprechend, „meine" (s. 11,33 u. ö.).*

A Das Fazit (s. 11,33 u. ö.) bündelt die Ausführungen von Kap. 14, weist es doch vielfach auf sie zurück: mit der Anrede auf 14,6.20.26, der ersten Aufforderung auf 14,1, der Wendung „mittels fremder Sprachen reden" auf 14,5, dem Appell „alles geschehe" auf 14,26, dem Ordnungsmotiv auf 14,32.34. Zugleich erinnern die Rede vom Schicklichen an 13,5a und der Aufruf zu eifern an 12,31a, sodass hier 12,31–14,40 insgesamt abgeschlossen wird.

B In geschwisterlicher° Verbundenheit ermahnt Paulus die Adressaten, ihren Eifer um die Geisteswirkungen (s. 14,12) auf die Prophetie° zu konzentrieren. Das von vielen geschätzte Beten in Engelssprache sollen sie zwar, als Geistesgabe, nicht unterbinden (s. 1Thess 5,19); er relativiert jedoch seine Bedeutung: durch die lediglich negative Weisung (vgl. Mk 9,39 u. ö.) sowie die Einbettung in den Gebrauch fremder Sprachen° überhaupt (s. S. 183f.). Der Schlussappell fasst dann das Gesamtgeschehen der Gemeindeversammlung in den Blick. Er hat Ähnlichkeit mit inschriftlich erhaltenen Bestimmungen für pagane Kultfeiern. Die Anklänge an 13,5 und 14,34 verleihen ihm aber zugleich eine theologische Dimension: Es gilt, in Liebe (s. S. 176) und gemäß Gottes Ordnung (vgl. Hi 28,3 u. ö.) miteinander umzugehen, gerade auch beim Einsatz der Gnadengaben.

C/E Dass 14,39c auf Vorbehalte mancher Adressaten gegenüber einem Beten mittels Engelssprache eingeht, ist im Gefolge von 14,1–28 unwahrscheinlich. Die zweistufige Mahnung rundet die Ausführungen zum Eifern um die größeren Geistesgaben so ab, dass jenes Beten als Gabe anerkannt, der Prophetie aber der Vorrang gegeben wird. Dies erfolgt mit Blick auf das Beziehungsgeschehen, das die Gemeindeversammlung darstellt. Sie bringt durch ein anständiges Miteinander die Würde der Glaubensgeschwister zur Geltung und dient durch die Achtung des göttlichen Ordnungswillens der Ehre Gottes. Diese Grundausrichtung ist auch gegenwärtig für Gottesdienste bedeutsam.

4. Die Erwartung der Auferstehung der Toten (15,1–58)

1Kor 15 bietet eine gedanklich fortschreitende Abhandlung zum Thema, das im Vorhergehenden kaum angebahnt ist (s. nur 6,14). Sie beginnt mit einer Erinnerung der Adressaten an das Evangelium; denn dieses bekundet auch die Auferweckung Christi, die durch eine bis zu Paulus reichende Reihe von Erscheinungszeugen bestätigt wird (15,1–11). Auf dieser Basis widerlegt 15,12–34 diejenigen Gemeindeglieder, die die Auferstehung der Toten bestreiten; der Passus führt dazu jene Ansicht logisch wie praktisch *ad absurdum* und stellt ihr Gottes Geschichtsplan gegenüber. 15,35–49 zeigt sodann in Bezugnahme auf Schöpfung und Schrift auf, inwiefern von einer leiblichen Auferweckung gesprochen werden kann und muss. Der Schlussteil 15,50–58 bündelt die Ausführungen, indem er die menschliche Teilhabe an der Unvergänglichkeit mit Gottes endgültigem Sieg über den Tod verknüpft.

4.1 Erinnerung an das Evangelium (15,1–11)

1 [a]**Zur Kenntnis bringe ich euch aber** wiederum, [b]**Geschwister,**
[c]**das Evangelium, das ich euch** als solches **verkündet habe,**
[d]**das ihr auch empfangen habt,** [e]**in dem ihr** seither **auch fest steht,**
2 [a]**durch das ihr auch gerettet werdet**
– [b]**mit welchem Wort**sinn **ich euch das Evangelium** ja **verkündet habe!** –,
wenn ihr es **festhaltet,**
[c]**außer wenn ihr unbedacht/vergeblich gläubig geworden seid.**
3 [a]**Ich habe euch zuvörderst nämlich weitergegeben,** [b]**was ich auch empfangen habe:**
[c]**dass Christus starb** ‚*um unserer Sünden willen*‘ **den Schriften zufolge**
4 **und dass er begraben wurde**
und dass er auferweckt worden ist ‚*am dritten Tag*‘ **den Schriften zufolge**
5 **und dass er zu sehen** gegeben **wurde:** erst **Kephas, danach den Zwölfen.**
6 [a]**Sodann wurde er über 500 Geschwistern auf einmal zu sehen** gegeben,
[b]**von denen die meisten am Leben sind bis jetzt,** [c]**einige aber sind entschlafen;**
7 **sodann wurde er zu sehen** gegeben **Jakobus, danach den Aposteln,** und zwar **allen.**
8 **Zuletzt von allen aber wurde er – gleichsam als der Fehlgeburt –**
auch mir zu sehen gegeben.
9 [a]**Ich** selbst **nämlich bin der geringste der Apostel,**
der ich nicht dazu **tauge,** mit dem Titel **‚Apostel‘ benannt zu werden**
– [b]**deshalb, weil ich die** berufene **Versammlung Gottes verfolgte.**
10 [a]**Durch Gottes Gnade aber bin ich, was ich bin,** [b]**und seine auf mich** gerichtete
Gnade ist nicht vergeblich wirksam **geworden,**
[c]**sondern in höherem Maß als sie alle habe ich mich abgemüht;**
[d]**nicht ich aber** war es, **sondern** ⸢**die Gnade Gottes mit mir** zusammen⸣.
11 [a]**Ob nun ich oder jene:** [b]**Dementsprechend verkündigen wir,**
und dementsprechend seid ihr zum Glauben gekommen.

⸢⸣ *Viele Handschriften lesen analog zu 15,10b „die bei mir (befindliche) Gnade Gottes“.*

A Wie die Rahmung durch 15,1.11 zeigt, ruft Paulus („ich“: 15,1–3b.8–10) den Adressaten („ihr“: 15,1–3b.11b) Gehalt und Eigenart seiner von ihnen glaubend angenommenen Heilsbotschaft ins Bewusstsein. Dazu wird sie in ihrer Wirkung und Herkunft (15,2–3b) sowie ihrem Inhalt (15,3c–5) beschrieben. Eine Fortsetzung der darin enthaltenen Aufzählung der Osterzeugen mündet in den Verweis auf die Vision, die Paulus zuteilwurde (15,6–8); anschließend erläutert er seine besondere apostolische Existenz und Wirksamkeit im Gegenüber zu Gott und im Verhältnis zu allen anderen Aposteln (15,9f.).

B 1 In 15,1a nutzt der Apostel erneut die bereits in 12,3a belegte Wendung, um seine Glaubensgeschwister° an etwas ihnen im Grunde Bekanntes zu erinnern. Dass er dabei zunächst allgemein auf das Evangelium° verweist, mit dem er sie zum Christusglauben geführt hat (s. 4,15), weckt Aufmerksamkeit. Es fragt sich, in welcher Hinsicht sie der Erinnerung daran bedürfen. Verstärkt wird das durch zwei weitere Relativsätze zu den Eckpunkten, die ihre bisherige Glaubensgeschichte rahmen: Sie haben die Christusbotschaft beim Gründungsbesuch des Paulus bejahend auf- und angenommen (s. 1Thess 2,13) und fortan gleichsam als den Machtbereich gewürdigt, in dem sie ihr Leben vollziehen und verlässlichen Halt finden (s. Röm 5,2).

2 Ein vierter Relativsatz klärt die Perspektive, indem er den Blick auf das Geschick der Adressaten lenkt. Es geht um den Prozess ihrer Rettung°, der, wie das Präsens anzeigt, auf seine künftige Vollendung zuläuft. Demgemäß ist der folgende, relativisch gemeinte Fragesatz (vgl. Mk 2,25b u. ö.) am besten als nachträgliche Bekräftigung genau dieses Sachverhalts zu lesen: Auf die Rettung ist die sprachliche Übermittlung der Christusbotschaft an die Adressaten (s. 2,4f.) immer schon ausgerichtet gewesen. Da der Nachtrag wörtlich 15,1c aufgreift, schließt er die Reihe der Erläuterungen zum Evangelium ab. Die beiden folgenden Bedingungssätze greifen dann chiastisch auf 15,1d–e zurück. Sie identifizieren die Aufgabe, in die Paulus die Gemeindeglieder gestellt sieht: Es gilt, das Evangelium als Rettungsmacht festzuhalten (s. Phil 2,16), um seine Annahme im Glauben° als ebenso bedachten wie zielführenden Vorgang zu erweisen. Angesichts des zuvor ausgesprochenen Lobs 11,2 überrascht der implizite Appell jedoch. Im Anschluss an 15,2a deutet er an, dass die rettende, in die Zukunft weisende Kraft des Evangeliums auf Seiten der Adressaten irgendwie in Frage steht.

3a–b Zur Erläuterung des kritisch getönten Rückgriffs auf seine Gründungspredigt führt Paulus im Wortlaut diejenige Aussagereihe an, der er seinerzeit zeitlich wie sachlich Vorrang eingeräumt hat. Ihre maßgebliche Bedeutung ergibt sich nicht zuletzt daraus, dass sie bereits der Unterweisung zugrunde lag, die Paulus selbst zuteilwurde. Somit passt sie – wie dann 15,11 unterstreicht – zu dem ökumenischen Tenor, der den Brief von 1,2 an prägt.

Dass Tradition zitiert wird, zeigt die auffällige Sprachgestalt der Verse: Vier „Dass"-Sätze bilden zwei weithin parallel gebaute Paare (15,3c+$4_{init.}$ // $4_{fin.}$+5) mit vielen bei Paulus nur hier belegten Ausdrücken (den Schriften zufolge, begraben, am dritten Tag, gesehen werden, die Zwölf). Sie verleihen dem Glaubenssatz, dass Jesus starb und auferstand (s. 1Thess 4,14a), drei Akzente: a) Beide Aussagen werden jeweils durch eine deutende, als Schriftbezug markierte Bestimmung und eine geradezu empirische, passivisch formulierte Bestätigung ergänzt. So treten der geschichtliche Charakter und die göttliche Urheberschaft des Geschehens hervor. b) Gerahmt wird das Satzgefüge durch den Christustitel und die Nennung der zwölf Jünger Jesu, deren Berufung die endzeitliche Sammlung des jüdischen Volkes symbolisiert (vgl. Mk 3,14; Mt 19,28). So erscheint jenes Geschehen als Entfaltung der Christuswürde Jesu (s. Röm 8,34; 14,9): als Auftakt zur Erfüllung der biblisch bezeugten Heilszusagen Gottes an Israel und die Völkerwelt. c) Die parallele Gestaltung und die Rahmung der Aussagen betonen deren inneren Zusammenhang: Tod und Auferweckung Jesu Christi bilden gemeinsam das im Evangelium bekundete eschatologische Heilsereignis. 3c–5

Zuerst weist der Text den heilstiftenden Charakter des Sterbens Christi° aus. Dazu verbindet die gewählte Formulierung zwei Gedanken. Zum einen führt Paulus mit *hyper* („für", „um … willen") im Gefolge der Herrenmahls-Überlieferung (s. 11,24b) zumeist die Personen ein, denen jener Tod zugutekommt (s. Röm 5,6.8 u. ö.). Er knüpft damit an die hellenistische Rede vom Sterben im Einsatz für andere an (Euripides u. a.); vor allem aber greift er die Idee auf, dass das Martyrium einzelner die Lage des jüdischen Volkes vor Gott zum Guten wandelt (vgl. 2Makk 7,37f.). Christus wendet demnach mit seinem Tod das göttliche Gericht von den Christusgläubigen ab, indem er es stellvertretend auf sich nimmt (s. 1Thess 5,9f.). Zum andern zeigt der Verweis auf die Sünden an, weshalb Jesus gestorben ist. Dass Menschen infolge bestimmten Fehlverhaltens in Tod und Verderben stürzen, sagen auch pagane Autoren wie Lysias mit *hyper*-Wendungen; im hellenistischen Judentum wird diese Redeweise auf Verfehlungen im Gottesverhältnis angewendet (vgl. 1Kön 16,18f.^{LXX} u. ö.). Solcher Verfehlungen hält Paulus alle Menschen für schuldig; sie stehen daher alle unter Gottes Zorn (s. Röm 1,18–23). Es sind ihre Sünden, die das Sterben Jesu Christi verursacht haben. An seiner ungerechtfertigten Hinrichtung (s. 2,8) wurde das anschaulich. Die Wendung „um unserer Sünden willen" verknüpft nun beide Gedanken: Christusgläubige sind durch Glaube und Taufe so mit Christus verbunden, dass sie an seinem Tod gleichsam teilhaben (s. 2Kor 5,14; Röm 6,3). Dadurch werden sie einerseits selbst als Sünder identifiziert (s. Gal 2,17), andererseits von ihren Sünden befreit; diese sind vergeben (s. Röm 4,7f., vgl. Apg 2,38 u. ö.) und getilgt, haben also für die Glaubenden keine existenzbestimmende Bedeutung mehr (s. Gal 1,4). Im Hintergrund könnte die Idee stehen, Jesu 3c

Tod wirke wie ein Sündopfer (vgl. Ez 45,22 u. ö.), das das Gottesvolk von seinen Verfehlungen und deren unheilvollen Folgen befreit (vgl. Lev 5,8–10 u. ö.); Röm 8,3 greift diese Idee explizit auf. Jedenfalls lässt die doppelte Wurzel der gewählten Formulierung darauf schließen, dass im Sterben Christi seine Selbsthingabe (Gal 2,20) und sein Ausgeliefertsein durch Gott (Röm 4,25; 8,32) zu einem Akt der Willenseinheit (vgl. Mk 14,36) verschränkt sind.

4 Die folgende Begräbnisnotiz entspricht dem Stil biblischer Berichte über wichtige Figuren der Geschichte Israels (vgl. Dtn 10,6; Ri 8,32; 2Chr 12,16 u. ö.); bisweilen wird er auch auf gewaltsam getötete Personen angewendet (vgl. 2Chr 24,25 u. ö.). Sie markiert demnach den Schlusspunkt des irdischen Wirkens Jesu – und lässt Angaben zu Grab (vgl. Gen 35,19 u. ö.), Totenklage (vgl. 2Chr 35,24 u. ö.) oder einem Nachfolger (vgl. Ri 10,2 u. ö.) erwarten.

Stattdessen verweist der Text überraschend auf die „Auferweckung" Jesu. Der Begriff stellt den Vorgang, zumal im Gefolge der Rede vom Begräbnis, in den Kontext der endzeitlichen Auferweckung° der Toten (vgl. Jes 26,19; Dan 12,2[Th]); der Gebrauch des Passiv lässt entsprechend Gott als Akteur erscheinen (s. Röm 6,4 und dazu 15,15 u. ö.); und die Verwendung des Perfekt unterstreicht die bleibende Bedeutsamkeit des Geschehens (s. 15,20–22). Mit der Auferweckung Jesu von den Toten (s. 15,12) hat also seine Geschichte neu begonnen: Gott hat ihn zu sich erhöht (s. Röm 8,34) und zum Herrn gemacht (s. Röm 14,9), dadurch die Wende zur Heilsvollendung vollzogen (s. Phil 2,9–11 u. ö.) und somit dem Leben der Christusgläubigen eine neue Basis, Freiheit und Perspektive verliehen: die Basis, gerechtfertigt zu sein (s. 6,11; Röm 4,25); die Freiheit, dem Zwang der Sünde enthoben zu sein (s. 15,55 f.; Röm 7,4–6); die Perspektive, einst selbst auferweckt zu werden (s. 6,14; Röm 8,11). Die Datierung auf den dritten Tag seit der Tötung Jesu (vgl. Lk 9,22 u. ö.) entspricht der jüdischen Überzeugung, dass Gott die Gerechten – wie Josef, Jona u. a. – nie länger als drei Tage in Not lasse (vgl. GenR 91). Im Konnex mit der Grablegung deutet die Zeitangabe zudem an, dass Auferweckung den menschlichen Leib betrifft (s. 15,35–49; Phil 3,21).

5 Der vierte Dass-Satz ist zu Beginn parallel zum zweiten formuliert, also analog zu deuten: Er spricht von einem Ereignis, das sich an Christus vollzog und die Faktizität des zuvor genannten Vorgangs bestätigt; zugleich identifiziert er die Auferweckung als Auftakt einer neuen Zeit des Wirkens Christi. Der gewählte Begriff verknüpft dafür zwei Traditionen. Antik-pagane Texte bezeichnen mit *ōphthēnai* („gesehen werden") im intransitiven Sinn öfter das Erscheinen Verstorbener. Es kann unterschiedlich konnotiert sein: gespenstisch, Wissen erschließend, Hilfe bringend, die Vergöttlichung eines Helden anzeigend (etwa Romulus bei Plutarch, Apollonius von Tyana bei Philostrat). Biblisch-jüdische Redeweise nutzt die 3. Person Sing. des Verbs samt Dativ, um das In-Erscheinung-Treten

Gottes, eines Engels oder der göttlichen Herrlichkeit vor Gliedern des Gottesvolkes anzuzeigen (vgl. Gen 12,7; Ex 3,2; Lev 9,23 u. ö.). Dass Gott Menschen durch eine Vision bekundet, Jesus aus dem Tod zu sich erhöht zu haben, wird vor diesem Hintergrund nachvollziehbar. Den neutestamentlichen Berichten zufolge geschieht das unerwartet – so, dass Zweifel und Unglaube überwunden werden (vgl. Mt 28,17f.; Joh 20,24–28 u. ö.). Es verbindet somit das objektive Moment des göttlichen Handelns mit dem subjektiven Moment der Wahrnehmung seitens bestimmter Menschen. Eschatologisches Gepräge erhält der Satz über jene Vision aber erst dadurch, dass er – auf neuartige Weise – mit dem Christustitel und der Auferweckungsaussage kombiniert wird. Als deren Bestätigung kann er daher nur denen gelten, die sich zu Christus als dem Auferweckten bekennen.

Ihrer eschatologischen Deutung gemäß macht die Ostervision jene, die sie erleben, zu Zeugen des Auferweckten (s. 15,11, vgl. Apg 10,42–44 u. ö.). Das entspricht biblischen Erzählungen von einem Erscheinen Gottes, das Menschen in Dienst nimmt (vgl. Gen 17,1f. u. ö.). Als solche Zeugen nennt die zitierte Tradition Kephas° und den Zwölferkreis (s. S. 203). Indem ihre Nennung den Parallelismus der vier Dass-Sätze aufbricht, erhält sie besonderes Gewicht. In der Tat kommt jenen Personen eine tragende Rolle im Heilshandeln Gottes zu: Ihre Verkündigung weckt bei weiteren Menschen, die sie hören, den rettenden Christusglauben (s. 15,11; 1,21b). Dabei wird Kephas einerseits durch die chronologische Abfolge der Angaben (s. 15,23f.) als Erstzeuge (vgl. Lk 24,34, ferner Mk 16,7) hervorgehoben, andererseits in das Leitungsgremium der frühen Jerusalemer Gemeinde (vgl. Apg 6,2) eingebunden (vgl. Apg 2,14 u. ö.). Zugleich bereitet das Nebeneinander von Einzel- und Gruppenerscheinung die nachfolgenden Angaben vor.

6–7

Mit ihnen setzt Paulus syntaktisch neu ein, um die Liste der Osterzeugen selbst weiterzuführen; das belegt das für ihn typische wiederholte „sodann" (s. 12,28 u. ö.). Zunächst nennt er eine Vision, die einem großen Anhängerkreis (vgl. Sus 30^{LXX}) Jesu gemeinschaftlich zuteilwurde. Sie geht also über ein inneres Wahrnehmen Einzelner hinaus. „Geschwister" heißen die Mitglieder jenes Kreises, weil sie jetzt mit der Gemeinde zu Korinth im Glauben verbunden sind, nicht, weil sie vor jener Vision schon Christusgläubige waren (s. 2,1f.). Als Nachsatz verstärkt 15,6b–c die kommunikative Bedeutung der Angabe, indem er klarstellt: Einerseits steht die große Mehrheit jener Gruppe den Adressaten nach wie vor (s. 4,13c) zum Zeugnis zur Verfügung (s. Phil 1,25); andererseits ist sie ihnen darin nahe, dass manche aus ihr verstorben sind (s. 11,30). Damit erhebt sich indes die Frage, wie sich die rettende Kraft des Evangeliums an den Verstorbenen realisiert (s. 15,18).

Mit den weiteren Osterzeugen dürften der Herrenbruder Jakobus und, zunächst, die Jerusalemer Apostel° gemeint sein. Dafür spricht die formale

Parallele zu 15,5, die Jakobus als Repräsentanten jener Apostel erscheinen lässt (s. Gal 1,19). Ihnen wird daher hier wohl auch eine gemeinsam erlebte Erscheinung zugeschrieben. Freilich markiert das auffällig nachgestellte „allen" die Gruppenbezeichnung als umfassend (vgl. Apg 20,32). Es weitet also im Vorfeld von 15,8f. den Sinn der Aussage für weitere Einzelvisionen; auch Paulus ist nach 9,1 ja Apostel und Osterzeuge. Demgemäß hat die Nennung des Jakobus ihrerseits vorbereitende Funktion. Da er Jesu Erdenwirken skeptisch begegnete (vgl. Mk 3,31; Joh 7,5 – anders später [laut Hieronymus] das HebrEv) und erst in der Folgezeit zur Jerusalemer Gemeinde stieß (vgl. Apg 1,14), steht er mit seiner Vorgeschichte Paulus relativ nahe.

8–9 Bei Paulus fanden die Ostererscheinungen ihr Ende. Er selbst beschreibt seine Christusschau – anders als Apg 9,3–6 u. ö. – als ein Sehen des Herrn (9,1), ein In-ihm-Offenbarwerden des Gottessohnes (Gal 1,16a), ein Aufstrahlen des Lichts der Neuschöpfung im Herzen, das ihn zur Erkenntnis der Herrlichkeit Gottes auf dem Angesicht Christi geführt habe (2Kor 4,6). Diese Ostervision war aber nicht nur zeitlich die letzte (vgl. Mk 12,22b). Sie war zudem ein unerwartbarer Vorgang. Wie das Bild der Fehlgeburt anzeigt, handelte Gott damit an einem Menschen, der seine Bestimmung (s. Gal 1,15) verfehlt hatte (vgl. Koh 6,3) und gleichsam aus dem Tod (vgl. Num 12,12) ins Dasein gerufen werden musste (s. Röm 4,17). Denn vor seiner Berufung hat Paulus die „Versammlung° Gottes" (1,2) bekämpft und auszutilgen versucht (s. Gal 1,13 u. ö.). Somit fehlte ihm jede Voraussetzung dafür (s. 2Kor 3,5), den Ehrentitel „Apostel" (vgl. Mk 3,14) zu erhalten (vgl. Mt 2,23 u. ö.). Eben deshalb, mit Blick auf seine mangelnde Eignung, weist er sich selbst unter allen Aposteln den niedrigsten Rang zu (vgl. Eph 3,8).

10 Gottes Gnade° aber ereignet sich unabhängig von solchen Rangordnungen (vgl. Mt 2,6), nimmt Menschen also auch unabhängig von ihnen in Dienst (s. 1,4). Dies wird an der Bestellung des Paulus zum Völkerapostel (s. Röm 1,5 u. ö.) überdeutlich. In der Tat hat jene Gnade so erfolgreich (s. 1Thess 2,1) auf ihn eingewirkt, dass sein apostolisches Tun durch und durch von ihr bestimmt ist: Sie ist dessen Ursprung (Gal 1,15f.), Maß (3,10) und Kraftquelle (Gal 2,8f.). Er kann daher getreu dem Motto aus 1,31 seinen besonderen Einsatz für das ihm anvertraute Amt (s. 3,8) herausstellen: Durch die Mühsal seiner Erwerbsarbeit und seiner vielfältigen Leidenserfahrungen (s. 4,12; 2Kor 11,23) überragt er alle anderen Apostel – und gleicht auf diese Weise das Manko seiner Vorgeschichte aus. Gottes Gnade und menschliches Handeln sind dabei ebenso ineinander verschränkt wie beim Glauben (s. S. 31). Davon abgesehen folgt das paulinische Selbstlob den antiken Regeln: Erfolge werden der Gottheit zugeschrieben, Schwierigkeiten nicht verschwiegen (vgl. Plutarch). Wie die Analogie zur Präsentation des Weisheitslehrers in Sir 36,16a; 30,25–27 [33,16.18f.] zeigt, setzt Paulus es aber primär

dazu ein, die Vertrauenswürdigkeit seiner Verkündigung zu untermauern.

11 Der Schlusssatz knüpft insofern folgerichtig an 15,9f. an. Er betont zugleich den Einklang, in dem Paulus sein Predigen° mit dem der übrigen Apostel verbunden weiß (s. 1,23). Das betrifft, wie *houtōs* („dementsprechend“) anzeigt (s. 7,17; 1Thess 2,4), sowohl die göttliche Autorisierung als auch den Inhalt des Osterzeugnisses. Für dessen Annahme haben personale Eigenarten der Verkündiger keine Bedeutung (s. 3,22). Die Adressaten sind daher mit ihrer Glaubens°-Existenz (s. 3,5c) selbst lebendige Zeugen dafür, dass die Auferweckung Christi einerseits – in Verbindung mit den Ostererscheinungen – das Fundament der apostolischen Evangeliumsverkündigung bildet, andererseits – gemeinsam mit seinem die Sünden tilgenden Tod – ihren Kern.

C Gemäß 15,3a–b dürfte Paulus die Glaubensformel 15,3c–5 seinerseits am Beginn seiner christusgläubigen Existenz kennengelernt haben, also wohl in Damaskus (vgl. Apg 9,8–19, s. dazu Gal 1,17). Als Gemeingut der Apostel (s. 15,11b) wird der Text aus der Gemeinde zu Jerusalem stammen; ob er von Anfang an griechisch formuliert war oder auf einer aramäischen Vorlage basiert, ist unklar. Sein lehrhafter Charakter legt es nahe, dass er zumal in der Unterweisung – etwa im Umfeld der Taufe – Verwendung fand.

Einer historischen Auswertung der Formel sind Grenzen gesetzt, weil sie geschichtliche Daten, persönliche Erfahrungen und religiöse Deutungen verknüpft. Immerhin ist festzustellen: 1. Der Tod Jesu durch Hinrichtung unter Pilatus ist durch diverse, auch nicht-christliche Quellen (Tacitus; Josephus, Ant. 18,64) als historisches Ereignis bezeugt. 2. Der Hinweis auf sein Begräbnis entspricht im Kern Mk 15,43–46; Joh 19,38–42. Die Formel dürfte daher das Wissen der frühen Jerusalemer Gemeinde um ein Grab Jesu widerspiegeln. Wie der Fund einer Ossuarienkiste in Givat ha-Mivtar nordöstlich von Jerusalem belegt, war die Bestattung eines Gekreuzigten unter römischer Besatzung möglich. 3. Dass Jesu Grab leer aufgefunden wurde (vgl. Lk 24,3 u. ö.), setzt die Formel nicht voraus. Sie verknüpft das Begräbnis mit dem Tod, nicht der Auferweckung Jesu; deren Verkündigung ist auch ohne Verweis auf ein leeres Grab denkbar (vgl. Mk 6,14.29); und Paulus unterscheidet in 15,35–49 den Auferstehungsleib kategorial vom irdischen Leib. 4. Jesu Auferweckung wird als Tat Gottes präsentiert; als an sich in der Geschichte verifizierbar erscheint sie damit nicht. 5. Die Rede vom „dritten Tag“ (vgl. Apg 10,40 u. ö.) dient, wie der Rekurs auf „unsere Sünden“ in 15,3c, als theologisches Interpretament. Dies ist weder mit den Ostervisionen noch mit Jesu Grab verknüpft. Ob das Datum historische Erinnerung widerspiegelt – etwa daran, dass nach Mk 15,42; 16,1f. u. ö. einige Anhängerinnen das Grab zu diesem Zeitpunkt leer auffanden –, muss deshalb offenbleiben. Womöglich hängt es mit einer entsprechenden Ankündigung Jesu zusammen (vgl. Mk 9,31 u. ö.).

6. Erscheinungen vor Petrus und dem engsten Jüngerkreis bezeugen auch Lk 24,34 bzw. Mt 28,16–20; Joh 20,19–24 u. ö. Die Variationsbreite der Tradition weist auf Selbstzeugnisse als Ausgangspunkt. Dass die Betroffenen auf ein mit sinnlichen Wahrnehmungen verbundenes Erleben referierten, macht die Analogie zu Paulus deutlich. Ob ihre Visionen in Galiläa oder Jerusalem stattfanden, bleibt angesichts der gespaltenen Überlieferung indes unsicher. 7. Da „die Zwölf" als Symbolname dient (s. S. 203), ist ihm nicht zu entnehmen, ob Paulus um das Ende des Judas (vgl. Apg 1,17f. u. ö.) oder auch nur sein Ausscheiden aus dem Zwölferkreis wusste oder nicht. 8. Das Bekenntnis zur Auferweckung Jesu ergibt sich nicht schon aus den Visionen als solchen; diese wären vielfältig interpretierbar. Plausibel wird es erst in deren Verknüpfung mit der Botschaft Jesu. Dass in seinem Auftreten Gottes endzeitliche Königsherrschaft (s. S. 67) gegenwärtig wird, welche die gottfeindlichen Mächte überwindet (vgl. Lk 10,18; 11,20 u. ö.), erweist sich mit der Überwindung der Macht des Todes an Jesus selbst als wahr.

Die in 15,6f. genannten Erscheinungen sind andernorts nicht bezeugt. Da der Passus die betreffenden Personen als potentiell befragbare Osterzeugen anführt, dürfte aber auch er auf verlässlichen Selbstzeugnissen basieren. Wo und wann diese Visionen stattfanden, ließe sich nur spekulativ bestimmen. Dass Paulus vom Tod einiger dieser Personen weiß, mag auf seinen Besuchen in Jerusalem (s. Gal 1,18; 2,1) beruhen, könnte aber auch einen fortgesetzten Nachrichtenaustausch mit der dortigen Gemeinde voraussetzen.

Von seiner eigenen Ostervision dürfte er den Adressaten gemäß 9,1 beim Gründungsaufenthalt (s. S. 3f.) erzählt haben; denn auf ihr gründet sein Apostolat (s. Gal 1,15f.). Sie fand gemäß Gal 1,17; Apg 9,3 in der Nähe von Damaskus und der Chronologie von Gal 1,18; 2,1 zufolge spätestens im Jahr 33 n. Chr. statt. Auch sein vorheriges Wirken als „Verfolger" war Thema solch autobiographischer Erzählungen (s. Gal 1,13f.). Nach Gal 1,22f. galt es den christusgläubigen Gemeinden in der Provinz Judäa (s. 2Kor 1,16), hatte also wohl in Jerusalem seinen Ausgangspunkt (vgl. Apg 8,3). Die geplante Ausweitung auf Damaskus (vgl. Apg 9,1f.) wurde durch die Flucht zumal griechischsprachiger Christusgläubiger dorthin veranlasst (vgl. Apg 8,1.4; 11,19). Der Grund zur Verfolgung lag in dem Glauben, für den jene Christusgläubigen warben (Gal 1,23), und ihrem damit verbundenen Selbstverständnis als „Versammlung Gottes". Das rief den „Eifer" (s. Phil 3,6) des vom „Judaismus" geprägten Paulus hervor (s. Gal 1,13 und S. 1). Konkret dürften zumal die Infragestellung des Tempels (vgl. Apg 6,13f. im Gefolge von Mk 11,15–17; 13,2) und die Aufnahme von Nichtjuden in die „Versammlung Gottes" (vgl. Apg 8,4.26–40; 11,20f.) sein Einschreiten provoziert haben. Es sollte jenen Christusgläubigen die Existenzgrundlage entziehen (s. Gal 1,13.23). Das konnte in den 30er Jahren des 1. Jh. nur auf den Rechtsbereich der betreffenden Synagogengemeinden bezogen sein. Entsprechend dürften seine Mittel vom Streitgespräch bis hin zu synagogalen Disziplinarmaßnahmen (s. 2Kor 11,24) gereicht haben.

D

Die prinzipielle Formulierung in 15,3c.$4_{fin.}$ nimmt „die Schriften" insgesamt als Zeugnis (s. Röm 3,21) für das eschatologische Heilsgeschehen in Anspruch, das sich im sündentilgenden Sterben und in der rettenden Auferweckung Christi ein für alle Mal vollzogen hat. Gleichwohl greift der Apostel mit seinen Aussagen auf bestimmte Schriftpassagen zurück. Da es gemäß 15,1 um den Kern des Evangeliums geht, sind dies im weiteren Sinne zunächst die biblischen Prophetenbücher (s. Röm 1,1f.). Konkret lässt 15,3c Worte aus Jes 53 anklingen. Es heißt dort der LXX zufolge:

> [4]Dieser trägt *unsere Sünden*, und *unsertwegen* leidet er Schmerz … [5]Er … ist krank geworden *aufgrund unserer Sünden*; die Züchtigung zu unserem Frieden (fiel) auf ihn … [6]… der Herr lieferte ihn *unseren Sünden* aus … [8]… von den Gesetzlosigkeiten meines Volkes wurde er in den *Tod* geführt. … [10]… Und der Herr will wegnehmen von der Mühe seiner Seele, [11]…, um gerecht zu machen einen Gerechten, der vielen gut (als Sklave) dient, und ihre *Sünden* wird er auf sich nehmen. [12]Deshalb wird er viele beerben …, dafür, dass seine Seele in den *Tod* ausgeliefert wurde …; und er nahm die *Sünden* vieler auf sich und wurde *aufgrund* ihrer *Sünden* ausgeliefert.

Hier fehlt zwar die Präposition *hyper* (s. S. 203), sodass keine exakte Kongruenz mit Jes 53 vorliegt. Dies ist indes der einzige alttestamentliche Text, der besagt, dass nach Gottes Absicht jemand um der Sünden anderer willen stellvertretend stirbt und ihnen so aufs Neue Heil zueignet. Zudem deutet Paulus diverse Aussagen aus Jes 52,13–53,12 in Zitaten und Anspielungen (s. 2Kor 4,11; Röm 4,25; 8,32; 10,16; 15,21) auf das Christusgeschehen und dessen Verkündigung. Daher wird ihm die traditionelle Formulierung in 15,3c als zusammenfassender Rückbezug auf den Jesajatext dienen. Dies beim Lesen oder Hören zu erkennen, stärkt die Plausibilität des Bezugs auf die Schriften – umso mehr, als man in Jes 53,10f. auch die Rettung des Ausgelieferten aus dem Tod und damit die Auferweckung Christi angekündigt sehen kann.

Der Wortlaut von $15{,}4_{fin.}$ erinnert indes an Hos $6{,}2^{LXX}$, wo es heißt:

> [1]In ihrer Bedrängnis werden sie mich eifrig suchen und sagen: „Lasst uns gehen und umkehren zum Herrn, unserm Gott; denn er selbst hat uns fortgerissen und wird uns heilen, er wird schlagen und uns verbinden. [2]Er wird uns gesund machen nach zwei Tagen, *am dritten Tag* werden wir *auf(er)stehen* und leben vor ihm."

Die Verbindung der Zeitangabe mit der Rede vom Auf(er)stehen erweist das Hoseawort als singuläre Parallele zur Aussage von 15,4. In seinem biblischen Zusammenhang ist es zwar bildlicher Ausdruck der Hoffnung auf Wiederherstellung des jüdischen Volkes. Der Targum sowie GenR 66 u. ö. deuten es jedoch auf die endzeitliche Auferweckung der Toten. Diese Deutung vorausgesetzt, stärkt der Bezug auf Hos 6,2 das Verständnis der

Auferweckung Christi als Auftakt des universalen Auferweckungsgeschehens.

E Um der Abhandlung zur Auferstehung der Toten ein solides Fundament zu geben, erinnert Paulus seine Glaubensgeschwister an das Evangelium, auf dem ihre Existenz ruht. Er führt dazu eine sie alle miteinander verbindende Tradition aus Jerusalem an. Sie bezeugt den Zusammenhang des stellvertretenden Sterbens Jesu „um unserer Sünden willen" (gemäß Jes 53) mit der das endzeitliche Rettungshandeln Gottes „am dritten Tag" einleitenden Auferweckung Jesu (gemäß Hos 6,2) – und damit dessen Christuswürde. Durch Begräbnis und Ostervisionen geschichtlich ausgewiesen, leitet jener Zusammenhang die eschatologische Erfüllung der biblischen Verheißungen für Israel und die Weltvölker ein. Individuell zugeeignet wird die darin wurzelnde Rettung durch die glaubend angenommene Botschaft der Osterzeugen. Zu ihnen gehört als letzter auch Paulus. Da Gottes Gnade ihn, anhebend mit der Vision des Auferstandenen vor Damaskus, zum über die Maßen sich mühenden Völkerapostel werden ließ, ist seine Predigt vertrauenswürdig; sie stimmt kategorial und sachlich ja auch mit der aller anderen Apostel überein. Zudem hat jene Vision seinen im Judaismus wurzelnden Kampf gegen die Existenz der Juden und Nichtjuden vereinenden „Versammlung Gottes" beendet. Gerade an Paulus erweist sich also die Auferweckung Christi als Fundament und Kernelement der Evangeliumsverkündigung. Dass deren endzeitlich-rettende Wirkung bei den Adressaten in Frage steht, erscheint dann umso grotesker. Demgemäß hat das Verfahren, die Klärung einer theologischen Streitfrage durch ihre Verankerung im Zusammenklang von Evangelium und Schrift sowie den Aufweis ihrer existentiellen Bedeutung für alle Beteiligten zu eröffnen, auch für heutige Debatten Vorbildcharakter.

4.2 Die Notwendigkeit der Auferstehungserwartung (15,12–34)

Ausgehend von der Grundaussage des Evangeliums (15,12a) tritt Paulus dem in fehlender Gotteserkenntnis wurzelnden Diktum einiger Adressaten entgegen, es gebe keine Auferstehung von Toten (15,12b.34b, s. auch 15,13a.15c.16a.29b.32c). Das geschieht in einem Dreischritt: Er deckt auf, inwiefern jenes Votum dem Sinngehalt der Verkündigung und des Glaubens widerspricht (15,12–19); er entfaltet die endzeitliche Heilsbedeutung der Auferweckung Christi (15,20–28); und er legt exemplarisch dar, wie sich die Negation der Auferstehungserwartung auf die Lebensführung auswirkt (15,29–34).

Negative Beweisführung (15,12–19)

12 [a]**Wenn aber Christus verkündigt wird,**
dass er nämlich **aus** der Mitte der **Toten auferweckt worden ist,**
[b]**wie,** d. h. mit welchem Recht und Sinn **sagen** dann **einige unter euch,**
dass es eine Auferstehung Toter gar **nicht gibt?**
13 [a]**Wenn es jedoch eine Auferstehung Toter** gar **nicht gibt,**
[b]**ist auch Christus nicht auferweckt worden;**
14 [a]**wenn aber Christus nicht auferweckt worden ist,**
[b]dann ist **folglich** sinnentleert ⸢**zum einen**⸣ **unsere Verkündigung,**
[c]sinnent**leert zum andern euer Glaube;**
15 [a]**wir werden** dann **aber auch als Falschzeugen Gottes befunden,**
[b]**weil wir** ent**gegen** dem Tun **Gottes bezeugten,**
dass Gott **den Christus auferweckt hat**
– [c]**den** Gott gar **nicht auferweckt hat,**
wenn denn tatsächlich Tote nicht auferweckt werden.
16 [a]**Wenn nämlich Tote nicht auferweckt werden,**
[b]**ist auch Christus nicht auferweckt worden;**
17 [a]**wenn aber Christus nicht auferweckt worden ist,**
[b]dann **ist euer Glaube nichtig,** [c]**seid ihr weiterhin in euren Sünden,**
18 **gingen folglich auch die, die in** der Verbundenheit mit **Christus entschliefen,**
trotz dieser **zugrunde.**
19 [a]**Wenn wir** alle solche Leute **sind, die in diesem Leben**
in der **Christus**beziehung **Hoffnung gehegt haben,** und **nur** das sind,
[b]**sind wir erbärmlicher als alle** anderen **Menschen.**

⸢⸣ *Viele Handschriften glätten den Text durch Tilgung des griechischen* kai; *das Pendant in V. 14c meint dann „auch“.*

Der Passus bietet eine Reihe von Bedingungs- und Folgesätzen. Das erste Satzgefüge kontrastiert die Verkündigung der Auferweckung Christi mit der These, es gebe gar keine Auferstehung (15,12). Der weitere Gedankengang kreist um die Negation des Satzes „Christus ist auferweckt worden“ (15,13b.14a.16b.17a, ferner 15,15b.c). Diese wird in zwei Richtungen logisch verknüpft: einerseits mit jener ihr vorausliegenden These (15,13a.15c.16a), andererseits mit ihren Konsequenzen für Verkündigende (15,14b.15a: „wir“) und Glaubende (15,14c.17b–18: „ihr“); 15,19 fasst am Ende beide Gruppen in einem inklusiven „wir“ zusammen. Dabei gliedert sich die Argumentation in zwei etwa parallel strukturierte Absätze (15,13.14.15 // 15,16.17.18f.). A

B 12 Paulus spitzt die mit 15,1–5 aufgefrischte Erinnerung an das Evangelium auf den für das Folgende wichtigen Gedanken zu. Dazu ergänzt er das geläufige (s. 1,23 u. ö.) Motiv der Verkündigung° Christi° in Anlehnung an 15,4 um einen Dass-Satz. Diese auffällige Konstruktion (vgl. Apg 9,20) lässt zugleich die paulinische Grundaussage zum Gehalt des Glaubens (s. Röm 10,9 u. ö.) anklingen. Dazu passt die Beifügung der Wendung „aus (der Mitte der) Toten“ (s. 1Thess 1,10 u. ö.), die sich auch sonst im NT mit dem Bekenntnis zur Auferweckung° Christi verbindet (vgl. Mt 17,9 u. ö.); mit Blick auf das Ergebnis kann dabei ebenso von seiner Auferstehung gesprochen werden (vgl. 1Petr 1,3 u. ö.). Die Wendung stellt klar, worauf das Bildwort vom Aufwecken (s. Röm 13,11 u. ö.) zielt: dass Gott gestorbenen Menschen neues Leben schenkt. Diese Hoffnung entstand im antiken Judentum aus dem Zutrauen der Frommen, auch durch den Tod nicht von Gott getrennt zu werden (vgl. Ps 72[73],23–26 u. ö.); sie ist erstmals in apokalyptischen Texten bezeugt (vgl. Jes 26,19–21 u. ö.); sie wurde besonders bedeutsam im Kontext von Martyrien, die den Bestand der Verheißungen Gottes für Israel in Frage stellten (vgl. 2Makk 7,9.14 u. ö.); und sie verband sich teilweise mit der Erwartung eines postmortalen Gerichts über die Frevler (vgl. Dan 12,2f. u. ö.), woraus dann die Idee einer allgemeinen Totenauferstehung im Kontext einer Neuschöpfung der Welt erwuchs (vgl. LibAnt 3,10 u. ö.). Als Pharisäer (s. S. 1) teilte Paulus jene Hoffnung, war aber auch mit deren Ablehnung vertraut (vgl. Apg 23,6–8 u. ö.). Letztere verliert angesichts der Auferweckung Christi jedoch alle Berechtigung; das hält die vorwurfsvolle Wie-Frage (s. Gal 2,14) unmissverständlich fest. Es gibt dafür zwei Gründe, wie Paulus ab 15,13 und dann ab 15,20 darlegt.

13–15 Zunächst fokussiert er den Vorgang des Auferweckens. Erst die generelle Aussicht, dass Tote auferstehen, macht es möglich, von der Auferweckung Christi zu reden. Nur jene Aussicht bietet nämlich die Denkkategorie, innerhalb derer solches Reden plausibel wird; nur im Horizont jener Aussicht kann es also den Anspruch erheben, Wirkliches abzubilden. Wer sie bestreitet, negiert daher zugleich den Realitätsgehalt der Verkündigung des auferweckten Christus. Damit aber würde auch der Christusglaube° der Adressaten seines Sinns beraubt; denn dieser erwächst aus der Christuspredigt (s. 1,21) und richtet sich auf den im Evangelium bezeugten Christus (s. 15,3–5), der ihre Existenz als Glaubende in umfassender Weise bestimmt (s. 1,9.30; 3,11.23; 4,15; 6,11.15; 8,6; 10,16; 12,27). Für die Osterzeugen (s. 15,11) hätte das fatale Folgen: Sie würden im Gericht (s. 4,2) als Zeugen überführt, die falsch ausgesagt haben (vgl. Mt 26,59f.). Sie hätten damit nicht nur gegenüber den Adressaten ihres Christuszeugnisses (s. 1,6) das betreffende Dekaloggebot (Ex 20,16) gebrochen. Sie hätten sich mit diesem Zeugnis° vor allem auch gegen Gott selbst gewandt (vgl. Ps 74[75],6; Dan 3,96Th), hätten sie Gott doch ein eschatologisches Heilshandeln attestiert, das gar nicht stattgefunden hat, und damit Gottes Zeugnisauftrag verfehlt.

16–18 Der Beginn des zweiten Absatzes schärft im Anschluss an 15,15c den kategorialen Grundgedanken aus 15,13 noch einmal ein. Auf dieser Basis legt Paulus – 15,14c weiterführend – genauer dar, welch horrende Konsequenz die Bestreitung der Auferweckung für die christusgläubigen Adressaten hätte: Ihr Glaube würde Gott verfehlen und ins Nichts führen (s. 3,20); und damit wäre die an Glaube und Taufe geknüpfte Tilgung der Sünden im Zuge der Rechtfertigung (s. 1,30; 6,11) gar nicht vollzogen. Tatsächlich entfaltet sich die sündentilgende Kraft des stellvertretenden Todes Christi überhaupt nur im Gesamtgefüge des Heilsgeschehens (s. 2Kor 5,15$_{\text{fin.}}$; Röm 4,25), das das Evangelium (15,3c–5) beschreibt und zueignet. Erst mit Christi Auferweckung wird sein Sterben als Höhepunkt seines irdischen Daseins für andere (s. Röm 15,3) ins Recht gesetzt und somit effektiv gemacht. Demzufolge wären ohne Christi Auferweckung auch diejenigen Christusgläubigen ewigem Verderben ausgeliefert (s. 1,18 u. ö.), die bereits gestorben sind (s. 11,30; 15,6). Ihre Hoffnung auf Rettung durch Gott (s. 15,2) in der Gemeinschaft mit Christus (s. 1,9) hätte sich im Moment ihres Todes als verfehlt erwiesen, wären sie doch mit Christus ein für alle Mal im Tode geblieben.

19 Am Ende des Gedankengangs äußert sich Paulus noch einmal im „Wir" der Verkündiger; darauf weist neben der Analogie zu 15,14b.15 auch die Perfektform von „hoffen" (s. 2Kor 1,10) hin. Zugleich lädt der Kontrast zu „allen Menschen" (s. Röm 12,17f.; 2Kor 3,2) die Adressaten ein, sich die Aussage zu eigen zu machen. Deren Sinngefüge erschließt sich vom paulinischen Sprachgebrauch her: Das nachgestellte „nur" bezieht sich auf den ganzen Satz (s. Röm 3,29a); „in Christus" bezeichnet nicht den Zielpunkt, sondern die Quelle des Hoffens (s. Phil 2,19); und „in diesem Leben" benennt – in sachlicher Entsprechung zu „dieser Weltzeit" (1,20 u. ö.) – den Zeitraum (s. Röm 5,17), den das Hoffen ausfüllt. 15,19 stellt somit im Gefolge von 15,18 klar: Erschöpft sich die Christusbeziehung darin, eine auf das eigene Erdenleben gerichtete, den Tod gemäß 3,22; Phil 1,20 aussparende Hoffnung zu stiften, versetzt sie die Christusgläubigen in eine überaus jämmerliche Lage. In solcher Christusbeziehung wäre ihr Dasein nicht nur – apokalyptischer Weltsicht entsprechend – auf das ob seiner Vergänglichkeit bittere Erdenleben beschränkt (vgl. 2Bar 21,13f.); es würde darüber hinaus auf bloßes, unerfüllt bleibendes Hoffen reduziert (s. dagegen Röm 8,24f.).

C Worauf genau die kritische Frage 15,12b zielt, ist in der Forschung umstritten. Paulus kommt auf die Motive und Vorstellungen der Auferstehungsleugner auch nicht eigens zu sprechen. Aus Sprachgebrauch und Argumentationsgang ist jedoch Folgendes zu erschließen: 1. „Einige unter euch" ist in Parallele zu 15,34b wörtlich zu nehmen; es geht um eine kleine Schar von Gemeindegliedern. Da der Apostel die Gemeinde im Folgenden aber kollektiv anspricht, fürchtet er wohl, sie könnte sich auf das Denken jener Leute einlassen. 2. Auf „einige" der Adressaten verweist er auch in 4,18; 8,7, auf andere Weise in 6,11. Beim Thema Gruppenbildung geht er teils explizit (s. 3,4–6; 4,6), teils implizit (s. 1,17 u. ö.) speziell auf die Apollos-Gruppe ein; in 8,2.11 warnt er bestimmte Gemeindeglieder vor einer Überschätzung ihrer Gotteserkenntnis. Ein Sachzusammenhang der dabei jeweils erörterten Probleme mit der Auferstehungsdebatte ist indes nicht erkennbar. Das Gleiche gilt für das in 4,8 kritisierte Vollkommenheitsbewusstsein – das Paulus im Übrigen allen Adressaten attestiert. 3. Der

Konnex zwischen 15,12 und 15,19 lässt den paulinischen Verweis auf „die Übrigen“ anklingen, „die keine Hoffnung (sc. über den Tod hinaus) haben“ (1Thess 4,13). In der Tat ist es gängige griechisch-römische Ansicht, dass es kein Aufstehen aus dem Grab gebe (vgl. Aischylos; Grabinschriften). Dass solch eine Ansicht hinter 15,12b steht, passt zu den vielerorts im Brief monierten Resten paganen Denkens innerhalb der Gemeinde. Sie eignet sich auch gut als Grundlage des in 15,35 angeführten Einwands. Die Auferweckung Christi wurde dann wohl im Sinne einer Erhöhung in den Himmel gedacht, wie sie etwa dem Heroen Herakles durch den Tod hindurch zuteilwurde (vgl. Ovid). Es ist Paulus, der die Adressaten anleitet, beides, die Auferweckung Christi und die Auferstehung von Toten überhaupt, als eschatologische Neuschöpfung zu verstehen.

E Manche Gemeindeglieder hielten eine Auferstehung von Menschen, die gestorben und begraben sind, im Kontext griechisch-römischer Weltsicht für undenkbar. Der Apostel sucht diese Auffassung logisch ad absurdum zu führen. Dazu stellt er den kategorialen Zusammenhang jener Auferstehung mit der Auferweckung Christi heraus – und legt daraufhin dar, wie deren Negation die Verkündigung der Osterzeugen sowie die Glaubensexistenz der Adressaten gleichermaßen als sinnlos und verfehlt erscheinen lässt. Seine Ausführungen regen dazu an, die Hoffnung auf die Auferstehung der Toten vom Bekenntnis zur Auferweckung Christi her auch mit heutigen Auffassungen von Welt und Leben argumentativ ins Gespräch zu bringen.

Schriftbasierte Darstellung (15,20–28)

20 **Nun aber ist Christus auferweckt worden aus** der Mitte der **Toten als Erster,**
der die Auferweckung all **derer, die entschlafen sind,** in Gang setzt.
21 [a]**Weil nämlich durch einen Menschen** der **Tod** Realität geworden ist,
[b]wird **auch durch einen Menschen** die **Auferstehung Toter** Realität.
22 [a]**Denn wie in** der Existenzgemeinschaft mit **dem Adam alle sterben,**
[b]**so werden auch in** der Existenzgemeinschaft mit **dem Christus**
alle zum Leben erweckt.

23 [a]**Jeder** und jede **aber** wird zum Leben erweckt **im eigenen Rang:**
[b]**als Erster Christus,**
[c]**sodann die, die zum Christus** gehören, **bei seiner** herrschaftlichen **Ankunft.**
24 [a]**Danach** erreicht das Heilsgeschehen **das Ziel,**
[b]**wenn er die Königsherrschaft übergibt an den,** der **Gott und Vater** ist,
[c]**wenn er wirkungslos gemacht hat jede** Form von **Herrschaft**
und jede Form von **Verfügungsgewalt und Macht.**
25 **Er muss ja die Königsherrschaft ausüben,**
‚*bis* **er alle *Feinde unter*** **seine** eigenen ***Füße gelegt*** **hat‘.**
26 **Als letzter Feind wird der Tod wirkungslos gemacht;**
27 [a]**‚*alles*‘ nämlich ‚*ordnete er*,** Gott, ***unter seine*,** Christi, ***Füße*’.**

[b]**Wenn er,** Gott, **aber gesagt haben wird, dass alles untergeordnet ist,**
[c]dann wird **offenkundig, dass** Gott als **der ausgenommen** ist,
der ihm das alles unterordnete.

28 [a]**Wenn ihm aber das alles untergeordnet sein wird,**
[b]**dann wird** [T] **er selbst, der Sohn, sich dem unterordnen,**
der ihm das alles unterordnete,
[c]**auf dass Gott** [F] **alles in allen sei.**

T *Viele Handschriften ergänzen, im logischen Anschluss an 15,28a, „auch".*
F *Viele Handschriften ergänzen, in Parallele zu 15,27c.28a und 12,6, „das".*

A Die zweimalige Rede von Christus als Erstem (15,20.23) gliedert den Passus in zwei Absätze, die den Ereigniszusammenhang aus Auferweckung Christi und Auferstehung der Toten heilsgeschichtlich einordnen; er wird rückblickend mit Adam (15,22), vorausblickend mit der endzeitlichen Gottesherrschaft (15,24) verknüpft. Vier Gesichtspunkte werden dabei herausgestellt: die zeitliche Erstreckung und geordnete Abfolge des Heilsgeschehens (s. „Erster, Rang, Ziel, letzter" und „sodann, danach, wenn, bis, dann"), seine innere Logik und Universalität (s. „Erster, alle, [das] alles" und „weil nämlich, denn, wie … so, muss, offenkundig"), seine herrschaftliche Prägung (s. „Gegenwart, Königsherrschaft, wirkungslos machen, Herrschaft, Verfügungsgewalt, Macht, Feind[e], unter die Füße, unterordnen") sowie seine Verankerung in und Ausrichtung auf Gott als Vater (s. 15,24b.28b–c).

B 20 Wie in Röm 3,21 verweist „nun aber" samt Verb im Perfekt am Beginn eines Abschnitts auf das eschatologische Heilsgeschehen. Über 15,12a greift Paulus den Traditionssatz 15,3c–4 auf, benennt aber ergänzend den heilsgeschichtlichen Sinn der Auferweckung° Christi°: Sie ist als „erste" in einer Reihe (s. 16,15 u. ö.) zugleich deren Auftakt, der sie zwingend nach sich zieht (s. Röm 11,16) – und damit ein Vorgriff auf die Endzeit (s. Röm 8,23). Womöglich übernimmt Paulus diese Ansicht aus frühchristlichen Anschauungen (vgl. Kol 1,18; Apg 26,23; Apk 1,5); mit dem Verweis auf die Entschlafenen verortet er jenen Vorgriff aber in der noch vom Tod geprägten Lebenswelt der Adressaten (s. 15,18). Den Grundgedanken leitet er aus der Identität des Gottessohnes Jesus ab (s. Röm 1,4; 8,29): Weil dieser der Christus ist, leitet seine Auferweckung die endzeitliche Totenauferstehung ein und bringt so Gottes Heilszusagen an Israel und die Weltvölker zur Erfüllung. Insofern sollen die Verse ab 15,20 ihrerseits, als positives Pendant zu 15,13–19, die in 15,12b zitierte Ansicht vom Christusbekenntnis her widerlegen.

21–22 Zur weiteren Begründung wird Christus in der Menschheitsgeschichte verortet: Infolge seiner Auferweckung hat er als Mensch eine ebenso universal bedeutsame, epochale Rolle wie Adam (vgl. Gen 2,7–5,5). Diese Rollenzuschreibung basiert auf antik-jüdischer Tradition. Ihr gemäß gilt das über Adam gesprochene Gottesurteil, sterben zu müssen (Gen 3,19), für alle seine Nachkommen (vgl. 2Bar 17,3 u. ö.). Adams Gebotsübertretung und Evas Mitwirkung daran (vgl. Gen 3,17; LibAnt 13,8 u. ö.) lässt der Apostel dabei, anders als in Röm 5,12–21; 7,7–11; 8,20, unbeachtet. Es bleibt auch offen, ob „sterben" hier über den physischen Vorgang hinaus das durch eigene Verfehlungen verursachte ewige Verderben der Menschen meint (so 4Esr 7,116–126). Für die Kontrastierung mit Christus reicht der offene Hinweis, dass die Menschen von Adam her dem Tod geweiht sind. Über die apokalyptische Idee der Entsprechung von Ur- und Endzeit eröffnet der Hinweis nämlich die Möglichkeit, die heilsgeschichtliche Rolle Christi zu beschreiben. An sich setzt dies voraus, dass alle Menschen mit Christus existentiell verbunden sind. Faktisch entsteht solche Verbundenheit freilich erst dadurch, dass sie ihn als ihren Herrn anerkennen (s. 12,3 u. ö.). Als Perspektive ist der universale Vollzug dieser Anerkennung aber im Christusbekenntnis verankert (s. Phil 2,10f.). Auf dieser Basis ist es plausibel, Christus als das eschatologische Gegenstück zu Adam aufzufassen: Durch ihn wird Menschen die Teilhabe an der Auferstehung der Toten (s. Phil 3,11) und – im Sinne einer Neuschöpfung (s. 15,36.45; Röm 4,17) – das ewige Leben (s. Röm 6,23) zuteil.

23 Die zeitliche Dehnung des Auferweckungsgeschehens illustriert ein Bild: Heer und Verwaltung sind in Ränge gegliedert; und das Gefolge eines Herrschers tritt erst auf, wenn er öffentlich erscheint, um seine Herrschaft durchzusetzen (vgl. 3Makk 3,16f.). Die Anwendung des Bildes auf Christus und seine Anhängerschar (s. 1Thess 3,13 u. ö.) stellt klar, dass Paulus Auferstehung hier wie in 1Thess 4,16 u. ö. als Heilsvorgang begreift; eine Auferweckung zum Gericht, bei dem neben Rettung auch ewiges Verderben verfügt wird (so Apk 20,11–15 u. ö.), hat er nicht im Blick. Zudem legt das Bild von der Ankunft im Herrschaftsbereich es nahe, die Auferweckung Christi als seine jener Ankunft vorausliegende Inthronisation aufzufassen (s. Röm 1,4).

24–28 Die folgenden Verse bestätigen das. Sie überführen die Auferweckungsmotivik in die Anschauung, dass Christus a) eine Königsherrschaft von Gott übertragen wurde (15,27a.c$_{\text{fin.}}$28b$_{\text{fin.}}$), b) diese ausübt (15,25$_{\text{init.}}$), bis ihr alles in der Welt untersteht, auch, als letzte gottfeindliche Machtinstanz, der Tod (15,24c.25$_{\text{fin.}}$26.28a), und c) die Herrschaft dann Gott zurückgibt (15,24b.27b.28b$_{\text{init.}}$). Der Prozess erreicht d) darin sein Ziel, dass Gott selbst als König herrscht (15,24a.28c). In diesem Szenario ist somit die Auferweckung der Toten als Entmachtung des Todes vorgestellt. Dass es in Gänze oder großenteils aus frühchristlicher Tradition stammt, lässt sich nicht nachweisen.

24 Im Kontext besagten Szenarios weist 15,24a auf die Vollendung des eschatologischen Heilsgeschehens (s. 1,8), nicht auf eine weitere Etappe in ihm hin. Dessen in 15,28c benanntes „Ziel" (s. Röm 10,4) wird mit der Aufrichtung der alles umfassenden Königsherrschaft° Gottes erreicht. In ihr vollendet sich die grundlegend mit der Auferweckung Christi

etablierte Vaterschaft Gottes (s. Gal 1,1 u. ö.). Denn erst, wenn Gott als Vater° aller Glieder des eschatologischen Gottesvolkes sichtbar wird (s. 2Kor 6,18), bewahrheitet sich ihre Anrufung Gottes als „Gott und Vater" (vgl. Jak 1,27). Die doppelte Voraussetzung dafür wird in 15,24b.c knapp umrissen.

Zum einen muss Christus die ihm übertragene Herrschaft an Gott zurückgeben. Das widerspricht der Logik irdischer Vater-Sohn-Dynastien. Es hat aber eine ungefähre Parallele in rabbinischen Schriften, die ein Messias- dem Gottesreich vorschalten (vgl. auch 4Esr 7,28); und es entspricht der Zuordnung von Reich des Menschensohns und Reich des Vaters in Mt 13,37–43.

Zum andern muss Christus während seiner Herrschaft alles überwunden haben, was selbst Macht ausübt. Die genutzten Begriffe verweisen, zumal im Vorfeld von 15,25f., primär auf übermenschliche Größen (s. Röm 8,38, vgl. Eph 1,21 u. ö.), schließen aber irdische Gewalten nicht aus (s. Röm 13,1, vgl. Lk 20,20 u. ö.); Letztere dürften auch wegen der Analogie zu 2,6b und des betonten „alles" in 15,27a einzubeziehen sein (s. Phil 2,10). Insofern erinnert 15,24c an antik-jüdische und frühchristliche Aussagen zum Kriegszug des Gesalbten gegen seine Feinde (vgl. 1QSb 5,24–28; Apk 19,11–21 u. ö.).

25–28

Im Folgenden werden beide Bedingungen in umgekehrter Folge entfaltet.

25–27a

Zunächst wird die Eigenart der Königsherrschaft Christi bestimmt. Dass es in 15,25 allein darum geht, erweist der Zusammenhang; „unter seine Füße legen" meint dasselbe wie „wirkungslos machen" in 15,24c.26. Christus herrscht also nach Gottes Plan (vgl. Mk 8,31 u. ö.) so, dass er sich alles, was ihm feindlich entgegensteht, unterwirft – wie es königlicher Macht entspricht (vgl. Ps 17[18],38f. u. ö.). Seinen Abschluss (s. Röm 11,25e) findet der Prozess der Unterwerfung darin, dass er zuletzt auch den Tod erfasst. Dessen Personalisierung ist Erbe gemein-antiker Mythologie; die Rede vom „letzten" Feind sowie die Idee, mit dem Ende des Todes beginne die neue Schöpfung, erwachsen aus antik-jüdischer Eschatologie (vgl. 2Bar 40,1f.; LibAnt 3,10). Dass es Christus ist, der den Tod vernichtet, hat dort indes keine Analogie; dieser Gedanke wurzelt im Bekenntnis zur Auferweckung Christi.

Die Begründung erfolgt mit 15,27a. Eine bloße Variante zu 15,25$_{\text{fin.}}$ kann der Satz daher nicht sein. In der Tat spricht dessen doppelte Wiederaufnahme in der Wendung „der ihm das alles unterordnete" (15,27c.28b) dafür, dass Gott das Satzsubjekt ist. Christus nimmt herrschend also die Machtstellung wahr, die Gott ihm mit seiner Auferweckung verliehen hat (vgl. Mt 28,18b). Warum Paulus das nicht deutlicher formuliert, bleibt vorerst offen.

27b–28

15,27b wird in der Forschung oft als exegetische Notiz gedeutet („Wenn es aber heißt …"). Das widerspricht dem paulinischen Sprachgebrauch. Denn 1. hat *hotan* „wenn" in 15,24–28.54 durchweg und mit Aorist

Konj. auch sonst (s. 13,10; 16,2f.5.12 u. ö.) zeitlichen, nicht logischen Sinn; und 2. nutzt Paulus *eipein* „sagen“ nur mit personalem Subjekt (s. 1,15; 11,22.24; 12,3.21 u. ö.). Zudem weisen Sätze mit *hotan* und *eipein* in LXX wie NT stets in die Zukunft (vgl. Jer 5,19; 16,10; Mt 5,11 // Lk 6,26). Paulus blickt also darauf voraus, dass der Vollzug des göttlichen Auftrags bestätigt wird. Dazu passt das Perfekt „ist untergeordnet“. Satzsubjekt dürfte nach 15,27a Gott sein. Von Gottes *eipein* handeln auch 2Kor 4,6; 6,16. Zudem schließt 15,27c erst so gut an: Gottes eigenes Reden wird offenbar machen, dass Gott als Auftraggeber nicht selbst Objekt der Unterwerfung ist. Dass ein verbloser Satz nach *hotan* mit Aorist Konj. futurischen Sinn haben kann, zeigt Röm 11,27.

Wenn aber Christus alles untertan geworden (s. Phil 3,21) und so sein Auftrag erfüllt ist, wird er sich seinerseits dem Urheber seiner Machtstellung (s. 3,23b; 11,3c) unterordnen. Er wird das in seiner mit vorangestelltem „er selbst“ angezeigten Hoheit (s. 1Thess 4,16 u. ö.) tun; denn gerade darin wird er seiner Rolle als Sohn° des Vaters (s. 1,3.9, vgl. Lk 10,22 u. ö.) entsprechen, dass er Gottes eigene Königsherrschaft heraufführt (s. 15,24b). Auf diese Weise wird die gesamte Schöpfung (s. Röm 8,21) ganz und gar von Gott her bestimmt, mit Gott verbunden und auf Gott ausgerichtet sein (s. Röm 11,36). Die in der Antike verbreitete, mehrdeutige Formel „alles in allen“ (bzw. „… in allem“) drückt also im Sinne von 9,22c und 12,6b die Allbedeutsamkeit und Allwirksamkeit Gottes aus (vgl. Sir 43,27–29[29–32]) – ähnlich, wie es, freilich für die Gegenwart, Aelius Aristides über Serapis oder Macrobius über Herakles als Sonnengötter sagen.

C Oftmals wird der Gedankengang als Kritik an einer präsentischen Eschatologie der Adressaten aufgefasst (s. S. 61). Er enthält indes keine klaren Hinweise auf solch eine Anschauung. Vielmehr ist er ganz darauf ausgerichtet, ihnen aufzuzeigen, inwiefern das Bekenntnis zur Auferweckung Christi notwendig zur Erwartung einer endzeitlichen Überwindung des Todes führt.

D Diesem Ziel dienen auch die impliziten Schriftbezüge. In 15,27a führt Paulus im Gefolge des Adam-Christus-Kontrasts (15,21f.) Ps 8,7b an. Der Satz entstammt einem Loblied auf die Herrlichkeit des Schöpfers. Über den von Gott geschaffenen Menschen heißt es dort gemäß der LXX:

> [5]Was ist der Mensch, dass du seiner gedenkst, oder des Menschen Sohn, dass du auf ihn schaust. [6]Du machtest ihn um Weniges / für kurze Zeit geringer als die Engel, mit Herrlichkeit und Ehre bekränztest du ihn. [7]Und du stelltest ihn hin über die Werke deiner Hände, *alles ordnetest* du *seinen Füßen unter*: [8]Schafe und Rinder …

Die Anspielung auf diesen – später auch in Eph 1,22; Hebr 2,5–9 auf Christus bezogenen – Text ist gewiss beabsichtigt: Die Konvergenz im Wortlaut ist innerbiblisch ohne weitere Parallele, und dessen Variation dient der Angleichung an 15,25. Zudem berührt sich Ps 8 mehrfach mit 15,20–28; s. 15,28c (vgl. Ps 8,2b: Gottes überragende Hoheit), 15,25f. (vgl.

Ps 8,3b: Vernichtung der Feinde), 15,20 samt 9,25; Phil 3,14; Röm 8,21 (vgl. Ps 8,6b: mit Herrlichkeit bekränzt). Demnach liest Paulus Ps 8 als Prophetie auf die einzigartige Macht über die Schöpfung, die Christus als Repräsentant der Menschheit durch seine Auferweckung verliehen worden ist. Die Wahrnehmung dieses Schriftbezugs macht die Argumentation in 15,27a verständlich und plausibel.

Mit 15,25 wiederum dürfte der Apostel auf den Beginn des Königspsalms Ps 109[110] Bezug nehmen. In der LXX-Fassung lautet er:

> [1]Es sprach der Herr zu meinem Herrn: „Setze dich zu meiner Rechten, *bis* dass ich deine *Feinde* als *(Unter-)*Fußbank d*einer Füße (hin)gelegt* habe.“ [2]Den Stab deiner Macht wird der Herr aussenden vom Zion, und (so) herrsche inmitten deiner Feinde. [3]Mit dir ist die Herrschaft am Tag deiner Macht …

Vers 1 wird vielerorts im NT (Mk 12,36; Apg 2,34f.; Eph 1,20f.; Hebr 1,13 u. ö.) auf die Erhöhung Christi bezogen. Da Paulus andernorts von „meinem Herrn“ (s. Phil 3,8), der Rechten Gottes (s. Röm 8,34) und dem Auferwecken des Herrn (s. 6,14 u. ö.) redet, liegt der Rekurs auch für ihn nahe. Im Kontext von 15,24–26 formt er zwar Vers 1b zur Aussage über das Herrschen Christi um; doch das hat seine Basis in Vers 2b–3a. Er deutet somit den Psalm als Verheißung auf Christus; und diese lehrt, dessen Auferweckung als Inthronisation zu verstehen, die im Sieg über seine Feinde ihren Ziel- und Endpunkt hat. Das nachzuvollziehen stärkt die paulinische Argumentation erheblich.

Wie zuvor (s. S. 135) dienen die Schriftbezüge also auch hier dazu, die Adressaten in ein schriftbasiertes Verständnis des Evangeliums einzuweisen.

E

Paulus tritt dem in 15,12b zitierten Satz einiger Korinther entgegen, indem er den heilsgeschichtlichen Sinn der Auferweckung Christi entfaltet. Er präsentiert sie zuerst als Auftakt der endzeitlichen Totenerweckung (15,20–23), sodann als Inthronisation, die auf die Entmachtung des Todes zielt (15,24c–27a). Beide Deutungen stützt er mit Schriftbezügen: die erste durch die Kontrastierung mit Adam, die Christus als Urheber des ewigen Lebens für die Menschheit erscheinen lässt; die zweite mit Psalmworten, die Christi Auferweckung als Grundlage seiner himmlischen Königsherrschaft erweisen, in deren Verlauf er all seine Feinde unterwirft. Als Ziel des Geschehens identifiziert der Apostel die Aufrichtung der endzeitlichen Herrschaft und Vaterschaft Gottes selbst – und bringt gerade damit die Identität des Gottessohnes Jesus Christus zur Geltung. Diese Deutung der Auferweckung Christi ist in ihrer Herrschaftssemantik zeitgebunden. In ihrer eschatologischen, schriftgelehrten und theozentrischen Prägung kann sie gleichwohl auch heutiges Nachdenken über die Zukunft menschlicher Existenz befördern.

Argumente aus der Lebenspraxis (15,29–34)

29 [a]**Was nämlich werden sonst diejenigen tun** können,
die sich taufen lassen um der Beziehung zu den **Toten willen?**
[b]**Wenn Tote überhaupt nicht auferweckt werden,**
[c]**warum lassen sie sich denn taufen um ihretwillen?**
30 **Warum sind denn wir zu jeder Stunde in Gefahr?**
31 [a]**Täglich sterbe ich –** [b]**fürwahr,** ich berufe mich **auf das Rühmen um euretwillen,**
[c] ⸀**Geschwister,** [d]**das mir zu Gebote steht**
in meiner apostolischen Beziehung zu **Christus Jesus, unserem Herrn.**
32 [a]**Wenn ich** nur **nach Menschen**weise **mit Bestien kämpfte in Ephesus,**
[b]**welchen Gewinn** würde **mir das** bringen?
[c]**Wenn Tote nicht auferweckt werden,**
[d]*‚lasst uns essen und trinken,* [e]*denn morgen sterben wir*‘!
33 [a]**Lasst euch nicht irreführen:**
[b]**Es verdirbt** die **guten Sitten ein böses Gerede!**
34 [a]**Werdet auf rechte Weise nüchtern und sündigt nicht;**
[b]**denn Unkenntnis Gottes ist einigen** unter euch **zu eigen.**
[c]**Euch zur Beschämung rede ich** so.

⸀ *Viele Handschriften tilgen die für paulinische Ruhmesäußerungen ungewöhnliche Anrede.*

A In zwei Blöcken legt Paulus dar, wie stark sich die Bestreitung einer Totenerweckung° (15,29b.32c) auf die Lebensführung auswirkt: zuerst mit Fragen, die zur Reflexion nötigen, samt paradoxem Selbstlob (15,29–32b), sodann mit Appellen und adressatenkritischen Aussagen (15,32c–34). Dabei verbindet er sich („ich“ 15,31.32a–b.34c) mit der Gemeinde („ihr“ 15,31b.33a.34) mehrfach zum „Wir“ (15,30.31c.32d–e); in 15,29 redet er in der 3. Person Pl.

B 29 Der Sinn des angesprochenen Vorgangs ist in der Exegese umstritten. Um einen Taufakt, der stellvertretend zugunsten ungetauft Verstorbener vollzogen wird, kann es kaum gehen: Paulus setzt einen allseits akzeptierten Vorgang voraus; die Taufe° aber bezieht er auf die Existenz des Individuums (s. 6,11; Röm 6,3f.), könnte sie also nicht anderen zurechnen. Zudem gibt es zu seiner Zeit keine Belege für einen so aufgefassten Initiationsritus; ein Gebet für Tote samt einem in Bezug auf sie dargebrachten Sündopfer (vgl. 2Makk 12,42–45) ist kategorial etwas Anderes; und eine entsprechende Taufpraxis gnostisierender Gruppen lehnten Tertullian u. a. später ab. Erschließen lässt sich der Textsinn aus der Analyse von Sprache und Kontext: 1. Die Frage „Was werden … tun?“ zeigt Ratlosigkeit in Bedrängnis an (vgl. Jes 10,3 u. ö.). 2. Paulus verwendet „taufen“ nie rein metaphorisch (so Mk 10,38f.). 3. Ein Partizip Präsens plus Art. („diejenigen, die sich taufen lassen“) weist über die Gemeinde hinaus auf eine generelle Praxis (s. 7,29–31 u. ö.), schließt aber Einmaligkeit nicht aus (s. Gal 6,13a). 4. *hyper* („um … willen“) mit Gen. der Person hat bei Paulus stets positiven Sinn. 5. Anders als das artikellose „Tote“ (15,12 u. ö.) meint

„die Toten“ die Gesamtheit derer, die auferweckt werden (s. 15,35.42.52; 2Kor 1,9; 1Thess 4,16); „um ihretwillen“ kann daher nicht „ihnen zugute“ o. Ä. meinen. 6. 15,30 setzt mit der Frage „Warum … denn wir …?“ voraus, dass 15,29 eine ähnliche Situation im Blick hat (vgl. Mt 15,2f.). Paulus verweist somit auf Menschen, die sich im Angesicht des Todes taufen lassen und dadurch öffentlich ihre Verbundenheit (s. 4,6e; 2Kor 7,7d u. ö.) mit den schon gestorbenen Christusgläubigen bezeugen. Das passt zu der vielfältig dokumentierten Ehre, die Verstorbenen in der Antike zuteilwurde; und es macht die paulinischen Fragen plausibel: Wenn es jenseits des Todes keine Erneuerung der Gemeinschaft mit den im Glauben an Gott Gestorbenen (vgl. 2Makk 7,29) gäbe, welchen Sinn hätte dann eine um ihretwillen vollzogene Taufe – und welche andere Möglichkeit zur Bewährung dieser Gemeinschaft bliebe jenen Taufwilligen?

30–32b

Ein ähnliches Problem zeigt sich im Aposteldienst. Wer ihn versieht, ist geradezu stündlich irgendwie gefährdet (s. 2Kor 11,26; Röm 8,35). Über die 1. Person Pl. (s. o. A) können die Adressaten sich damit identifizieren. Besonders wichtig dafür ist Paulus: Tag für Tag wird sein Leben bedroht, reibt er sich für seine Gemeinden auf (s. 2Kor 11,23g.28 u. ö.). Gerade so erweist er sich als Apostel, der an sich selbst Jesu rettende Selbsthingabe anschaulich macht (s. 2Kor 4,10–12). Darum beteuert er das Gesagte. Er führt dazu an, dass er sich der Adressaten im Sinn von 1,31 rühmen° kann: gegenwärtig vor anderen Menschen (s. 2Kor 7,14 u. ö.), im Endgericht vor seinem Auftraggeber (s. 1Thess 2,19 u. ö.). Die Glaubensgeschwister° verdanken ihm ja ihre Existenz (s. 4,15 u. ö.). Wohl deshalb ergänzt er den Verweis auf Christus° Jesus als Basis und Bezugspunkt seines Rühmens (s. Röm 15,17 u. ö.) um den Titel „unser Herr°“ (s. 1,2 u. ö.). Die gesamte Titulatur kennzeichnet Jesus dann als Garanten endzeitlicher Gottesgemeinschaft für alle Christusgläubigen (s. Röm 6,23; 8,39). Als Beispiel für seinen Einsatz nennt Paulus einen Tierkampf, den er an seinem Aufenthaltsort Ephesus (s. 16,8) zu bestehen hatte. Hätte er allein nach menschlichen Kategorien (s. 3,3 u. ö.) gekämpft – unabhängig von der Beziehung zu „Gott, der die Toten erweckt“ (2Kor 1,9), zum Herrn, der ihn beurteilt (s. 4,4), und zu den Adressaten, die sein Ruhm sind (s. 2Kor 1,14) –, wäre es für seine Existenz ohne weiteren Belang (s. 13,3). Erst die Erwartung der Auferweckung und des mit ihr verheißenen Lohnes (s. 3,8 u. ö.) verleiht dem Einsatz seines Lebens Sinn.

32c–34

Abschließend rüttelt er die Gemeinde mit deutlichen Worten auf. In formaler Analogie zu 15,29b–c zeigt er zunächst auf, welche ethische Folgerung zu ziehen wäre, wenn es keine Auferweckung gäbe: Man müsste sich angesichts der Vergänglichkeit des Lebens dem Genuss hingeben (15,32c–e). Der ironische Appell lässt an biblische Polemik (vgl. Sap 2,1–9 u. ö.), aber auch an literarische (Horaz u. a.) und inschriftliche Parallelen denken. Auf dieser Basis skizziert er das Gegenmodell zur apostolischen Existenz im Horizont des Todes (s. 15,30–31a). Wie skandalös es ist, zeigt der Anklang an die verantwortungslose Mahlpraxis in der Gemeindeversammlung (s. 11,22a). Eine an das Endgericht gemahnende Warnung (s. 6,9b) führt sodann eine verbreitete Sentenz (vgl. Euripides u. a.) zum Resultat böser° *homiliai* (wörtlich „Umgang") ein. Ähnlich wie Philon, Det. 38, bezieht Paulus sie auf das „Gerede" von Opponenten (s. 15,12b). Weil es die Basis sittlichen Handelns zerstört, darf sich die Gemeinde nicht von ihm verführen lassen (vgl. Spr 7,21–23). Vielmehr soll sie mit nüchternem Verstand das Wirken Gottes an ihr wahrnehmen und so der ihr von Gott verliehenen Gerechtigkeit° entsprechen. Wie hellenistisch-jüdische Autoren (vgl. Sib Frgm. 3,41 f. u. ö.) führt Paulus ethisches Versagen auf mangelnde Erkenntnis des Wirkens Gottes in Welt und Geschichte zurück (s. Röm 1,19–31). Deshalb sieht er mit der Negation des Auferweckungsgeschehens die Gefahr des Sündigens gegeben: eines Tuns, das Gottes Heilshandeln negiert, ja, untergräbt (s. 6,18 f.; 8,11 f.). Dass er Reste dieser paganen Unkenntnis Gottes unter den Adressaten aufdeckt und sie daher vor der Sünde warnt, muss sie beschämen (s. 6,5).

C Wäre Paulus trotz seines römischen Bürgerrechts (vgl. Apg 16,37 f. u. ö.) als Schwerverbrecher zum Tierkampf in der Arena verurteilt worden, hätte er das in 2Kor 11,23–27 kaum verschwiegen. 15,32a dürfte daher metaphorisch gemeint sein (s. 4,9 u. ö.) und auf lebensbedrohliche Auseinandersetzungen mit Widersachern (s. 16,9) verweisen (vgl. Ps 21[22],13 f. u. ö.).

Rückschlüsse auf praktizierte Genusssucht in der Gemeinde erlaubt der Text nicht; er setzt gerade voraus, dass es dazu noch nicht gekommen ist.

D In 15,32d führt Paulus einen Satz aus Jes 22,13^LXX an. In einem Scheltwort gegen das verderbte, umkehrunwillige Jerusalem heißt es dort:

> [5]… Sie *irren umher*, von Klein bis Groß … [11]… Ihr schautet nicht auf den, der sie (sc. die Stadt) … schuf … [12]Und es rief der Herr … ein Weinen aus … [13]Sie aber machten sich ein Vergnügen … und sagten: „*Lasst uns essen und trinken, denn morgen sterben wir!*" [14]… Nicht vergeben wird euch diese *Sünde*, bis ihr *sterbt*.

Die wörtliche Kongruenz und weitere Berührungspunkte mit dem Jesajatext (s. 15,33a / Jes 22,5; 15,33b / Jes 22,13a; 15,34a / Jes 22,14; 15,34b / Jes 22,11) legen eine von Paulus intendierte Anspielung nahe. Jes 22 diente ihm demnach als Beleg für die verderblichen Folgen mangelnder Gotteserkenntnis. Dies samt der damit verknüpften Gerichtsdrohung wahrzunehmen, erschließt ein vertieftes Verständnis für die Dringlichkeit seiner Warnung 15,33a.

E Der These einiger Adressaten (15,34b), es gebe keine Auferstehung Toter, begegnet der Apostel im Anschluss an 15,12–28 noch mit Hinweisen auf die beschämenden Folgen solchen „Geredes": Es raube einer Bewährung der Christusgemeinschaft angesichts des nahen Todes – sei es durch den Vollzug einer Taufe „um der Toten willen", sei es im Apostel-dienst – den Sinn; und es führe, als Ausdruck der Unkenntnis Gottes, zu verderblichem Lebenswandel. So zeitbedingt diese Argumentation ist, so bedenkenswert ist auch heute die paulinische Verknüpfung von Auferstehungserwartung und Ethik.

4.3 Die Leiblichkeit der Auferstehung (15,35–49)

35 [a]Indessen wird jemand sagen: „[b]Wie werden die Toten auferweckt?
[c]Das aber meint: Mit was für einer Art von Leib/Körper kommen sie?“
36 [a]Du Narr, [b]du,
was du säst, [c]wird nicht zum Leben erweckt, wenn es nicht zuvor stirbt;
37 [a]und was du säst, dafür gilt: [b]Nicht den Körper, der werden wird, säst du,
sondern ein nacktes Korn, etwa von Getreide oder einer der übrigen Saatpflanzen.
38 [a]Gott aber gibt ihm einen Körper, wie Gott gewollt hat,
[b]und zwar jedem der Samen einen arteigenen Körper.
39 Es gilt ja generell: [a]Nicht alles Fleisch ist dasselbe Fleisch,
sondern andersartig ist das von Menschen, [b]andersartig das Fleisch von Vieh,
[c]andersartig das Fleisch von Vögeln, [d]andersartig das von Fischen.
40 [a]Es gibt sowohl himmlische Körper [b]als auch irdische Körper;
[c]doch eine andere ist die den himmlischen eigene Herrlichkeit,
[d]eine andere die den irdischen eigene.
41 [a]Andersartig ist die Herrlichkeit der Sonne, [b]andersartig auch die Herrlichkeit des Mondes, [c]andersartig auch die Herrlichkeit von Sternen;
[d]in der Tat, ein Stern unterscheidet sich vom anderen Stern an Herrlichkeit.

42 [a]So vollzieht sich auch die Auferstehung der Toten:
[b]Gesät wird im Verderben, [c]auferweckt wird in Unverderblichkeit;
43 [a]gesät wird in Ehrlosigkeit, [b]auferweckt wird in Herrlichkeit,
[c]gesät wird in Schwachheit, [d]auferweckt wird in Macht;
44 [a]gesät wird ein beseelter, auf seine Natur beschränkter Körper/Leib,
[b]auferweckt wird ein geistlicher Körper/Leib.

[c]Wenn es einen beseelten Leib gibt, [d]gibt es auch einen geistlichen.
45 [a]So ist auch in den Schriften geschrieben:
„[b]*Es wurde der* erste *Mensch*, Adam, *zu einer ihn belebenden Seele*,
[c]der letzte Adam zum ihn zum Leben erweckenden Geist.“
46 [a]Doch es ist nicht zuerst das Geistliche da,
sondern das Beseelte ist zuerst da, [b]sodann kommt das Geistliche.
47 [a]Der erste Mensch ist aus der Erde, staubgeboren,
[b]der zweite Mensch aus dem Himmel.
48 [a]Wie geartet der Staubgeborene ist, [b]so sind es auch die Staubgeborenen;
[c]und wie geartet der Himmlische ist, [d]so sind es auch die Himmlischen.
49 [a]Und wie wir dereinst getragen haben das Bild des Staubgeborenen,
[b] ⌜werden wir⌝ daraufhin auch das Bild des Himmlischen tragen.

⌜⌝ *Die meisten Handschriften bieten, wie in Röm 5,1 u. ö., einen Adhortativ („lasst uns“).*

Der Passus führt die Frage nach der Art des Leibes, mit dem die Toten auferstehen, einer christologisch fundierten Antwort zu (s. 15,35.48f.). Dazu A skizziert er den Zusammenhang von Saatvorgang und Körperlichkeit in Gottes Schöpfung (15,36–38) und beschreibt deren Vielfalt mit Blick auf Lebewesen und Himmelskörper (15,39–41). Anhand jenes Zusammenhangs wird dargelegt, inwiefern Körperlichkeit auch die Auferstehung der Toten prägt (15,42–44b), und Letztere dann – in erneuter Aufnahme der Adam-Tradition (s. 15,21 f.) – mit der Schöpfung verknüpft (15,44c–49). Die Ausführungen haben weithin die Form theologischer Argumentation (15,38–48); diese führt einen imaginierten Dialog (15,35–37: „jemand", „du") fort, den der Schluss in einer Art Bekenntnissatz (15,49: „wir") wieder aufgreift.

B 35 Wie in einem Schulvortrag zitiert Paulus das Votum eines fiktiven Gesprächspartners (vgl. Jak 2,18). Es benennt das Ergebnis von 15,12–34 – „die Toten", d. h. die verstorbenen Christusgläubigen (s. 15,22 f. und S. 220 f.) „werden auferweckt°" –, um daraus die Frage nach dem „Wie" abzuleiten. Sie entspricht ebenso jüdischer Tradition wie die Idee eines Kommens in der zweiten Frage, die die erste präzisiert (vgl. 2Bar 49 f. u. ö.). Die Formulierung passt aber auch zur griechisch-römischen Vorstellungswelt, die eine Rückkehr von Toten ins irdisch-leibliche Dasein ausschließt (s. S. 214). Demnach setzt die Zuspitzung der Frage auf die Art des Leibes° bzw. Körpers der Auferweckten ein grundlegendes Einverständnis mit Paulus voraus: Auferstehung ist zwingend als leiblicher Vorgang zu denken (s. 6,13 f.). Die Rückfrage ist daher – wie auch der Präsensgebrauch belegt – nicht als prinzipieller Einwand gemeint, sondern fordert genauere Klärung.

36–38 Gleichwohl ist die Frage falsch gestellt; das zeigt der rhetorische Ausruf „Narr, du" an. Er lässt im Sinne weisheitlichen Denkens auf mangelnde Einsicht in Gottes Wirken schließen (vgl. Ps 91[92],6 f. u. ö.). Der Denkfehler steckt im Begriff „kommen", der kategoriale Kontinuität im Auferweckungsgeschehen impliziert. Paulus jedoch erläutert es – ähnlich wie später die Rabbinen (vgl. bSanh 90b u. ö.) – vom Werdegang der Saatpflanzen her. Dafür ruft er das Naturwissen des Fragestellers auf. In der Tat erwächst etwa nach Plutarch die Saatpflanze daraus, dass das Saatkorn im Erdboden abstirbt; sie ist das Ergebnis neuen Auflebens. 15,36 betont darüber hinaus, dass das Korn sterben muss (vgl. Joh 12,24b) und neues Leben nur empfangen, nicht aus sich selbst hervorbringen kann. Damit verbindet sich die Einsicht, dass der Pflanzenkörper erst im Zuge jenes Auflebens entsteht. Er wird dem Saatkorn wie Kleidung (vgl. Mt 6,28–30) verliehen. Es ist daher im Vergleich mit der Pflanze nackt und lässt nicht erkennen, wie sie geartet ist. Unter den Saatpflanzen zeigt dies gerade das Getreide, das neue Körner in der Ähre einhüllt. In alledem aber wirkt Gott fortlaufend als Schöpfer – wie es nach Gen 1,11 f. in der Schöpfung angelegt ist. Das gilt auch für den jeweiligen Körper, der jeder Pflanzenart zukommt; seine Eigenart entspricht dem schöpferischen Wollen° Gottes. Für die Auferstehung der Toten bedeutet dies: Sie ist in Gottes Schöpfung angelegt und erfolgt so, dass Gott dem nackten Wesenskern des Menschen einen neuen, besonderen Leib und damit neues Leben schenkt.

39–41 Bevor Paulus diesen Gedanken entfaltet, generalisiert er seinen Satz über die Saatpflanzen (15,38). Allen körperlich verfassten Schöpfungswerken ist ein artspezifischer Körper zu eigen. Das zeigt sich an „allem Fleisch°“, d. h. Menschen und Tieren (vgl. Gen 9,11 u. ö.); von Letzteren werden exemplarisch das Vieh, die Vögel und die Fische (als Land-, Flug- und Wassertiere) genannt. Jedes dieser Lebewesen hat seiner Art gemäß (vgl. Sir 13,15f.; Empedokles u. a.) eine besondere Daseinsform. Es zeigt sich zudem an den Gestirnen, die der Apostel mit der antiken Philosophie (vgl. Ps.-Aristoteles u. a.) ihrerseits als Körper begreift. Ob sie ihm auch als belebt gelten (so die Stoa u. a.), ist hier unerheblich. Sie weisen so oder so eine charakteristische Körperlichkeit auf; und diese sieht er, wie 15,42c erschließen lässt, im Einklang mit platonisch-aristotelischer Tradition als unvergänglich an. Dadurch sind die Himmelskörper von allem Irdischen geschieden; das wird an ihrer eigentümlichen Herrlichkeit sichtbar: ihrem himmlischen Glanz, der sich von der Pracht irdischer Körper abhebt. Sie sind aber auch voneinander unterschieden: Sonne, Mond und Sterne glänzen auf je andere Weise, verfügen also über eine je eigene Herrlichkeit; und eine ähnliche Differenz zeigt sich beim Vergleich der Sterne untereinander. Somit gilt im Himmel und auf Erden (s. 8,5, vgl. Gen 1,14–2,1): Gott gibt, dem eigenen Plan gemäß, allem Geschaffenen arteigene Körper. Für die Auferstehung der Toten bedeutet dies: Die verstorbenen Christusgläubigen erhalten mit ihr, als eine in der Schöpfung verankerte Gabe, einen arteigenen, vom irdischen unterschiedenen Leib.

42–44b Nun wird das zu den Schöpfungswerken Gesagte auf die Eingangsfrage angewendet; das belegt die Aufnahme der Begriffe „die Toten, auferweckt, Körper/Leib“ aus 15,35 und „säen, Herrlichkeit, Körper/Leib“ aus 15,36–41. Angezeigt wird die Anwendung mit der Einleitung (s. 14,9 u. ö.), die im Ausdruck „Auferstehung° (der) Toten“ an 15,12f.21 anknüpft. Es folgen vier Antithesen, die das Gegenüber ‚irdisch – himmlisch‘ aus 15,40 aufgreifen. Parallel geformt, antworten die ersten drei auf die Wie-Frage 15,35b mit „auferweckt in …“-Sätzen. Diese sind deshalb auf den Zustand zu beziehen, den die Auferweckung herbeiführt. So passen sie zum Nachsatz 15,44b, der die Frage 15,35c, unter Ausblendung der Idee des Kommens, beantwortet. Umgekehrt benennen die „gesät in …“-Aussagen, was die irdische Körperlichkeit der Menschen prägt – und dazu führt, dass sie im Tod vergeht. Auf die Auslieferung in den Tod verweist ja gemäß 15,36f. das Bild vom Säen.

Die Nachsätze in 15,42b–43 nennen Attribute, die an sich dem Göttlichen gebühren: Unverderblichkeit nach paganer und hellenistisch-jüdischer (vgl. Epikur u. a.; Philon), Macht° und Herrlichkeit° nach biblischer Auffassung. Jüdischer Tradition gemäß (vgl. 2Bar 74,2; TestBen 10,8 u. ö.) bezeichnet Paulus mit ihnen den Status, der Menschen in der endzeitlichen Teilhabe an Gottes Wirklichkeit (s. 15,28) zuteilwird (s. Röm 2,7 u. ö.). Das basiert auf der Auferweckung Christi, in der Gottes Macht und Herrlichkeit bereits wirksam wurden (s. 6,14; Röm 6,4 u. ö.). Wie diese Macht die im Kreuzestod dokumentierte menschliche Schwachheit Jesu überwunden hat (s. 2Kor 13,4), so werden Christusgläubige durch die Auferstehung dem entrissen, was ihren Tod verursacht hat: ihrem Ausgeliefertsein ans Verderben (s. Röm 8,21), das dem Entstehen des Lebens gegenübersteht (vgl. Philon, Cher. 51 u. ö.); ihrem Mangel an endzeitlicher Ehre (s. Röm 2,7.9); ihrer kreatürlichen Schwachheit, die sie als solche von Gott scheidet (s. Röm 8,26).

An sich bleibt 15,42b–43 allerdings auf der Bildebene, sodass die Sätze auf alles Geschaffene gedeutet werden können. Erst 15,44a–b überträgt sie auf die Frage nach dem Leib, der Menschen durch die Auferstehung zukommt. Dessen Bezeichnung als „geistlich°“ liegt durchaus nahe: Die Attribute, mit denen der Status der Auferweckten beschrieben wird, sind traditionell mit dem Geist Gottes verbunden (s. Röm 1,4; 8,16f. u. ö., vgl. Sap 12,1); zudem gilt dieser als Angeld auf die Endzeit (s. 2Kor 1,22 u. ö.) und erscheint in Röm 8,11 als Auferweckungsmacht. Der Kontrastbegriff in 15,44a überrascht jedoch. Das Wortpaar ‚beseelt (bzw. seelisch) – geistlich‘ markiert in 2,13–15 den Gegensatz zweier Menschengruppen, die Gottes Offenbarung je anders wahrnehmen. Mit welchem Sinn es hier gefüllt und mit welchem Recht es auf die Ablösung des irdisch-verderblichen Leibes durch den unvergänglichen Auferstehungsleib bezogen wird, muss dargelegt werden. Das gilt umso mehr, als auch die Wortpaare aus 15,43 andernorts Gegensätze anzeigen, die das gegenwärtige Glaubensleben prägen (s. 1,26f.; 4,10 u. ö.).

44c–45 Zunächst wird die Antithese 15,44a–b in eine logische Folge überführt: Die Existenz eines „beseelten“ bringt die eines „geistlichen“ Menschenleibes mit sich. Das entspricht dem Konnex von Korn und Pflanze (s. 15,37f.), wird aber ohne Bezug auf die Aussaat notiert. Es geht um einen von Gott selbst gesetzten Zusammenhang (s. Gal 4,7b–c u. ö.). Paulus sieht ihn in den Schriften bezeugt. Dabei zieht er, wie „auch“ in 15,45a anzeigt, aus ihrem Zeugnis einen logischen Schluss (s. 2,11 u. ö.), nämlich vom Besonderen aufs Allgemeine. Ob er zitiert oder wie in Gal 4,22 paraphrasiert, muss vorerst offenbleiben; jedenfalls führt er eine Aussage an, die das „Werden“ der Schöpfung (vgl. Gen 1,3b u. ö.; Joh 1,3) mit Blick auf den Menschen als zweiphasigen Prozess darstellt. Aus ihm gehen zwei Adame hervor: zwei Menschen, deren Wesen und Geschick das Dasein aller Nachkommen bestimmt (s. 15,21f.). Dabei erhielt „der erste Mensch“ (vgl. Philon, Op. 136 u. ö.) gemäß Gen 2,7 sein Leben von Gott in Form der Seele, d. h. der Lebenskraft, die ihn als irdisches Individuum konstituiert (vgl. Ps 22[23],3 u. ö.). Christus hingegen verdankt sein Werden, also seine Einsetzung zum Gottessohn (s. 2Kor 1,19) dem Geist° Gottes; durch den Geist hat Gott ihn ja aus den Toten zum ewigen Leben erweckt (s. Röm 1,4; 2Kor 4,10f.). Und weil sich mit seiner Auferweckung, verstanden als Auftakt der Auferstehung der Toten, die Menschwerdung vollendet, heißt er „der letzte“ (vgl. 2Chr 9,29 u. ö.) Adam. Schon in 15,27 wurde er anhand von Ps 8,7 als Repräsentant der Menschheit präsentiert. Er verbürgt, dass es neben dem beseelten auch den geistlichen Leib gibt.

46–49

Um nun das Schriftwort als Beleg für 15,44a–b zu erweisen, legt Paulus es sukzessive aus. Zuerst hält 15,46 verallgemeinernd fest, dass eine strikte Abfolge besteht: Was Gottes Geist zum Leben erweckt, folgt in seiner Existenz auf die Existenz dessen, was durch die Seele belebt wird. Der Satz ist in seiner markanten Form 15,37b–38a nachgebildet und bringt so Zweierlei zum Ausdruck: Das Werden des Geistlichen setzt das Verderben des Beseelten voraus wie das Werden der Pflanze den Tod des Korns; und die Herrlichkeit des ersten Adam wird von der des letzten überholt (vgl. Hag 2,9).

15,47 erklärt das aus der Eigenart der beiden Menschen. Sie entstammen verschiedenen Bereichen des Kosmos – den beiden, die die Schöpfung ausmachen (vgl. Gen 2,4a u. ö.). Der erste Mensch ist nach Gen 3,19; Koh 3,20 u. ö. aus der Erde genommen, aus dem Staub geworden – und muss aufgrund seines Verstoßes gegen Gottes Gebot (vgl. Gen 3,17, s. Röm 5,12) wieder dorthin zurückkehren; er ist seiner Eigenart nach vergänglich. Sein Pendant hingegen hat sein Wesen aus dem Himmel, weil von dort Gottes Geist ausgeht (vgl. Lk 11,13 u. ö.), dem er seine Auferweckung verdankt; seiner Eigenart nach ist er also unvergänglich (s. 2Kor 5,1f.). Dass er jetzt „der zweite Mensch“ heißt, markiert den heilsgeschichtlichen Zusammenhang: Wie Philon die Segnung Noahs oder die Berufung des Mose mit Blick auf ihre heilsgeschichtliche Bedeutung als zweite Schöpfung bezeichnet (vgl. QG 2,56; QE 2,46), so präsentiert Paulus den auferweckten Christus als Vollender der in der Schöpfung beginnenden Heilsgeschichte Gottes mit den Menschen.

15,48 bringt daraufhin den in 15,45a angelegten Analogieschluss explizit zur Sprache. Was für den ersten und den zweiten Menschen gilt, gilt für alle Menschen, die zu ihnen gehören: die Bestimmung zum Sterben (vgl. Sap 7,1) und zur Aufnahme in die himmlische Herrlichkeit (s. Phil 3,20f. u. ö.).

Auf dieser Basis wendet sich Paulus im „Wir“-Stil wieder dem Fragesteller aus 15,35–37 zu. Formal knüpft sein Schlusswort an dessen Frage an: Es ergeht von demselben Standpunkt aus, den ihre Präsensverben anzeigen, dem zwischen Erdenleben und Auferstehungswirklichkeit. Inhaltlich benennt es den logischen Konnex sowie das zeitliche Gefälle, welche die Teilhabe der Christusgläubigen am Geschick Adams und Christi charakterisieren. Dabei vermischen sich wie in 4Esr 8,6 u. ö. zwei antike Metaphern. Einerseits ist vom „Bild“ die Rede, das das Wesen des Abgebildeten wiedergibt, andererseits vom „Tragen“, das sich oft auf Kleidung als Anzeichen des Status eines Menschen bezieht. Bereits 15,37f. ließ die

Metapher des Ankleidens anklingen; ihre Anwendung auf die Erschaffung des Leibes entspricht Hi 10,11; 2Bar 49,3 u. ö. Gerade in der Vermischung beider Metaphern aber drückt sich die paulinische Auffassung vom Leib treffend aus: Mit ihm erhält das Wesen des Menschen eine sichtbare Gestalt. Die Christusgläubigen sind daher kraft ihrer schöpfungsgemäßen Zugehörigkeit zu Adam (vgl. Gen 5,3) und zu Christus (s. Röm 8,29f.) dazu bestimmt, nach dem verderblichen irdischen einen unvergänglich-herrlichen himmlischen Leib zu empfangen.

C Häufig wird der Passus als Widerlegung der Ansichten verstanden, die der in 15,12 angeführten These einiger Gemeindeglieder zugrunde liegen. Solch ein Zusammenhang ist jedoch nicht wahrscheinlich zu machen. Paulus konstruiert in 15,35 einen Gesprächspartner, wie er es auch in Röm 9,19; 11,19 tut, und lässt ihn eine weiterführende, keine generell skeptische Frage stellen. Mit 15,46 wiederum dürfte er zwar ein naheliegendes Missverständnis des zuvor Gesagten abweisen (vgl. zur Formulierung 2Makk 5,19; Mk 14,36). Dies geschieht jedoch der Strukturparallele mit 15,37b–38a zufolge auf der Ebene des fiktiven Dialogs, nicht eines realen Disputs mit den Adressaten.

D Mehrfach greift der Apostel paraphrasierend die Schöpfungs- und Urerzählung auf (s. 15,38 [Gen 1,11 f.]. 39–41 [Gen 1,14–2,1]. 47 [Gen 2,4; 3,17–19]. 49 [Gen 5,3]). Wie in 11,3–16 setzt er voraus, dass die Adressaten sie kennen; nur auf dieser Basis wird sein Versuch plausibel, die Auferstehung als Vollendung der Schöpfung darzustellen. Als zentrales Argument dafür dient der Schriftrekurs in 15,45. Dessen Basis bildet Gen 2,7^{LXX}, wo es heißt:

> [7]Und Gott formte den Menschen als *Staub von der Erde* und blies *Lebens*atem in sein Gesicht, und *es wurde der Mensch zur lebenden Seele.*

Paulus zitiert also in 15,45b aus diesem Vers und spielt in 15,47a auf ihn an. Seine Zutaten zum Text („erste, Adam“) zeigen, worauf es ihm ankommt: Adam ist Stammvater der Menschen (s. 15,48a–b) und als „erster“ auf sein eschatologisches Pendant hin angelegt. Worauf 15,45c verweist, ergibt sich aus 15,46. Das korrigierende Moment dieses Satzes richtet sich im Kontext der genannten Schriftbezüge ja wie von selbst auf die Schöpfungserzählung. In der Tat handelt sie in Gen 1,26 f.; 2,7.21 f. zweimal von der Erschaffung des Menschen. Philon etwa schließt daraus auf zwei Menschenarten, himmlisch und irdisch (Leg. 1,31): Gott habe erst nach Gottes Bild die körperlose, unverderbliche Idee des Menschen geprägt, dann aus Leib und Seele den sterblichen Menschen gebildet (Op. 134 u. ö.). Der Lebensatem aus Gen 2,7 gilt ihm dabei als Ausfluss des Geistes Gottes (Plant. 18 f. u. ö.); gemäß Gen 6,17 u. ö. nennt er ihn daher bisweilen „Lebensgeist“ (Leg. 3,161 u. ö., vgl. Sap 15,11). In Gal 3,15–17 u. ö. argumentiert Paulus selbst mit der Abfolge biblischer Erzählungen. Hier aber bestreitet er, dass

Gen 2,7 etwas Nachgeordnetes zur Sprache bringt. In Gen 1,26f.^{LXX} heißt es nämlich:

> [26]Und Gott sprach: „Wir wollen den Menschen machen nach unserem Bild …" [27]Und Gott machte den Menschen. Nach dem Bild Gottes machte er ihn …

Bild Gottes im umfassenden Sinn aber ist Christus (s. 2Kor 4,4). Erst im Tragen seines Bildes (15,49), d. h. in der Gleichgestaltung mit ihm kommt also die in Gen 1,26 bezeugte Schöpfungsabsicht Gottes am Menschen zum Ziel. Weil das mit der Auferweckung geschieht, spricht Paulus vom letzten Adam und verknüpft ihn mit dem Geist als Auferweckungsmacht. Von deren Wirksamwerden im Rückbezug auf Gen 2 handelt auch Ez 37^{LXX}, wo es heißt:

> [3]… Menschensohn … [4]… Prophezeie über diesen Knochen, und du sollst ihnen sagen: [5]„Dies sagt der Herr diesen Knochen: ‚Siehe, ich *trage* in euch (den) *Geist des Lebens* [6]und werde auf euch Sehnen geben und Fleisch auf euch bringen und Haut über euch ausspannen und meinen *Geist* in euch geben, und ihr werdet *leben* …'"

Wie 15,44b erkennen lässt, versteht Paulus diesen Text als bildliche Prophetie auf die geist-leibliche Auferweckung der Toten. In 15,45 präsentiert er demnach Gen 1,26 in Verbindung mit Ez 37,5f. als Angabe des endgültigen Ziels der in Gen 2,7 beschriebenen Menschenschöpfung; und dieses Ziel sieht er durch die Auferweckung Christi als des Bildes Gottes erreicht, weil sie die Auferweckung der Toten in Gang gesetzt hat. 15,45a führt somit in Analogie zu Lk 24,46$_{init.}$ eine mehrere Schrifttexte verknüpfende Paraphrase ein. Das Verständnis des Gedankengangs 15,44–49 wird durch die Wahrnehmung dieses biblischen Hintergrunds vertieft; notwendig zum Verständnis ist allerdings nicht mehr als die Einsicht, dass 15,45c auf Gen 1,26 referiert.

E Auf der Basis von 15,12–34 legt Paulus im Rückgriff auf die biblische Schöpfungsgeschichte dar, welche Art von Leib die Auferweckung für die verstorbenen Christusgläubigen heraufführt: Der neue Leib kommt ihnen zu wie der Pflanzenkörper dem Saatkorn (15,36–38); er hat der gegliederten Anlage der Schöpfung gemäß seine spezielle, vom Erdenleib verschiedene Eigenart (15,39–41); er verdankt sich dem Wirken des Geistes, der die Menschen aus dem Verderben ihres irdischen Daseins erlöst und ihnen Anteil an Gottes Unverderblichkeit und Herrlichkeit gibt (15,42–44b); er wird ihnen zugeeignet in der Gleichgestaltung mit dem auferweckten Christus, die die Erschaffung des Menschen nach Gen 1f. ihrem himmlischen Ziel vollendeter Gottebenbildlichkeit zuführt (15,44c–49). Künftig werden also Gottes Herrlichkeit und Macht, die sich auf Erden inmitten menschlicher Schwäche und Ehrlosigkeit erweisen, diese Begrenzung christusgläubiger Existenz aufheben. Solche schriftgelehrte Interpretation des Auferweckungsgeschehens leitet die heutige Theologie an, es ihrerseits im Kontext einer Schöpfungslehre auszudeuten, die modernen naturwissenschaftlichen Einsichten entspricht.

4.4 Die Teilhabe der Christusgläubigen am Sieg über den Tod (15,50–58)

50 [a]**Dies aber sage ich,** [b]**Geschwister:** [c]**dass** man als Mensch aus
Fleisch und Blut die Königsherrschaft Gottes nicht erben kann
und auch nicht das dem **Verderben** Ausgelieferte **die Unverderblichkeit erbt.**
51 [a]**Siehe,** es ist **ein Geheimnis,** was **ich euch** nun **sage:**
[b]**alle entschlafen werden wir nicht,**
[c]**alle aber werden wir verwandelt werden –**
52 [a]in einem **unteilbaren** Moment, [b]**beim Wurf eines Augen**-Blicks,
[c]**beim** Schall **der letzten Trompete;** [d]**sie wird nämlich erschallen,**
und die Toten werden auferweckt werden als Unverderbliche
und wir werden verwandelt werden.
53 **Es muss nämlich dieses Verderbliche Unverderblichkeit anziehen**
und dieses Sterbliche Unsterblichkeit anziehen.

54 [a]**Wenn aber dieses Verderbliche Unverderblichkeit angezogen hat**
und dieses Sterbliche Unsterblichkeit angezogen hat,
[b]**dann wird** Wirklichkeit **werden das Wort, das geschrieben ist:**
[c]***„Verschlungen wurde der Tod in den Sieg.***
55 [a]*Wo ist, was doch* ***dein*** *ist,* [b]***Tod:*** [c]***der Sieg?***
[d]*Wo ist, was doch* ***dein*** *ist,* [e]***Tod:*** [f]***der*** *tödliche* ***Stachel?“***
56 [a]**Der Stachel aber des Todes** ist **die Sünde,**
[b]**die Macht**instanz **aber der Sünde** ist **das Gesetz.**
57 **Gott aber** sei **Dank,**
der uns den Sieg gibt durch unsern Herrn Jesus Christus.

58 [a]**Daher,** [b]**meine geliebten Geschwister,**
[c]**werdet fest** in eurer Glaubensüberzeugung, [d]**unerschütterlich,**
[e]werdet somit **solche, die Überschuss haben im Werk des Herrn allezeit,**
[f]**weil ihr wisst, dass eure Mühe nicht vergeblich ist – im Herrn.**

A Zum Abschluss der Abhandlung über die Auferstehung redet Paulus („ich“: 15,50a.51a.58b) die Adressaten („ihr“: 15,51a.58c–f) erneut als Glaubensgeschwister° an (15,50b.58b, s. 15,1.31), geeint mit ihnen im „Wir“ derer, die über das Erdenleben hinaus verbunden sind (s. 15,51b–c.52$_{fin.}$57). Er beginnt mit einer Grundsatzerklärung (15,50), erläutert sie durch ein „Geheimnis“ (15,51–53) und kennzeichnet auf dieser Basis anhand eines Schriftzitats die Eigenart des Sieges über den Tod, der den Christusgläubigen zugeeignet wird (15,54–57). Auf den Dank, in den diese Darlegung mündet, folgt dann die Mahnung zu einem endzeitlich orientierten Glaubensleben (15,58).

B 50 Ein Satz zur Verknüpfung des Erdenlebens mit der Endzeit stellt das zuvor Gesagte in einen weiteren Horizont – und erhält deshalb wie in 7,29 eine gesonderte Redeeinleitung. Dass der Eingang in Gottes Königsherrschaft° Menschen aus dem Verderben in die Unverderblichkeit führt, ergibt sich schon aus 15,24–28.42–44b; und die bildhafte Rede vom Erben in diesem Kontext erinnert an 6,9f. Neu ist indes der Ausdruck „Fleisch° und Blut“. Er markiert, dass irdisch-menschliches Dasein (s. Gal 1,16) an sich nicht in den Raum der Heilstat Gottes eintreten kann° (vgl. Mt 16,17 u. ö.) – und erinnert damit an 4,8c–e. Dass es in seiner Verderblichkeit keinen Anteil an der Heilsvollendung erhält, erscheint dann als Zuspitzung des voranstehenden Grundsatzes, wie sie „auch nicht“ öfter einführt (s. 2,6b; Gal 1,16c–17a u. ö.).

51–52

Warum die Horizonterweiterung nötig ist, klären die nächsten, mit einem Aufmerksamkeitsappell (s. Gal 1,20 u. ö.) eingeführten Sätze. In der Tat ist nach den Ausführungen zur Auferstehung der Toten (15,12–49) noch offen, wie die Adressaten und Paulus („wir“) Anteil am Endgeschehen erhalten. Er teilt ihnen dazu in prophetischer Vollmacht (s. 13,2) ein Geheimnis° mit – und bereitet so die anschließende Bündelung der ganzen Abhandlung vor (s. Röm 11,25–27). Es gliedert sich in einen rhythmisch geformten Satz zu „unserem“ künftigen Geschick (15,51b–52c) und den erläuternden Nachsatz 15,52d, der auch die Toten ins Auge fasst. In Aufbau und vielen Details ähnelt es dem Herrenwort 1Thess 4,15–17, setzt aber einen anderen Akzent: Nicht die verstorbenen, die lebenden Christusgläubigen stehen im Fokus.

Was ihnen bevorsteht, kündigt ein Parallelismus an, dessen Wortfolge paulinischer Diktion gemäß ernst zu nehmen ist (s. Röm 12,4): Sie werden bei der Parusie (s. 15,23) nicht zu Tode kommen, um dann auferweckt zu werden; vielmehr wird Gott sie, jüdischer Erwartung gemäß (vgl. 2Bar 51,10 u. ö.), schöpferisch verwandeln (s. Phil 3,21 u. ö.). Dass manche Gemeindeglieder zuvor noch sterben (s. 11,30), ist natürlich nicht ausgeschlossen.

Wie rasch die Verwandlung erfolgt, illustrieren ein philosophischer und ein apokalyptischer Begriff: In einem einzigen Moment geschieht nach Aristoteles der Umschlag von einem Sein zum anderen; nicht länger als das Werfen eines Blicks dauert gemäß TestAbr A 4,5 der Übergang von der irdischen in die himmlische Sphäre. In der Tat erfolgt die Verwandlung zu einem von Gott schon bestimmten Zeitpunkt: Sie wird durch das Erschallen derjenigen Trompete ausgelöst, mit dem das Endgeschehen einsetzt (vgl. Mt 24,31; Apk 11,15 u. ö.), erfolgt also zeitgleich mit der Auferweckung° der Toten.

53

Gottes Heilshandeln an den Christusgläubigen vollendet sich demnach im Neben- und Miteinander zweier Ereignisse: Die Verstorbenen, deren irdische Leiber dem Verderben ausgesetzt sind, werden in die an sich nur Gott eigene Unverderblichkeit hinein auferweckt (s. 15,42b–c); die Lebenden, denen als Menschen das Sterben auferlegt ist (vgl. Gen 3,19), werden zur Unsterblichkeit (vgl. Sap 15,3 u. ö.) verwandelt – und auf diese Weise ihrerseits der Wirklichkeit Gottes (vgl. 1Tim 6,16) anverwandelt. Mit dem

Bild vom Anziehen (s. 2Kor 5,2, vgl. 1Hen 62,15f.) knüpft Paulus dabei an 15,49 an. Die in Gottes Heilsplan verankerte Notwendigkeit (s. 11,19; 15,25) jenes Doppelereignisses ist demgemäß bereits mit der Schöpfung gegeben.

54–57 Auf dieser Basis zeigt Paulus auf, dass menschliche Teilhabe an Gottes Königsherrschaft (s. 15,50c) prinzipiell ein künftiges Gut darstellt. Dazu ergänzt er das Schriftzitat 15,54c–55 mit einer Erläuterung, die dessen Stichwörter „Tod, Sieg, Stachel" aufgreift (15,56f.). Vereint dient beides dem Nachweis, dass jene Teilhabe gewiss, aber nur in der Form des Anziehens von Unverderblichkeit bzw. Unsterblichkeit zu erwarten ist. In der Tat besteht ein logischer Konnex (s. 13,10 u. ö.): Die Prophetie, dass Gottes Sieg über alle Feinde auch den Tod entmachtet (s. 15,24c–26), wird wirklichkeitsstiftend wirksam (s. 1Thess 1,5 u. ö.), sobald die Christusgläubigen, lebende wie verstorbene, jene Heilsgüter wie Kleider anlegen (s. 2Kor 5,4). Dann wird die Machtlosigkeit des Todes dadurch zutage treten, dass er geradezu höhnisch (vgl. Hos 13,10 u. ö.) nach dem Verbleib des eigenen Sieges und seines tötenden Giftstachels (vgl. Apk 9,10) gefragt werden wird (s. 1,20).

Wie in 15,26 wird der Tod hier personalisiert. Dabei verweisen die beiden Wo-Fragen in Entsprechung zu 15,53.54a auf seine Macht über Verstorbene und Lebende. Den letztgenannten Bezug begründet eine sukzessive Begriffserklärung (s. 2Kor 3,17). Demnach ist die Sünde das Mittel, mit dem der Tod Menschen in seine Gewalt bringt (s. Röm 5,12 u. ö.). Das klang schon in 15,32d–34a.47 an und steht gedanklich auch hinter 15,3f.17. Überraschend ist dann (in formaler Analogie zum Satz über die Freiheit in 2Kor 3,17b) der Verweis auf das Gesetz als diejenige Instanz, durch die die Sünde über die Menschen herrscht. Er impliziert, was andernorts entfaltet wird: Die Sünde missbraucht das Gesetz dazu, sich im Menschen aufleben zu lassen, um ihn in den Tod zu treiben (s. Röm 5,20; 7,7–11); sie wird ihm ja erst durch das Gesetz zugerechnet (s. Röm 5,13; 2Kor 3,6–9). Im hiesigen Kontext unterstreicht dieser Verweis vor allem die Reichweite der Macht des Todes – und bereitet somit den Dankspruch 15,57 vor (s. 2Kor 2,14 u. ö.). Tatsächlich haben Paulus und die Adressaten in der Gemeinschaft mit „unserem Herrn° Jesus Christus°" (s. 1,9) bereits Anteil an Gottes Sieg über den Tod – so gewiss sie im Christusglauben der Macht der Sünde entnommen, also vom Zwang zum Sündigen befreit sind (s. 15,34a und dazu Röm 6,18; 7,4–6). Allerdings harrt diese Gemeinschaft ihrer endzeitlichen Bewährung (s. 1,7), die sich in der Gleichgestaltung mit dem auferweckten Christus vollzieht (s. 15,49). Deshalb ist die Gabe des Sieges ein Prozess, dessen Vollendung noch aussteht. Erst mit ihr wird die Königsherrschaft Gottes aufgerichtet. Wer das wie die in 15,12 zitierten Auferstehungsleugner bestreitet, negiert damit auch die Möglichkeit menschlicher Teilhabe an dieser Herrschaft – und somit überhaupt die befreiende Kraft des Kreuzes und der Auferweckung Christi.

58 Der Schlusssatz stellt heraus, welche praktischen Folgen (s. 4,5; 5,8 u. ö.) das Eingebundensein in jenen Siegesprozess zeitigt. Paulus erinnert die Adressaten dafür mit markanter, seltener Formulierung (s. Phil 4,1, vgl. Jak 1,16 u. ö.) zugleich an seine apostolische Liebe° zu (s. 4,14) und seine geschwisterliche Verbundenheit (s. 15,50) mit ihnen. Im Kontext dieser Liebe und Verbundenheit sollen sie in ihrer Haltung zum Evangelium (s. 15,1) innere Gewissheit (s. 7,37) finden und keinesfalls davon abweichen (vgl. Kol 1,23), ist es doch die unveränderliche Basis ihrer Glaubensexistenz (s. 3,11). Welche Praxis daraus erwächst, sagt die ebenfalls von „werdet" abhängige Partizipialkonstruktion 15,58e (s. 2Kor 6,14a): Es gilt, statt in Selbstbezogenheit für andere Menschen tätig zu werden (s. 14,12); und das geschieht im Werk des Herrn, d. h. in der Förderung des Aposteldienstes und des Aufbaus der Gemeinde (s. Phil 2,30; Röm 14,19f. u. ö.). Möglich wird dies in dem Wissen der Christusgläubigen (s. Röm 5,3 u. ö.), dass solches Tun bei aller Mühe (s. 4,12 u. ö.) nicht vergeblich ist – weder für die Gemeinde noch für die an und in ihr Tätigen; denn Erstere lässt Gott selbst durch menschliche Arbeit wachsen, und Letzteren ist für solche Arbeit endzeitlicher Lohn verheißen (s. 3,7f.). Demgemäß ist die Schlusswendung „im Herrn" sowohl auf das Wissen als auch auf die Mühe zu beziehen (s. Röm 14,14; 16,12 u. ö.).

D In 15,54f. sind Zitate aus Jes 25,8a und Hos 13,14 kombiniert. Das Jesajazitat weicht im Wortlaut von der LXX („Es verschlang [sie] der Tod, mächtig geworden …") ab, gleicht aber der in Handschrift Q bezeugten Fassung von Theodotion. Diese lässt sich als Revision des hebräischen Textes („Vernichten wird er / Vernichtet hat er den Tod für immer …") verstehen, wie Entsprechungen zu Peschitta und Aquila belegen. Paulus dürfte deshalb solch eine revidierte Textgestalt nutzen. Deren Deutung auf die endzeitliche Überwindung des Todes ist durchaus kontextgemäß. In Jes 25^{LXX} heißt es:

> [6]… der Herr Zebaoth wird allen Weltvölkern auf diesem Berg (Freude) bereiten … [8]… es *nahm* Gott *weg* jede Träne von jedem Gesicht, *die Schmach* des Volkes … von der ganzen Erde; der Mund des Herrn hat ja geredet. [9]Und man wird sagen an jenem Tag: „Siehe, unser Gott! Auf ihn hofften wir und bejubelten unsere Rettung."

Jes 25,8 berührt sich also sachlich mit 15,43. Vor allem aber stellt Jes 25,9 einen Anknüpfungspunkt für das Zitat aus Hos 13 dar. Dessen Wortlaut folgt weitgehend der LXX, die das hebräische Machtwort Gottes („Her mit deinen Pestilenzen, Tod! Her mit deiner Seuche, Unterwelt!") als Jubelruf deutet:

> [14]Aus der Hand der Unterwelt will ich sie erretten und vom Tod sie erlösen. *Wo ist (dann) deine* Strafe, *Tod? Wo ist (dann) dein Stachel,* Unterwelt? …

Inmitten einer Gerichtsdrohung blicken diese Sätze auf die Entmachtung des Todes durch Gott voraus. Die triumphierenden Fragen lassen sich daher gut an das Zitat aus Jes 25,8a anschließen. Paulus hat ihren Wortlaut entsprechend daran angepasst; zudem betont die geänderte Wortfolge die absolute Machtlosigkeit, in die Gott den Tod stürzen wird. Die Wahrnehmung dieser Entstehungsgeschichte des Schriftzitats verstärkt die Autorität des Apostels als eines ebenso kundigen wie gelehrten Auslegers der biblischen Prophetie.

E Unter Aufnahme des Motivs der Königsherrschaft Gottes aus 15,24–28 bringt Paulus das Auferstehungskapitel mit einer thematischen Weitung zum Ende. Mittels eines Geheimnisses eröffnet er den Adressaten, wie sie und er an der Heilsvollendung teilhaben werden: Während Gott die Toten gemäß Schöpfungsplan als Unverderbliche auferweckt (s. 15,35–49), widerfährt den Lebenden ebenso schlagartig die Verwandlung zu unsterblichem Dasein. So erhalten beide endzeitlich Anteil an Gottes Wirklichkeit. Anhand eines kombinierten Prophetenzitats legt Paulus dann dar, dass dieser Sieg über den Tod mit der Entmachtung der Sünde (s. 15,3.17.34) im prozessualen Zusammenhang steht, in den Christusgläubige durch Christi Tod und Auferweckung bereits einbezogen sind (s. 15,12–23). Es gilt daher, treu zum Evangelium zu stehen (s. 15,1–11) und zuversichtlich an und in der Gemeinde tätig zu sein (s. 15,30f.). Diese biblisch fundierte, geschichtlich ausgerichtete Verortung der Auferstehungshoffnung im Gefüge von Schöpfungstheologie, Soteriologie und Eschatologie hat für die heutige Theologie wegweisende Bedeutung.

5. Die Geldsammlung für die Heiligen in Jerusalem (16,1–4)

1 [a]**Hinsichtlich der Geldsammlung aber, die für die Heiligen** bestimmt ist, gilt:
Wie ich es für die Gemeinden in der Provinz **Galatien verfügt habe,**
[b]**so sollt auch ihr verfahren.**

2 [a]**Jeweils am ersten** Tag **der Woche soll jeder** und jede **von euch bei sich selbst** hinter**legen und** auf diese Weise **ansparen, was auch immer** wöchentlich **an Ertrag zustande kommt –**
[b]**auf dass nicht** in der Zeit, **wenn ich gekommen bin,**
dann Geldsammlungen durchgeführt **werden.**

3 [a]**Wenn ich aber** bei euch **eingetroffen bin,** wird Folgendes geschehen:
[b]**Welche auch immer ihr geprüft** und bestimmt **habt,**
[c]**diese** Leute **werde ich mittels** Empfehlungs**briefen entsenden,**
dass sie eure Gnaden-/Dankesgabe **wegbringen nach Jerusalem.**

4 [a]**Wenn es aber angemessen sein sollte, dass auch ich** dorthin **reise,**
[b]**werden sie mit mir reisen.**

A

Mit Weisungen (16,1 f.) und situationsbezogenen Ankündigungen (16,3 f.) regelt Paulus („ich“: 16,1a.2b.3a.c.4) in direkter Anrede der Adressaten („ihr“: 16,1b.2a.3b) das Verfahren, mit dem die Kollekte für die Jerusalemer Gemeinde (16,1a.3c) vorbereitet, durchgeführt und überbracht werden soll.

B 1–2

Erneut greift der Brief mit *peri de* (s. S. 85 f.) die ihm vorangehende Kommunikation auf – und setzt daher den Vorgang der „Geldsammlung“ als bekannt voraus. Der Begriff erinnert an antike Steuern, die auf Gütern und Vorgängen lagen; in römischer Zeit betrafen sie vermehrt auch staatliche Kulte. Auf jüdischer Seite gab es verpflichtende Zahlungen an den Jerusalemer Tempel (vgl. Josephus, Ant. 14,110 u. ö.), ferner obligatorische Almosen; mit Letzteren bezeugten auch nichtjüdische Gottesfürchtige ihre Hinwendung zum Gott Israels (vgl. Dan 4,24[27]; Apg 10,2 u. ö.). Die Adressaten nun sollen im Sinne von 1,2 ihre Verbundenheit mit der Gemeinschaft der „Heiligen°“ darin bewähren, dass sie die ersten Träger dieses Titels in Jerusalem (16,3) unterstützen (s. Röm 15,25 u. ö.). Das Verfahren entspricht dem, das Paulus in Galatien angeordnet hat, markiert also ebenfalls die ökumenische Einbindung der korinthischen Gemeinde°. Konkret soll jedes Mitglied, 15,58e gemäß, zurücklegen, was auch immer (vgl. Esr 7,16) „gelingt“, d. h. ihm an finanziellem Überschuss verbleibt. Die offene Formulierung passt zu den unterschiedlichen Einkommensverhältnissen der Adressaten (s. 2Kor 8,11 f.) und stellt die Höhe des Sparbetrags ins persönliche Ermessen (s. 2Kor 9,7). Er wird privat hinterlegt, ist aber für die Glaubensgeschwister bestimmt (vgl. Ex 16,18^{LXX}). Wohl deshalb geschieht das Sparen am Sonntag. Dessen jüdische Benennung als erster Wochentag erinnert ja an das Datum der ersten Ostervisionen (vgl. Lk 24,1–35 u. ö.) und somit an die Basis des neuen Lebens der Christusgläubigen (s. Röm 6,4). Indem die Adressaten wöchentlich sparen, zeigen sie ihr Einvernehmen mit Paulus (s. 11,2) noch vor seinem geplanten Besuch – und halten diesen von Geldsammlungen frei. Zugleich unterstreicht die Besuchsankündigung die Verpflichtung der Gemeinde, der paulinischen Weisung zu folgen (s. 4,17–19). Dass der Gesamtertrag bei diesem Vorgehen höher ausfallen dürfte, ist wohl beabsichtigt.

3

Sobald der Apostel in Korinth präsent ist, gilt es, das zurückgelegte Geld auf den Weg zu bringen. Er sieht dafür eine Delegation aus zuverlässigen Gemeindegliedern (s. 2Kor 8,22) vor – ähnlich wie es Philon, Spec. 1,78, für die Übergabe der Tempelsteuer tut. Das erforderliche Auswahlverfahren überträgt Paulus den Adressaten. In der Tat traut er es ihnen zu; nur deshalb kann er vorab zusagen, den Boten Empfehlungsbriefe auszustellen. Zugleich macht er damit die Unterstützung der Jerusalemer Gemeinde zu seiner eigenen Sache (s. Röm 15,31). Den Sinn des Hilfsprojekts klärt die doppelsinnige Bezeichnung als Gnaden- und Dankesgabe: Es ist Ausfluss der Gnade°, die den Briefadressaten widerfahren ist (s. 2Kor 8,9; 9,8), Ausdruck ihrer Gemeinschaft mit der Gemeinde zu

Jerusalem (s. 2Kor 8,4), Gegenleistung für das von ihr ausgegangene Evangelium (s. Röm 15,27), konkrete Gestalt einer in der Liebe gründenden Wohltat an ihren Mitgliedern (s. 2Kor 8,7) und Anlass zu einem von ihnen geäußerten Dank an Gott (s. 2Kor 9,12–14).

4 Unter Umständen wird Paulus die Delegation sogar leiten. Der Vorbehalt ist nicht dem fraglichen Ertrag der Sammlung geschuldet; denn „angemessen sein" steht im Satzbau für sich (vgl. 4Makk 17,8). Der Apostel kann noch nicht absehen, welche Aufgaben andernorts auf ihn warten, wohin er also von Korinth aus reisen muss (s. 16,6). Wenn aber seine Situation es angezeigt sein lässt, will er die Boten selbst nach Jerusalem führen. So würde er ihren Dienst vereinfachen und ihm zugleich zusätzliches Gewicht verleihen.

C Eine Sammlung „für die Armen der Heiligen in Jerusalem" (Röm 15,26) sagten Paulus und Barnabas beim Apostelkonvent zu (s. Gal 2,10a). Sie belegt die Verbundenheit der antiochenischen Mission mit den jüdischen Christusgläubigen Judäas. Daraufhin hält Paulus die Kollekte für seine eigene Aufgabe (s. Gal 2,10b u. ö.), in die er die von ihm gegründeten Gemeinden einbindet (s. noch 2Kor 8,1). Er ordnet Letztere dabei jeweils den römischen Provinzen zu, in denen sie liegen; das ergibt sich für 16,1 aus der Analogie zu den geographischen Bezeichnungen in 16,5.15.19 (vgl. Apg 16,12; 18,12; 1Petr 1,1). Spätere Komplikationen, die 2Kor 8–9; Röm 15,25–32 rück- oder vorausblickend erkennen lassen, zeichnen sich in 16,1–4 noch nicht ab.

E Den dritten Hauptteil des Briefs beschließen Anweisungen zur Kollekte für die Jerusalemer Christusgläubigen. Sie dokumentiert die zuvor bereits bei ethischen Fragen benannte ökumenische Vernetzung der Adressaten (11,16; 14,33b) sowie deren Treue zu ihrem Apostel (s. 11,2), der sich persönlich für die Sammlung verantwortlich sieht. Indem er dazu anhält, sie allsonntäglich vorzubereiten, spitzt er seine Aussagen zu Gottesdienst und Endzeithoffnung in Kap. 11–15 diakonisch zu. Diese ökumenisch-diakonische Perspektive legt sich auch für eine heutige Ausgestaltung kirchlicher Praxis und Hoffnung nahe.

Der Briefausgang (16,5–24)

Mit einem Ausblick auf künftige Besuche (16,5–12), diversen Mahnungen (16,13–18) sowie Grüßen und Zusagen (16,19–24) endet der Brief.

Besuchspläne (16,5–12)

5 [a]**Ich werde aber zu euch kommen, sobald ich**
die Provinz **Makedonien durchzogen habe;** [b]**denn Makedonien durchziehe ich** nur,
6 [a]**bei** und für **euch aber werde ich, sobald es sich trifft, bleiben oder sogar überwintern,**
[b]**damit ihr mich** dann **weiterschickt, wohin auch immer ich reisen werde.**
7 [a]**Ich will euch nämlich jetzt nicht** nur **auf der Durchreise sehen,**
[b]**denn ich hoffe, für eine** gewisse **Zeitspanne mich aufzuhalten bei euch,**
wenn der Herr es **erlaubt.**
8 **Ich werde mich aber in Ephesus aufhalten bis zum 50-Tage**fest;
9 [a]**denn eine Tür hat sich mir aufgetan, weit und wirksam**keitseröffnend,
[b]**und Widersacher** gibt es **viele.**

10 [a]**Wenn aber Timotheus kommt,** [b]**gebt Acht,** [c]**dass er furchtlos auf euch zugehe**n kann;
[d]**denn am Werk des Herrn arbeitet er** ebenso **wie** ⊤ **ich.**
11 [a]**Es soll also keinesfalls irgendjemand ihn geringachten!**
[b]**Schickt ihn aber weiter im Frieden,** [c]**damit er zu mir komme;**
[d]**denn ich erwarte ihn,** gemeinsam **mit den Geschwistern.**

12 [a]**Über Apollos aber, den Bruder,** kann ich sagen:
[b]**Eindringlich habe ich ihm zugeredet,** [c]**dass er zu euch komme mit den Geschwistern;**
[d]**und es war generell kein Wille** da, **dass er jetzt komme;**
[e]**er wird aber kommen, sobald er einen guten Zeitpunkt** dafür **findet.**

⊤ *Viele Handschriften ergänzen sinngemäß „auch" (s. 7,8 u. ö.).*

A

Antiker Sitte gemäß fasst Paulus („ich") am Briefende künftige Besuche bei der Gemeinde („ihr": 16,5–7.10–12) ins Auge: den eigenen, den des Timotheus und den des Apollos. Alle Mitteilungen und Mahnungen begründet er (s. 16,5b.7a.b.9a.10d.11d: „denn" o. ä.; 16,6b.11c: „damit", ferner 16,12d). Mit dem Ausblick verknüpft sind Angaben zu andernorts anstehenden Tätigkeiten in der Zeit vor (s. 16,5.8f.) und nach (s. 16,6) seinem Aufenthalt in Korinth. Sämtliche Vorhaben aber stehen unter dem Vorbehalt des göttlichen Plans und des weiteren Verlaufs der Geschichte (s. 16,6a.b.7b.12e).

B 5–9

Im Anschluss an 16,2b–3a informiert Paulus die Adressaten genauer darüber, auf welchem Weg und mit welcher Perspektive er seine schon zuvor mehrfach angekündigte Reise zu ihnen (s. 4,18f.; 11,34) durchführen will.

5–7 Er wählt dafür den Landweg durch Makedonien. Nach Phil 4,15f. u. ö. weist der Provinzname auf die Gemeinden, die er dort, zumal in Thessalonich und Philippi, gegründet hat. Paulus will sie unterwegs kurz besuchen (vgl. Apg 15,3 u. ö.), von einem längeren Aufenthalt aber jeweils absehen. Einen solchen plant er vielmehr für Korinth. Allerdings verzichtet er auf eine feste Terminzusage; sein Eintreffen mag sich aufgrund unvorhergesehener Herausforderungen verzögern. Je nach Ankunftszeit könnte es geschehen, dass er den ganzen Winter – der in der Antike zumindest Schiffsreisen kaum zuließ – bei den Adressaten verbringt. So oder so hofft Paulus darauf, von ihnen Unterstützung für die Weiterreise zu erhalten; ob dies in Form des Geleits bis zum Hafen, der Fürbitte, der Begleitung oder der Reiseausstattung erfolgt (vgl. Apg 20,38; 21,5; 2Kor 1,16; Tit 3,13), bleibt indes offen. Selbst im letztgenannten Fall ergäbe sich übrigens kein Widerspruch dazu, dass er in Korinth auf Unterhalt verzichtet (s. 9,12–18). Was er für den weiteren Weg braucht, hängt auch davon ab, wohin dieser führt. Jedenfalls ist unter den gegenwärtigen Gegebenheiten (s. 4,11; 8,7 u. ö.) eine Entfaltung der apostolischen Tätigkeit in Korinth angezeigt (s. 4,19–21; 11,34); und dafür benötigt Paulus Zeit (vgl. Apg 18,23). Dass seine Planung nur dann umzusetzen ist, wenn der Herr° es zulässt, versteht sich für ihn von selbst (s. 4,19).

8–9 Gegenwärtig, das wird nun deutlich, ist der Apostel in Ephesus tätig (vgl. Apg 19). Die bereits in 15,32 benannten Konflikte dort halten an. Das Wort „Widersacher“ besagt dabei zweierlei: Der Widerstand erfolgt behördlicherseits (s. Phil 1,28a.30 samt 1,13) und richtet sich gegen das eschatologische Gottesvolk, letztlich also gegen Gott (vgl. Jes 41,11; 45,16 u. ö.). Veranlasst wird er durch die Evangeliumsverkündigung, zu der – wie das gemeinantike Bild der geöffneten Tür zeigt – Gelegenheit besteht. Diese wurde Paulus von Gott verschafft (s. 2Kor 2,12, vgl. Kol 4,3; Jes 45,1), und zwar in großem Ausmaß. Die Zahl der Widersacher bestätigt das nur (s. Phil 1,28). Daher will er noch einige Zeit bleiben, und zwar bis zum Wochenfest, das am 50. Tag nach Beginn des Passafestes stattfindet (vgl. Tob 2,1 u. ö.). Mit dieser Angabe bekundet er nicht nur seine Bindung an den jüdischen Festkalender. Da jenes Erntefest (vgl. Ex 23,16 u. ö.) nach Jub 6,17–20; 14,20 als Bundeserinnerungsfest gilt, dürfte das Datum auch auf die Bundestreue verweisen, die der Apostel wahrt und zu der mit 5,7f. auch die Gemeinde berufen ist.

10–11 Weil er noch in Ephesus gefordert ist, kommt zunächst Timotheus nach Korinth. In 4,17 hat Paulus ihn den Adressaten bereits als seinen Repräsentanten empfohlen, der in seinem Auftrag handelt. Nun ruft er sie nachdrücklich auf (s. 8,9 u. ö.), ihm Respekt zu zollen. Timotheus steht wie er im Werk des Herrn, das ihre Glaubensexistenz begründet (s. 9,1d; 2Kor 1,19), auf das sie also verpflichtet sind (s. 15,58). Niemand von ihnen darf daher auf ihn herabblicken (s. Röm 14,3.10), weil er Paulus nur vertritt. Diese Mahnung ist angesichts des übersteigerten Selbstbewusstseins etlicher Gemeindeglieder (s. 3,18; 14,37 u. ö.) wohl begründet. Statt in Aufgeblasenheit (s. 4,18 f.) müssen sie Timotheus so begegnen, dass er unter ihnen ohne Furcht als Zeuge des Evangeliums auftreten kann (s. Phil 1,14); müssen ihm also ermöglichen, seinen Dienst im Frieden° mit ihnen (s. 7,15) zu beenden. Sodann sollen sie seine Rückreise zum Apostel ebenso unterstützen, wie der es für sich selbst erhofft (s. 16,6). Paulus erwartet ihn nämlich zurück, wohl zur Berichterstattung sowie für weitere Aufgaben. Und die Geschwister° in Ephesus (s. 16,20) teilen diese Erwartung; denn die „mit"-Wendung gehört dem Sprachgebrauch des Paulus gemäß zum Verb (s. 16,12 u. ö.).

12 Am Ende des Passus geht er noch auf das Interesse der Adressaten an Apollos (s. 1,12 u. ö.) ein; vermutlich erhofften sie seinen erneuten Besuch. Das Prädikat „Bruder°" drückt die Hochachtung des Paulus für ihn aus. Dabei betrachtet er ihn nicht als Mitarbeiter, dem er Weisungen geben könnte, sondern als Kollegen (s. 3,5 f.), der so selbständig agiert wie Petrus (s. 1,12 u. ö.). Demgemäß kann er Apollos nur eindringlich zureden (vgl. Mk 5,10.23). Auch das aber hat diesen nicht dazu bewegt, nach Korinth zu kommen. Dabei hätte er gemeinsam mit Geschwistern von Ephesus aus reisen können. Ob damit die Überbringer des Briefs gemeint sind, eine Gruppe um Timotheus oder andere Christusgläubige aus Ephesus, wird nicht deutlich. Ebenso offen bleibt, ob der fehlende Wille° dem Menschen Apollos (s. 7,37) oder Gott (s. Röm 2,18 u. ö.) zuzuordnen ist. Womöglich ist die doppelte Ambivalenz beabsichtigt; dann wäre ausgesagt, dass es mehrere Gelegenheiten gab – und Gott selbst das Wollen des Apollos bewirkt (s. Phil 2,13). Jedenfalls steht gegenwärtig ein Besuch nicht an. Auf mangelndes Interesse an den Adressaten lässt sich daraus aber nicht schließen. Sobald er einen geeigneten Zeitpunkt identifizieren kann, wird er sie nach Auskunft des Paulus aufsuchen.

C Dass der Apostel seinen in 16,5–7 erläuterten Plan wieder ändern würde (s. 2Kor 1,15 f.), zeichnete sich bei Abfassung des Briefs noch nicht ab. Und welche weiteren Ziele neben Jerusalem (s. 16,4) er für seine Weiterreise im Blick hatte – ob etwa Rom schon dazugehörte (s. Röm 1,13) –, ist unklar. Immerhin macht der Ausblick auf Wochenfest und Winter deutlich: Paulus schrieb den Brief im Frühjahr. Er hielt sich zu dieser Zeit schon länger in Ephesus auf, war dort missionarisch tätig (vgl. Apg 19,8–10) und hatte damit Gegenmaßnahmen der städtischen Behörden ausgelöst (s. S. 5). Ob und inwiefern Letzteres durch Proteste von paganer (vgl. Apg 19,23–40) oder jüdischer (vgl. Apg 19,9; 20,19) Seite befördert wurde, muss offenbleiben.

Timotheus (s. S. 66) ist auch in der Folgezeit als Mitarbeiter des Paulus tätig (s. 2Kor 1,1 u.ö.); Apollos° hingegen taucht in seinem Wirkungskreis nicht wieder auf.

E Der Ausblick auf künftige Besuche von Paulus, Timotheus und Apollos rückt das in 3,5–4,21 Gesagte noch einmal in eine andere Perspektive: Der Apostel sichert der Gemeinde ihrer aller Fürsorge zu, wirbt aber zugleich um Verständnis und Unterstützung für die Erfordernisse ihres apostolischen Wirkens. So werden Zu- und Anspruch auf mustergültige Weise verknüpft.

Mahnungen (16,13–18)

13 [a]**Seid wachs**am, [b]**steht** fest – **im Glauben** – [c]**seid mannhaft,** [d]**seid stark!**
14 **Alles bei euch soll in Liebe geschehen!**

15 [a]**Ich rufe euch aber auf, Geschwister**
– [b]**ihr wisst** doch **um das Hauswesen des Stephanas,**
[c]**dass es das erste** unter den Christusgläubigen **der** Provinz **Achaïa ist und sie,**
die ihm angehören, **zum Dienst für die Heiligen sich selbst abgeordnet haben –,**
16 **dass ihr euch solchen** Leuten dann **auch unterordnet**
und jedem Menschen, **der** in diesem Dienst **mitarbeitet und sich abmüht.**
17 [a]**Ich freue mich aber**
an der Ankunft von Stephanas und Fortunatus und Achaïkus,
[b]**denn den eurerseits** bestehenden **Mangel haben diese ausgeglichen;**
18 [a]**Ruhe verschafft haben sie nämlich meinem Geist und eurem.**
[b]**Erkennt also solche** Leute **an!**

A Fünf generelle Anweisungen (16,13f.) bereiten einen zweiteiligen Aufruf des Paulus („ich“: 16,15.17f.) zu Respekt gegenüber und Wertschätzung von Stephanas und „solchen“ (16,16.18b) Gemeindegliedern vor, die sich wie er um die Gemeinde besonders verdient gemacht haben (16,15f.17f.). Dabei werden die Adressaten durchgängig in der 2. Person Pl. angesprochen.

B 13–14 Vier Imperative, um die Angabe „im Glauben°“ herum gruppiert und so von ihr bestimmt, münden in einen Jussiv, dass alles Tun „in Liebe°“ erfolgen soll. Mit dem geläufigen Begriffspaar (s. 1Thess 3,6 u. ö.) betont Paulus zugleich den fundamentalen (s. 2,5 u. ö.) und den letztgültigen Grundzug (s. 13,13) christusgläubigen Daseins. An das Motiv vom Zeitpunkt in 16,12e anknüpfend fordert er zuerst dazu auf, ständig bereit zu sein (s. 1Thess 5,6 u. ö.) für den Tag des Herrn (s. 1,8); denn dieser wird unerwartet kommen und das Gericht über die Werke heraufführen (s. 3,13–15). Es gilt deshalb, treu zum Herrn zu stehen (s. Phil 4,1 u. ö.) und jeder Versuchung (s. 10,12f.), jeder Fehldeutung des Evangeliums (s. Gal 5,1), allen Widersachern (s. Phil 1,27f.) zu widerstehen. So bewähren die Adressaten im Sinne von 11,1 ihre Verbundenheit mit Paulus (s. 16,9b). Sie tun dies ebenso, wenn sie ihr ganzes Verhalten wie er (s. 13,1–3) durch die Liebe bestimmen lassen (s. 13,4–7) – untereinander (s. 8,3; 14,1) und gegenüber anderen (s. 1Thess 3,12 u. ö.). Mit zwei bei ihm nur hier belegten Wörtern (16,13c–d) vertieft er seinen Appell: Die unvermeidlichen Auseinandersetzungen und

Anfechtungen sind biblischem Vorbild gemäß (vgl. Ps 26[27],14; 30[31],25) in tapferer Zuversicht und kraftvoller Hoffnung auf Gottes Beistand durchzustehen.

15–18 Zwei sorgfältig begründete Weisungen konkretisieren die Mahnung zur Liebe. Sie sind durch den Bezug auf Stephanas (s. 1,16) verbunden, nehmen aber auf verschiedene Situationen in der Gemeinde Bezug.

15–16 Für die erste Mahnung betont Paulus wie in 1,10 seine Verbundenheit mit den Glaubensgeschwistern° in Korinth und knüpft wie in 12,2 an ihr Wissen an: Das Hauswesen des Stephanas bildet die Keimzelle (s. 15,20) der christusgläubigen Gemeinschaft in der Provinz Achaïa (s. S. 236); und es hat sich verpflichtet, zum Wohl derer tätig zu sein (s. 3,5; 12,5), die zu Heiligen° berufen wurden, in Korinth und darüber hinaus (s. 6,1 f. u. ö.). Ein Beitrag zur Geldsammlung für Jerusalem dürfte gemäß 16,2 dazugehören; in 2Kor 8,4 u. ö. wird sie dann selbst „Dienst° für die Heiligen" genannt. Aus alledem aber erwächst jenem Hauswesen eine leitende Rolle in der Gemeinde. Gleiches gilt für alle (s. 1Thess 5,12 f.), die auf ähnliche Weise am Werk Gottes mitarbeiten und dafür Mühen auf sich nehmen (s. 3,8 f.). Es ist deshalb angezeigt, sich der Leitung durch diese Personen zu unterstellen.

17–18 Die zweite Mahnung ergeht im Stil eines Empfehlungsbriefes. Paulus verweist dafür auf seine eigene Erfahrung: Stephanas und zwei Gemeindeglieder lateinischen Namens („der Glückliche", „der aus Achaïa") haben ihn mit ihrer Ankunft erfreut. Wie in vergleichbaren Fällen (s. 2Kor 7,6 f.) beruht die positive Wirkung des Treffens darauf, dass die Boten ihn des guten Verhältnisses der Adressaten zu ihm versichern (s. 2Kor 7,13) – und so in seinem Geist° beruhigen. Sie holen damit etwas nach, was die Gemeinde zuvor versäumt hatte (s. Phil 2,30). In der Tat hatte Paulus Beunruhigendes aus ihr gehört (s. S. 5 f.); zum Teil sah er seine Autorität in Zweifel gezogen (s. 4,18). Nun wurde ihm Beruhigung zuteil; und dadurch, so unterstellt er, findet auch ihr Geist (s. 5,5) Ruhe. Daher sollen diese Leute bei der Rückkehr nach Korinth Anerkennung erfahren – wie alle anderen Personen, die durch Reisen die Verbindung der Gemeinde mit ihrem Apostel fördern.

C Der Duktus von 16,15 f. lässt vermuten, dass Stephanas Ansehen in der Gemeinde genoss. Offenbar knüpft Paulus daran an, um wie in 1Thess 5,12 f. generell die Stellung derer zu stärken, die sich in den Dienst für andere stellen. Das war wohl gerade angesichts des überzogenen Selbstbewusstseins mancher Gemeindeglieder (s. 4,7; 8,2; 14,37 u. ö.) erforderlich. Ob dabei Jesusworte wie Mk 10,43 f. u. ö. im Hintergrund stehen, muss offenbleiben.

Die Namen der beiden Begleiter des Stephanas zeigen deren sozialen Status an; oft hießen Sklaven so. Da sie erst im Gefolge der verallgemeinernden Mahnung 16,16 genannt werden, gehörten sie aber wohl nicht zu seinem Hauswesen. Gemäß 16,17 werden die drei vielmehr gemeinsam im Auftrag der Gemeinde zu Paulus gereist sein; es liegt nahe anzunehmen, dass sie ihm deren Brief mit Fragen und Anliegen (s. S. 85f.) überbrachten. Demzufolge dürfte 16,18a genau darauf rekurrieren: Die Gemeinde sucht den Rat des Apostels, und das verschafft ihm innere Ruhe. Der Appell, die Boten bei ihrer Rückkehr anzuerkennen, kommt dann dem Aufruf gleich, seinen brieflichen Weisungen zu folgen – und eben darin selbst zu innerer Ruhe zu kommen.

E Im bündelnden Rückgriff auf diverse Motive seines Briefes stärkt der Apostel der Gemeinde gegenüber die Stellung von Stephanas und anderen Mitgliedern, die ihm besonders verbunden sind. Implizit macht er sie dabei zu Vorbildern einer Existenz in Glauben und Liebe – und befördert damit die positive Aufnahme seines Schreibens. Diese Einbettung schriftlicher Darlegungen in persönliche Kontakte unterstreicht, wie sehr beide Formen der Beziehungspflege einander stützen und bereichern.

Der Briefschluss (16,19–24)

19 [a]**Es grüßen euch die Gemeinden** der Provinz **Asien.**
[b]**Es grüßt euch** in der Verbundenheit mit de**m Herrn vielmals Aquila sowie Priska, samt der zu ihrem** gemeinsamen **Haus** gehörenden **Gemeinde.**
20 [a]**Es grüßen euch alle Geschwister** von hier.
[b]**Grüßt einander mit einem heiligen Kuss** als Zeichen treuen Einander-Zugetanseins!

21 Dies ist **der Gruß mit meiner eigenen Hand, von Paulus:**
22 [a]**Wenn jemand nicht** in Treue **zugetan ist dem Herrn,** [b]**sei er verflucht!**
[c]**Maranatha,** d. h. „Unser Herr, komm"!
23 **Die Gnade des Herrn Jesus** sei **mit euch!**
24 **Meine Liebe** ist **mit euch allen in** der Verbundenheit mit **Christus Jesus!**

A Antiker Konvention gemäß endet ein Brief mit Grüßen und Wünschen. Paulus gestaltet diese Grundform in besonderer Weise aus: Auf das Ausrichten von Grüßen (16,19–20a) folgt ein gemeindeinterner Grußauftrag (16,20b); statt des sonst üblichen Gesundheitswunsches steht der typisch paulinische Gnadenzuspruch (16,23); und dieser wird in einen persönlichen, die Beziehung zu Jesus als dem Herrn betonenden Schlussgruß integriert (16,21–24).

B 19–20a Mit diversen Grüßen versichert Paulus die Adressaten der Verbundenheit vieler Menschen aus seinem Umfeld. Zuerst redet er im Namen der Gemeinden° der Provinz Asien, in deren Zentrum er sich aufhält (s. 16,8); er betont also seine autoritative Stellung dort sowie die Weite des Netzwerks, das von Jerusalem über Galatien, Asien und Makedonien bis Achaïa reicht (s. 16,1.3.5.15). Sodann konkretisiert er diesen allgemeinen Gruß zweifach: Einerseits grüßt er nachdrücklich von Aquila und Priska und der Gemeinde, die sich in ihrem Haus trifft (s. Röm 16,5). Die Eheleute sind in Korinth von der Gemeindegründung her bekannt (s. Apg 18,2f.);

sie lassen daher erkennen, dass Grüßende und Gegrüßte einander aufgrund ihrer gemeinsamen Beziehung zum Herrn° nahestehen. Andererseits richtet Paulus Grüße von allen Glaubensgeschwistern° aus; in Analogie zu Gal 1,2 meint er wohl diejenigen, die in Ephesus leben, also aktuell seine Bezugsgruppe bilden. Insgesamt erinnert er die Adressaten so erneut an den ökumenischen Kontext (s. 1,2 u. ö.) ihrer von ihm selbst initiierten Glaubensexistenz.

20b Ökumenisches Zeichen für die geschwisterliche Verbundenheit der Christusgläubigen ist der heilige Kuss (s. 1Thess 5,26). Da der Imperativ Aorist einmaliges Tun fordert (s. Röm 16,3–16a), soll der Kuss im Zuge der Brieflektüre getauscht werden; sein später üblicher Einsatz bei der Feier des Herrenmahls (vgl. Justin, Apol. 1,65 u. ö.) ist noch nicht im Blick. Gemeinantik war er gerade zwischen Familienangehörigen üblich, etwa als Kuss auf die Wange. Zumal bei Begrüßung und Abschied drückt er verlässliche Zugehörigkeit aus. Seine Übertragung in die Versammlung der Heiligen° zeigt somit deren Einheit über soziale und ethnische Grenzen hinweg an (vgl. JosAs 22,8f. u. ö.). Die Adressaten bekunden mit ihm demgemäß zugleich ihre gemeindliche Gemeinschaft und ihre Einbindung in die Ökumene.

21–24 Seinen Schlussgruß gestaltet der Apostel als ringförmig angelegte Satzfolge: Die persönlichen Äußerungen (16,21.24: „meine“) rahmen zwei Sätze über die Beziehung zum Herrn, in deren Mitte der Ruf 16,22c steht.

21 Antikem Brauch gemäß macht eigenhändiges Schreiben (s. Gal 6,11) das Mitgeteilte rechtlich verbindlich (s. Phlm 19). So erhält der persönliche Gruß zusätzliches Gewicht. Der Zusatz des eigenen Namens ist dabei ungewöhnlich (s. Kol 4,18 u. ö.). Im Gegenüber zu „Christus Jesus“ in 16,24 erinnert er sowohl an die Brieferöffnung (1,1) als auch an die Aussagen zu der durch Christus begründeten und beschränkten Autorität des Paulus in 1,12f.; 3,22f.

22–23 Die beiden nächsten Verse bilden als Ringkomposition einen Sinnzusammenhang. Wie der Briefeingang (s. S. 20) greifen sie den biblischen Bundesgedanken auf. Paulus variiert dazu auf dreifache Weise die Antithese von Segen und Fluch aus Dtn 28 u. ö. Erstens stellt er den bedingten Fluch (s. Gal 1,9) voran. Die Wendung „dem Herrn zugetan sein“ *(philein ton kyrion)* knüpft an den „Kuss“ *(philēma)* in 16,20 an. Zudem greift sie die griechische (Platon u. a.) und hellenistisch-jüdische (Philon, Her. 21 u. ö.) Idee auf, dass gerade die Weisen Freunde *(philoi)* Gottes sind. Das biblische Paradebeispiel dafür ist Abraham (vgl. Jes 41,8[Sym]; Jub 19,9; Jak 2,23 u. ö.). Sap 7,14.27 führt ein solches Verhältnis zu Gott auf die Gabe der Weisheit Gottes zurück. So gibt es Anteil an dem, was Gott eignet (vgl. Philon, Mos. 1,156), setzt dazu aber Treue (vgl. Sir 6,16) und Gehorsam (vgl. Joh 15,14 u. ö.) voraus. Das entspricht der jüdischen Tradition, dass Liebe zu Gott sich im Befolgen der Gebote erweist (vgl. Philon, Fug. 58 zu Dtn 30,20 u. ö.). Paulus nun erkennt in Christus die offenbar gewordene

Weisheit Gottes (s. 1,24; 2,7). Die Gemeinde wird daher gewarnt (s. 3,17f. u. ö.): Den Brief zu empfangen hat nur dann Zweck, wenn sie sich durch ihn in die unbedingte Treue zu ihrem Herrn (s. 10,21 u. ö) einweisen lässt. Kritische Selbstprüfung schließt dies ebenso ein wie eine klare Grenzziehung gegenüber denen, die ihre Glaubensexistenz gefährden (s. 5,5–7 u. ö.). Andernfalls ziehen sich die Adressaten das göttliche Gericht zu, dem jene anderen schon unterliegen.

Zweitens gießt der Apostel den bedingten Segen der biblischen Texte in die Form des Zuspruchs von Gnade°. Sie soll die Adressaten auf ihrem weiteren Weg schützend begleiten (vgl. Apg 15,40 u. ö.) und ihr Tun gute Frucht bringen lassen (s. 15,10, vgl. JosAs 4,7). Anders als im Briefeingang und in anderen Briefschlüssen (wie 1Thess 5,28 u. ö.) ist dabei knapp von der Gnade des Herrn Jesus die Rede. Das ruft wie 5,4a; 9,1 das Bekenntnis (s. 12,3 u. ö.) in Erinnerung, an das die Teilhabe am Heil gebunden ist.

Drittens fügt Paulus in das Satzgefüge „Maranatha" ein. Der Ruf dürfte der Gemeinde wie „Amen" und „Abba" (s. 14,16; Gal 4,6 u. ö.) aus der Gebetssprache bekannt sein. Als aramäischer Begriff markiert er erneut deren Jerusalemer Wurzeln (s. 14,33 u. ö.). Zugleich hat er unübersetzt etwas Geheimnisvolles; darin deutet sich an, dass das Gesagte allererst Gott gilt (s. 14,2). Seinem Wortlaut nach ließe er sich auch als Vergewisserung der im Gottesdienst erfahrbaren Gegenwart des Herrn deuten („Unser Herr ist da!"). Im Kontext liegt es aber näher, ihn als Bitte um das endzeitliche Kommen Jesu (s. 4,5 u. ö.) aufzufassen – und somit als Ausblick auf Gericht und Erlösung (vgl. Apk 22,20), der alle Christusgläubigen eint. So gelesen untermauert 16,22c zum einen den bedingten Fluch in seiner doppelten Bedeutung: als Appell zur Selbstprüfung (vgl. Did 10,6) und Ausdruck der Hoffnung auf Gottes endgültigen Sieg über alle Feinde (s. Röm 16,20a). Zum andern bereitet der eschatologische Ausblick wie in Röm 16,20; Apk 22,20f. den Zuspruch der Gnade vor und unterstreicht ihren zugleich verpflichtenden (s. Röm 6,14f. u. ö., vgl. Eph 6,24) und tröstenden Charakter (s. Röm 5,2).

24 Ans Ende des Briefs aber stellt Paulus den Zuspruch seiner eigenen Liebe° zu den Adressaten (s. 4,14.21 u. ö.). Sie sollen ihren weiteren Weg in der Gewissheit gehen, dass er sie als Apostel mit treuer Zuneigung, Wertschätzung und Hilfe begleiten wird. Diese Zusage gilt uneingeschränkt „allen", die zur Gemeinde gehören (s. 12,13). Worauf deren Existenz und seine Verbundenheit mit ihnen gründen, zeigt abschließend der auf den Briefeingang (s. 1,2) zurückweisende Ausdruck „in Christus° Jesus" an: Gott bringt in der auf ihre endzeitliche Vollendung zulaufenden Geschichte Jesu die biblischen Heilszusagen für Israel und die Völkerwelt zur Erfüllung.

C Aquila und Priska kamen aufgrund des Claudiusedikts (vgl. Sueton), also als Christusgläubige aus Rom nach Korinth; sie boten Paulus mit ihrer Werkstatt eine Basis für sein missionarisches Wirken und begleiteten ihn anschließend nach Ephesus (vgl. Apg 18,2.18f.). Die dort lebenden Christusgläubigen trafen sich in diversen Hausgemeinden; Aquila und Priska leiteten eine solche später auch in Rom (s. Röm 16,5). – Wie aus 16,21 hervorgeht, hat Paulus den Brief bis 16,20 einem Schreiber diktiert (s. Röm 16,22).

E

Der Briefschluss unterstreicht noch einmal die ökumenische Einbindung und die Einheit der Gemeinde. Beides wurzelt in ihrer Beziehung zu Christus, die es mit Blick auf sein endzeitliches Kommen durch eine den brieflichen Weisungen entsprechende Lebenspraxis zu bewähren gilt. Getragen ist solche Bewährung durch die Gnade dessen, zu dem sich die Adressaten bekennen, und die Liebe dessen, der sie in dieses Bekenntnis eingeführt hat.

Der Grundgedanke des ersten Korintherbriefs

Paulus leitet die
von ihm samt einigen Mitarbeitern gegründete, etwa vereinsgroße
„Versammlung Gottes" in Korinth,
dem ethnisch, kulturell und religiös vielfältigen Zentrum Achaïas,
als ihr „Vater" mit seinem Brief
angesichts
von Spannungen, die aus Überlegenheitsansprüchen verschiedener Gemeindeglieder
(zumal in Sachen Rede-Weisheit, Erkenntnis und Geistesgaben) erwuchsen,
von Missständen in den Beziehungen zum paganen Umfeld
(zumal mit Blick auf „Sexualsünde" und „Götzendienst") sowie
von Fragen, die die Gemeinde ihrem Apostel gestellt hat,
dazu an, die von Gott durch das Evangelium gestiftete Christusbeziehung
auf der Basis vollkommenen Urteilsvermögens als eschatologisches,
in den Heiligen Schriften bezeugtes,
durch den Geist als Gottes Weisheit erkennbares und
mit der Auferstehung in die Königsherrschaft Gottes mündendes
„Heil" aufzufassen
und demgemäß das eigene Leben, gemeindlich und individuell,
anhand des mit den Heiligen Schriften gegebenen Maßstabs
in der Orientierung an Christus, dem Gekreuzigten und Auferweckten,
statt an weltlich-menschlicher Weisheit,
im Konsens mit anderen Gemeinden Jesu Christi
nach Gottes Geboten,
also in Ab- und Ausgrenzung von „heidnischen" Verfehlungen, sowie
gemäß den „Wegen" und den Überlieferungen des Paulus
in wechselseitiger Liebe und Rücksicht
statt im Beharren auf eigener Erkenntnis und eigenem Verfügungsrecht
in der Erwartung des endzeitlichen Gerichts so zu führen, dass die Gemeindeglieder ihr Dasein zu eigenem und wechselseitigem Nutzen gestalten,
die geistgewirkte Heiligkeit ihrer leiblichen Existenz bewahren,
einander als Glieder des *einen* „Leibes" Christi achten und aufbauen,
anderen Menschen zu Zeugen des Evangeliums werden
und dadurch die Gemeinde in ihren konkreten lebensweltlichen Bezügen
als Gemeinschaft der neuen Bundesverfügung in Christus und somit
als Ort der Gegenwart und Ehre Gottes
erkennbar wird.

Literaturhinweise

Die folgenden Angaben zum ersten Korintherbrief stehen im Kontext des andauernden Disputs um einen sachgerechten Ansatz zur Deutung der Paulusbriefe. Darüber informieren Horn, Friedrich W. (Hg.): Paulus Handbuch, Tübingen 2013; McKnight, Scot, und Oropeza, Brisio J. (Hg.): Perspectives on Paul. Five Views, Grand Rapids, MI 2020; Westerholm, Stephen (Hg.): The Blackwell Companion to Paul, Chichester u. a. 2014.

Überblicke und Sammelbände

Adams, Edward, und Horrell, David G. (Hg.): Christianity at Corinth. The Quest for the Pauline Church, Louisville, KY 2004.

Belezos, Constantinos J., u. a. (Hg.): Saint Paul and Corinth. 1950 Years Since the Writing of the Epistles to Corinthians. International Scholarly Conference Proceedings (Corinth, 23–25 September 2007), 2 Bände, Athen 2009.

Betz, Hans Dieter, und Mitchell, Margaret M.: First Epistle to the Corinthians; in: ABD 1 (1992), 1139–1154.

Bieringer, Reimund (Hg.): The Corinthian Correspondence (BEThL 125), Leuven 1996.

De Lorenzi, Lorenzo (Hg.): Paolo a Una Chiesa Divisa (1 Co 1–4) / Freedom and Love. The Guide for Christian Life (1 Co 8–10; Rm 14–15) / Charisma und Agape (1 Ko 12–14) / Résurrection du Christ et des Chrétiens (1 Co 15) (SMBen.BE 5–8), Rom 1980–1985.

Furnish, Victor P.: The Theology of the First Letter to the Corinthians (New Testament Theology), Cambridge 1999.

Schowalter, Daniel N., und Friesen, Stephen J. (Hg.): Urban Religion in Roman Corinth. Interdisciplinary Approaches (HThSt 53), Cambridge, MA 2005.

Sellin, Gerhard: Hauptprobleme des Ersten Korintherbriefes; in: ANRW II/25.4 (1987), 2940–3044.

Allgemeinverständliche Auslegungen

Baumert, Norbert: Sorgen des Seelsorgers. Übersetzung und Auslegung des ersten Korintherbriefes, Würzburg 2007.

Hays, Richard B.: First Corinthians (Interpretation), Louisville, KY 1997 [Nachdruck 2011].

Klaiber, Walter: Der erste Korintherbrief (Die Botschaft des Neuen Testaments), Göttingen ^{2}2021.

Lang, Friedrich: Die Briefe an die Korinther (NTD 7), Göttingen 1986.

Strobel, August: Der erste Brief an die Korinther (Zürcher Bibelkommentare NT 6.1), Zürich 1989.

Wissenschaftliche Kommentare

Arzt-Grabner, Peter, u. a.: 1. Korinther (Papyrologische Kommentare zum Neuen Testament 2), Göttingen 2006.

Ciampa, Roy E., und Rosner, Brian S.: The First Letter to the Corinthians (The Pillar New Testament Commentary), Grand Rapids, MI, und Cambridge 2010.

Conzelmann, Hans: Der erste Brief an die Korinther (KEK 5), Göttingen ²1981.

Fee, Gordon D.: The First Epistle to the Corinthians. Revised Edition (NICNT), Grand Rapids, MI, und Cambridge 2014.

Fitzmyer, Joseph A.: First Corinthians. A New Translation with Introduction and Commentary (AncB 32), New Haven, CT, und London 2008.

Lindemann, Andreas: Der erste Korintherbrief (HNT 9/1), Tübingen 2000.

Merklein, Helmut und [ab Band 3] Gielen, Marlies: Der erste Brief an die Korinther, 3 Bände (ÖTKNT 7/1–3), Gütersloh und [Bände 1–2] Würzburg 1992/2000/2005.

Schottroff, Luise: Der erste Brief an die Gemeinde in Korinth (Theologischer Kommentar zum Neuen Testament 7), Stuttgart 2013.

Schrage, Wolfgang: Der erste Brief an die Korinther, 4 Bände (EKKNT 7/1–4), Zürich bzw. [ab Band 2] Düsseldorf u. a. und Neukirchen-Vluyn 1991–2001.

Thiselton, Anthony C.: The First Epistle to the Corinthians (NIGTC), Grand Rapids, MI, und Carlisle 2000.

Weiß, Johannes: Der erste Korintherbrief (KEK 5), Göttingen ²1925.

Wolff, Christian: Der erste Brief des Paulus an die Korinther (THKNT 7), Leipzig ³2011.

Zeller, Dieter: Der erste Brief an die Korinther (KEK 5), Göttingen 2010.

Abhandlungen

Bünger, Christina: Briefliches Zitieren bei Paulus und Cicero. Eine vergleichende Untersuchung zu den Korintherbriefen (SERAPHIM 15), Tübingen 2022.

Burchard, Christoph: 1Korinther 15,39–41; in: Ders.: Studien zur Theologie, Sprache und Umwelt des Neuen Testaments, hg. Dieter Sänger (WUNT 107), Tübingen 1998, 203–228.

Ebel, Eva: Die Attraktivität früher christlicher Gemeinden. Die Gemeinde von Korinth im Spiegel griechisch-römischer Vereine (WUNT II/178), Tübingen 2004.

Elliger, Winfried: Paulus in Griechenland. Philippi, Thessaloniki, Athen, Korinth (SBS 92/93), Stuttgart ²1990.

Eriksson, Anders: Traditions as Rhetorical Proof. Pauline Argumentation in 1 Corinthians (CB.NT 29), Stockholm 1998.

Inkelaar, Harm-Jan: Conflict over Wisdom. The Theme of 1 Corinthians 1–4 Rooted in Scripture (CBET 63), Leuven 2011.

Koch, Dietrich-Alex: Die Schrift als Zeuge des Evangeliums. Untersuchungen zur Verwendung und zum Verständnis der Schrift bei Paulus (BHTh 69), Tübingen 1986.

Konradt, Matthias: Gericht und Gemeinde. Eine Studie zur Bedeutung und Funktion von Gerichtsaussagen im Rahmen der paulinischen Ekklesiologie und Ethik im 1Thess und 1Kor (BZNW 117), Berlin und New York 2003.

Litfin, Duane: St. Paul's Theology of Proclamation. An Investigation of 1 Cor. 1–4 in the Light of Greco-Roman Rhetoric (MSSNTS 79), Cambridge 1994.

Martin, Dale B.: The Corinthian Body, New Haven, CT, und London 1995.

Mitchell, Margaret: Paul and the Rhetoric of Reconciliation. An Exegetical Investigation of the Language and Composition of 1 Corinthians, Louisville, KY 1991.
Murphy-O'Connor, Jerome: St. Paul's Corinth. Texts and Archaeology (Good News Studies 6), Wilmington, DE [3]2002.
Økland, Jorunn: Women in Their Place. Paul and the Corinthian Discourse of Gender and Sanctuary Space (JSNT.S 269), London und New York 2004.
Robertson, Charles K.: Conflict in Corinth. Redefining the System (Studies in Biblical Literature 42), New York u. a. 2001.
Schaller, Berndt: 1Kor 10,1–10(13) und die jüdischen Voraussetzungen der Schriftauslegung des Paulus; in: Ders.: Fundamenta Judaica. Studien zum antiken Judentum und zum Neuen Testament, hg. Lutz Doering und Annette Steudel (StUNT 25), Göttingen 2001, 167–190.
Smit, Joop F. M.: „About the Idol Offerings". Rhetoric, Social Context and Theology of Paul's Discourse in First Corinthians 8:1–11:1 (CBET 27), Leuven u. a. 2000.
Stanley, Christopher D.: Arguing with Scripture. The Rhetoric of Quotations in the Letters of Paul, New York und London 2004.
Theißen, Gerd: Studien zur Soziologie des Urchristentums, Tübingen [3]1989.
Tomson, Peter J.: Paul and the Jewish Law. Halakha in the Letters of the Apostle to the Gentiles (CRI III/1), Assen und Minneapolis, MN 1990.
Voss, Florian: Das Wort vom Kreuz und die menschliche Vernunft. Eine Untersuchung zur Soteriologie des 1. Korintherbriefes (FRLANT 199), Göttingen 2002.
Williams, H.H. Drake: The Wisdom of the Wise. The Presence and Function of Scripture within 1 Cor. 1:18-3:23 (AGAJU 99), Leiden u. a. 2001.
Winter, Bruce W.: After Paul Left Corinth. The Influence of Secular Ethics and Social Change, Grand Rapids, MI, und Cambridge 2001.
Wire, Antoinette C.: The Corinthian Women Prophets. A Reconstruction through Paul's Rhetoric, Minneapolis, MN 1990.
Wolff, Dominik: Paulus beispiels-weise. Selbstdarstellung und autobiographisches Schreiben im Ersten Korintherbrief (BZNW 224), Berlin und Boston, MA 2017.
Zimmermann, Ruben: Die Logik der Liebe. Die ‚implizite Ethik' der Paulusbriefe am Beispiel des 1. Korintherbriefs (BThSt 162), Neukirchen-Vluyn 2016.

Eigene Studien

Wilk, Florian: Die Bedeutung des Jesajabuches für Paulus (FRLANT 179), Göttingen 1998.
– : Isaiah in 1 and 2 Corinthians; in: Moyise, Steve, und Menken, Maarten J. J. (Hg.): Isaiah in the New Testament, London und New York 2005, 133–158.
– : Ruhm *coram Deo* bei Paulus?, ZNW 101 (2010), 55–77.
– : Rühmen und Seufzen. Zur paulinischen Deutung geschichtlicher Prozesse und Erfahrungen im Horizont des Bekenntnisses zu dem einen Gott; in: Mell, Ulrich (Hg.): Der eine Gott und die Geschichte der Völker. Studien zur Inklusion und Exklusion im biblischen Monotheismus (BThSt 123), Neukirchen-Vluyn 2011, 127–148.
– : Jesajanische Prophetie im Spiegel exegetischer Tradition. Zu Hintergrund und Sinngehalt des Schriftzitats in 1Kor 2,9; in: Kreuzer, Siegfried, u. a. (Hg.): Die Septuaginta – Entstehung, Sprache, Geschichte (WUNT 286), Tübingen 2012, 480–504.
– : Schriftbezüge im Werk des Paulus; in: Horn, Friedrich W. (Hg.): Paulus Handbuch, Tübingen 2013, 479–490.

– : Die paulinische Rede vom „Christus“ als Beitrag zu einer Biblischen Theologie; in: Fornet-Ponse, Thomas (Hg.), „Überall und immer“ – „nur hier und jetzt“. Theologische Perspektiven auf das Spannungsverhältnis von Partikularismus und Universalität (JThF 29), Münster 2016, 67–87.
– : Bezüge auf „die Schriften“ in den Korintherbriefen; in: Ders. und Öhler, Markus (Hg.): Paulinische Schriftrezeption. Grundlagen – Ausprägungen – Wirkungen – Wertungen (FRLANT 268), Göttingen 2017, 149–173.
– : „Unfreier Wille“? Paulus zur Rolle menschlichen Wollens, Trachtens und Handelns im Gegenüber zu Gott, KuD 64 (2018), 100–115.
– : Schriftauslegung als Bildungsvorgang im ersten Korintherbrief des Paulus – untersucht ausgehend von 1Kor 4,6; in: Ders. (Hg.): Scriptural Interpretation at the Interface between Education and Religion. In Memory of Hans Conzelmann (Themes in Biblical Narrative 22), Leiden und Boston, MA 2019, 88–111.
– : Durch Schriftkenntnis zur Vollkommenheit. Zur Funktion des vielgestaltigen Schriftgebrauchs in 1Kor 2,6–16 und 14,20–25, ZNW 110 (2019), 21–41.
– (Hg.): Paul and Moses. The Exodus and Sinai Traditions in the Letters of Paul (SERAPHIM 11), Tübingen 2020.
– : Alte und neue Rede von Gott in den Korintherbriefen?!; in: Dochhorn, Jan, u. a. (Hg.): Über Gott. FS Reinhard Feldmeier, Tübingen 2022, 451–474.
– : Bundesterminologie und Bundeskonzeption in den Korintherbriefen des Paulus; in: Eberhart, Christian A., und Kraus, Wolfgang (Hg.): Covenant – Concepts of Berit, Diatheke, and Testamentum (WUNT), Tübingen 2023, 433–457 [im Druck].

Glossar

Das folgende Glossar verzeichnet zu häufig wiederkehrenden Begriffen a) die **Seiten**, auf denen sie im Kommentar erläutert werden, und b) sämtliche Belegstellen im 1. Korintherbrief. In Klammern stehen jeweils Belege, an denen das entsprechende griechische Wort in anderem Sinn verwendet wird. Zu weiteren für den Brief bedeutsamen Namen und Begriffen siehe das anschließende Register.

Anrecht → berechtigt
Apollos **25f., 28, 33** 1,12; 3,4–6.22; 4,6; 16,12
Apostel **13** 1,1; 4,9; 9,1f.5; 12,28f.; 15,7.9
– Apostolat 9,2
– aussenden/Sendung 1,17a
auferwecken, Auferweckung **204, 212f.** 6,14; 15,4.12–17.20.29.32.35.42–44.52
– Auferstehung 15.12f.21.42
befähigt sein → Macht
berechtigt, Recht, Anrecht, Verfügungsrecht, Verfügungsgewalt **80** 6,12; 7,4.37; 8,9; 9,4-6.12.18; 10,23; 11,10; (15,24)
berufen, Berufener, Berufung **14f.** 1,1f.9.24.26; 7,15.17f.20–22.24; (10,27; 15,9)
bezeugen → Zeugnis
böse (*kakos*), Böses, Bosheit **131, 188, 190** 5,8; 10,6; 13,5; 14,20; 15,33
Bruder → Geschwister
Christus **13f.** 1,1.6.12.17.23f.; 2,16; 3,23; 4,1.10; 5,7; 6,15; 7,22; 8,11f.; 9,12.21; 10,16; 11,1; 12,27; 15,3.12–14.16f.20.23
– der Christus 1,13; 10,4.9; 11,3; 12,12; 15,15.22f.
– in Christus 3,1; 4,10; 15,18f.
– in Christus Jesus **15, 19, 32** 1,2.4.30; 4,15.17; 16,24
– in Christus Jesus, unserem Herrn 15,31
– Jesus Christus 2,2; 3,11; 8,6
– unser/der Herr Jesus Christus 1,2f.7.9.10; 6,11; 15,57
Christusbotschaft → Christus, Evangelium
christusgläubig → Glaube
Christusverkündigung → verkündigen
Diener, Dienst **47** 3,5; 12,5; 16,15
Ehre, ehren, Ehrung → Herrlichkeit
Engelssprache → Sprachen
Erkenntnis (Gottes), (Gott) erkennen/anerkennen **19f., 106, 179f.** 1,5.21; 2,8.11.14.16; 8,1–3.7.10f.; 12,8; 13,2.8f.12; 14,6
Evangelium, das Ev. verkündigen **25** 1,17a; 4,15; 9,12.14.16.18.23; 15,1f.
fähig sein → Macht
Fleisch (*sarx*), fleischern, fleischlich **32, 70** 1,26.29; 3,1.3; 5,5; 6,16; 7,28; (9,11;) 10,18; 15,39.50
frei, freigelassen, Freie, Freiheit **95** 7,21f.39; 9,1.19; 10,29; 12,13
Frieden **16** 1,3; 7,15; 14,33; 16,11
Geheimnis, geheimnisvoll **39** 2,7; 4,1; 13,2; 14,2; 15,51
Geist 4,21; 6,17; 14,2.16
– Gottes (heiliger) Geist **36** 2,4.10–14; 3,16; 6,11.19; 7,40; 12,3f.7–9.11.13; 15,45
– menschlicher Geist, geistig **41, 70** 2,11f.; 5,3–5; 7,34; 14,14f.; 16,18
– (pl.) Geistesmanifestationen, Eingebungen des Geistes 12,10; 14,12.32
– geistliche Angelegenheiten/Gaben/Mittel, geistliches Gut 2,13; 9,11; 12,1; 14,1
→ s. auch Gnadengabe
– geistlicher/geistbegabter Mensch 2,13.15; 3,1; 14,37
geliebt → Liebe

Gemeinde → Versammlung
Gemeinschaft, Gemeinschaftsteilhaber **20f.** 1,9; 9,23; 10,16.18.20
Geopfertes → Götze
Gerechtigkeit, gerecht machen, gerechtsprechen, recht, rechtfertigen, Rechtfertigung **32, 56** 1,30; 4,4; 6,11; 15,34
– ungerecht, Ungerechter, Ungerechtigkeit, Unrecht zufügen **75** 6,1.7–9; 13,6
Gerichtstag → Tag (des Herrn)
Gesalbter → Christus
Geschwister (pl.), geschwisterlich, Glaubensgeschwister **17** 1,10f.26; 2,1; 3,1; 4,6; 6,8; 7,24.29; 8,12; (9,5;) 10,1; 11,33; 12,1; 14,6.20.26.39; 15,1.6.31.50.58; 16,11f.15.20
– Bruder (sg.) **14** 1,1; 5,11; 6,5f.; 7,12.14f.; 8,11.13; 16,12
– Schwester (sg.) 7,15; 9,5
Gestaltungswille → Wille
Gewissen **56, 110** 4,4; 8,7.10.12; 10,25.27–29
Glanz → Herrlichkeit
Glaube, glauben, Glaubende, christusgläubig, glaubwürdig **30f., 166** 1,21; 2,5; 3,5; (9,17;) 11,18; 12,9; 13,2.7.13; 14,22; 15,2.11.14.17; 16,13
– ungläubig, Ungläubiger **76** 6,6; 7,12–15; 10,27; 14,22–24
Glaubensgeschwister → Geschwister
Gnade **16** 1,3f.; 3,10; 10,30; 15,10(.57); 16,3.23
Gnadengabe **19, 165** 1,7; 7,7; 12,4.9.28.30f.
→ s. auch geistlich – geistliche Gabe
Gottesgeist → Geist
Götze, Götzenbild **109** 8,4.7; 10,19; 12,2
– das dem Götzen Geopferte, Götzenopfer, Götzenopferfleisch **106** 8,1.4.7.10; 10,19
– Götzendiener, Götzendienst 5,10f.; 6,9; 10,7.14
– Götzenhaus 8,10
Heiden **31** 1,23; 5,1; 12,2
heilig (*hagios*), Heilige **15** 1,2; 3,17; 6,1f.19; 7,14.34; 12,3; 14,33; 16,1.15.20
– heiligen, geheiligt 1,2; 6,11; 7,14
– Heiligung 1,30
Herr **15, 17, 20, 109** 1,2f.; 2,8.16; 3,5.20; 4,4f.19; 5,5; 6,13f.17; 7,10.12.17.22.25.32.34f.; 8,5f.; 9,5.14; 10,21f.26; 11,23.26f.32; 12,3.5; 14,21.37; 15,58; 16,7.10.22
→ s. auch Christus
– der/unser Herr Jesus 1,8.10; 5,4; 9,1; 16,23
– im Herrn **32f.** 1,31; 4,17; 7,22.39; 9,1f.; 11,11; 15,58; 16,19
Herrlichkeit, Ehre, Glanz (*doxa*) (Gottes / von Gott), (Gott) ehren, Ehrung **39f., 82** 2,7f.; 6,20; 10,31; 11,7(.15); 12,26; 15,(40f.)43
Herz **40** 2,9; 4,5; 7,37; 14,25
Hure → Sexualsünde
im Herrn → Herr
in Christus Jesus → Christus
Kephas/Petrus **26** 1,12; 3,22; 9,5; 15,5
Königsherrschaft (Gottes) **67** 4,8.20; 6,9f.; 15,24.50
– zur K. gelangen, K. ausüben 4,8; 15,25
können → Macht
Kosmos → Welt
Kräfte → Macht
Kreuz, Kreuzestod, kreuzigen **28** 1,13.17f.23; 2,2.8
Leib (des Menschen), leiblich **81** 5,3; 6,13.15f.18–20; 7,4.34; 9,27; 13,3; 15,35.(37f.40.)44
– Gemeinde als L. (Christi) **169, 171** 10,17; 12,12–20.22–25.27
– Leib Jesu/Christi/des Herrn 10,16; 11,24.27.29
Liebe **106, 176** 4,21; 8,1; 13,1–4.8.13; 14,1; 16,14.24
– geliebt **62** 4,14.17; 10,14; 15,58
– Gott lieben **106f.** 2,9; 8,3
Macht (*dynamis*) (Gottes, von Gott) **29** 1,18.24; 2,4f.; 4,19f.; 5,4; 6,14; (14,11;) 15,(24.)43(.56)
– fähig/befähigt sein, können, Kräfte, möglich, vermögen, vertragen **76** 2,14; 3,(1.)2.11; 6,5; 7,21; 10,13.21; 12,3(.21); 14,31; 15,50
– Machterweise 12,10.28f.
Menschensprache → Sprachen
Nachahmer **65** 4,16; 11,1
Name **15f.** 1,2.10.13.15; 5,4; 6,11

Nutzen, nützen **80** 6,12; 7,35; 10,23.33; 12,7
Petrus → Kephas
predigen → verkündigen
Prophetie, Prophet, prophetisch reden, prophezeien (innergemeindlich) **166f., 195f.** 11,4f.; 12,10.28f.; 13,2.8f.; 14,1.3–6.22.24.29.31f.37.39
recht, rechtfertigen, Rechtfertigung → Gerechtigkeit
Recht → berechtigt
reden → Prophetie, Sprachen
retten, Rettung **29f.** 1,18.21; 3,15; 5,5; 7,16; 9,22; 10,33; 15,2
rühmen, Ruhm **32** 1,29.31; 3,21; 4,7; 5,6; 9,15f.; 13,3; 15,31
Satan **70** 5,5; 7,5
Schwester → Geschwister
Sendung, apostolische → Apostel
Sexualsünde, S. begehen, Sexualsünder*in, Hure **65, 69, 92** 5,1.9–11; 6,9.13.15f.18; 7,2; 10,8
Sohn (Gottes) **20** 1,9; 15,28
Sprachen, fremde **167** 12,10.28.30; 13,8; 14,5f.18.22f.39
– Sprache der Engel, Engelssprache 13,1; 14,2.4.9.13f.19.26f.
– Sprache der Menschen 13,1
Tag (des Herrn), (Gerichts)tag **20** 1,8; 3,13; (4,3;) 5,5; (15,4)
taufen **25** 1,13–17; 10,2; 12,13; 15,29
Torheit, Tor, töricht/unvernüftig, töricht machen **30f.** 1,18.20f.23.25.27; 2,14; 3,18f.; 4,10
Totenerweckung → auferwecken
treu **20** 1,9; 4,2.17; 7,25; 10,13
ungerecht, Ungerechter, Ungerechtigkeit, Unrecht → Gerechtigkeit
ungläubig, Ungläubiger → Glaube
unvernünftig → Torheit
Vater, Gott als **17, 109** 1,3; (4,15; 5,1;) 8,6; (10,1;) 15,24
Verfügungsgewalt, -recht → berechtigt
verkündigen/predigen (*kēryssō*), Verkündigung **30f.** 1,21.23; 2,4; 9,27; 15,11f.14
vermögen → Macht
Versammlung (Gottes), Gemeinde **14f.** 1,2; 4,17; 6,4; 7,17; 10,32; 11,16.18.22; 12,28; 14,4f.12.19.23.28.33–35; 15,9; 16,1.19
vertragen → Macht
vollkommen, der/das Vollkommene **37, 179** 2,6; 13,10; 14,20
Weg **65** 4,17; 12,31
weise, Weisheit
– Gottes Weisheit **30, 39** 1,21.24f.30; 2,6f.; 3,10.18; 12,8
– menschliche Weisheit, Weisheit der Welt, Weiser **27f.** 1,17*.19f.22.26f.; 2,1.4f.13; 3,18–20; 6,5
Welt, Kosmos **30, 60** 1,20f.27f.; 2,12; 3,19.22; 4,9.13; 5,10; 6,2; 7,31.33f.; 8,4; 11,32; 14,10
Weltzeit, diese **30** 1,20; 2,6.(7.)8; 3,18; (8,13; 10,11)
Wille (Gottes), wollen **14** 1,1; 4,19; 12,18; 15,38; 16,12
Zeugnis, bezeugen **20** 1,6; 2,1; 15,15

Namens- und Begriffsregister

Abraham 95, 129, 243
Abspaltung → Spaltung
Adam 84, 152, 214–216, 218f., 223f., 226–229
Amt
– apostolisches A. 13f., 47, 55f., 113, 119, 206
– berufliches A. 75, 187
– A. in der Gemeinde 51, 159, 173f.
Arbeit [s. auch Mitarbeit]
– Erwerbsarbeit 3f., 59, 62, 83, 114–116, 117, 121, 206
– apostolische A. 1, 47f., 57
– A. in der Gemeinde 27, 49f., 52, 233, 237
– A. als Bildwort 46, 49f., 118, 121
Aufbau | aufbauen
– A. anderer Menschen 105–107, 108, 111, 140f., 143, 182–184, 193, 199, 247
– A. der Gemeinde 2, 47f., 49–52, 173, 182–184, 186, 233
– A. der eigenen Person 182, 184
ausliefern | Auslieferung 60, 68, 70, 164, 175, 177, 213, 225f., 230
– A. Jesu Christi 154, 156, 161, 204, 209
Autorität | autoritativ 8, 13, 24, 91, 99, 104, 147, 149, 194, 198, 234, 241, 242f.
Barnabas 1, 62, 114, 116, 120, 236
Bauwerk → Werk
Bedrängnis | Elend | Not 61, 97–100, 105, 120, 178, 184, 204, 209, 220
begehren | Begierde 81, 90, 126, 128, 131–135, 138
Beispiel 52, 56, 57f., 74, 81, 95, 116, 119, 128, 131, 135, 141, 166, 170, 176f., 185f., 189, 194, 221, 243
bekennen | Bekenntnis (zu Christus) 4, 9, 13, 15, 19, 24, 40, 80, 109f., 112f., 117, 130, 147, 153, 156, 163f., 195, 205, 208, 214, 215–218, 224, 244f.
beschämen | Beschämung
– B. durch Gott 29
– B. durch Gemeindeglieder 148–150, 153, 154, 156, 158, 193, 222
– B. durch Paulus 42, 62, 74, 76, 220, 222
– Scham 149, 170
Beschneidung → Jude
beschuldigen → Schuld
beseelt → Seele
beurteilen | Beurteilung | urteilen | Urteil 20, 38, 41f., 44, 46, 55–57, 58, 68–70, 72f., 75f., 111f., 135f., 144, 154, 159, 166f., 175, 181, 193, 195, 197
– u. | b. im Endgericht 21, 50, 55, 69, 74, 131, 154, 158–160, 221
– ethisches U. 23f., 37, 83, 85, 89, 93, 97–99, 103, 113, 148, 151, 172, 183, 188–190, 193
– u. im Gerichtsprozess 74–76, 78, 121, 222
– Gewissensurteil 111f., 140, 142
– Gottesurteil 215
bewähren | Bewährung 20, 113, 127, 132, 141f., 154f., 158, 221f., 232, 235, 240, 245
bewahrheiten → Wahrheit
biblisch → Schrift
Bild
– B. Christi 223, 227, 229
– B. Gottes 148, 150, 152f., 228f.
– B. des Menschen 223, 227
– Bildsprache | -wort 14, 45, 46, 47f., 49–52, 55, 60, 62, 63, 65, 67, 69–71, 81f., 90, 95, 116f., 126f., 138, 141, 168–170, 172, 174, 177, 179, 181, 186, 187, 206, 209, 212, 216, 225f., 229, 231f., 238
– Rätselbild 176
– Spiegelbild 180
– Urbild 129, 131f., 135, 138, 141, 145
Bildung 2, 8, 9, 30, 33, 44, 55, 58, 63
– Bildungsprozess 44, 59, 135, 193
– gebildet 4, 33, 61
Blut 230f.
– B. Jesu Christi [s. auch Bund] 73, 136f., 139, 154, 157f., 161f.

Brief | brieflich | Schreiben | schreiben 2, 5–10, 13f., 18, 19, 21, 24, 54, 62, 69f., 73, 85, 125, 169, 181, 194, 198, 234f., 237, 239, 241–245, 247
Bund | Bundesgedanke | Bundestreue | Bundesverfügung 8, 14, 20, 94, 112, 133, 135, 140, 161, 238, 243
– Bundesblut 157
– neue(r) B. 8, 73, 147, 154, 157f., 161f., 247
Dämon | dämonisch 80, 109, 128, 136–140, 163
Dank → Gebet
Diaspora → Jude
Ehefrau → Frau
Eifer | eifern
– Gottes E. 137, 139, 178
– menschlicher E. (negativ) 45f., 175, 178, 208
– menschlicher E. (positiv) 174, 175, 178, 182, 183, 186, 190, 192, 200
Einheit | Einklang | Einmütigkeit | Eins(-Sein) | Einzigkeit
– Einheit der Apostel 47f., 207
– E. der Gemeinde 8f., 23–25, 51, 58, 113, 136–138, 154–156, 162, 165, 168f., 171–174, 243, 245
– Eins-Sein | Einzigkeit Gottes / des Geistes / des Herrn 20, 107, 109f., 112, 165, 167, 169
– Einheit von Gott und Christus 56, 94, 109, 204
– Einheit von Mann und Frau 79, 81, 152
Elend → Bedrängnis
Endzeit | endzeitlich [s. auch Eschatologie, Tod; ferner Glossar: Auferweckung, Königsherrschaft, Rettung] 19, 37, 40, 63, 76, 81, 177, 215f., 226, 230
– Ende der Weltzeit 14f., 100, 105
– e. Ankunft/Erscheinung/Kommen/Parusie Jesu Christi 15, 20, 56, 158, 231, 244f.
– e. Ausgießung des Geistes 82
– e. Erkennen/Schauen 180
– e. Gericht | Endgericht [s. auch Gericht] 48, 56f., 180, 221f., 232f., 247
– e. Heilsspeise 130
– e. Herrlichkeit/Ehre [s. auch Glossar] 20f., 40, 158, 226
– e. Herrschaft Gottes 3, 25, 208, 215, 219
– Endzeithoffnung 8, 13, 15, 18, 147, 236
– e. Kampf 14
– e. Rettung/Heil 15, 77, 126, 164, 210, 221, 234
– e. Sammlung des Gottesvolkes 203
– Endzeittempel 40
– e. Ziel [s. auch vollenden] 109, 126f., 135, 214–216, 219, 229, 244
Engel(mächte) [s. auch Glossar: Sprachen] 38, 59, 74, 76, 130, 132, 148, 151f., 167, 205, 218
Ephesus 2, 5, 17, 25, 220, 221, 237, 238, 239, 243, 245
Erde 34, 41, 51, 107, 109, 140f., 143, 152, 192, 223, 225, 227–229, 230, 233
– Erdenleben | irdisches Dasein 100, 213, 223f., 227, 229, 230f.
– Erdenleib [s. auch Glossar: Leib] 207, 225f., 228f.
– Erdenwirken Jesu 156, 204, 206, 213
– irdisch 30, 61, 169, 217, 225
erlösen | Erlösung 3, 29, 32, 34, 101, 124, 228f., 233, 244
erwählen | Erwählte | Erwählung 16f., 20, 26, 29, 32–35, 39f., 51f., 60, 111, 159, 162, 170, 178
erziehen | Erziehung 62f., 154, 159
Eschatologie | eschatologisch [s. auch Endzeit; ferner Glossar: Rettung] 8, 18, 38, 46, 49, 51, 52, 54, 57, 61, 84, 99, 110, 112, 129, 147, 151, 155, 162, 180f., 205, 216–219, 228, 234, 244
– e. Belehrung 100
– e. Erneuerung 70
– e. Existenz 158, 185
– e. Gottesvolk 217, 238
– e. Heilsereignis/-geschehen/-handeln/-tat 3, 34, 38, 53, 72, 81, 117, 132, 169, 203, 209f., 212, 215f.
– e. Heil(sgut)/Gerechtigkeit/Rettung [s. auch Schöpfung (– neue Schöpfung)] 40, 43f., 71, 109, 127, 135, 137, 140, 157, 247
– e. Heilszeit 71
– e. Lebensbedingungen/Situation 85, 89
– e. Offenbarung 40
– e. Phänomen 21
– e. Repräsentant Gottes 14

– e. Sinn der Schrift 43
– e. Status 74 f., 78
– e. Umkehrung 34
Ethik | ethisch 20, 76, 83, 93, 100, 113 f., 123, 127, 144 f., 158, 221–223, 236
– ekklesiale E. 193
– Gemeinschaftsethik 24
– Sexualethik 105
– Sozialethik 169, 172
essen | Essen → Speise
ethnisch 2, 96 f., 169, 171, 243, 247
Feind(e)
– F. der Gemeinde 15, 136
– F. des Gesalbten 68, 217, 219
– F. Gottes 54, 67, 208, 214–216, 219, 232, 244
Fest 4, 106
– Passa 68–73, 156 f., 161, 238
– Wochenfest 5, 237–239
Fluch | verfluchen 70, 163 f., 242–244
Frau [s. auch Prostitution, Sexualität] 14, 24, 77, 83, 97, 134, 148–153, 196 f., 199
– Ehefrau 74, 86, 89–91, 97, 99, 114, 116, 193 f., 197–199
– F. des Vaters 68 f., 72
– Jungfrau | Jungfräulichkeit | Keuschheit | keusches Mädchen 6, 74, 85, 97–104
– Mann und F. [s. auch Einheit] 5, 66, 81, 84, 85–92, 94, 97–104, 148–153, 193, 197–199
Freude | freudig | freuen 16, 60, 97, 100, 127, 168 f., 171, 175, 178, 233, 240 f.
Freund
– F. Gottes 101, 243
– Freundschaft 8, 57, 156
frühchristlich 8–10, 40, 65, 79, 110, 174, 215–217
Fürsorge → Sorge
Gebet 6, 17, 20, 87 f., 137, 151, 153, 177, 183–185, 187 f., 192, 193, 195, 199, 220, 244
– Dank | Dankgebet 7, 18–21, 23, 25, 139, 140, 142 f., 154, 156 f., 161, 183, 187, 230, 232, 236
Gebot 114, 121
– Beschneidungsgebot 95
– biblisches G. | Thoragebot 76, 83, 91, 110, 116 f., 121, 141, 197, 212, 216
– G. Gottes 71 f., 75, 77, 79, 90, 93 f., 117, 124, 133, 198, 227, 243, 247
– G. des Herrn 103, 194, 198
– Liebesgebot 95
– Ritualgebot 124
– Schweigegebot 195 f., 198
– Sexualgebot 73
– Speisegebot 83, 143
Gefahr 17, 51 f., 60–62, 82, 119, 127, 132 f., 135, 136, 138, 220–222, 244
gelehrt → Lehre
Gemeinschaft [s. auch Ethik, Frau (– Mann und F.), Mahl, Sexualität, Synagoge; ferner Glossar] 71, 133, 136 f., 140, 173, 178
– G. mit Adam 214
– G. der neuen Bundesverfügung 247
– G. der Christusgläubigen/Heiligen 13–15, 21, 24, 32, 76, 79, 151 f., 235, 241
– G. mit Christus 19–21, 23, 40, 68, 70, 95, 126 f., 136 f., 177, 213, 214, 222, 232
– G. mit Dämonen 128, 136
– G. mit Engeln 167
– G. der Erwählten / Israels 52, 73, 138, 162
– G. am Evangelium 122, 125
– G. mit Gestorbenen 221
– G. mit Gott 4, 17, 81, 126, 130, 143, 179, 221
– G. mit Jerusalem 18, 235 f.
– G. am Opferaltar 136, 138
– G. der Osterzeugen 205
– G. mit Paulus 18, 71, 131
– gemeinschaftliches Dasein/Handeln/Leben 14, 68, 71, 79, 145, 181, 192, 243
– Qumrangemeinschaft 49, 70
– Tempelgemeinschaft 51 f.
– Tischgemeinschaft 71, 124
Gericht | Gerichtshandeln | Gerichtstag Gottes [s. auch beurteilen, Endzeit] 32, 34, 40, 46, 50, 52–54, 56, 58, 75–77, 110, 130–132, 134, 139 f., 154 f., 158–160, 162, 203, 212, 216, 222, 233, 240, 244
– Tag des Gerichts/Herrn [s. auch Glossar: Tag des Herrn] 18, 30, 70, 100, 127, 179, 240
gering | Geringschätzung 29, 55, 57, 61, 74, 170, 201, 218, 237
Geschichte
– G. Israels 129, 204

– Geschichtshandeln Gottes | Heilsgeschichte 34, 39, 42, 157, 203, 207, 215f., 219, 227, 234
– Geschichtsplan Gottes 30, 201, 237
– Glaubensgeschichte bestimmter Menschen 9, 25, 166, 202, 206
– G./Historie hinter den Texten 9, 11, 17, 92, 125, 162, 207, 210
– historische Bedingtheit von Textaussagen 84
– Jesus-Christus-G. 20, 204, 244
– Lenkung der G. 30, 109
– Menschheitsgeschichte 215
– G. als Raum göttlichen Handelns 29, 222
Geschöpf → Schöpfung
Gesetz [s. auch Gebot] 33, 112, 115, 116f., 122–124, 125, 133, 141, 161, 183, 189, 193, 197, 199, 230, 232
– Gesetzesauslegung 1
– Gesetzlose | Gesetzlosigkeit 51, 209
– Heiligkeitsgesetz 78
– Kultgesetze 95
– Thora 69, 71, 74, 80, 83, 91, 110, 117, 143, 195, 197f.
Glied (am Leib) 79, 81, 138, 168–172, 173, 247
Gottesdienst 4, 5, 8, 14, 15, 147, 148–153, 164, 198–200, 236, 244
– jüdischer G. 187, 190, 197
Gottesfürchtige 4, 123–125, 235
– Gott fürchten | Gottesfurcht 35f., 130
Gottesvolk 9, 14, 34, 40, 44, 47, 54, 71, 73f., 94 106f., 116, 161, 176, 204f., 217, 238
Gottheit | Götter [s. auch Glossar: Götze] 3, 19, 91, 107, 109f., 112, 117, 133f., 137–139, 143, 157, 187, 191–193, 206, 218
Grieche 1, 28, 31, 124, 125, 144f., 168, 186
– griechisch (Kultur/Weltsicht etc.) [s. auch Philosoph] 4, 30, 33f., 45, 53, 65, 71, 103, 109, 127, 243
– griechisch (Sprache/Stil) 2, 10, 13, 16, 20, 24, 56, 71, 80, 82, 87, 101, 106, 157, 160, 176, 186, 191, 194, 207, 208, 211
– griechisch-römisch 4, 10, 13, 54, 60f., 77, 91, 103, 104, 152, 157, 166, 214, 224
– hellenistisch 8, 15, 50, 109f., 179, 203
– hellenistisch-jüdisch 13, 42, 50, 71, 77, 81, 84, 126, 153, 176f., 203, 222, 225, 243
– hellenistisch-römisch 1, 9, 60f., 102, 109, 123, 126, 197
Gründer/Gründung der Gemeinde | Gründungsaufenthalt/-besuch/-predigt 3f., 5, 17, 18, 21, 26, 27, 36, 37, 44, 45, 51, 62, 63, 66, 68, 72, 91, 104, 114, 117, 145, 148, 163, 173, 202, 208, 236, 242, 247
Gruppen
– Hörergruppen der Verkündigung 4, 211
– G. in der Gemeinde 5, 7, 23–28, 32, 34, 46–48, 51, 53–55, 58, 62f., 67, 181, 213
– G. von Menschen 122, 125, 226
– G. von Osterzeugen 205f.
– religiöse G. 51, 74
– Sprechergruppe im Text 43, 112
– Tischgruppen beim Mahl 112, 160
– G. der Verkündiger 14, 29, 211
Haus 4, 70, 73, 118, 154, 156, 160, 242
– Haus(gemeinschaft/-halt/-wesen) 6, 23, 25, 91, 96, 240f., 245
– Haus(bau) als Bildwort 46, 82
hebräisch 1, 10, 16, 54, 120, 191, 195, 233
Heiligtum → Tempel
Heilswerk → Werk
hellenistisch → griechisch
herrschen | Herrscher | Herrschaft [s. auch Glossar: Königsherrschaft] 13, 34, 37, 38, 40, 43, 68, 145, 214–216, 219
– H. Christi 54, 81, 95f., 214, 216f., 219
– H. des Menschen/Mannes 152, 199
– H. der Sünde 124, 232
Herrenwort → Wort
Himmel | himmlisch 34, 41, 60, 107, 109, 214, 219, 223, 225, 227–229, 231
– Himmelsbrot/-speise 130, 134
– Himmelskörper 180, 223–225
Historie | historisch → Geschichte
Hochgefühl/-mut o. ä. 46, 57, 60f., 67, 70, 83, 106, 174, 178, 181
– (überzogene) Hochschätzung 34, 54, 174, 181, 183, 187f., 199, 200
– Überbewertung/-höhung/-schätzung 25, 51, 133, 167, 213
– Überlegenheitsanspruch/-bewusstsein | Überheblichkeit 32f., 38, 54, 58, 170, 196, 247
– überzogene(s) Selbstbewusstsein/-einschätzung 59f., 69, 74, 167, 199, 238, 241

hoffen | Hoffnung [s. auch Endzeit (– Endzeithoffnung)] 21, 51, 54, 95, 115, 120f., 175f., 178–181, 209, 211–214, 233f., 236, 237–239, 241, 244
Hure → Prostitution
Identität
– christusgläubige I. 7, 8, 15, 25, 49, 51, 52, 111, 118, 144, 171, 189
– I. Jesu Christi 130, 164, 215, 219
– jüdische I. 1
– soziale I. 169
Israel
– Land I. | verheißenes Land 1, 16, 40, 73, 77, 134
– Schriften/Traditionen Israels 9, 17
– Volk I. 8, 15, 17, 33, 49f., 52, 70f., 73, 78, 92, 95, 112, 128, 129–131, 133–135, 136, 138, 161, 178, 192, 204, 212, 235
– I. und die Völker 14, 25, 31, 203, 210, 215, 244
– Israeliten 14f., 17, 73, 95, 128, 129–131, 133–135, 188, 191
Jerusalem 1, 9, 18, 160, 198, 207, 208, 210, 222, 236, 239, 242, 244
– Apostel/Christusgläubige/Gemeinde/Heilige zu J. 1, 2, 17, 18, 120, 189, 197, 205, 206, 207, 235f.
– Sammlung für J. 9, 234–236, 241
– Heiligtum/Kult/Tempel zu J. 51f., 78, 118, 121, 138, 149, 208, 235
Jude | Judentum | jüdisch [s. auch Fest, Gottesdienst, Gottesvolk, Grieche, Identität, Mahl (– Gastmahl), Synagoge]
– Beschneidung 93–96
– Diaspora 14, 124
– Judaismus 1, 208, 210
– Juden als Adressaten paulinischen Wirkens 122–125
– Juden und Griechen 1, 28, 31, 124, 144f., 168
– juden-christlich 17, 94, 123, 198, 236
– j. Auslegungstradition/Schriftdeutung [s. auch Schrift] 1, 8, 9, 30, 33f., 43, 47, 51, 77, 79, 81, 110, 116, 127, 130, 131f., 135, 138, 151, 157, 189, 199, 215
– j. Bevölkerung Korinths 4, 33, 125
– j. Denk- und Lebenswelt 9, 13, 15, 17, 31, 36, 39, 65, 67, 70, 76, 91, 94–96, 104, 108f., 123, 125, 131, 138, 142f., 152, 157, 163, 166, 178, 180, 189, 197, 204, 212, 217, 224f., 231, 235, 243
– j. Gemeindemitglieder 4, 9, 94, 96, 125, 210
– Jüdischer Krieg 31
– j. Opponenten paulinischen Wirkens 125, 239
– j. Sprachgebrauch 15, 16, 17, 106, 196, 204, 225, 235
– j. Texte/Autoren 10, 13, 14, 24, 67, 71, 91, 103, 109, 126, 127, 176, 217
– Nichtjuden 1, 51, 91, 94–96, 123f., 134, 235
– nichtjüdische Gemeindemitglieder 9, 78, 94, 96, 129, 143f., 208, 210
– Paulus als Jude 1, 122f., 149
– Pharisäer 1, 212
– Sympathisanten des Judentums 4
– Therapeuten 99
Jungfrau → Frau
Kaiser | Kaiserhaus 3, 16f., 25, 109
Kampf | kämpfen 14, 206, 210
– Tierkampf 220–222
– Wettkampf 3, 126f.
Keuschheit | keusches Mädchen → Frau
Kind(er) 87, 90, 92, 179, 183, 188, 199
– K. Gottes 20
– K. des Paulus 7, 62f., 65f.
– K. des Weisen 83, 101
König [s. auch Glossar: Königsherrschaft] 13f., 34, 68, 80, 143, 191, 217, 219
Korinth 2–5, 13, 15, 28, 51, 78, 83, 125, 126, 133, 141, 143, 145, 247
– Stadt, städtisch 36, 96, 106, 120
Kult, kultisch [s. auch Jerusalem] 3, 4, 6, 15, 61, 92, 104, 106, 108, 110, 116, 131, 133–135, 137–140, 142–144, 149, 157, 162, 189, 190, 200, 235
– biblische Kultregelungen 14, 95, 99, 124
– Kultverein 75, 95, 106
Kultur | kulturell 2, 13, 28, 35, 61, 65, 71, 95, 123, 145, 149, 247
Land → Israel
Latein | lateinisch 2, 10, 241
Lebens-/Selbsthingabe 20, 82, 95f., 117–119, 121, 125, 137f., 157f., 160, 162, 171, 177, 181, 204, 221
Lebensunterhalt → Unterhalt

Lehre | lehren [s. auch Schrift (– schriftgelehrt)]
– gelehrt (kritisch bewertet) 28, 30, 34, 36, 38
– L. im Geist 38, 42, 172f.
– L. in der Gemeinde 20, 63, 173f., 193, 196f.
– L. in einer Glaubensformel 207
– Lebenslehre 61, 66
– L. der Natur 148
– L. des Paulus 45, 47, 65, 80, 82, 98, 100, 111, 114, 129, 145, 147, 163, 175f., 181, 182, 185, 199
– L. der Philosophen 94, 119
– Thoralehre 197
– L. des Weisen 21, 206
– Lehrer, antike 63, 65
– Lehrsatz 149, 153, 165
lesen | verlesen 1, 8, 195, 199, 209
– Leserschaft 19, 129, 133
Lob
– Gotteslob 40, 123, 167, 177, 179, 183, 187, 191, 193f., 218
– L. von der Allgemeinheit 103, 177
– L. von Außenstehenden 190
– L. von Gemeindegliedern 56, 87
– L. von Gott 50, 51, 55f.
– L. der Götzen
– L. der Liebe 147, 175–177, 179, 181, 188
– L. von Paulus 7, 99, 101, 103, 147, 154–156, 192, 202
– Selbstlob 119, 206, 220
Lohn 47f., 49f., 56, 78, 110, 115, 118–121, 126, 221, 233
Mahl [s. auch Fest (– Passa), Kult, Opfer, Verein; ferner Glossar: Götzenopfermahl]
– Abschiedsmahl Jesu 156f., 161
– Freundschaftsmahl 156
– Gastmahl 73, 83, 112, 137, 141–143, 156
– gemeinsames M. | Mahlgemeinschaft 3, 4, 6, 137, 140, 143, 154–162, 222
– Herrenmahl 130, 134f., 137–140, 143, 147, 154–162, 203, 243
– Mahlelement 157
– Mysterienmahl 137
– M. im Tempel 111f., 128, 139
Mann [s. auch Frau, Sexualität] 28, 40, 69, 72, 74, 75, 77–79, 81, 83f., 105, 116, 134, 150–153, 157, 176, 179, 192, 198, 240
meinen 52, 105f., 110, 129, 148, 168, 181, 194
– das M. des Paulus 59, 98
– Meinungsführer 51, 63
messianisch | Messianität | Messias 15, 31, 217
Mission | Missionar | missionarisch | Missionskonzept/-praxis/-predigt/-werk 1, 8, 17, 21, 36, 51, 62, 109, 116, 120, 121, 123, 236, 239, 244
Mitarbeit | Mitarbeiter 1, 14, 47f., 49, 52, 66, 77, 116, 117, 120, 121, 178, 239, 240f., 247
Mose 95, 115f., 121, 124, 128–131, 133–135, 180, 198, 227
Mühe | mühen | Mühsal 59, 61, 116f., 126, 201, 206, 209f., 230, 233, 240f.
Nichtjuden → Jude
Not → Bedrängnis
offenbaren | Offenbarung [s. auch Endzeit] 18, 20, 24, 38–40, 43f., 49, 67, 149, 154, 166, 180, 182f., 185, 193, 195, 206, 218, 226, 243
Ökumene | ökumenisch 7, 16, 18, 31, 65, 173f., 198f., 202, 235f., 243, 245
Opfer | Opfermahl [s. auch Kult; ferner Glossar: Götzenopfer] 106, 108, 115, 118, 134, 136–142, 157
– Sündopfer 204, 220
pagan [s. auch Kult, Tempel; ferner Glossar: ‚Heide'] 4, 8, 51, 65, 77, 91, 109f., 125, 135, 138, 143–145, 192f., 214, 222, 225, 239, 247
Pharisäer → Jude
Philosoph | Philosophie | philosophisch 2, 21, 28, 36, 38, 44, 54, 60, 76, 77, 84, 116, 118, 119, 126, 127, 141, 151, 180, 225, 231
– griechische P. 40, 53, 89, 95, 107, 138, 186
– hellenistische P. 50
– stoische P. 80, 101, 119, 151
Prädikat → Titel
Priester | priesterlich | Priesterschaft 1, 13f., 15, 16, 118, 141, 149, 191
Prostitution 2, 80, 83, 84, 133
– Hure 79, 81–84
Prozess [s. auch Bildung]
– Aufbauprozess 49, 51

– P. der Rettung / des göttlichen Wirkens 19, 21, 31, 34, 101, 105, 202, 216f., 226, 232–234
– P. der Abspaltung 155
– Vermittlungsprozess 44
prüfen | Prüfung 39, 41f., 49f., 53, 56, 74, 83, 89, 127, 140, 142f., 153, 154, 158f., 162, 167, 234, 244
Rede | reden [s. auch beten; ferner Glossar: Prophetie, Sprache] 23f., 27, 59, 67, 71, 115, 133, 135, 140, 143, 166, 176, 179, 184, 190, 192
– R. als Geistesgabe / im Geist 6, 18f., 21, 67, 163f., 165, 182f., 185, 193, 198
– Gerede 42, 67, 177, 220, 222
– R. Gottes 183, 188f., 191f., 218, 233
– R. im Gottesdienst 150f., 193, 195–197, 199
– Kreuzes-R. 28–31, 63
– R. als Kunst 3, 21, 28, 35
– Lobrede 175–177, 179, 181, 188
– Mahnrede 33, 51, 113, 128, 220
– Offenbarungsrede 24
– R. zur Verkündigung 4, 27, 35, 44
– Verteidigungsrede 113f., 121
– Rede-Weisheit | Weisheitsrede 21, 27f., 31, 34, 36, 42, 167, 247
– R. von Gottes Weisheit 37–40, 42–44, 165–167
rein | Reinheit | reinigen 61, 74, 82, 88, 90, 92, 104, 143
– unrein | Unreinheit | verunreinigen 73, 92, 104
Rhetorik | rhetorisch (als Bildungsgut) 2, 36, 179
Rhetorik | rhetorisch (als Stilmittel) 29, 48, 126, 136, 152, 174, 175, 224
– rhetorische Frage 24, 45, 114, 116, 117, 137, 142, 151, 170, 172, 173, 184, 198
Rom 2f., 239, 244f.
– römisch [s. auch Grieche] 2–4, 16, 20, 32, 69, 99, 149, 156, 235
– Römisches Reich | Instanzen des Reichs 1f., 17, 25, 28, 31, 78, 207, 222, 236
Scham → beschämen
Schande → Würde
schicklich → Sitte
Schöpfer | Schöpfung | Geschöpf [s. auch Werk] 8f., 14, 20, 32, 39, 54, 81, 84, 86, 88–90, 101, 109, 141, 144, 149–153, 169f., 199, 201, 213, 218f., 224–232, 234
– neue Schöpfung 29, 32, 206, 212, 214, 216f.
– Schöpfungsmittlerin 30
Schreiben → Brief
Schrift(en), heilige 1, 7–10, 26, 28, 31–35, 40, 43–45, 46, 52, 57–59, 79, 104, 113, 115, 117, 128, 129, 131–133, 135, 144, 153, 189f., 192, 194, 200, 201, 203, 209f., 223, 226, 247
– biblisch 8f., 14, 17–20, 32, 34, 36, 43, 47f., 50f., 55, 69, 74, 76, 81, 91, 95, 106, 108f., 116, 121, 129, 131–133, 135, 138–140, 150, 152f., 166, 188, 192–194, 197, 199, 203–205, 209f., 218, 221, 225, 228f., 234, 241, 243f.
– Schriftargument 116
– Schriftauslegung/-deutung 33, 55, 58, 192
– Schriftbezug/-rekurs 9, 10, 11, 15, 18, 43, 74, 103, 131, 134f., 162, 203, 218f., 228
– Schriftgebrauch 33, 54, 55, 193
– schriftgelehrt 8, 41, 43f., 135, 184, 191f., 219, 229, 234
– schriftgemäß/-basiert 33, 34, 44, 63, 144, 192, 214, 219
– Schriftkenntnis | schriftkundig 54, 125, 193
– Schriftprophetie 33
– Schriftstudium 136
– Schriftverständnis 200
– Schriftwort/-passage/-text 31, 40, 43, 53, 54, 113, 117, 120, 189, 209, 227, 229
– Schriftzitat 29, 33, 53, 54, 58, 84, 131, 188f., 230, 232, 234
– verheißen | Verheißung 18, 26, 40, 67, 77, 126, 157, 161, 201, 212, 219, 221, 233
– Zitat 10, 30, 33f., 40, 43f., 53f., 57f., 81, 84, 90, 107, 115, 121, 131, 155, 188f., 191, 209, 233f.
– Zitateinsatz/-gebrauch | Zitation 33, 54, 191
– Zitationsformel/-einleitung 40, 53, 84, 189
Schuld | schuldig 28, 40, 69, 71, 77, 154, 158f., 203
– beschuldigen 61
– Unschuld 56f., 143

schwach | Schwäche | Schwachheit
- Schwäche der Apostel / des Paulus 35, 59f., 62
- „Schwache" | Schwäche des Gewissens 108, 110–113, 117, 122f., 125, 127
- Schwäche des göttlichen Handelns 28, 31, 34, 37
- körperlich Schwache 154
- schwächere Körperglieder 168–170, 172
- menschliche Schwachheit 223, 226, 229
- schwach in der Welt 29, 170
Seele 30, 73, 81–83, 112, 143, 209, 223, 226–228
- beseelt | seelisch 42, 223, 226f.
Segen | segnen 16, 20, 59, 61, 136f., 143, 157, 161, 227, 243f.
Selbstbewusstsein/-einschätzung → Hochgefühl
Sexualität | Sexualorgan | Sexualpartner | Sexualverkehr | sexuell [s. auch Glossar: Sexualsünde] 5, 68f., 74, 75, 77, 79, 80–82, 84, 85–90, 93, 98, 103–105, 131, 150, 170
Sieg | siegen | Sieger | Siegespreis [s. auch Tod] 126, 148
- S. Gottes/Christi 219, 230, 232f., 244
Sitte 6, 13, 19, 67, 124, 142, 148, 152, 220, 237
- schicklich | unschicklich 97f.,102, 168, 172, 175, 200
- sittlich 71, 94, 222
Sklave | Sklaverei 3, 4, 28, 82, 93–97, 122, 168, 241
- S. in Ägypten 70
- S. als Bildwort 90, 92, 95, 122, 123, 126, 127, 143, 209
Sorge | sorgen 97f., 101, 117, 126, 171
- Fürsorge 9, 17, 45, 47, 54, 63, 113, 121, 144, 168f., 171f., 239
- Versorgung 72, 113, 115f., 118f., 121, 130, 133, 135, 139, 162, 177
sozial 2, 5, 6, 32, 33, 71, 78, 93, 95–97, 120, 143, 145, 151, 153, 156, 160, 162, 169, 171, 172, 241, 243
Spaltung 6, 23, 27, 154f., 159f., 162, 168f., 171
- Abspaltung 154–156, 165
- innere S. 101f.
Speise [s. auch Gebot, Himmel] 79, 81, 83, 108, 110, 130f., 133f., 141–144, 159f., 162
- essen | Essen 61, 69, 83, 108, 110f., 114–116, 118, 123, 128, 131, 136, 139–144, 154, 156–159, 161f., 220, 222
- S. als Bildwort 44, 45, 60
- geistliche S. | Heils-S. 128, 130, 134
Stadt → Korinth
Status 44, 51, 74, 75, 77, 78f., 225, 226
- sozialer S. 95, 96, 227, 241
- Statusunterschiede 1, 87, 95, 96, 124, 151, 169
sterben | Sterben → Tod
Streit | Streiterei 23f., 45f.
- S. mit Paulus 1, 4, 66, 148, 151, 209
- Rechtsstreitigkeiten 5, 74–76, 78
Stückwerk → Werk
Sünde | sündigen [s. auch Opfer; ferner Glossar: Sexualsünde] 28, 32, 54, 70, 77, 79, 81–83, 95, 97–100, 102, 108, 110–112, 123f., 127, 131f., 134, 136, 157, 159, 161f., 201, 203f., 207, 209f., 211–213, 220, 222, 230, 232
Synagoge 3, 4, 16, 17, 33, 75, 123, 125, 190, 197, 209
Taufe | taufen [s. auch Glossar] 15, 21, 23–26, 32, 34, 77f., 81, 128–130, 133, 135, 168f., 203, 207, 212, 220–222
Tempel | Heiligtum [s. auch Jerusalem, Kult] 3, 51, 73, 106, 112, 115, 118, 133, 139, 141, 143, 177
- T. als Bildwort 49, 51f., 78, 79, 82, 104, 118, 149, 192
Theologie | theologisch
- Erwählungstheologie 35
- heutige T. 27, 46, 55, 74, 79, 84, 200, 210, 229, 234
- T. in Korinth 42, 210
- Schöpfungstheologie 84, 234
- theologische Aussagen/Reflexion im Brief 2, 6, 9, 34, 38, 39, 46, 94, 119, 139, 141, 149, 172, 181, 200, 207, 224
Therapeuten → Jude
Thora → Gesetz
Timotheus 3, 6, 14, 65f., 237–239
Titel | Prädikat | Würdebezeichnung 14f., 17, 99, 106, 109, 196, 201, 206, 235, 239
- Titel Jesu 13, 15, 19, 40, 56, 139, 156, 203, 205, 221

Tod | Sterben | sterben 52–54, 59f., 67, 95, 115, 119, 159, 161f., 203, 206, 208, 212–214, 215f., 220–222, 224–227, 230–233
– Sieg über den T. 201, 208, 214, 216–219, 230, 232–234
– sterblich 228, 230
– Todesgefahr 60f.
– tödlich 111, 131, 136
– T./S. Jesu Christi [s. auch Glossar: Kreuz] 25, 71, 74, 108, 111, 137, 140, 154, 157–159, 161f., 164, 201, 203–205, 207, 209f., 213, 226, 234
– Unsterblichkeit 230–232, 234
– verstorben | gestorben 103, 134, 204f., 212–214, 220f., 224f., 229, 231f.
– zugrunde gehen 28, 30f., 33, 108, 111, 128, 130, 134, 139, 211
Überbewertung/-höhung → Hochgefühl
Überheblichkeit | Überlegenheitsanspruch → Hochgefühl
Überlieferung
– Jesusüberlieferung 26, 120f., 161, 177, 203, 208
– paulinische Ü. 7f., 147, 154, 247
Überschätzung → Hochgefühl
Umkehr | umkehren 72, 120, 159, 189, 209, 222
Unkenntnis → Wissen
unmündig 37, 44, 176, 179, 181, 183, 188
unrein | Unreinheit | verunreinigen → rein
unschicklich → Sitte
Unschuld → Schuld
Unsterblichkeit → Tod
Unterhalt | Unterhaltsanspruch | Unterhaltsverzicht 115–120, 123, 238
– Lebensunterhalt 3, 61, 117
unterweisen | Unterweisung 8, 21, 39, 43, 45, 47, 72, 77, 101, 119, 129, 173, 181, 183f., 188, 193, 195, 198, 202, 207
unverderblich → verderben
unvergänglich → Vergänglichkeit
Unwürde → Würde
Urteil | urteilen → beurteilen
Vater [s. auch Glossar: Gott als Vater] 63, 68, 69, 72, 84, 86, 102f., 104
– Adam als V. 228
– Israeliten als Väter 128–133, 161
– Paulus als V. 2, 62f., 65f., 67f., 247
verborgen 38, 40f., 55f., 183, 189–192
verderben | Verderben 51f., 71
– verderblich 51f., 70, 92, 222f., 226, 228
– verderbt 3, 222
– unverderblich | Unverderblichkeit 223, 225, 228f., 230–232, 234
Verein [s. auch Kult] 3, 4, 137, 187
Vergänglichkeit 50, 126
– V. menschlichen Daseins 20, 32, 51, 54, 60, 81, 127, 213, 221, 227
– unvergänglich | Unvergänglichkeit 126f., 181, 201, 225–228
vergeblich 201, 230, 233
verheißen | Verheißung → Schrift
verkennen → Wissen
Versorgung → Sorge
Verstand 39–41, 110, 161, 183–185, 187, 190, 192f., 222
– verständig 59, 83, 135f.
verstorben → Tod
versuchen | Versuchung 87, 128f., 131–135, 136, 240
Völker | Völkerwelt | Weltvölker 1, 14, 25, 31, 76, 94, 123, 134, 137, 167, 189, 198, 203, 210, 215, 233, 244
– Völkerapostel 206, 210
vollenden | Vollendung [s. auch Endzeit] 19f., 34, 39, 61, 105, 126f., 129, 132, 159, 179–181, 202, 204, 216, 227–229, 231f., 234, 244
Vorbild | vorbildlich 60f., 145, 177, 181, 241, 242
– Paulus als V. 66, 80, 82, 89, 99, 111, 114, 125, 126f., 142, 144f., 176, 179, 181
– V. für heute 45, 48, 121, 162, 210
wahr | wahrhaft | Wahrheit | bewahrheiten 21, 30, 34, 43, 46, 52, 110, 180
– W. der Botschaft 31, 36, 208
– W. Gottes 138, 191, 196, 217
– W. des Redens/Tuns 68, 71, 143, 175f., 178
Weltvölker → Völker
Werk [s. auch Mission]
– Bauwerk 19, 49
– W. des Geistes 35, 38, 42, 166
– W. der Gemeindeglieder 49f., 52, 68f., 240
– W./Heilswerk Gottes 21, 28, 47f., 49, 57, 166, 218, 241

– Werk des Herrn/Christus 29, 33, 119, 168, 230, 233, 237f.
– W. des Paulus 19, 46, 113f.
– W. des Weisen 119
– Schöpfungswerk 225
– Stückwerk 179
Wissen | wissen
– Allgemeinwissen 126, 224
– erwünschtes W. 148, 163, 204
– Nicht-W. (philosophisch) 53
– rechtes W. 20, 33, 35, 38, 41, 100f., 166, 177, 230, 233
– Traditionswissen 51, 66, 75–77, 80, 84, 116, 118, 133, 152, 207
– Weltwissen 27f., 35, 37
– „Wir wissen …“ 105f., 107f., 112
– Wissensbestand der Gemeinde 109, 113, 149, 163, 240f.
– „Wisst ihr nicht …?“ 49, 51, 68, 74f., 79, 115, 126
– Unkenntnis | verkennen 33f., 128, 163, 220, 222
Wort(e) [s. auch Rede, Schrift]
– W. von Boten Gottes 34, 44, 201
– W. von Gegnern Gottes 38, 51f., 61, 83
– W. Gottes 30, 109, 112, 163, 192, 193, 233
– W. im Gottesdienst 149, 152, 182f., 187f., 197
– Herrenwort | Wort Jesu 91, 116, 118, 121, 156, 231, 241
– W. der Weisheit 21, 176
Würde 48, 51, 74, 76, 82, 84f., 86, 92f., 118, 149, 151, 153, 154f., 158, 162, 167, 200
– Schande | schändlich | Schändung 28, 51, 82, 119, 148f., 151, 153
– Unwürde | unwürdig 59f., 74, 151, 154, 158
– Würde Jesu 31, 35, 203, 210
– würdigen 18, 21, 39, 48, 88, 174, 202
Würdebezeichnung → Titel
Zitat → Schrift
zugrunde gehen → Tod
Zwang | Zwangslage 97–99, 102–104, 115, 119
– Z. der Sünde 204, 232

Stellenregister

Fett gesetzt sind im Stellenregister die Zahlen derjenigen Seiten, auf denen die betreffenden Belegstellen im Wortlaut zitiert und/oder eingehender erläutert werden. Im Abschnitt zum 1. Korintherbrief verweisen fett gesetzte Zahlen jeweils auf die Kommentierung der betreffenden Passagen des Briefs; Angaben zu Einzelversen aus diesen Passagen entfallen dann im Folgenden.

Belege aus den Schriften des Alten Testaments sind nach der Septuaginta angeführt; abweichende Zählungen des hebräischen Textes stehen ggf. in Klammern.

Zu altkirchlichen und griechischen sowie römischen Schriftstellern und zu Inschriften, die im Kommentar nur pauschal benannt werden, verzeichnet das Register zu jeder Anführung die genaue Belegstelle, bei nur fragmentarisch erhaltenen Texten zudem die jeweilige Quellenausgabe.

Altes Testament/Septuaginta [Masoretentext]

Genesis (Gen)

1–5 8
1–3 152f.
1–2 91, 152f., 229
1,3 226
1,11f. 224, 228
1,14–2,1 225, 228
1,26f. 150, **152**, **228f.**
2 86, 229
2,4 227, 228
2,7–5,5 215
2,7 84, 226, **228f.**
2,18–23 150, 152
2,21f. 228
2,22–24 84
2,22f. **152f.**
2,24 **81**, **84**, **86**, 100
3,7 170
3,16 **199**
3,17–19 228
3,17 215, 227
3,19 215, 227, 231
3,20 151, 152
5,1 150
5,3 228
6,5 71
6,17 228
9,11 225
12,7 205
14,19 152
17 95
17,1f. 205
17,9–13 94
20,6f. 85
32,31 180
35,19 204
39,12 82
41,12 42
41,38 104

Exodus (Ex)

3,2 205
3,8 134
3,10 **133**
8,23[19] 186
12–32 8
12,3–6 71
12,14 157
12,15 70, 73
12,19 70, **73**
12,21–23 73
12,23 **73**, 131
13,3 157
13,21f. 129
14,10–14 **133**
14,21f. 129
14,31 130
16–17 130
16,2–12 **134**
16,2 **133**
16,12–14 130
16,18 235

Exodus (Ex) (Forts.)
17,2–7 **134**
17,2f. 131
17,2 **133**
17,4 188
17,5f. 130
19–24 8
19,3–6 **133**
19,5 82
19,9 **133**
19,15 104
20,2 71
20,3–7 143
20,3–5 110
20,13[14]f. 77
20,16 212
20,17 133
21,10 87
23,16 238
23,20 40
23,33 111
24,7f. **133**
24,8 157
32 131
32,4–6 **134**
32,6 131
32,7–14 134
32,8f. **134**
32,19 131, **134**
32,28 **134**
33,20 180
34,6 178
34,12 111
34,20 171

Levitikus (Lev)

5,8–10 204
9,23 205
10,3 82
17–26 78
18 73
18,7f. 69
18,22 77
18,24 **73**
18,29 **73**
19 78
19,2 15, **78**
19,4 **78**, 106
19,11–13 **78**
19,13 76
19,15 **78**
19,18 **78**
20,10 77
26,8 188

Numeri (Num)

6,25[24]ff. 16
8,11 118
10,9 186
11–25 8
11 133
11,4f. **134**
11,34 **133**
12,6–8 180
12,12 206
14 134
14,15–18 134
14,16 **133f.**
14,22 131
14,23 134
14,27 131
14,30 134
16,22 190
16,41–50 [17,6–15] 131
16,46–48 [17,11–13] **134**
17,12[27] **134**
18,9–11 118
18,26 118
20,7–11 130
21,5–9 131
21,8f. **134**
25,1–9 131
25,1f. **134**
25,9 **134**
27,18 104

Deuteronomium (Dtn)

1,8 77
1,15f. 76
3,24 109
4–8 8
4,23f. 140
4,32 150
4,35 109
5,9f. 178
6,4–6 **112**
6,4f. 110
6,4 109
6,13–15 139
6,13 81
6,14–16 **134**
7,3f. 91
7,6–9 20
7,7f. 178
7,9 40, 178
7,25 **133**
8,2f. 132
10,6 204
10,12f. 107
10,17 109
15,12 122
16,6 71
17–22 8
17,7 **73**
17,8–12 **78**
17,12 **73**
19,19 **73**
19,21 76
20,6 116
20,7 85
21,21 **73**
22,21 **73**
22,22 **73**
22,24 **73**
23,1[22,30] 69
23,2–9[1–8] 14
24,1 103
24,7 **73**
24,14–25,3 120f.
25,4 116, **120f.**
27,20 69, 74
28–32 8
28 243
30,20 243
32 139f.
32,4 139
32,10 139
32,16–21 139
32,17 **139**
32,21 **139**

32,24 139
32,35 139
32,38 139
32,39 139
33,3 15

Josua (Jos)

14,7 95
22,2f. 208

Richter (Ri)

2,3 111
8,32 204
10,2 204

1. Samuel (1Sam)

2,2 15
3,13 188
12,21 109
12,23 176

2. Samuel (2Sam)

13,5 177

1. Könige (1Kön)

16,18f. 203

1. Chronik (1Chr)

16,35f. 187
29,11f. 29

2. Chronik (2Chr)

12,16 204
24,25 204
26,18 15
35,24 204

1. Esra (1Esr)

4,40 196
4,51f. 118
7,2f. 118
8,68f. 69

2. Esra / Esra (Esr) und Nehemia (Neh)

Esr 7,16 235
Esr 7,25 39
Esr 9–10 91
2Esr 19[Neh 9],9 129

Judith (Jdt)

8,13f. 41
9,11 32

Tobith (Tob)

2,1 238
4,12 91
4,13 196
4,21 136
7,11 16

1. Makkabäer (1Makk)

1,11–15 124
1,14f. 94
6,2 118

2. Makkabäer (2Makk)

1,1 14
1,10 14
2,21f. 1
3,26 151
4,35f. 31
5,19 228
6,12–16 159
6,30 106
7,9 212
7,14f. 212
7,29 221
7,37f. 203
7,37 177
8,1 1
12,41 56
12,42–45 220

3. Makkabäer (3Makk)

3,16f. 216
4,16 164

4. Makkabäer (4Makk)

4,5 103
5,2 106
13,22 110
15,12 195
17,2–4 178
17,8 236

Psalmen (Ps) 9

1,1f. 103
2,6–9 20
3,8 19
5,12 33
8,2–6 218f.
8,5–8 **218**
8,7 218, 227
14[15],4 171
17[18],38f. 217
21[22],13f. 222
22[23],3 226
23[24],1–7 143
23[24],1 141, **143**
24[25],7f. 178
26[27],14 241
30[31],25 241
32[33],6 109
32[33],10 33
34[35],4 178
43[44],4 134
43[44],22 190
64[65],2–6 51f.
64[65],5 **51f.**

Psalmen (Ps) (Forts.)
70[71],5 178
72[73],23–26 212
74[75],6 212
77[78],13 129
77[78],19 **134**
77[78],22 180
77[78],24f. 130
77[78],24 **134**
77[78],58–61 139
88[89],4 95
88[89],6 197
91[92],6f. 224
93[94],1–15 54
93[94],11 **54**
95[96],5 138
102[103],13 17
104[105],39 129
104[105],42 95
105[106],14 **133**
105[106],25–29 **134**
109[110],1–3 **219**
109[110],1 219
109[110],2 95
113,15[115,7] 163
117[118],8 36
144[145],15 142
146[147],11 130
150,5 177

Psalmen Salomos (PsSal)
194
3,4 159
16,11 159
17f. 13
17,26.43 15

Sprüche (Spr)
1,5 173
3,11f. 159
3,11 190
3,19 109
6,5 102
7,1[a] 139
7,21–23 222
10,12 151
11,16 150
12,12 131
13,16 188
13,24 67
16,7 96
18,2 188
20,2 178
21,26 131
22,17–21 **21**
24,19 178
24,25 190
26,22 111

Kohelet (Koh)
3,20 227
6,3 206
9,10 110

Hiob (Hi)
1,12 132
2,6 70, 132
3,20 142
4,12 197
4,21–5,27 54
5,13 **54**
8,6 57
10,11 228
11,8 92
12,13 31
15,9 92
22,28 57
27,2–6 56
27,6 **56f.**
28,3 210
33,32 57
40,4 177
40,8 57

Sapientia Salomonis (Sap)
2,1–9 221
3,8f. 76
3,9 16, 180
4,15 16
5,15 48
7,1 227
7,8–14 176
7,14 243
7,27 243
9,6 176
9,9 109
9,10 106
9,17 41
10 30
10,18 129
12,1 226
14,3 109
14,12 65
14,21f. 136
14,22 106
15,3 231
15,8 109
15,11 229
18,25 131
19,7 129

Sirach (Sir)
prol. 18–20 89
1,1 **43**
1,10 **43**
2,6 180
6,16 243
13,15f. 225
15,3 170
18,14 159
19,2f. **83**
21,2f. 82
21,2 136
23,16–18[21–26] **83**
23,16[23] **84**
24,3–6[5–10] 30
30,25–27[33,16.18f.] 206
35,23[32,37] 94
36,16 207
36,23[20]f. **83**
36,27[24] 85
37,27–29[30–32] **83**
43,27–29[29–32] 218
48,22[25] 101
50,17[19] 190
50,23[25]f. 16

Hosea (Hos)

4,6 106
6,1f. 209
6,2 **209f.**
10,1f. 118
12,1[11,12] 107
13,10 232
13,14 **233**

Amos (Am)

2,12 15
3,8 119
8,2 180

Joel

2,28–32[3,1–5] 18
2,28[3,1] 21
2,28[3,1]f. 26, 82
2,31[3,4] 20
2,32[3,5] **17f.**, 26

Jona (Jon)

4,8 85

Nahum (Nah)

1,2f. 139

Habakuk (Hab)

2,18f. 109

Haggai (Hag)

2,9 227

Sacharja (Sach)

9,9 68

Maleachi (Mal)

1,7 139
1,12 139
2,8–11 **112**
2,16 91
3,2f. 50
4,1[3,19] 50

Jesaja (Jes) 9

1,4 119
1,20 188
5,1 116
5,2 48
6,3 39
10,3 220
11,2 106
19,11f. **34**
22,5.11–14 **222**
22,13 222
25,6–9 **233**
25,8 233f.
26,19–21 212
26,19 204
27,3 48
28,7–13 191
28,11f. 188, **191**
29,10–21 33f.
29,14 30, **33f.**
33,18 34
40,5–23 43
40,13 **43**
41,8 243
41,11 238
42,6 14
44,3f. 169
44,24–26 **34**
44,8 109
45,1 238
45,14f. **191f.**
45,16 238
45,19–22 192
45,21 109
48,20 136
49,3 95
49,7 20
52,7–10 25, 67
52,13–53,12 209
53 210
53,4–12 **209**
53,10f. 209
53,12 156
58,7 160
59,2f. 110
60,17–61,3 26
61,1–3 26
61,1 **26**
61,3 47
63,8–64,9[8] 43
63,15f. 17
64,4[3] 40, **43**
65,3 138
65,9 95
65,11 139

Jeremia (Jer)

5,19 218
9,23[22]f. 32f., 33f.
10,12 30
16,10 218
18,9 49
38[31],31–34 9, 157, **161f.**

Baruch (Bar)

3,9–4,4 33

Ezechiel (Ez)

20,6 40
20,18 71
34,12 116
37,3–6 229
37,5f. **229**
40,4 40
44,5 40
45,22 204

Susanna (Sus)

48–51 114, 190

Daniel (Dan)

1,2 111
1,9 171
2,18f. 39
2,27f. 39

Daniel (Dan) (Forts.)
2,46f. **191**
3,95[28] 176
3,96[29]Th 212
3,98[4,1]Th 13
4,5[8]Th 104
4,19[22] 15
4,24[27] 235
4,34[37]^{a} 36
5,12Th 42
7,22 76
9,18f.Th 19
12,2f. 212
12,2Th 204

Bel et Draco (Bel)
31f. 60

Außerkanonische Schriften und Pseudepigraphen zum AT

Apokalypse des Mose (ApkMos)
20,4f. 170

Apokryphon Ezechiel (ApokrEz)
3 17

Aristeasbrief (Arist)
144 117

Assumptio Mosis (AssMos)
10 67

2. Baruch (2Bar)
17,3 216
21,4 32
21,13f. 213
29f. 13
29,8 130
40,1f. 217
44,13 77
49f. 224
49,3 228
51,10 231
51,12 76
70,3–5 32
74,2 225
78,2 16

3. Esra (3Esr)
4,34–40 176
4,35–40 178

4. Esra (4Esr)
4,26 100
7,28 217
7,116–126 216
8,6 227
8,51f. 39

1. Henoch (1Hen)
19,1 138
25,3–7 40
27,3–5 40
36,4 40
58,2 103
62,15f. 232
63,1–7 40
63,2–4.7 40
91,3 24
103,2f. 39

Joseph und Aseneth (JosAs)
4,7 244
7,1 71, 124
8,5 138
19,5 137
22,8f. 243
29,3 76

Jubiläen (Jub)
3,7 81
6,17–20 238
10,8 73
14,20 238
17,18 180
19,9 243
20,4 91
22,9 16
22,16 124
22,17 138
49,2f. **73**

Liber Antiquitatum Biblicarum (LibAnt)
3,10 212, 217
10,7 130
13,8 216
18,10 47
26,13f. 43

Sibyllinen (Sib)
2,73 77
3,4–7 119
3,11 110
3,359 150
Frgm. 3,41f. 222

Testament Abrahams (TestAbr)
A 4,5 231

Testament Hiobs (TestHiob)
24,10 150
27,3–5 126
33,4 100
37,7 41
48–51 167

Testamente der Zwölf Patriarchen

Testament Ruben (TestRub)
1,10 69
3,2f. 88
4,6f. 87
4,6 65
4,7 88
5,5 82

Testament Levi (TestLev)
9,9f. 87

Testament Juda (TestJud)
13,2f. 32
18,2–19,1 71

Testament Issachar (TestIss)
4,4 110

Testament Dan (TestDan)
5,1 82
5,2 196
5,6 70
5,10–13 67

Testament Naphthali (TestNaph)
2,8 170
8,8 87

Testament Benjamin (TestBen)
10,8 225

Qumrantexte

Damaskusschrift (CD)
4,20f. 103
4,21–5,5 91
6,4 130
7,3f. 110
12–14 13
19f. 13

Hodajot (1QH)
194
11[3],21–23 167
20[12],11–13 41

Kriegsregel (1QM)
4,9f. 14

Pesher Habakuk (1QpHab)
6,14–7,5 132

Gemeinderegel (1QS)
1,12 14
2,11–18 70
3,15f. 39
3,20–25 132
6,10 195
8,5 49
9,5f. 51
11,5f. 39

Gemeinschaftsregel (1QSa)
2,3–9 151

Segenssprüche (1QSb)
5,24–28 217

Sabbatopfer-Gesänge (4Q400–407)
157

Antik-jüdische Schriftsteller

Josephus

Antiquitates Judaicae (Ant.)
4,231–239 121
4,233 116
7,380 109
8,114 51
14,110 235
18,64 207

Contra Apionem (Ap.)
2,199–201 197
2,217f. 127

De Bello Judaico (Bell.)
1,110 1
4,618 25
6,310–315 31
7,250 102

Philon 50, 82, 84, 180, 226

De Abrahamo (Abr.)
135f. 77

De Cherubim (Cher.)
51 226
127 109

Philon (Forts.)

De congressu eruditionis gratia (Congr.)
61 149
130 60

De vita contemplationis (Cont.)
68 99

Quod deterius potiori insidiari soleat (Det.)
38 222

De fuga et inventione (Fug.)
58 243
165 41

Quis rerum divinaris heres sit (Her.)
21 243

Hypothetica (Hyp.)
7,14 198

Legatio ad Gaium (Legat.)
281 3

Legum allegoriae (Leg.)
1,31 228
2,53 188
2,86 130
3,161 228

De migratione Abrahami (Migr.)
28–46 37

De vita Mosis (Mos.)
1,156 243
1,278 81

De opificio mundi (Op.)
136 226
167 197, 199
171 110

De plantatione (Plant.)
18f. 228

De praemiis et poenis (Praem.)
125 149

Quaestiones in Exodum (QE)
1,15; 2,14 70
2,46 227

Quaestiones in Genesin (QG)
2,56 227

De sacrificiis Abelis et Caini (Sacr.)
32 177
128 92

De somniis (Somn.)
1,86 30
2,34 119
2,226f. 107

De specialibus legibus (Spec.)
1,78 235
1,221 138
1,260 117
3,126 134
3,169 197
4,49 187
4,84 131

Pseudo-Philon (Ps.-Philon)

De Jona 176 189

Pseudo-Phokylides (Ps.-Phok)

179f. 69

Neues Testament

Matthäus (Mt)

2,4 30
2,6 206
2,23 206
5,5–9 103
5,11 61, 218
5,14 170
5,21f. 158
5,39–41 76
5,46f. 119
6,28–30 224
10,8 159
10,9f. **118**
12,31 82
12,38f. 31
13,33 70
13,37–43 217
15,2f. 221
16,17 231
17,9 212
17,20 177
17,25 156
18,15 123
18,19f. 70
18,20 195
19,5 81
19,17 94
19,28 203
20,1 116
20,15 80
22,38 114
24,31 231
25,2 188
25,34 77
26,51–54 178
26,52 111
26,59f. 212
27,17.22 109
27,44 171
28,16–20 208
28,17f. 205
28,18 217

Markus (Mk)

1,5 129
1,8 129
1,13 88
2,7 109
2,24 80
2,25 202
3,14 203, 206
3,22f. 138
3,31 206
4,14 117
5,10 239
5,23 239
6,13 159
6,14 207
6,18 69
6,29 207
7,18f. 81
7,26 130
8,6 161
8,14 76
8,31 217
8,36 177
9,31 207
9,39 200
10,4 197
10,6–9 91
10,7–9 81
10,9–12 **91**
10,9 91
10,11 91
10,12 91
10,18 109
10,19 76
10,21 177
10,28 177
10,38f. 220
10,43f. 241
10,45 145
11,14 111
11,15–17 208
11,22f. 177
12,22 206
12,29f.32 110
12,36 219
13,2 208
14,10 156
14,12 156, 161
14,17–25 156, **161**
14,17f. 160
14,17 161
14,22–25 160
14,22–24 139
14,36 204, 228
14,41 156
14,53 163
14,60f. 61
14,65 61
15,42 207
15,43–46 207
16,1f. 207
16,7 205
16,17 167, 189

Lukas (Lk)

1,4 188
1,27 98
1,46–55 194
1,60 72
1,67–79 194
4,15 171
5,17 195
5,29 111
6,20f. 103
6,26 218
6,27f. 61
6,45 72
9,1 103
9,22 204
10,2 118
10,7 116, **118**
10,17f. 138
10,18 208
10,22 218
10,40 102
10,41 101
11,4 132
11,13 227
14,9 60
14,18 103
15,2 71, 124
16,18 **91**
17,10 119
20,20 217
20,42 194
21,23 99
22,40 132
24,1–35 235
24,3 207
24,30 161
24,34 205, 208
24,44 116
24,46 229

Johannes (Joh)

1,3 226
3,20 190
4,48 31
6,27 114
6,44.65 164
7,5 206
9,2 159
9,25 25
10,20 189
12,24 224
13,1f. 161
15,14 243
19,38–42 207
20,19–24 208
20,24–28 205
20,25 195
21,8 195
21,22 72

Apostelgeschichte (Apg)

1,14 116, 206
1,17f. 208
2,1–21 147
2,1–13 189
2,1 189
2,4–11 167
2,11 124, 177, 191
2,14 195, 205
2,16–21 18
2,34f. 219
2,38–41 26
2,38 169, 203
3,6.16 166
4,25–27 40
5,3 70

Apostelgeschichte (Apg) (Forts.)

6,2 205
6,13f. 208
8,1 208
8,3 208
8,4 208
8,26–40 208
9,1f. 208
9,3–6 206
9,3 208
9,8–19 207
9,14 15
9,20 211
9,21 15
9,30 1
10,2 124, 235
10,40 207
10,42–44 205
10,47f. 26
11,19–26 160
11,19f. 1
11,19 208
11,20f. 208
11,22–26 1
11,27 167
13–14 1
13,1 173
13,5 125
13,15–41 4
13,16 190
13,26 123, 190
14,1 123
15,1–29 123
15,1 94
15,3 238
15,20 65
15,36–41 1
15,40 244
16–18 2
16,1–3 66
16,12 236
16,37f. 222
17,17 4
17,18 29
17,24 15
17,32–34 36
17,32 29
18,1–18 3, 36
18,2f. 242
18,2 3, 17, 245
18,3f. 4
18,3 62
18,4–17 3
18,4 125
18,5 3
18,7f. 4
18,7 4
18,8 4, 17, 25, 33, 96
18,11 3
18,12–18 3
18,12–17 145
18,12f. 4
18,12 236
18,13 125
18,14–16 4
18,17 17, 95
18,18–19,1 5
18,18–22 51
18,18f. 17, 245
18,23 238
18,24f. 26
18,24 28, 33
18,27–19,1 25
18,27f. 4
18,27 48
18,28 33
19 2, 238
19,1 17
19,8–10 5, 239
19,9 239
19,11 166
19,22 5, 66
19,23–40 239
19,39 197
20–21 5
20,1–16 2
20,7 143
20,19 239
20,28 116
20,31 5
20,32 206
20,34 62
20,35 173
20,38 238
21–22 2
21,5 238
21,9 98
21,22 194
21,23–26 51
21,39 1
22,1 114
22,3 1
22,16 77
23,6–8 212
23,6 1
26,14 1
26,23 215
27–28 2

Römer (Röm)

1,1f. 1, 209
1,4 15, 20, 215, 216, 226, 227
1,5 119, 206
1,7 16
1,8 19, 155
1,9 70
1,10–15 2
1,10 67
1,13 129, 239
1,14 186
1,15 55
1,16 25, 29
1,17f. 40
1,18–23 203
1,18 75
1,19–31 222
1,20–22 30
1,20 152
1,21–23 136
1,21 53
1,25–27 65
1,25 152
1,27 77
1,28 180
1,29 71
1,32 178
2,2 106
2,3f. 158
2,4 178
2,5f. 20
2,5 50

2,6–10 50
2,7 226
2,9 131, 226
2,12 124
2,13 56, 96
2,15 56
2,16 56, 72
2,17–20 123
2,18 239
3,2 155
3,3 72
3,6 72
3,8 131, 142
3,10–19 189
3,19 106
3,21 209, 215
3,24 32
3,25f. 157
3,25 137
3,27–4,25 123
3,27 72
3,29 213
3,30 109
4,2–5 119
4,6–8 103
4,7f. 203
4,16–21 129
4,17 32, 132, 206, 216
4,18–21 31
4,23–25 117
4,23 117
4,24 114
4,25 156, 204, 209, 213
5,1–5 180
5,1f. 16, 109
5,1 15, 92, 223
5,2 202, 244
5,3 233
5,5 169, 176
5,6 203
5,8 203
5,9 137, 157
5,10 92
5,12–21 216
5,12 227, 232
5,13 232
5,15 186
5,16 76
5,17 32, 213
5,20 232
5,21 15
6,3f. 220
6,3 203
6,4 40, 70, 109, 204, 226, 235
6,6 70, 127
6,12f. 82
6,12 81, 127
6,14f. 244
6,14 124
6,17 173
6,18–22 95
6,18 232
6,22 170
6,23 216, 221
7,2 99
7,3 114
7,4–6 204, 232
7,4 137
7,7–11 216, 232
7,7f. 131
7,14 45
8,3f. 124
8,3 204
8,9–11 104
8,9 82
8,11 204, 226
8,13 127
8,14 164
8,14–17 17
8,16f. 226
8,16 41
8,18–23 60
8,18–21 20
8,20–24 180
8,20f. 54
8,20 216
8,21 20, 218, 219, 226
8,23 215
8,24f. 213
8,24 180
8,26 149, 226
8,28 40
8,29f. 20, 39, 107, 228
8,29 17, 215
8,32 20, 41, 157, 204, 209
8,33 20
8,34 159, 203, 204, 219
8,35 221
8,38f. 54
8,38 60, 217
8,39 221
9,3 138, 164
9,4 51
9,11 180
9,19 167, 228
9,21 103
10,2 175
10,4 216
10,9f. 40
10,9 163, 211
10,12f. 15
10,12 60, 186
10,13 18
10,15 25
10,16 30, 209
11,11 139
11,12 76
11,14 139
11,16 215
11,19 139, 228
11,22 132
11,25–27 231
11,25 217
11,27 157, 218
11,33 30, 41, 106
11,34 43
11,36 218
12,1 65, 82, 184
12,2 30, 53, 158
12,3–8 94
12,3 106
12,4f. 169
12,4 231
12,6–8 173
12,6 19, 167
12,7 173
12,11 95
12,14 61

Römer (Röm) (Forts.)
12,15 171, 178
12,17f. 213
12,18 92
13,1 217
13,3 38
13,10 106, 176, 190
13,11–14 100
13,11 212
13,13 196
14,2 155
14,3 238
14,4 179
14,6 142
14,9 203, 204
14,10 110, 238
14,9–11 56
14,13 111
14,14 94, 233
14,15 111
14,17 110
14,19f. 233
14,19 182
14,20 48
14,21 111
14,22 103
14,23 111
15,3f. 117
15,3 40, 145, 149, 213
15,4 1, 117
15,7 143, 159, 186
15,16 1, 15, 51
15,17 33, 221
15,19 36, 41, 51, 198
15,21 40, 209
15,25–32 236
15,25–28 2
15,25f. 5
15,25 235
15,26f. 117
15,26 236
15,27 198, 236
15,30 15, 24
15,31 2, 235
16,1f. 120
16,3–16 243
16,5 194, 242, 245
16,12 233
16,20 194, 244
16,22 245
16,23 4, 25, 120, 160, 190

1. Korinther (1Kor)

1–2 42
1 18
1,1–9 18
1,1–3 7, **13–18**, 19, 21, 26, 125
1,1 7, 31, 99, 114, 145, 243
1,2(–10) 33
1,2 4, 7, 21, 23, 24, 25, 26, 29, 31, 65, 69, 75, 77, 82, 144, 147, 152, 156, 171, 173, 198, 202, 206, 221, 235, 243, 244
1,3 8, 19, 20, 109, 196, 218
1,4–9 7, **18–21**
1,4–7 82, 165
1,4f. 117
1,4 7, 14, 142, 187, 206
1,5 4, 18, 60, 106, 107, 166
1,6 212
1,7–10 29
1,7f. 18, 132
1,7 4, 15, 18, 60, 199, 232
1,8f. 73, 158
1,8 56, 100, 127, 159, 179, 216, 240
1,9 8, 17, 18, 23, 24, 30, 35, 40, 49, 55, 94, 95, 99, 127, 132, 133, 137, 212, 213, 218, 232
1,10–4,15 7, **23**, 24, 25, 45, 46, 57
1,10–17a **23–27**, 55
1,10–13 155
1,10f. 23, 155
1,10 6, 7, 8, 14, 15, 21, 25, 48, 51, 62, 99, 156, 165, 171, 241
1,11f. 5, 46, 51
1,11 85
1,12f. 243
1,12 4, 23, 24, 33, 53, 54, 116, 120, 194, 239
1,13 23, 32, 51, 63, 77, 81, 94, 155, 169
1,14–17 62
1,14 4, 17, 33, 120, 160
1,15 218
1,16 4, 6, 96, 241
1,17–3,2 23, **27**
1,17–2,5 21, **27**, 36, 63
1,17–25 33
1,17 3, 7, 9, 23, 26, 27, 29,

	31, 34, 35, 36, 37, 42, 46, 63, 145, 167, 173, 213
1,17*	**27f.**, 43
1,18–31	27, **28–35**, 44, 52, 53, 55, 57
1,18–3,9	26
1,18–21	8
1,18f.	111
1,18	25, 36, 137, 213
1,19f.	9
1,19	53, 120
1,20f.	38, 159
1,20	41, 53, 213, 232
1,21	26, 27, 52, 53, 77, 166, 205, 212
1,22–24	1, 94
1,22	36, 125, 144, 169
1,23–25	53
1,23f.	37, 71, 127
1,23	14, 23, 35, 125, 145, 164, 207, 211
1,24	9, 14, 37, 50, 53, 76, 244
1,25	36
1,26–28	96, 120
1,26f.	226
1,26	4, 62, 78, 94, 138
1,27f.	26, 35, 36, 52, 60, 76, 100
1,27	38, 53, 111, 158, 170
1,29	53, 60
1,30	3, 8, 15, 26, 37, 40, 50, 53, 56, 71, 77, 109, 137, 151, 212
1,31	53, 103, 119, 177, 181, 206, 221
2,1–5	27, **35–37**, 44, 62, 145
2,1f.	20, 21, 205
2,1	4, 27, 118, 158
2,2	3, 23
2,4f.	20, 21, 67, 114, 166, 202
2,4	4, 19, 26, 27, 41, 103
2,5	45, 48, 240
2,6–3,4	63, 179
2,6–3,2c	27, 36, **37**
2,6–16	21, 46, 57, 192
2,6–12	43
2,6–10a	43
2,6f.	19, 40
2,6	32, **37f.**, 39, 41, 42, 43, 44, 45, 76, 100, 181, 188, 217, 231
2,7–16	**38–44**
2,7f.	20, 26, 50
2,7	32, 33, 35, 53, 166, 184, 244
2,8	37, 60, 156, 158, 164, 203
2,9f.	185
2,9	9, 106, 177
2,10–14	36
2,10	36, 37
2,11f.	35, 106
2,11	186, 196, 226
2,12f.	20, 130, 166
2,12	36, 37, 45, 164, 170
2,13–3,4	76
2,13–16	21, 103, 177, 198
2,13–15	45, 226
2,13	19, 27, 52, 103, 117, 163, 164
2,14f.	114, 142, 190
2,14	70
2,15	56
2,16	9, 24, 62, 145, 164
3,1–4	42, 181
3,1f.	62, 179, 188
3,1–2c	27, 37, **44f.**
3,1	35, 45, 99
3,2	48, 60, 106, 116, 169
3,2d–4	23, **45f.**
3,3f.	5
3,3	23, 24, 43, 99, 164, 178, 221
3,4–9	26, 50
3,4–6	213
3,4	4, 23, 25, 47, 59
3,5–4,21	239
3,5–4,13	23, **46**, 58
3,5–4,5	**46**, 57, 59
3,5–17	58
3,5–9	23, 55
3,5f.	5, 25, 120, 239
3,5	13, 46, **47**, 53, 57, 145, 165, 173, 207, 241
3,6–17	55
3,6–9	46, **47f.**, 49, 52

1. Korinther (1Kor) (Forts.)
3,6–8 26, 116
3,6 4, 50, 57, 117
3,7f. 57, 169, 233
3,7 106
3,8f. 241
3,8 46, 50, 56, 57, 59, 110, 206, 221
3,9*–17 **49–52**
3,9f. 184
3,9 19, 46, 55, 141
3,10–17 46
3,10f. 145
3,10 52, 57, 76, 117, 206
3,11 46, 62, 212, 233
3,12–15 53
3,13–15 46, 57, 114, 240
3,13 20, 56, 127
3,14 48, 56, 110, 180
3,15 30, 129
3,16f. 46
3,16 36, 76, 78, 82, 104, 118, 149, 171, 192
3,17f. 243
3,17 9, 53
3,18–23 46, **52–55**, 57, 58
3,18 5, 50, 57, 76, 106, 107, 170, 198, 239
3,19f. 46, 58
3,19 57, 120
3,20 9, 212
3,21–23 46, 55, 80
3,21f. 32
3,21 60
3,22f. 26, 149, 243
3,22 26, 62, 99, 116, 120, 207, 213
3,23 25, 46, 212, 218
4,1–5 13, 46, **55–57**, 58
4,1f. 48, 119
4,1 35, 46, 58, 60, 145, 177, 184
4,2 66, 99, 212
4,3–5 46, 136
4,3f. 159
4,3 5
4,4f. 21, 46
4,4 110, 119, 221
4,5 20, 47, 50, 70, 100, 102, 147, 158, 179, 180, 190, 233, 244
4,6–13 46, **57**
4,6f. 26, 32, 70, 181
4,6 5, 8, 25, 33, 48, **57–59**, 60, 62, 67, 106, 178, 213, 221
4,7–13 57, **59–62**
4,7f. 67
4,7 96, 119, 162, 165, 241
4,8 5, 60, 70, 76, 181, 213, 231
4,9–13 23, 145
4,9f. 35
4,9 222
4,10 111, 136, 151, 226
4,11–13 181
4,11 238
4,12 3, 71, 116, 120, 206, 233
4,13 110, 205
4,14f. 7, 23, **62f.**
4,14 7, 66, 68, 76, 106, 132, 136, 176, 233, 244
4,15 2, 25, 65, 67, 110, 118, 145, 173, 202, 212, 221
4,16–11,1 7, **65**
4,16–21 6, 65
4,16f. **65f.**, 67, 74, 80, 89, 94, 99, 111, 114, 181
4,16 7, 21, 65, 144, 145
4,17–19 235
4,17 6, 8, 14, 16, 65, 67, 75, 103, 144, 145, 147, 151, 173, 238
4,18–10,31 145
4,18–7,40 65, **66**
4,18–6,20 **66**, 85
4,18–21 66, **67f.**, 74
4,18f. 237, 239
4,18 5, 213, 241
4,19–21 238
4,19f. 24, 145
4,19 14, 160, 185, 238
4,20 80, 100
4,21 103, 176, 244
5–6 144
5,1–6,18 81
5,1–13 66, **68–74**, 78, 80
5,1 5, 65, 67, 85, 87

5,2f. 67
5,2 82
5,3–5 75, 82, 145
5,3 81
5,4 75, 244
5,5–8 8
5,5–7 244
5,5 20, 30, 132, 138, 145, 241
5,6 51, 118
5,7f. 92, 238
5,7 156
5,8 188, 233
5,9–12 82
5,9–11 5, 65
5,9f. 8, 91
5,10f. 65, 75, 131
5,10 5
5,11 5, 77, 155
5,12f. 75
5,12 80
5,13 8, 78
6–9 145
6,1–11 66, **74–79**, 80
6,1f. 15, 241
6,1 5
6,2f. 60
6,4 32
6,5 62, 80, 82, 222
6,6 189, 190
6,7 87
6,8 72, 87, 181
6,9–11 4, 80, 83, 163
6,9f. 60, 67, 80, 81, 95, 124, 231
6,9 65, 91, 131, 164, 222
6,11 4, 5, 15, 21, 25, 32, 36, 80, 104, 165, 169, 204, 212, 213, 220
6,12–20 66, **79–84**, 87, 88, 127, 141
6,12f. 87
6,12 65, 85, 110, 141, 145, 151, 166
6,13f. 224
6,13 65, 110
6,14 100, 132, 201, 204, 219, 226
6,15f. 5, 65
6,15 171, 212
6,16 8, 86, 100
6,17 20
6,18–20 86
6,18f. 222
6,18 5, 65, 72, 136
6,19 41, 45, 104, 164
6,20 96, 143, 171
7,1–40 66, **85**
7,1–16 104
7,1–5 6, 88
7,1f. 90
7,1 5, 8, 70, **85f.**, 87, 88, 89, 90, 93, 98, 104, 106, 107, 119, 164
7,2–7 86
7,2–5 85, **86–88**, 89
7,2–4 91
7,2 50, 65, 89, 94, 197
7,3–5 100
7,4 80, 103
7,5 70, 89
7,6f. 80, 85, **88f.**, 93, 145
7,6 24
7,7 90, 94, 102, 104, 138, 167
7,8–16 85, **89–93**, 94, 99, 198
7,8f. 91, 103
7,8 85, 89, 94, 98, 99, 103, 237
7,9f. 85, 102
7,9 88, 89, 100, 104, 127, 155
7,10f. 103, 118, 145
7,10 26, 155, 156
7,11f. 99
7,11 94
7,12–16 72, 73
7,12–15 76, 190
7,12f. 5, 91, 103
7,14 71
7,15 14, 94, 116, 196, 239
7,17–24 6, 85, **93–97**
7,17 16, 92, 196, 207
7,18f. 1
7,18 4
7,19 48, 77, 124
7,20 32
7,21f. 4, 169
7,21 117
7,22f. 117
7,22 103, 114, 122, 123, 124
7,23 82, 123, 171
7,24 14
7,25–40 **97–105**
7,25f. 145
7,25 6, 85, 89
7,26 85
7,27f. 96
7,27 106
7,28 102

1. Korinther (1Kor) (Forts.)
7,29–31 85, 132, 220
7,29 89, 231
7,31 54
7,32–34 85
7,32 89, 90, 184
7,33f. 102
7,34 90
7,35f. 171, 178
7,35 85, 89, 145
7,36f. 119
7,37f. 85
7,37 80, 233, 239
7,38 85
7,39f. 90
7,39 102, 151
7,40 60, 65, 85, 89, 145, 198
8,1–10,31 65, **105**
8,1–7 166
8,1–3 **105–107**, 138, 167, 179, 181
8,1f. 127, 132
8,1 4, 6, 49, 65, 85, 95, 105, 108, 110, 111, 112, 123, 141, 170, 176, 178, 184, 194
8,2 53, 213, 241
8,3 112, 132, 176, 180, 240
8,4–10,31 106
8,4–13 6, 105, **107–113**, 140
8,4–7 20
8,4–6 8, 142
8,4f. 138
8,4 6, 65, 106, 114, 141
8,5 225
8,6 17, 106, 130, 151, 212
8,7–13 123
8,7–11 106
8,7 4, 65, 80, 107, 138, 213, 238
8,8 81, 138, 141
8,9–11 125
8,9 21, 80, 83, 103, 105, 114, 115, 117, 127, 170, 175, 238
8,10f. 96
8,10 65, 73, 105, 106, 128, 139, 143
8,11f. 158, 222
8,11 123, 171, 181, 213
8,13–9,1 114
8,13 106, 113, 114, 119, 125, 135, 145
9,1–10,22 140
9,1–23 6, 105, **113**, 126, 127, 145
9,1–3 **113f.**
9,1f. 113
9,1 14, 19, 26, 47, 95, 116, 122, 142, 145, 206, 208, 238, 244
9,3 72, 113, 119
9,4–18 113, **114–121**
9,4–6 83
9,4 62
9,5 26, 89
9,6 1, 62
9,8–10 189
9,8 197
9,9f. 132
9,9 95, 124
9,11 42, 163
9,12–18 238
9,12 110, 123, 125, 145, 178
9,13 106, 126
9,14 26, 156
9,15–19 145
9,15 62, 85
9,16–18 126
9,16 25, 99, 125, 126, 145
9,17f. 106
9,17 55, 178
9,19–23 113, 114, **122–125**
9,19 95, 106, 126, 143
9,22 80, 92, 111, 126, 144, 145, 218
9,23 106, 126
9,24–27 81, 105, **126–128**
9,24f. 106, 131, 135
9,24 129
9,25 131, 219
9,26f. 145
9,26 186
9,27 129, 145
10,1–22 105, 126, 127, **128**
10,1–13 **128–135**, 136, 140
10,1–10 8, 9
10,1–4 106
10,1 126, 128, 163
10,2 8
10,4 139
10,5–10 128
10,5 110, 126
10,6–22 6

10,6–11 162, 178
10,6f. 138
10,6 58, 81, 91, 126, 128
10,7 65, 106, 126, 128, 135, 138, 139, 188
10,8–11 126
10,8 65, 81, 139
10,9f. 139
10,9 136
10,11 8, 15, 58, 62, 100, 117
10,12f. 139, 240
10,12 170
10,13 8, 58, 128, 136, 139, 195
10,14f. 128, **135f.**
10,14 5, 62, 65, 72, 106, 128
10,15–22 135
10,15 8, 145, 151
10,16–22 **136–140**
10,16–20 133
10,16f. 130, 134, 143
10,16 20, 73, 128, 143, 157, 173, 212
10,17 145, 169
10,18–22 128
10,18 8, 109
10,19 65, 109
10,20–22 8
10,20f. 5, 109, 135, 163
10,20 9, 128, 133, 170
10,21–31 144
10,21f. 143
10,21 9, 106, 128, 130, 131, 158, 244
10,22 106, 128, 198
10,23–31 6, 105, **140–144**
10,23f. 186
10,23 49, 65, 80, 106, 110, 144, 145, 166
10,24 87, 106, 178, 184
10,25 73, 106
10,26 9, 54
10,27f. 106
10,27 5, 73, 91, 189, 190
10,28 106
10,29f. 145
10,29 95
10,30 143
10,31 80, 82, 106
10,32–11,1 65, 143, **144f.**
10,32 14, 16, 65
10,33 124, 178
11–15 236
11,1 7, 21, 65, 147, 240
11,2–16,4 7, **147**
11,2 7, 8, **147f.**, 155, 156, 202, 235, 236
11,3–16 5, 147, **148–153**, 196, 197, 228
11,3 54, 184, 199, 218
11,4f. 6, 156, 173
11,6 197
11,7–12 8
11,7–9 199
11,7 99
11,10 102
11,11f. 199
11,13 136
11,16 16, 53, 85, 107, 198, 236
11,17–34 147, **154–162**
11,17 147
11,18–22 14
11,18 6, 21, 24, 99, 165, 187, 189
11,19 165, 232
11,20f. 208
11,20 4, 189, 208
11,21 72
11,22 32, 147, 218, 222
11,23–26 148
11,23 9, 26, 147
11,24 137, 142, 177, 203, 218
11,25 9, 73, 137, 147
11,26 56
11,30 170, 205, 213, 231
11,33f. 174
11,33 200
11,34 67, 237, 238
12–14 **162f.**
12 51, 147
12,1–3 162, **163f.**
12,1 6, 85, 129, 147, 165, 182
12,2 3, 4, 65, 77, 109, 129, 241
12,3 4, 15, 19, 156, 166, 195, 202, 216, 218, 244
12,4–30 162, **164**, 174, 175, 182

1. Korinther (1Kor) (Forts.)
12,4–11 19, 164, **165–167**, 173
12,4 89, 163, 231
12,5 173, 241
12,6 110, 215, 218
12,7–11 169
12,7 141, 145
12,8–10 173, 194, 195
12,8 19, 185
12,9f. 173
12,9 180
12,10f. 149, 184
12,10 20, 59, 174, 185, 186, 188, 194, 195
12,11 194
12,12–27 138, 164, **168–172**, 173
12,12 25, 81
12,13 4, 21, 25, 81, 244
12,15 138
12,18 14, 173
12,20 71, 185
12,21 218
12,22 99
12,26 178
12,27 25, 81, 158, 173, 212
12,28–30 164, **172–174**
12,28f. 166
12,28 51, 166, 167, 170, 177, 185, 188, 194, 195, 198, 205
12,29–31 164
12,29f. 5, 89
12,30 185, 186
12,31–14,40 162, 166, 167, **174**, 200
12,31 163, 185, 186
12,31a 174, **175**, 176, 182, 184, 200
12,31b–14,1a 163
12,31b–13,13 6, 147, 174, **175–181**, 182
13,1–3 240
13,1 167, 184, 189
13,2 106, 107, 166, 173, 184, 208, 231
13,3 99, 221
13,4–7 68, 240
13,4 58, 106
13,5 76, 87, 106, 141, 185, 186, 200
13,7 76, 117
13,8–12 37
13,8 20, 67
13,9 20
13,10f. 188
13,10 81, 218, 232
13,13 95, 240
14 147, 174, 200
14,1–28 200
14,1 163, 174, 175, 181, **182**, 184, 193, 194, 195, 200, 240
14,2–38 174
14,2–25 **182–193**, 194
14,2–23 167
14,2f. 164
14,2 177, 195, 244
14,3–5 194
14,3 141, 195
14,4f. 50, 106
14,4 195
14,5 167, 174, 175, 194, 195, 200
14,6 170, 194, 200
14,9 225
14,12 21, 50, 194, 200, 233
14,13f. 167, 181
14,13 194
14,15 194
14,16f. 96
14,16 6, 244
14,17 106, 110, 141, 194
14,18 21, 24, 25
14,20 29, 37, 179, 200, 238
14,21 9, 15
14,23–25 70
14,23f. 5
14,23 4, 91, 155, 160
14,24f. 166
14,24 42, 167
14,25 9
14,26–38 **193–200**
14,26 4, 20, 49, 50, 149, 164, 173, 174, 187, 200
14,27 166
14,29–32 167
14,29f. 166
14,29 166
14,30 173
14,32 186, 200
14,33b–36 5, 6
14,33 16, 174, 236, 244
14,34 8, 116, 200
14,37 42, 53, 103, 107, 163,

170, 182, 239, 241
14,39f. 174, **200**
14,39 175
14,40 173, 194
15 147, **201**
15,1–11 **201–210**, 234
15,1–5 21, 211
15,1f. 25
15,1 163, 230, 233
15,2 30, 147, 213
15,3–5 3, 8, 35, 148, 212, 213
15,3f. 14, 59, 133, 215, 232
15,3 9, 28, 111, 147, 156, 157, 162, 234
15,4 117, 211
15,5–10 114
15,5 26
15,6 110, 213
15,8 1, 14, 26
15,9 1, 14
15,10 1, 49, 244
15,11 28, 31
15,12–49 231
15,12–34 201, **210**, 224, 229
15,12–28 222
15,12–23 234
15,12–19 210, **211–214**
15,12f. 225
15,12 6, 204, 210, 215, 219, 220, 222, 228, 232
15,13–19 215
15,13 210
15,14 28, 31
15,15 20, 204, 210
15,16 210
15,17 45, 232, 234
15,18 205, 215
15,20–28 14, 210, **214–219**
15,20–23 81
15,20–22 204
15,20 180, 212, 241
15,21f. 8, 224, 226
15,21 225
15,22–28 100, 109
15,22f. 54, 224
15,23–28 17, 132
15,23f. 205
15,23 54, 231
15,24–28 179, 231, 234
15,24–27 20
15,24–26 67, 232
15,24 20, 32, 38, 80, 179
15,25 9, 129, 155, 232
15,26 81, 232
15,27 9, 227
15,28 20, 54, 180, 226
15,29–34 210, **220–223**
15,29 210
15,30f. 234
15,31 230
15,32–34 232
15,32 5, 9, 61, 72, 177, 210, 238
15,33f. 77
15,34 5, 62, 76, 210, 213, 232, 234
15,35–49 81, 201, 204, 207, **223–230**, 234
15,35 214, 221
15,36f. 96
15,36 216
15,37 170
15,38–41 8
15,38f. 14
15,38 81
15,39f. 153
15,39 32
15,42–44 231
15,42 51, 127, 169, 221, 231
15,43 233
15,44 81, 130, 179
15,45 8, 216
15,46 110
15,47 232
15,49 232
15,50–58 201, **230–234**
15,50–57 67
15,50 32, 51, 60, 68, 81, 100, 179
15,51f. 39, 166
15,51 89, 100
15,52 221
15,53f. 127
15,54 9, 180, 217
15,55f. 204
15,55 30
15,56 124
15,57 15, 54, 100, 109
15,58 62, 101, 135, 235, 238
16,1–4 2, 147, **234–236**
16,1–3 17
16,1f. 173, 174
16,1 6, 16, 85, 242
16,2f. 218, 237
16,2 143, 241
16,3f. 5
16,3 67, 242
16,4 239
16,5–24 **237**
16,5–18 7
16,5–12 **237–240**

1. Korinther (1Kor) (Forts.)
16,5f. 5
16,5 7, 236, 242
16,6 120, 236
16,7–9 67
16,8f. 5
16,8 5, 8, 17, 25, 221, 242
16,9 9, 222, 240
16,10f. 14
16,11 159
16,10 6, 66
16,12 6, 14, 25, 26, 85, 240
16,13–18 237, **240–242**
16,13 9, 31, 132, 181
16,15–18 7
16,15 6, 7, 25, 96, 165, 215, 236, 242
16,17f. 6
16,17 4
16,18 41, 70
16,19–24 7, 237, **242–245**
16,19–21 7
16,19f. 16, 17
16,19 3, 236
16,20 239
16,21 7
16,22f. 8
16,22 51, 158
16,23 8

2. Korinther (2Kor)
9
1,1 14, 16, 17, 66, 239
1,3 17, 187, 196
1,4 184
1,6 178
1,8f. 61
1,8 2
1,9 221
1,10 213
1,12 45, 56, 71, 114
1,13f. 114
1,13 20
1,14 19, 221
1,15f. 5, 239
1,16 208, 238
1,17f. 114
1,19 3, 14, 17, 36, 66, 226, 238
1,21f. 26
1,22 41, 147, 226
1,24 47, 53
2,3–11 5
2,9 155
2,12f. 5
2,12 238
2,13 41
2,14 16, 232
2,17 37
3,2 213
3,3 45
3,5 206
3,6–9 232
3,6f. 30
3,6 47, 157, 162, 185
3,11 180
3,17 232
3,18 40
4,1 99
4,3f. 30
4,4 150, 229
4,5 47, 53, 123
4,6 132, 150, 166, 206, 218
4,8f. 61
4,10–12 221
4,10f. 81, 227
4,10 60
4,11 60, 177, 209
4,13f. 104
4,14 110
4,15 143
5,1f. 227
5,2 232
5,4 232
5,5 147
5,10 56, 110
5,11 25, 103
5,14 203
5,15 213
5,16 35, 164
5,17 32, 71
5,19 32, 178
5,21 32
6,1 16
6,3 117
6,4 47
6,5 61
6,6 178
6,9 198
6,14–7,1 4, 51
6,14f. 91
6,14 233
6,16 51, 104, 132, 162, 192, 218
6,17 104
6,18 217
7,6–15 5
7,6f. 241
7,7 221
7,13 241
7,14 71, 221
7,15 36
8–9 9, 236
8,1 236
8,4 236, 241
8,5 178
8,7 236
8,9 235
8,11f. 235
8,14 159
8,18 14
8,22 235
8,23 173
9,3 58
9,4 5
9,7 235
9,8 235
9,12–14 236
9,13 117

10,3f. 116
10,3 99
10,7 54
10,10 35, 81
10,13f. 114
10,14 25
10,15 114
10,17f. 177
10,17 33
11,3 53
11,2 99, 178
11,4 187
11,6 187
11,7 62
11,8f. 3, 120
11,8 116
11,9f. 118
11,11 178
11,20 45
11,23–27 62, 222
11,23 206, 221
11,24 125, 209
11,26 221
11,27 61, 119
11,28 221
11,29 111, 123
12,2f. 25
12,9f. 35
12,12 189
12,18 14
12,20 67
12,21 72
13,1 5
13,4 226
13,10 62
13,13 165

Galater (Gal)

1,1 217
1,2 1, 243
1,4 30, 203
1,6f. 125
1,7 155
1,9 243
1,11f. 185
1,13f. 208
1,13 206, 208
1,14 1
1,15f. 206, 208
1,15 30, 206
1,16f. 231
1,16 25, 206
1,17 1, 207, 208
1,18f. 160
1,18 120, 208
1,19 206
1,20 32, 198, 231
1,21 1
1,22f. 208
1,23 208
2,1–5,12 123
2,1 116, 208
2,2 185
2,3 95
2,7–9 24, 114
2,7 56
2,8f. 206
2,8 94, 123, 165
2,10 103, 236
2,11 1
2,12 71, 124
2,13f. 1
2,14 212
2,15 31
2,16 32
2,17 203
2,20 20, 177, 204
2,21 28
3,1 36
3,2.5 36, 169
3,10 124
3,12 124
3,13 82
3,14 166
3,15–17 228
3,15 116
3,17 24, 157
3,20 110
3,22–25 124
3,27 25, 130
3,28 5, 31, 87, 94, 124, 151, 152, 169
3,29 25, 54, 77
4,3 92
4,4 124
4,6 244
4,7 226
4,8 109, 164
4,9 107, 180
4,12 65
4,19 62
4,22 226
4,25 130
4,27f. 40
4,28 171
4,30 117
5,1 132, 240
5,2–6,16 96
5,5f. 180
5,6 94
5,9 70
5,11 33, 62
5,13 95, 106, 171
5,14 95
5,15 110
5,16 131, 138
5,19–21 70
5,21 77
5,22f. 89
5,22 166, 176, 178, 182
5,23 127
5,24 54
6,1 24, 42
6,4 158
6,6 188
6,7f. 77
6,9f. 100
6,11 243
6,13 220
6,14 15
6,15 94

Epheser (Eph)

1,20f. 219
1,21 217

Epheser (Eph) (Forts.)

1,22f. 169
1,22 218
3,8 206
4,1 65
4,11 116, 173, 174
5,13 190
5,21f. 197
6,24 244

Philipper (Phil)

1,7 125
1,9–11 20
1,9 106, 186
1,10 144
1,11 143
1,13 238
1,14 239
1,18 72, 158
1,20 213
1,22 50
1,25 155, 205
1,27f. 240
1,27 117
1,28 238
1,29 31
1,30 238
2,1 184
2,2–4 76
2,3 171
2,4f. 141, 178
2,5 19
2,7 100
2,8 149
2,9–11 15, 164, 204
2,10f. 216
2,10 217
2,11 143
2,12 36, 135, 184
2,13 165, 239
2,14–16 20
2,15 145
2,16 202
2,19–22 66
2,19 24, 213
2,24 67
2,26f. 159
2,30 233, 241
3,1 135
3,3 33
3,5 1
3,6 208
3,8–10 166
3,8 123, 219
3,11 216
3,12–14 179
3,12 60
3,13–15 185
3,14 126, 219
3,17 65, 131
3,18 100
3,20f. 20, 227
3,21 40, 204, 218, 231
4,1 233, 240
4,4 100
4,5 100
4,7–9 16
4,10–18 120
4,10 100
4,12 110
4,15f. 238
4,17 116

Kolosser (Kol)

1,16 109
1,18–20 169
1,18 215
1,23 233
2,5 70
2,21f. 81
3,5 71
3,11 169
3,16 194
4,3 238
4,18 243

1. Thessalonicher (1Thess)

1,3 180
1,4 32
1,5 36, 232
1,7f. 2, 17
1,7 131
1,9 109
1,10 20, 211
2,1 163, 206
2,2 77
2,4 53, 207
2,7f. 177
2,8 62
2,9 62, 116, 117
2,12 67, 94
2,13 156, 163, 165, 198, 202
2,14 15
2,19 221
3,1 36
3,2 48
3,5 67
3,6 240
3,7 99
3,9 77
3,11 17
3,12f. 20
3,12 240
3,13 216
4,1f. 198
4,1 101
4,2 90
4,3–8 82
4,6 58
4,7 90, 92
4,9 86
4,12 72, 102
4,13f. 159
4,13 214
4,14 203
4,15–18 184
4,15–17 231
4,16 216, 218, 221
5,1–11 184
5,1 86
5,2 179
5,6 240
5,8 180
5,9f. 203

5,11 106, 111
5,12f. 173, 241
5,14 111, 184
5,15 182
5,19 21, 200
5,22 72
5,23 196
5,24 20
5,26 243
5,27 8
5,28 244

1. Timotheus (1Tim)

2,11f. 196
5,17f. 118
6,16 231

2. Timotheus (2Tim)

2,4.6 116
2,22 15
4,7 126

Titus (Tit)

2,5 197
3,5 169
3,13 238

Philemon (Phlm)

96

10 62
16 100
18 197
19 118, 243
21 118

Hebräer (Hebr)

1,13 219
2,5–9 218
5,13f. 45
12,1 126
12,4–11 159

Jakobus (Jak)

1,16 233
1,27 114, 217
2,5 77
2,18 224
2,23 243
5,4 78

1. Petrus (1Petr)

1,1 236
1,3 212
2,23 61
3,9 61

2. Petrus (2Petr)

3,2 198

1. Johannes (1Joh)

4,1 167

Judas (Jud)

19 42

Apokalypse (Apk)

1,5 215
2,2.9 166
5,9f. 82
9,10 232
11,15 231
14,1–3 167
14,4 98
19,11–21 217
20,4 76
20,11–15 216
22,4 180
22,20f. 244
22,20 244

Außerkanonische Schriften zum NT, altkirchliche Literatur

Athenagoras

Presbeia peri Christianōn

26,1 163 (zu 12,2)

1. Clemensbrief (1Clem)

46,2f. 92
47 9, 42

2. Clemensbrief (2Clem)

11,7/14,5 43

Didache (Did)

1,2a 114
9 139
10,3 130
10,6 244
11,7 167

Hebräer-Evangelium

206 (zu 15,7)

Hegesipp

Zitat bei Photius, *Bibliothēkē* 232

43 (zu 2,9)

Hieronymus

De viris illustribus
2 206 (zu 15,7)

Ignatius

An die Epheser (IgnEph)
17–19 42
18,1 9

Justin

Apologia (Apol.)
1,65 243

Dialogus com Tryphone Judaeo (Dial.)
35,3 155

Martyrium des Polykarp (MartPol)

2,3 43

Methodius

Symposion
3,14 102 (zu 7,38)

Origenes

Philocalia (Philoc.)
9,2 191

Polykarpbrief (Polyk)

5,3 9

Tertullian

Contra Markionem
V 10,2 220 (zu 15,29)

De anima
9 167 (zu 12,10; 13,1)

Griechisch-römische Literatur

Aelius Aristides

Orationes 45(Rede auf Serapis)
45,14 109 (zu 8,6)
45,21.24 218 (zu 15,28)
45,27 138 (zu 10,18)

Aischylos

Eumenides
647f 214 (zu 15,12)

Apuleius

Metamorphoseōn libri undecimi
11,15 190 (zu 14,23f.)

Aristoteles (s. auch Solon)

Peri psychēs
3,1 188 (zu 14,19)

Physikē akroasis
6,5 231 (zu 15,52)

Politika
3,6 141 (zu 10,23)

Artemidorus

Oneirokritika
1,2 149 (zu 11,3)

Chrysippus [Hans von Arnim, Stoicorum Veterum Fragmenta II, Stuttgart 1904]

Fragment 367 (bei Plutarch, *Moralia* 426a) 169 (zu 12,12)

Cicero (s. auch Panaitios)

De finibus bonorum et malorum
2,101 157 (zu 11,24f.)

De officiis
1,126f. 170 (zu 12,23)

Partitiones oratoriae
79 21 (zu 1,5)

Demokrit [Hermann Diels/Walther Kranz, Die Fragmente der Vorsokratiker Berlin [6]1952, Nr. 55]

Fragment 110 197 (zu 14,33 ff.)

Diogenes Laertius (s. auch Epikur)

Philosophōn biōn kai dogmatōn synagōgē
7,98 80 (zu 6,12)

Empedokles [Hermann Diels/Walther Kranz, Die Fragmente der Vorsokratiker, Berlin [6]1952, Nr. 31 (urspr. 21)]

Peri physeōs
Fragment 2 40 (zu 2,9)
Fragment 98 225 (zu 15,39)

Epiktet

Diatribai
I 16,9–14 151 (zu 11,14)
II 6,21 95 (zu 7,21)
II 8,12 f. 82 (zu 6,19)
II 12,14 178 (zu 13,5)
II 15,8 f. 50 (zu 3,10)
III 15,2 f. 126 (zu 9,24 f.)
III 24,60 101 (zu 7,29 f.)

Encheiridion
13 53 (zu 3,18)
17 94 (zu 7,17)

Epikur

Epistolē pros Menoikos
2 (nach Diogenes Laertius, *Philosophōn biōn kai dogmatōn synagōgē* 10,123) 225 (zu 15,42)

Gnomologium Vaticanum Epicureum
51 102 (zu 7,35)

Euripides

Phoinissai
997 f. 203 (zu 15,3)

Fragment 1024 [August Nauck, Tragicorum Graecorum Fragmenta, Supplementum adiecit Bruno Snell, Hildesheim 1964] 222 (zu 15,33)

Herodot

Historiai
III 80,3 80 (zu 6,12)
IV 79 189 (zu 14,23)

Homer

Ilias
13,632 109 (zu 8,6)

Horaz

Carmina
II 3,13–16 221 (zu 15,32)

Lukrez

De rerum natura
4,931 186 (zu 14,9)

Lysias

Dikanikoi logoi
12(*Kata Eratosthenous*),78 203 (zu 15,3)

Macrobius

Saturnalia
I 20,11 218 (zu 15,28)

Marc Aurel

Ta eis heauton
5,18 132 (zu 10,13)

Maximus von Tyrus

Dialexeis
XX 2,1–4 176 (zu 13,1–13)

Menander

Monostichoi
363 197 (zu 14,33–35)

Musonius [Otto Hense, C. Musonii Rufi reliquiae, Leipzig 1905]

Fragment 12: *Peri aphrodisiōn*
83 (zu 6,13–18)

Orosius

Historiarum Adversum Paganos Libri
VII 6,15f. 3

Ovid

Fasti
2,328f.; 4,657 104 (zu 7,36ff.)

Metamorphoses
9,271f. 214 (zu 15,12)

Panaitios

Peri tou kathēkontos (nach Cicero, *De officiis* 1,93–99)
151 (zu 11,13ff.)

Philostrat

Ta eis ton Tyanea Apollōnion
8,30f. 204 (zu 15,5)

Pindar [Bruno Snell/Herwig Maehler, Pindari Carmina cvm Fragmentis, 2 Bände, Leipzig [8]1987/1989]

Fragment 61 41 (zu 2,10b)

Platon

Apologia
21a–23b 53 (zu 3,18)

Ion
533d–534d 187 (zu 14,14)

Nomoi
716c–d 243 (zu 16,22)
840a 85 (zu 7,1)

Politeia
462c–e 171 (zu 12,26)
556e–567c 169 (zu 12,12)

Protagoras
329a 177 (zu 13,1)

Symposion
177d 176 (zu 13,1–13)
202e 138 (zu 10,20)

Timaios
28c 109 (zu 8,6)

Plinius

Naturalis historia
Praefatio 25 177 (zu 13,1)

Plutarch (s. auch Chrysippus, Solon, Xenokrates)

Alkibiades
23 125 (zu 9,22)

Dion
6,4 188 (zu 14,20)

Hesiodos (Fragment 11)
84 224 (zu 15,36)

Moralia
140d 91 (zu 7,12–14)
142d–e 197 (zu 14,34f.)
266c–e 149 (zu 11,4)
332a 145 (zu 11,1)
357f 157 (zu 11,24f.)
382a 180 (zu 13,12)
417b–c 138 (zu 10,20)
540c.544d–e 119 (zu 9,15)
542e.543f–544b 206 (zu 15,10)

Phokion
21,4 178 (zu 13,7)

Romulus
28,1–3 204 (zu 15,5)

Porphyrius

Pros Markellan
21 107 (zu 8,3)
24 180 (zu 13,13)

Pseudo-Aristoteles

Peri kosmou
2 225 (zu 15,40)

Seneca

Epistulae morales
14,1 80 (zu 6,12)
66,12 82 (zu 6,19)
78,16 127 (zu 9,24 f.)
81,19 119 (zu 9,18)

Solon [Ernst Diehl, Anthologia Lyrica Graeca I/1, Leipzig 1925]

Zitat bei Aristoteles, *Athēnaiōn politeia* 12,1 (Fragment 5,9)
60 (zu 4,8)
Zitat bei Plutarch, *Moralia* 769a
87 (zu 7,4)

Soranus

Peri gynaikeiōn
I 22,3 102 (zu 7,36)

Sueton

De Vita Caesarum V: Divus Claudius
25,4 3

Tabula Cebetis

11 30 (zu 1,18)

Tacitus

Annales
XV 44,3 207 (zu 15,3)

Theophrast

Zitat bei Athenaios, *Deipnosophistai* 15,48 (693c–d)
157 (zu 11,25–27)

Thukydides

De Bello Peloponnesiaco
II 43,2 177 (zu 13,3)

Xenokrates

Zitat bei Plutarch, *Moralia* 361b
138 (zu 10,20)

Xenophanes [Hermann Diels/Walther Kranz, Die Fragmente der Vorsokratiker, Berlin [6]1952, Nr. 21 (urspr. 11)]

Peri physeōs
Fragment 23 (Zitat bei Clemens Alexandrinus, *Stromata* 5,109)
109 (zu 8,6)

Xenophon

Apomnēmoneumata
I 2,5–7 119 (zu 9,18)
I 5,4 89 (zu 7,6 f.)
III 14,1 156 (zu 11,21)

Kyrou Paideias
VIII 7,6 179 (zu 13,11)

Zosimos von Askalon [Anton Westermann, *Biographoi.* Vitarum Scriptores Graeci Minores, Braunschweig 1845]

Bios Demosthenous
1 149 (zu 11,3)

Inschriften

Fluchtafeln am Demeter- und Koreheiligtum zu Korinth (1./2. Jh.) [Ronald S. Stroud, Corinth. Results of Excavations Conducted by the American School of Classical Studies XVIII.6: The Sanctuary of Demeter and Kore. The Inscriptions, Princeton, NJ 2013, Nr. 125 f.] 70 (zu 5,5)

Gallio-Inschrift aus Delphi (52 n. Chr.) [André Plassart, L'inscription de Delphes mentionnant le proconsul Gallion, REG 80 (1967), 372–378] 3

römische Grabinschrift (2./3. Jh.) [Georg Kaibel, Epigrammata Graeca, Berlin 1878, XV, Nr. 646a] 214 (zu 15,12)

Inschrift aus Aphrodiasis [William M. Calder/J. M. R. Cormack, Monumenta Asiae Minoris Antiqua (MAMA) VIII, Manchester 1962, Nr. 569] 221 (zu 15,32)

Kalenderinschrift von Priene (9 v. Chr.) [Wilhelm Dittenberger, Orientis Graeci Inscriptiones Selectae (OGIS) II, Leipzig 1905, Nr. 458] 25 (zu 1,17)

Synagogeninschrift von Kafr Bar'am (3. Jh.) [Jean-Baptiste Frey, Corpus Inscriptionum Iudaicarum (CII) I, New York 1975, Nr. 974] 16 (zu 1,2)

Vereinssatzung der Iobakchen in Athen (178 n. Chr.) [Wilhelm Dittenberger, Sylloge Inscriptionum Graecarum (SIG) III, Hildesheim [4]1960, Nr. 1109] 200 (zu 14,40)

Rabbinische Schriften

Mekhilta de Rabbi Jishma'el (Mekh)

zu Ex 21,10 87

Midrash Rabba

Genesis Rabba (GenR)
66 210
91 204

Exodus Rabba (ExR)
5,14 34

Levitikus Rabba (LevR)
1 180

Deuteronomium Rabba (DtnR)
8 190

Mishna (m)

Abot
5,23 48

Avoda Zara (AZ)
3,4 143

Chagiga (Chag)
2,7 1

Gittin (Git)
9,3 103

Kelim (Kel)
1,9 149

Pesachim (Pes)
10,4 f 157
10,5 157

Sifre Deuteronomium (SifreDtn)

zu Dtn 22,16 198

Talmud Bavli (b)

Baba Metsia (BM)
88b 117

Berachot (Ber)
35a 142
51a–b 137

Chagiga (Chag)
3b 197

Ketubbot (Ket)
8b 114

Nedarim (Ned)
30b 152
62a 119

Sanhedrin (San)
38b 151
90b 224

Targum Onqelos (TgOnq)

zu Ex 24,8 158

Tosefta (t)

Megilla (Meg)
4,20 195

Sota
6,6 134